PROTAGONISTAS
DE AMÉRICA LATINA

FERNANDO SABSAY

PROTAGONISTAS
DE AMÉRICA LATINA

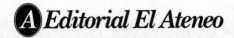 Editorial El Ateneo

© Fernando Sabsay, 2003

Diseño de tapa: Schavelzon|Ludueña. Estudio de diseño
Diseño de interiores: Mónica Deleis
Investigación fotográfica: Tomás González Naveyra

Primera edición de Editorial El Ateneo
© LIBRERÍAS YENNY S.A., 2003
Patagones 2463 - (C1282ACA) Buenos Aires - Argentina
Tel.: (54 11) 4943 8200 - Fax: (54 11) 4308 4199

ISBN: 950-02-6369-6

Impreso en U.S.A.

Índice

Introducción

Unas pocas líneas

Las páginas de este libro reflejan las hazañas, las penurias y los sinsabores de los treinta protagonistas elegidos como representantes del sentir de los pueblos de América latina, en busca de la libertad y la independencia.

Las gestas gloriosas de estos intrépidos nuevos cruzados por una causa superaron el campo de la realidad para atravesar y alcanzar el de la mitología, tan adorada por indígenas y afroamericanos, donde las fantasías llegaron a oír órdenes cuyos orígenes materiales nunca se hallaron.

Estos precursores libertarios vivieron permanentes riesgos y persecuciones, en los que el límite entre la vida y la muerte se desdibuja hasta desaparecer.

En su accionar, fueron quienes abrieron los ojos de las sociedades a las que pertenecían, ciegas por el sistema heredado de sumisión y temor, iluminándolas con sus ideas inspiradoras, en la fe en que se habían formado.

América latina ostenta una raíz común en sus países: el idioma y la religión que profesan sus pueblos, cada uno con sus peculiaridades.

Estos protagonistas lucharon desde la época colonial ibérico-portuguesa contra el sistema implantado políticamente. Bregaron por una nueva estructura social, abierta a todas las posibilidades, para todos.

En el siglo XIX, con la introducción de inversiones de capitales internacionales y el desarrollo de los adelantos de los medios de transporte —para nombrar sólo dos de los factores primordiales del cambio—, las fuentes de trabajo alcanzaron tal grado de necesidad que la falta de mano de obra alentó el interés de hombres del exterior de trasladarse a las tierras latinoamericanas en busca de mejores condiciones de vida. Así, desde la segunda mitad de ese siglo, llegó un torrente inmigratorio, sobre todo a las plazas de la Argentina, el sur del Brasil y el Uruguay, que se estableció formando un hogar con esperanza.

En el siglo XX la aparición de movimientos nacionalistas –en su mayoría sin un claro programa a realizar desde el gobierno– inspirados, desde fines de la década de 1920, en ideas totalitarias puestas en práctica en países europeos, conformó un sistema demagógico conocido como *populismo,* con el que se fue desprestigiando el ejercicio de la función pública, llevada a cabo sólo por la ambición del poder o para enriquecerse en corto tiempo.

Como contrapartida, otros dirigentes tomaron el camino contrario: el de la lucha por la libertad de expresión y el libre juego de los principios democráticos.

Los treinta hombres elegidos en estas páginas se templaron en la lucha por estas ideas, y no pocos murieron trágicamente.

En la actualidad América latina busca, mediante pactos o convenios, la integración del Continente en su economía y expresiones culturales.

Valga como ejemplo, con sus acuerdos y desacuerdos, la creación y el desenvolvimiento del MERCOSUR.

Fernando Sabsay
Febrero del 2003

José María Morelos

1765-1815

El cura que lideró
la independencia de México

Se inserta Morelos en la historia como héroe y caudillo del pueblo mexicano, en su prolongada lucha revolucionaria en pos de su independencia del dominio español. Una intuición genial y una certera visión de la realidad de su pueblo, además de ubicarlo entre los mejores guerreros, lo señalan entre los más lúcidos intelectuales de su tiempo.

Supo, sin haber contado con una gran experiencia, recoger la posta dejada por el caudillo Miguel Hidalgo, y casi de la nada fue capaz de organizar un ejército, con el que llevó a cabo su campaña.

José María Morelos y Pavón nació en Valladolid (actual Morelia) el 30 de septiembre de 1765. Era todavía adolescente cuando quedó huérfano y lo tomó a su cargo su tío Felipe Morelos. Se desempeñó como labrador, pastor y arriero.

Al abandonar la vida rural ingresa en el Colegio de San Nicolás, donde funcionaba un seminario. Corre el año 1790 y Morelos cuenta veinticinco de edad. Ordenado sacerdote, cursa estudios de filosofía, escolástica, moral y catecismo. Pero Morelos no tuvo al estudio y a Dios como pasiones primordiales.

El cura Hidalgo y el "Grito de Dolores"

Mientras la figura de Morelos crecía en prestigio en la región de Michoacán –la zona centro-occidental de México–, desde el centro del país otro cura, Miguel Hidalgo y Costilla, se destacaba como organizador de una insurrección contra el dominio colonial de España. Desde 1807, a través de la Sociedad de los Guadalupes

–organización de criollos de la clase media– y las Juntas de Seguridad creadas en España para luchar contra la invasión napoleónica, se venía gestando el movimiento insurreccional que estallaría en diciembre de 1810.

Hidalgo era un hombre maduro –había nacido en Guanajuato en 1753– y era respetado por su brillante pasado, tanto como por sus reiterados pleitos con la ortodoxa jerarquía eclesiástica. Después de cursar en la Real Universidad Pontificia, en 1778 había optado por el sacerdocio, y en 1790 fue designado rector del Colegio de San Nicolás, en el que había realizado los primeros estudios. Desde esta ubicación, trató de cambiar el dogmático sistema de ideas que imperaba, introduciendo conceptos liberales. Pretextándose "mal manejo de fondos", Hidalgo fue exonerado y trasladado a la parroquia de una pequeña ciudad. Pero Hidalgo continuó con sus prácticas "licenciosas": negaba la existencia del infierno y que el sexo fuera del matrimonio fuera pecado y vivía con una amante, con quien tuvo varias hijas.

Cuando en 1798 Morelos es destinado a Churumuco para oficiar en una pobre parroquia, los conflictos de Hidalgo con la Inquisición se agravan y toman estado público en la Iglesia mexicana. Morelos es trasladado entonces a Carácuaro, una región montañosa y de clima cálido, muy beneficiosa para su deteriorada salud, pero que lo aísla de los acontecimientos políticos.

La situación de Hidalgo se vuelve cada vez más comprometida. En 1800 es investigado y acusado por la Inquisición, que ordena su traslado al pequeño pueblo de Dolores, en Guanajuato. Allí el sacerdote continuó con su particular estilo de vida: mujeres, bebida, juego, y lectura y promoción de libros prohibidos.

Desde regiones tan distantes, estos dos curas fueron sensibles a las nuevas necesidades sociales y supieron interpretarlas. Desde fines del siglo XVIII la independencia se plantea como la única solución: el agotamiento del poder realista, la creciente desigualdad económica y social y la fuerte impresión causada en los medios liberales por las revoluciones norteamericana (1776) y francesa (1789) provocaron un descontento generalizado con la anacrónica estructura virreinal.

En 1809, una conspiración organizada desde Querétaro, es descubierta y sus participantes, encarcelados. Otros movimientos estallan en Valladolid y en San Miguel el Grande (actual San Miguel de Allende), y también son sofocados. El arribo de un nuevo virrey, Francisco Javier de Venegas, teniente general del Ejército e intransigente defensor de la causa realista, precipita los acontecimientos.

Hidalgo es perseguido, juzgado nuevamente por la Inquisición y, aunque niega los cargos y continúa en funciones, se decide a pasar a la acción. En Dolores se reúne con Ignacio Allende y Mariano Abasolo y anuncia que encabezará un levantamiento popular. En el amanecer del 16 de septiembre de 1810, sonando a rebato las campanas de su parroquia y aprovechando la alta concurrencia de sus misas de los domingo, convoca a los campesinos a la rebelión. El discurso apasionado, que se conocerá como el "Grito de Dolores", proclama la independencia. Vociferando: "¡Viva la libertad!" y "¡Viva la Virgen de Guadalupe!", cuyo estandarte servía de banderola a la manifestación, se lanzaron a una marcha popular que reunió indios, mestizos y criollos.

Aunque por demás heterogéneo y algo desorganizado, este ejército, decidido a conquistar la libertad de su territorio, en pocos días llegó a Valladolid. Eran ya unos cincuenta mil hombres. Hidalgo los encabezaba con su cara pálida, de rasgos marcados por su extrema delgadez.

Con avance firme, los insurrectos conquistan Guanajuato el 28 de octubre, al tiempo que Morelos, desde el sur, toma Acapulco y Oaxaca. Hidalgo derrota a los realistas en Monte de las Cruces el 30 de octubre, pero, con filas mal armadas y escasa estructura militar, prefiere no atacar la Capital.

En enero de 1811 es derrotado en Puente Calderón por tropas al mando del general Félix María Calleja del Rey. Junto con otros jefes huye rumbo al norte y se refugia en Guadalajara, donde proclama la abolición de la esclavitud y del impuesto indígena. Poco después, víctimas de una celada en Acatita de Baján, los jefes independentistas son apresados y conducidos a Chihuahua. El 29 de julio el hombre que influiría en forma decisiva en la vida de José María Morelos fue degradado, y fusilado al día siguiente. Las cabezas de Hidalgo, Allende y Juan Aldama estuvieron expuestas en la alhóndiga de Granaditas de Guanajuato, para que sirvieran de advertencia y escarmiento a aquellos que intentaran sublevarse.

Su impronta ha quedado en la historia del país: si bien la lucha independentista debió desarrollarse muchos años todavía, el

16 de septiembre, día en que el cura Hidalgo proclamó su rebelión, se celebra en México el Día de la Independencia.

Morelos recoge el estandarte

Si la relación entre Hidalgo y Morelos se remonta al período anterior a 1810 es algo que aún no ha sido dilucidado con certeza. De todas maneras, en caso de haber existido un intercambio directo entre ellos, éste se acrecentó con seguridad a partir de ese año. En estos términos está redactada la comisión que Hidalgo le entrega a Morelos: "Por la presente, comisiono en toda forma a mi lugarteniente el Ps. D. José María Morelos, cura de Carácuaro, para que en la costa del sur levante tropas, procediendo con arreglo a las instrucciones verbales que le he comunicado". En esencia, implicaban una carta blanca para capturar armas, nombrar autoridades, hacer prisioneros a los españoles derrotados y apoderarse del fuerte de Acapulco y su Plaza de Armas.

Morelos mismo relataría los hechos: "Que al principio de octubre de 1810 tuve noticias en mi curato de Carácuaro por don Rafael Guedea [...] que se había movido una revolución en el pueblo de Dolores y que la acaudillaba su cura D. Miguel Hidalgo [...] que en efecto, encontró a éste en la ciudad de Claro después de haver [sic] salido de Valladolid dejando esta ciudad por suya, y con dirección a México [...] y le aseguró que los motivos que tenía para aquel movimiento o revolución eran los de independencia a que todos los americanos se veían obligados a pretender".

El encuentro entre Hidalgo y Morelos tuvo lugar el 20 de octubre de 1810. Morelos recibió entonces las primeras señales por parte de Hidalgo tendientes a promover y continuar la insurrección en el sur de la Nueva España. Sin embargo, el general Miguel Hidalgo, además de ser un gran soldado, era un buen político, y entre los lineamientos que le transmitió a Morelos, también hubo espacio para esbozar los elementos estructurales de la empresa, como la organización social y constitucional de un pueblo.

Morelos parte en calidad de lugarteniente. Regresa a su responsabilidad como cura y desde allí comienza su accionar. Se dirige al obispo de la Mitra y le comunica que soplan vientos de revolución, y que habiendo recibido personalmente una comisión del general Hidalgo, va a intentar llevarla a cabo. Solicita, por ello, el nombramiento de un "coadjutor", ya que él partirá hacia el sur a cumplir su misión.

La campaña de Morelos

En octubre de 1810 salió del pueblo de Carácuaro al frente de una treintena de hombres escasamente armados. La descripción que Ignacio Altamira hace de este personaje es por demás pormenorizada: "Llevaba un sombrero finísimo del Perú y debajo de él, un gran pañuelo de seda blanco... cuyos extremos anudados flotaban sobre el cuello y abrigaba la cabeza a la usanza de los rancheros ricos de esa época. Calzaba botas de campaña y bajo sus armas de pelo guardaba un par de pistolas". En cuanto a sus hombres, vestían "chaqueta oscura de paño o de cuero... calzón corto... botas atadas con ligas bordadas y sombreros de alas anchas de color oscuro".

A poco andar en camino hacia la costa se le unió medio centenar de jinetes armados, al mando del capitán de milicias de Zacatula, Marcos Martínez. Comandaba ahora Morelos una tropa de alrededor de cien hombres. Avanzaba hacia Tecpan, cuyo comandante rehuyó el combate, mientras sus tropas pasaban a engrosar las filas del incipiente caudillo. También se les unieron, junto con sus hombres, los hermanos Galeano, campesinos acaudalados de la región.

Al cabo de breve tiempo Morelos acampó en Aguacatillo. Lo seguían tres mil hombres. Allí estableció contacto con el jefe indio Atoyac, quien, a la cabeza de los suyos, pasó a engrosar las filas del ejército de los insurgentes del Sur. Al comenzar el mes de noviembre entran en combate contra los realistas. Es el bautismo de fuego. Finalmente, no puede establecerse un vencedor, pero las tropas de Morelos logran hacerse de armas y municiones arrebatadas al enemigo.

Cuando estas noticias llegaron a oídos de los españoles, disponen redistribuir las tropas para hacerles frente. A la cabeza de la defensa, el capitán Frank Paris derrota a los rebeldes en Arroyo Moledor. Sin embargo, entre los hombres de Paris hay un traidor y valiosa información llega a oídos de Morelos, quien no desperdicia la oportunidad y la capitaliza, sorprendiendo el enemigo en su propio campamento, y derrotándolo el 4 de enero de 1811.

Un mes después, un artillero defensor de la plaza de Acapulco es sobornado por Morelos y se compromete a entregar la plaza. Finalmente algo falla y la situación se revierte. Los insurgentes debieron regresar al campamento. Morelos se dirige entonces, con algunos hombres, a Tacpan, pero ante la proximidad de tropas realistas y no encontrándose bien de salud delega el mando en el coronel Hernández. El general Cosío encabeza las fuerzas españolas que se acercan. En marzo atacan al enemigo y son derrotados.

La fama de Morelos amenazaba como una gran espada a los ejércitos realistas. Pese a esto, no es el propio Morelos quien comanda personalmente las operaciones.

En mayo el general Cosío recibe una nueva comisión, al ser nombrado jefe de la plaza de Tixtla, en la sureña región de Guerrero, cerca de Chilpancingo. Debe dirigirse hacia allí, tomar el mando de los defensores y apoyar a Guevara, un rico hacendado de la zona.

Llega Morelos a Chilpancingo para unirse a sus hombres. Lo siguen seiscientos soldados. El 24 de mayo se reúne la plana mayor del ejército revolucionario en la hacienda de los Bravo. Al rayar el alba, las fuerzas estaban preparadas para lanzarse al asalto. Previamente, Morelos intima la rendición, que no es aceptada. Monta entonces su caballo negro y ordena atacar. La victoria es suya. Los vencidos piden piedad. Morelos responde: "Nadie ofenderá a las familias, ni nosotros somos las fieras que ustedes pintan". Su lugarteniente Hermenegildo Galeana se presentó ante él con un nutrido grupo de indios que habían sido apresados. Morelos les concede la libertad; agradecidos, se suman al vencedor.

Morelos deja a los jefes Galeana y Nicolás Bravo en Tixtla y se dirige a Chilpancingo con el resto de la tropa. Al advertir este fraccionamiento del ejército revolucionario, el coronel Fuentes, jefe realista, aprovecha para atacar Tixtla.

Se entabla una lucha feroz y Fuentes está a punto de alcanzar la victoria cuando aparece Morelos por la retaguardia, y lo que parecía un triunfo seguro se transforma en una fuga desesperada hacia Chilapa. El grupo patriota no le da respiro y Fuentes, conocedor del poderío enemigo, abandona la ciudad. Morelos entra en la plaza, cabalgando a la cabeza de sus hombres.

Para entonces, agosto de 1811, los jefes revolucionarios del centro y norte del país, los que habían lanzado el "Grito de Dolores", habían sido fusilados. Si dividiéramos esta historia en campañas, este momento debería considerarse el final de la primera etapa.

Morelos se vuelca a reorganizar sus fuerzas, a fabricar pólvora y a construir los implementos necesarios. Era reconocido el rigor con que este hombre manejaba a la tropa. Comenzó a castigar severamente las deserciones y la pérdida de armamento. Nada quedaba librado al azar, y él personalmente se encargaba de controlar y supervisar cada trabajo que sus soldados debían llevar a cabo, desde el aprovisionamiento de elementos básicos, hasta lo relacionado con el mantenimiento de la disciplina. Para ello contaba con un código de hierro, las certeras instrucciones que le impartiera Miguel Hidalgo. Esas instrucciones más el apoyo de los Ávila, los Galeana y los Bravo, todos hacendados de fortuna y de acción, fueron los pilares en los que se apoyó José María Morelos para librar la lucha por la independencia.

Problemas de salud

Al margen de tantas preocupaciones, Morelos debió enfrentar un solapado enemigo que lo acechó siempre: su salud. Aunque se trataba de un hombre fuerte y resistente, en su primera campaña había tenido que abandonar sus obligaciones para guardar reposo. Luego, las fiebres palúdicas y otras enfermedades, sumadas a las permanentes conspiraciones y los complots para asesinarlo, no le dieron descanso. Su estado de salud se agravó a tal extremo que le fueron administrados los santos óleos. Pese a todo, y a todos, desafió las conjuras, las fiebres y las armas enemigas y se burló de los intentos para asesinarlo.

A comienzos de noviembre su ejército ocupa Tlapa (Guerrero) sin necesidad de combatir. Un poderoso propietario español, de nombre Mateo Musitu, antiguo enemigo de los revolucionarios, se estableció en Cuautla, seguro de derrotar a Morelos. Éste le cayó encima con apenas un centenar de hombres de su escolta, más algunos indios elementalmente armados, y lo venció. Todos los españoles fueron hechos prisioneros y los nativos que peleaban para ellos obtuvieron su libertad. Musitu ofreció cincuenta mil pesos a cambio de su vida, pero Morelos no aceptó la propuesta y lo hizo fusilar.

Después entra en Izúcar (Puebla) y el 12 de diciembre se convierte por un momento en el cura del pueblo, y en la celebración de la Virgen de Guadalupe predica el sermón en la parroquia. Una vez concluida la ceremonia, y con el concurso de Mariano Matamoros, cura de la zona, comienza la organización de esa plaza para defenderla de los realistas.

Las previsiones de Morelos fueron especialmente acertadas, puesto que unos días más tarde los españoles, al mando del teniente de fragata Miguel de Soto y Macedo, sabiendo que estaban aguardando refuerzos, se apresuraron a atacar antes de que éstos arribaran. Con brío y coraje se lanzaron al asalto y quebraron las primeras defensas, logrando llegar hasta el centro del poblado. Continuó el combate hasta que finalmente fueron derrotados, y sus jefes muertos a causa de las heridas recibidas en la batalla.

Camino a Taxco: la lucha sin cuartel

Morelos se dirige a Taxco (Guerrero), pero deja en el camino a algunos de sus jefes, pues le era preciso cubrirse las espaldas del enemigo, siempre al acecho. Así, Vicente Guerrero y Leonardo Bravo, compañeros de las primeras horas, quedan a cargo de las plazas del camino a Taxco.

En ese sitio se reúne con el mariscal Martínez, quien, enviado por la Junta para unirse a sus tropas, pretende decidir sobre el botín que los hombres de Morelos habían obtenido. Pero Morelos no perdía tiempo en reducidas rencillas, y el mariscal Martínez se llamó a silencio. En ese momento, en el valle de Toluca grupos aislados se batían en combate desigual contra los españoles, mejor armados y más organizados. En enero de 1812 reciben con júbilo la vanguardia del ejército capitaneado por Galeana. En un primer momento son rechazados y forzados a retroceder hasta el poblado, pero una vez allí lograron rechazar al enemigo.

El 22 de enero Morelos atacó al jefe realista Porlier en Tenancingo, obligando al español a abandonar la plaza. Dos días más tarde llega hasta Toluca (la actual capital del Estado de México) con el resto de su división. Sigue su derrotero y arriba a Cuautla en las primeras semanas de febrero.

La historia militar ha juzgado severamente este "error" de Morelos. Se afirma que debió perseguir a Porlier hasta Toluca y apoderarse definitivamente de la ciudad y no marchar sobre Puebla como lo hizo.

Entretanto, el jefe realista Calleja, que realizaba una dilatada campaña, estaba en camino a Toluca, al frente de cinco mil hombres.

Afirma Felipe Benicio Montero que después de ser derrotado Porlier en Tenancingo, Morelos ordenó al coronel Gabriel Martín que diera caza a los realistas en fuga. Éste cumplió la orden y supo que Calleja, enviado por el virrey a México para detener a Morelos, estaba entrando en la ciudad de Toluca y que "casi por las polvaredas vieron el rumor de que venía de derrotar a los Rayones (se refiere a las fuerzas de Ignacio López Rayon, presidente de la Junta Gubernamental) en Titácuaro y que era la fuerza que traía unos 5.000 hombres [...]. El coronel Martín acampó en Tenancingo del Valle, y el capitán Sánchez siguió su marcha hacia Tenancingo para dar parte al señor Morelos que ahí iría Calleja a atacarlo y que pudiera mejor pasar a Cuautla".

Los alentadores triunfos de las tropas rebeldes se repetían en todo el país. Lo que había comenzado como una lucha aislada de campesinos casi sin armas y sin ninguna organización bélica, se había convertido en poco tiempo en una seria amenaza: se trataba ahora de un ejército armado y con ciertos visos de disciplina.

El virrey Francisco Javier Venegas, en una carta dirigida al general Calleja le decía que la ciudad de México estaba virtualmente sitiada por los insurgentes, con escasa disponibilidad de víveres, las comunicaciones cortadas y las rutas ocupadas. La revolución se había puesto en marcha, esta vez, en forma definitiva. El pueblo alzado, cansado del yugo realista, exhibía coraje y valor y aparecían caudillos aquí y allá para organizar la lucha.

Surgieron ciertas divergencias entre el general Calleja y el Virrey, en cuanto al modo de conducir las acciones. Si bien Calleja era el jefe de los ejércitos realistas, su preparación como guerrero no correspondía a su rango. El Virrey dirige su furia hacia Morelos e insta a Calleja a darle pronta caza: "Es, pues, indispensable combinar un plan que asegure dar a Morelos y a su gavilla un golpe de escarmiento que los atemorice hasta el grado de abandonar a su infame caudillo si no se logra aprehenderlo". El ejército de Calleja ocupaba principalmente las provincias del interior y Venegas deseaba que marchara hacia la localidad de Taxco –rica en metales y piedras semipreciosas– a recuperarla. El 6 de febrero parten las divisiones que se agruparían en Pasulco. El 17 llega el ejército realista en pleno. El lugar se encontraba situado apenas a dos leguas del elegido por Morelos para el combate: Cuautla. Este poblado se hallaba compuesto por numerosas y ricas haciendas que le proveían de víveres, y la pequeña llanura donde estaba instalado permitía una adecuada defensa. Lo cierto es que Morelos no estaba dispuesto a aceptar una confrontación en campo abierto. Sabía que las tropas de Calleja a la larga podrían derrotarlo. Su ejército no alcanzaba los cuatro mil quinientos hombres, contando a los indios. Calleja comandaba doce mil.

Al día siguiente avanza el ejército realista. Morelos en persona ataca por la retaguardia de Calleja y casi pierde la vida en esa acción. Cuentan que sus oficiales Galeana, los Bravo, Vicente Guerrero y Matamoros discutían el modo de enfrentar al enemigo. Morelos se aleja de ellos con el pretexto de observar a las tropas enemigas, toma los anteojos y monta. Una partida lo sigue. En breve, la observación se convierte en lucha abierta y los españoles los rodean. Sólo quedan junto a él algunos bravos, quienes, sin experiencia, se echan a correr. Galeana, desde el campamento, es advertido de lo que ocurría: "¡Que se llevan a nuestro general!". Los sables insurgentes de los hombres de Galeana abrieron una brecha y rescataron a su general.

Al amanecer del día siguiente la batalla se extiende. Hermenegildo Galeana, Leonardo Bravo, Pablo Galeana, la plana mayor del ejército rebelde combate con gran valor y ese primer ataque es rechazado. El enemigo se repliega.

Calleja había confiado en que la plaza caería fácilmente. Se comunica con el Virrey para reclamarle artillería pesada y municiones, y alimentos suficientes para un sitio de ocho días. El ánimo de las tropas de Morelos era excelente y la presencia del caudillo Ramón Rayón agregaba, además, una cuota extra de valor y sacrificio.

Cuando el sitio se comenzaba a hacer sentir, Calleja escribe: "Si la conciencia y actitud de los defensores de Cuautla fuese con moralidad y dirigida a una justa causa, merecería algún día un distinguido en la historia. Estrechados por nuestras tropas y afligidos por la necesidad manifiestan alegría en todos los sucesos, entierran los cadáveres con repiques en celebración de su muerte gloriosa y festejan con bailes y borrachera el regreso de sus frecuentes salidas, cualquiera haya sido el éxito, imponiendo pena de la vida al que hable de desgracia o rendición. Este clérigo es un segundo de Mahoma, que promete la resurrección temporal y después el paraíso".

Lo cierto es que Morelos ejercía un enorme influjo sobre los suyos. De otro modo, hubiera sido casi imposible resistir tanto y a costa de tan grandes sacrificios. Sus extraordinarias condiciones de caudillo, su valor sobrehumano, y la veneración que sus hombres le profesaban dan a su figura insólitos contornos. Juan, el hijo de Morelos, poseía, según las gentes, un extraño poder de adivino. Esto se unía a la creencia de que Morelos era capaz de resucitar a sus soldados muertos. Se formó así a su alrededor un halo misterioso y reverencial.

A fines de abril, Morelos tiene pensado romper el sitio. Escribe: "A todos los comandantes de Puestos de Línea que las lumbradas [se refiere a las hogueras] de los baluartes estén gruesas. Que tras la avanzada vayan zarpadores, siga luego la vanguardia de Caballería, y detrás de ella, media Infantería, luego, cargamento de Artillería. [...] Que se den velas dobles y se vendan las sobrantes y el jabón. Que se dé a cada enfermo un peso y la mitad del sobrante se traiga. Que se repartan los cartuchos, dos tiros y clavos".

El 1º de mayo Morelos recibe de Calleja un bando con el indulto firmado por las Cortes españolas en nombre de Fernando VII, cautivo de Napoleón. La historia ha sido enriquecida con la respuesta de Morelos: "Concedo igual gracia a Calleja y los suyos". El caso es que al día siguiente los defensores de Cuautla comienzan un sigiloso éxodo.

Bordearon el río amparados por las sombras de la noche. De pronto, arribaron a un cruce, enfrentándose con cincuenta granaderos. Hacen fuego para forzar el paso y lo consiguen, pero el alboroto alerta al resto del ejército realista y el combate se generaliza. Los de Morelos están en campo franco, fuera de sus defensas. Los realistas aniquilan a los grupos indefensos y la caballería encabeza el espantoso festín. Morelos logra salvar su vida gracias al coraje de su escolta, que pelea hasta morir por él.

Calleja y sus tropas ocupan entonces la plaza de Cuautla. Del saqueo emprendido por sus hombres no se salva ni siquiera la iglesia. La desolación es total. Los realistas resultan vencedores, tras un sitio que duró sesenta y dos días. Es 16 de mayo de 1812. Morelos, con un centenar de hombres, se detiene en las inmediaciones, dispuesto a reorganizar sus tropas. Todavía queda mucho por hacer. Al cabo de un mes marcha hacia el sur al frente de casi un millar de hombres. Es entonces cuando los realistas reciben el primer aviso de que Morelos vive y continúa en la lucha. La vanguardia del caudillo, capitaneada por el fiel e intrépido Galeana, el 4 de junio bate al jefe español Cerro en Citlala. Paris, jefe máximo del movimiento realista, repliega sus tropas y le deja el terreno libre.

Morelos presta auxilio a Valerio Trujano, que combatía en Huajuapán de León, decidido a morir peleando debido a la inferioridad de recursos, pero logra atacar con éxito la retaguardia realista.

Una vez más el caudillo rehace sus fuerzas. Los hombres de Trujano engrosan sus filas. Morelos hace su entrada en Tehuacán con 3.500 hombres. Mariano Matamoros, mientras tanto, organiza las tropas y recluta más hombres en las zonas cercanas. Allí estableció su cuartel general, por considerarlo estratégicamente apto. Trujano muere a principios de octubre en una emboscada, lo que constituyó un duro golpe para el caudillo.

El 25 de noviembre, Morelos se encuentra a las puertas de Oaxaca. Esta plaza se hallaba defendida por dos mil hombres. El jefe patriota intimó la rendición, pero no fue aceptada. Tras algunas horas de furioso combate, penetró triunfante en la Plaza Mayor. Transcurrieron dos meses, en los que ocupó y dominó los alrededores, y el 9 de enero de 1813 inició su marcha hacia Acapulco.

A mediados de marzo, tras atravesar y tomar algunos poblados, como era habitual para cubrir la retaguardia, Morelos llegó a las puertas del castillo de San Diego de Acapulco. Tras una semana de combate y de sostenido bombardeo, cercada la plaza y tomado el hospital, intimó la rendición al comandante, capitán Pedro Vélez. Éste respondió: "Sólo los bárbaros capitulan", pese a lo cual, en una pequeña esquela anexa le escribe de su puño y letra una curiosa leyenda: "Política y acertadas medidas le harán llegar a usted al final que desea".

Vélez contraataca y el caudillo ordena repeler la embestida cuando la mayoría de sus tropas estaban embriagadas. La suerte, cuando era el fin, lo acompañó una vez más. En el hospital, bastión principal de la plaza, junto con el castillo de San Diego, explotó una caja de pólvora, hecho que sembró el desconcierto e inclinó la balanza en favor de los rebeldes. Éstos ocuparon el poblado y rodearon el castillo, donde se encontraban los realistas, con el propósito de sitiarlo por hambre, pero el edificio tenía acceso desde el mar, por lo cual recibía auxilio de los barcos. El asedio se prolongaría más de lo previsto.

Intentó Morelos minar la construcción, pero fracasó. Los realistas, por su parte, comenzaban a ser invadidos por el desánimo. Se hablaba de rendición. Morelos estrechó el cerco y por fin, el 20 de agosto, ocupa el castillo. Habían transcurrido siete meses desde la partida de Oaxaca hasta la toma definitiva de Acapulco. Se dice que en la mesa, después de la rendición, Morelos brindó: "Viva España, pero España hermana, no dominadora de América".

Morelos se encaminó hacia Valladolid al saber que sólo la defendían ochocientos hombres, y engañó al Virrey con respecto a sus verdaderos planes. El 23 de diciembre intimó la rendición. Ese mismo día se trabaron en lucha. Galeana y Bravo obtuvieron sendas victorias, pero las fuerzas realistas, que se habían puesto tardíamente en camino, comenzaron a inclinar la balanza en su favor.

Por la noche ocurrió el hecho que cortó la campaña de Morelos. Al coronel realista Agustín de Iturbide, jefe de las tropas del Bajío (en Guanajuato, al norte de la Capital) y conocido como "el Dragón de Fierro", se le ordenó hacer un reconocimiento. Lo llevó a cabo al mando de cuatrocientos hombres. Las sombras lo amparaban, por lo que concibió un plan audaz. Se lanzó sobre el campamento revolucionario. La sorpresa fue inmensa y la confusión, total. Resultó imposible organizar a las tropas para repeler el ataque. Todos se desbandaron. Era, pues, el fin de la carrera militar de Morelos y de la cuarta campaña en Puruarán, donde, lanzado a una última e infructuosa batalla, sufrió un desastre. Corría enero de 1814.

Últimos esfuerzos

La derrota de Puruarán y lo que sobrevino a continuación terminaron con la resistencia de Morelos: los pertrechos capturados por el enemigo, el prestigio pisoteado y el ejército disperso. Lo que había costado tanto esfuerzo se evaporó en poco tiempo. Matamoros cayó prisionero y fueron estériles los intentos que hizo el caudillo para salvar a su bravo lugarteniente. Así, Mariano Matamoros, teniente general de los ejércitos rebeldes, murió en 1814 bajo las balas de un pelotón de fusilamiento. Calleja no aceptó el canje de Matamoros por doscientos prisioneros realistas, como había propuesto Morelos. Las ciudades que éste había tomado comenzaron a ser reconquistadas y el país se convirtió en un gran campo de persecución de los enemigos del gobierno español.

El virrey Calleja decreta "destruir al pueblo que prestase a Morelos el menor auxilio. El pueblo que lo entregare será constituido en villa o ciudad [...] marzo 12 de 1812".

Morelos sólo cuenta con un grupo de hombres que permanecen fieles. Alguien de su entorno le aconseja renunciar al mando. Él se ofrece a servir como un soldado raso. Abandona así la jefatura ante la primera insinuación. Pero los realistas continuaban persiguiéndolo y se ve forzado a huir continuamente, secundado sólo por los cien hombres de su escolta. En una de sus paradas, en Apatzingan, sobre finales de octubre de 1814, estampa su firma en un decreto, que era en realidad una arenga para la libertad del pueblo, y promulga una Constitución provisional. Sigue a esto una gran fiesta en el campo, donde Morelos y su gente bailan y festejan vestidos con las mejores galas.

Morelos recorre el sur con su escolta y se establece en Atijo. Es nombrado miembro del Poder Ejecutivo, aunque sin ejército que comandar. Pero está desolado, ése no es su lugar. Para colmo, Galeana, quizás el más valiente de sus hombres, muere peleando con bravura, como lo había hecho en toda la campaña. Al recibir la noticia, Morelos exclama: "Se acabaron mis brazos... ya no soy nada".

La idea de la independencia entra en un cono de sombra. Algunos esfuerzos dispersos no alcanzan, lejos ya de la fuerza compacta y decidida que había capitaneado el caudillo. Morelos intenta algunos cambios, propósito que logra en el aspecto político. Su visión en este aspecto fue grande y sus concepciones económicas y sociales lo muestran como algo más que un guerrero de excepción.

Rechaza la Constitución jurada en 1814, pues la consideraba impracticable, y pese a ser el único personaje capaz de volver a unir y encauzar las intenciones revolucionarias, tropieza con innumerables escollos.

Pugnaba por un sistema que se adaptara a las necesidades del país. Por fin los legisladores del Congreso, en Chilpancingo, emiten una declaración de independencia y le confieren el mando militar –con el grado de generalísimo del gobierno insurgente– para aunar los grupos independientes, que sin conexión y en forma esporádica intentaban sin éxito una forma de revolución. Y si bien la Constitución le prohibía atribuciones militares, no era posible pensar en otro hombre que pudiera dirigir los ejércitos como él lo había hecho.

Para estar en condiciones de enfrentar la empresa, Morelos debe organizar una expedición, y en un primer momento apenas logra reclutar mil hombres; algunos sin fusiles.

El derrotero que iba a seguir se mantenía en el más estricto secreto. En medio de la noche, parte de Huetamo. Sin embargo, su rumbo llega a oídos realistas. Uno de los generales, Villasana, lo sigue, primero a buena distancia por espacio de varios días, y luego desde más cerca, y en ocasiones está casi a punto de darle alcance.

Morelos decide al fin cesar en su huida silenciosa y presentar combate. A esa altura, sólo contaba con dos cañones. Era una partida desigual. En poco tiempo de lucha comienza la persecución de los vencidos. Finalmente, Morelos, solo y sin armas, se enfrenta a un oscuro teniente de apellido Carrasco, que lo apresa. Terminan así tres años en los que el cura Morelos había mantenido el control de la mayor parte de la zona sudoeste de México. Tras su detención, el Congreso independentista se disolverá y el movimiento revolucionario quedará desarticulado durante varios años. Se cierra de esta manera el primer capítulo para la conquista de la independencia en el virreinato de Nueva España.

Las fuerzas del Virrey ansiaban para Morelos un castigo ejemplar. No bastaba con fusilarlo en el campo de batalla. Lo llevan a México, custodiado por el general Manuel de la Concha. En el camino, multitudes se agolpaban para contemplar de cerca al mítico prisionero. Al llegar, fue conducido a las cárceles secretas de la Inquisición.

Se realiza el juicio. Morelos es procesado por una Junta de Seguridad y un tribunal de la Inquisición. El prisionero responde con desdén a los veintiséis cargos en su contra. La Iglesia lo destierra y lo excomulga, y lo declara hereje y traidor; el gobierno realista lo degrada. El 20 de diciembre de 1815 el general Calleja lo condena a la pena capital y el general Concha será el encargado de la ejecución.

Dos días más tarde, con la sola compañía del padre Salazar y un oficial, parten hacia San Cristóbal de Ecatepec, cerca de la ciudad de México. Su ánimo se mostraba imperturbable, lo mismo que durante todo el proceso. Pidió fumar un puro, y se dispuso a morir. Echó una mirada a su reloj y tomó su cruz. Comenzó a caminar, arrastrando los grilletes. Llevaba un pañuelo atado en la frente. Con la punta de la espada, el oficial le señaló el lugar de la ejecución. Rechazó la venda que pretendieron ponerle sobre los ojos. Se hincó, de espaldas al pelotón; las cuatro descargas no lograron darle muerte. Se oyeron cuatro disparos más...

El padre Salazar lo cubrió con su capa. Morelos había muerto.

Benito Juárez

1806-1872

Un descendiente de indios que se convirtió en héroe nacional

Los Reyes de España, durante los tres siglos de dominación del Virreinato de Nueva España, impusieron un sistema de instituciones políticas, económicas, sociales y religiosas que habrían de constituir un obstáculo en el desarrollo del Imperio Mexicano, tal como figura en su Acta de Independencia dictada por una Junta Soberana, reunida en la capital el 28 de septiembre de 1821.

Dos curas, Miguel Hidalgo y Costilla y José María Morelos y Pavón, escudados en la imagen de la venerada Virgen de Guadalupe, acometieron la primera etapa de la emancipación hasta morir fusilados, en 1811 y en 1815 respectivamente.

Les sucedieron jefes y variadas alternativas, hasta que el 27 de septiembre de 1821, Agustín de Iturbide, acompañado por Vicente Guerrero y Victoria, entró en la ciudad de México y se hizo coronar emperador Agustín I. Jefe de los criollos blancos, prometió cumplir con el llamado Plan de Iguala (o de las Tres Garantías), afirmando la religión, la independencia y la unión. Provocó la evacuación de las tropas españolas y proclamó la independencia de México. Las reformas, sin embargo, no fueron las mismas por las que habían luchado Hidalgo y Morelos; el ejército y el clero resultaron los verdaderos beneficiarios, pues preservaron sus privilegios especiales. Iturbide duró poco tiempo; se lo destronó y se impuso, en 1823, un sistema republicano.

Apareció en esta década una figura de energía imparable, Antonio López de Santa Anna, quien aprovechando la indecisión reinante llegará a ser el caudillo populista y dominará la política mexicana durante más de un cuarto de siglo. Santa Anna se transformó en un dictador implacable: fue presidente y dejó de serlo en siete ocasiones, entre 1833 y 1855. De esta época, jalonada de intrigas, levantamientos y conjuras que, de algún modo, cimentaron la República, surgiría la Reforma, y con ella, la presencia y la vigencia de un nuevo líder: Benito Juárez.

Los zapotecas

Los progenitores de Juárez pertenecían a la etnia zapoteca, grupo indígena con alto nivel cultural antes de la llegada de los conquistadores españoles. Quedan todavía de esta importante civilización, ciudades tan colosales por su herencia arqueológica como Monte Albán, montaña de mediana altura que domina el punto de unión de los valles de Zaachila y Oaxaca, donde se yergue actualmente la capital del Estado de Oaxaca. Por las excavaciones hechas a comienzos de 1930 se sabe que antes de los zapotecas vivieron en esa zona los olmecoide, a quienes se deben muchas de las construcciones y los famosos relieves de los danzarines que se conocen como "los danzantes", ya que las posturas de las figuras humanas sugieren que se encuentran bailando. Esta cultura existió, posiblemente, en los primeros seis siglos de nuestra era.

Los zapotecas llegaron a Oaxaca en el segundo período y construyeron la mayor parte de los edificios sobre terrazas. El apogeo de su cultura se produjo entre el año 100 y el 800 de nuestra era, coincidiendo con el esplendor de Teotihuacán en el centro del actual México: templos, palacios, adoratorios, plazas, juegos de pelota y otras edificaciones que aún pueden contemplarse dan fe de ello. También construyeron urnas funerarias de cerámica cuyos decorado y talla permiten hablar de un estilo barroco que recuerda a la cultura mexicana de la meseta. Además, refinados orfebres en oro fabricaron collares, pendientes, aros y anillos a los que agregaron jade o turquesa.

El gran orgullo de los zapotecas, que aún puede respirarse en las calles de Juchitán o Huajuapán, en el istmo de Tehuantepec, es su tradicional defensa de la independencia cultural: ni el imperio azteca ni los conquistadores españoles, así como tampoco, tiempo después, los enviados del emperador de Francia Napoleón III, lograron doblegar su autonomía. Un zapoteca serrano, Benito Pablo

Juárez García, fue presidente de la República y, por sobre todo, el hombre que encarnó el rechazo a la intervención francesa.

Casamiento y estudios

Benito Juárez nació el 21 de marzo de 1806 en San Pablo Guelatao, jurisdicción de Santo Tomás Ixtlán, en la Sierra de Oaxaca. Sus padres, Marcelino Juárez y Brígida García, eran indios zapotecas puros. Murieron cuando el niño sólo contaba tres años, un año antes de que el padre Hidalgo liderara la revolución. Quedó al cuidado de sus abuelos, los Juárez, quienes al fallecer dejaron a Benito al cuidado del tío paterno Bernardino, quien lo empleó en el pastoreo de sus rebaños. Severo en el trato, lo castigaba corporalmente e hizo que su sobrino escapara a los doce años. El joven se dirigió a pie −una distancia de ochenta kilómetros− a la capital de Oaxaca y llegó a la casa de Antonio Maza, donde trabajaba una de sus hermanas; ahí pasó un breve período.

Conoció a Margarita, la hija de don Antonio de diecisiete años, a quien pediría más tarde en matrimonio, concretándose el 31 de julio de 1843 en el templo de San Felipe Neri. Margarita Maza, bien parecida, rica y perteneciente a una de las familias más encumbradas de Oaxaca, fue la elegida por Benito Juárez, quien, en contraposición, en su condición de indio zapoteca no poseía fortuna ni atractivo físico. Tuvieron doce hijos, y según las palabras de ella, envueltos con el cariño de un padre y marido ejemplar.

Al dejar el hogar de los Maza el 7 de enero de 1819, posiblemente por gestión de don Antonio, Juárez se empleó en la pequeña casa de un encuadernador, culto y liberal, perteneciente a la orden seglar de San Francisco; don Antonio Salanueva. Benito se ocupó de labores domésticas y servicios personales. Fue entonces cuando recibió las primeras lecciones de español, pues hasta entonces sólo había conocido la lengua natal de sus padres. Su protector le enseñó educación religiosa y lo colocó en el Seminario de Santa Cruz, cuyo sistema era el de la catequesis, la memorización.

No conforme con la escuela, Juárez decidió seguir estudiando por su cuenta, con la ayuda de Antonio Salanueva y la pequeña biblioteca que tenía en una habitación. Avanzaba como autodidacta pero recordaba las palabras de su tío Bernardino, quien le había aconsejado seguir la carrera militar o el sacerdocio. Optando por esta última alternativa, ingresa en el Seminario Conciliar de la Cruz como seminarista. La Iglesia católica, por entonces, tenía el monopolio de la educación en Nueva España y el control total de la población en la zona rural. Cuando en 1826 se fundó el Instituto de Ciencias y Artes en Oaxaca, de ideales liberales y conformación civil, y sin dependencia de la Iglesia, Juárez decidió ingresar en él, lo que concreta en 1828.

En aquellos años, en la mayor parte del territorio mexicano se enfrentaban los liberales, liderados por Miguel Méndez y llamados con el apodo de "vinagre", y los conservadores, denominados "aceite". Los grupos conservadores clericales consideraron que el Instituto de Ciencias y Artes de Oaxaca era una casa de prostitución y que sus maestros eran herejes, a pesar de que algunos de ellos eran clérigos. Fue, en efecto, el lugar donde la juventud se alejó del dogmatismo del seminario.

Juárez fue nombrado regidor en 1831, diputado dos años después y consiguió el primer título de abogado de esa casa de estudios en 1834, donde luego fue profesor en las cátedras de Física y Derecho Civil, y en 1852, director. En enero de 1855 el Instituto cambiará su nombre por el de Universidad Autónoma Benito Juárez de Oaxaca.

Si bien en su formación intelectual recibió la influencia de su protector el padre Antonio Salanueva, leyendo las obras de Benito Jerónimo Feijoo –un escritor español representante de la primera fase de la Ilustración– y las Epístolas de San Pablo, en realidad Juárez fue un hombre que se hizo a sí mismo con perseverancia y aprovechamiento sobresaliente. Su libro de cabecera fue *México como nación independiente y libre*.

Juárez tenía conciencia de la necesidad de crear una sociedad más igualitaria y este principio lo guiaría para consolidar su proyecto liberal de gobierno, proyecto que sostenía como miembro de las logias masónicas, en las que militaba con el representativo seudónimo de "Guillermo Tell", aquel legendario patriota suizo del siglo XIV.

Su figura

No medía más de un metro y medio. Los rasgos de su cara eran de líneas enteras a planos fuertes y netos, acentuando sus características indígenas. Ojos de azabache, de mirada fija y penetrante. Reservado, poco conversador, sin carisma personal. Impenetrable, propio del origen étnico, vestía, de preferencia, ropas oscuras. Uno de sus placeres máximos era el tabaco y la ternura que brindaba a su mujer e hijos, de quienes recibiría el reconfortante remanso a su agitada vida pública.

Prefería no pronunciar discursos pues su palabra no era brillante, si bien la sinceridad con que se expresaba convencía a los que lo escuchaban.

Su mayor preocupación fue transformar el arcaico sistema educacional que imperaba en México para lograr el cambio de la sociedad. Ya como gobernador de Oaxaca, y luego como presidente de la República, mandó construir numerosas escuelas y experimentar, en la práctica, los más modernos sistemas pedagógicos, que prepararían a los ciudadanos para enfrentar un futuro de progreso. En su presidencia impuso la educación primaria gratuita y obligatoria.

Ya había demostrado su posición contra las pretensiones del partido político clérigo-militar desde 1831, cuando fue nombrado regidor del Ayuntamiento (Cabildo) de la capital de Oaxaca y, durante un corto tiempo, como miembro de la Corte de Justicia. Decía: "El poder de las clases privilegiadas es funesto, y que el clero ha basado su poder en el fanatismo que hace a la sociedad desgraciada". En igual sentido, su actuación como abogado le valió difíciles situaciones, como ser encarcelado por nueve días y obtener la libertad bajo fianza.

Sería siempre un defensor del respeto a la Ley –con mayúscula, como él decía– como el primer paso para el bienestar de la sociedad; la observancia del ordenamiento jurídico por parte de los gobernantes como la única forma de legitimarse como tales.

El político

Hacia 1830 era profesor sustituto en el Instituto y, un año después, había comenzado la práctica del Derecho, en el estudio de

Tiburcio Cañas. A principios de 1834 se graduó como abogado y, años más tarde, en 1841, fue nombrado juez civil y de hacienda. Desde el comienzo de la década de 1840, Juárez da la impresión de haberse distanciado de su anterior militancia reformista. Sin embargo, en 1844 se lo nombra secretario de gobierno del conservador general Antonio León; poco después, fiscal de su departamento, y en 1846, diputado nacional.

Mientras en Oaxaca los liberales perdían terreno en la confrontación política de reformas federalistas, en el Norte se libraba la guerra entre México y los Estados Unidos, cuyo expansionismo pretendía anexar más y más territorios históricamente mexicanos. Los Estados Unidos declaran la guerra y atacan en 1846 por Monterrey, Saltillo, la Alta California y el puerto de Veracruz, alcanzando, merced a su superioridad técnica y de armamento, la capital federal en septiembre de 1847. La lucha desembocará en el tratado de Guadalupe-Hidalgo, de 1848, que fijó el río Bravo (o Grande del Norte) como límite con Texas, Estado que pasó a pertenecer a la Unión.

La guerra volvió a modificar el mapa político local. En octubre de 1847 Juárez es elegido gobernador de su pueblo natal. Sus primeros actos demostraron que trabajaría a favor del pueblo, del que procedía: "Hijo del pueblo –aseguró entonces–, yo no lo olvidaré, por el contrario, sostendré sus derechos, cuidaré que se ilustre... que abandone los vicios y la miseria a que lo han conducido los hombres, que sólo con sus palabras se dicen sus amigos y sus libertadores, pero que con sus hechos son sus más crueles tiranos".

Si bien buscó la colaboración del clero y de los conservadores, al mandar construir cientos de escuelas primarias y ocho establecimientos normales, además de luchar porque las niñas y jovencitas asistieran a clases, se ganó que la Iglesia católica lo mirara con recelo por competir en lo que hasta entonces había sido su completo monopolio: la enseñanza. También trazó caminos y planes para estimular la producción agrícola; creó una casa de moneda e impulsó la minería. Mejoró las armas y pertrechos reorganizando la Guardia Nacional y nombrando un nuevo comandante.

En agosto de 1852 Juárez terminó su período de gobernador. Pasó a desempeñarse como director del Instituto de Ciencias y Artes, donde además dictaba la cátedra de Derecho Civil. El caudillo Antonio López de Santa Anna, que entre 1853 y 1855 gobierna nuevamente el país, era el líder populista convocado a imponer un poder dictatorial en ese tiempo de confusión posterior a la guerra, sostenido y apoyado por los grupos conservadores más recalcitrantes.

Juárez es arrestado en 1853 acusado por su defensa de la causa liberal. Deambula de prisión en prisión hasta que se le otorga un pasaporte para embarcarse rumbo a Europa, exiliado. Al llegar a La Habana, se dirige a Nueva Orleáns para reunirse con otros adversarios de Santa Anna. Los exiliados conspiran y esperan su oportunidad, manteniéndose con las labores más serviles.

Allí Juárez se relaciona con intelectuales como Santacilia, Mata, Montenegro, Ponciano Arriaga y Melchor Ocampo, quienes con mayor ilustración lo introdujeron en las bondades del pensamiento liberal. Conforma con ellos una Junta Revolucionaria. Después de dieciocho meses de exilio, Benito Juárez llega por mar a Acapulco.

El 4 de octubre de 1855, Juan Álvarez, símbolo de la unidad, fue elegido presidente. En el gabinete, Juárez ocupó el cargo de ministro de Justicia e Instrucción Pública. Le había llegado la hora de ser figura prominente de la República de México.

El presidente Álvarez y su gabinete estaban resueltos a hacer del país un Estado republicano, federal, democrático y laico. En lo social, deseaban acabar con los privilegios, estableciendo la igualdad jurídica; a la Iglesia buscaron suprimirle su fuerza económica y en lo cultural, dar prioridad a una enseñanza que formara dirigentes aptos para cumplir lo proyectado. A tal efecto, se dictó una serie de leyes y se prepararon para cambiar la Constitución. Juárez participó además de la presidencia de la Corte Suprema de Justicia.

El 23 de noviembre de 1855 se dictó lo que se conoce como la Ley Juárez, por la cual desaparecieron los tribunales especiales, excepción hecha de los eclesiásticos y militares, pero sin jurisdicción en el plano civil. Don Benito comenzó la tarea de redactar una nueva Constitución, lo que provocaría una serie de redefiniciones y realineamientos políticos.

La Reforma

Comenzaron en este punto las diferencias dentro del elenco gubernamental y Álvarez debió renunciar. Ocupó la presidencia de la Nación Ignacio Comonfort, quien pretendió hacer un gobierno de centro. Varios gobernadores, incluido Juárez, se opusieron. Juárez pasó a ser, por segunda vez, gobernador del Estado de Oaxaca en 1856, electo por abrumadora mayoría. Logró conseguir que en su Instituto de Artes y Ciencias se comenzara a enseñar una ciencia militar para que los graduados civiles, en caso de necesidad, pudieran realizar tareas castrenses. Gracias a su gestión, se logró incorporar el istmo de Tehuantepec a Oaxaca.

En 1857, con la Constitución reformada por una mayoría liberal y el Estado organizado como una república federal y democrática, se adoptó el sistema unicameral que dio hegemonía al Poder Legislativo sobre el Ejecutivo y el Judicial. Por entonces, Benito Juárez era presidente de la Suprema Corte de Justicia, cargo que conllevaba el de vicepresidente de la Nación, ya que la Constitución establecía que en caso de ausencia del jefe de Estado, el presidente de la Corte ocuparía su lugar.

El general Ignacio Comonfort, revalidado como presidente por la Convención Constituyente, consideró que la Constitución y las leyes que se habían dictado no coincidían con el sentimiento del país. Lo acompañaban los conservadores y clericales, que tildaban las nuevas medidas de heréticas y acusantes de la intolerancia religiosa.

Comonfort, acompañado por el general Zuloaga, antes partidario de Santa Anna, dio un golpe de Estado y desconoció la Constitución, provocando el inicio de lo que se conoce como la Guerra de la Reforma.

Las guarniciones de la capital de México y Tacubaya desconocieron al Presidente, que huyó a los Estados Unidos. El líder oaxaqueño apareció en la ciudad de Guanajuato y desde allí emitió un manifiesto a la Nación: en su calidad de presidente de la Corte Suprema de Justicia, de acuerdo con lo dispuesto por la Constitución, asumía la presidencia de la República. Nombró al general Santos Degollado jefe del ejército de la Constitución. El empuje militar de los conservadores, sin embargo, lo obligó a buscar refugio nuevamente en el extranjero.

En mayo de 1858 –con el visto bueno de los Estados Unidos– desembarca en Veracruz e instala allí su gobierno. En este ambiente de luchas y persecuciones, de enfrentamientos armados, con escasez de recursos tanto para liberales como para conservadores, Juárez dicta las "leyes de la Reforma". Desde el puerto ubicado en el Golfo de México, el 12 de julio de 1859 fue sancionada la ley de nacionalización de los bienes eclesiásticos, que le quitó a la Iglesia su poder económico, y el 28 de julio, la ley de matrimonio civil. También, la ley para la secularización de los cementerios, que antes estaban en poder del clero y lo beneficiaban con fuertes ingresos económicos. El 11 de agosto, la ley sobre días festivos y prohibición de asistencia oficial a la iglesia. El 4 de diciembre se aprueba la ley sobre libertad de cultos; el 2 de febrero de 1861, la de secularización de hospitales, y el 26 de febrero de 1863, la supresión de comunidades religiosas, convirtiéndolas en hospitales. Todas estas medidas hicieron que Juárez fuese tachado de hereje por los sectores conservadores y clericales, quienes pretendían darle al conflicto el carácter de guerra religiosa.

Entre 1858 y 1867 hubo, en síntesis, dos gobiernos en México: el de Juárez, liberal, y el encabezado alternativamente por los generales clericales Félix Zuloaga y Miguel Miramón, conservador.

Los Estados Unidos reconocieron el gobierno de Juárez en abril de 1859 y España, en septiembre, al de los conservadores. Desde el verano de 1860 la lucha entre gobiernos favoreció a los liberales, que obtuvieron el triunfo en Silao el 10 de agosto. El 22 de diciembre deciden a su favor la Guerra de la Reforma en la batalla de San Miguel Calpulalpan, provocando la huida del país del jefe conservador, general Miramón. El 1º de enero de 1861 las tropas de los liberales entraron en la Capital.

El presidente Juárez

Al instalarse en la capital de México, Benito Juárez puso inmediatamente en funcionamiento el Congreso, expulsó a todos aquellos que hubieran intervenido contra su gobierno y, luego, fue elegido presidente constitucional.

Producto de la guerra, la situación financiera era caótica. Juárez decidió suspender el pago de la deuda externa por dos años. Los países acreedores, Inglaterra, Francia y España, rompieron relaciones diplomáticas con México, por no cumplir con lo que se les debía: 73, 30 y 10 millones de pesos, respectivamente. El 31 de octubre de 1861 los tres países acreedores firmaron la Convención de Londres y enviaron sus flotas a los puertos mexicanos del Atlántico. El 15 de diciembre de 1861 desembarcaron en Veracruz 6.200 soldados españoles, y a principios de enero llegaron 3.000 franceses y 800 ingleses. La operación tripartita ocupó la Aduana para cobrarse compulsivamente la deuda.

El presidente Juárez envió una delegación diplomática para evitar la guerra. Llegaron a un acuerdo pacífico, hecho que significó un importante triunfo político para el Presidente pues reconocían de esa manera la legitimidad de su gobierno.

La Francia imperial, gobernada por Napoleón III, se mostró intolerante y el comandante en jefe francés rompió las hostilidades en abril de 1862. El 5 de mayo, en el sitio de Puebla, el general Zaragoza venció y con este triunfo México recobró su dignidad y el respeto internacional. Sin embargo, después de esa primera victoria el ejército republicano de Juárez sufrió varias derrotas a manos de las tropas monárquicas, a las que se sumaron grupos conservadores y clericales. El ejército alzado contra Juárez llegó a tener cerca de treinta mil hombres.

El 29 de mayo de 1863 Juárez evaluó la situación con sus ministros y generales y comprendió que con su ejército –de 5.800 hombres– no podría resistir. Abandonó la Capital y se trasladó a San Luis de Potosí para asentar allí el gobierno e iniciar una guerra de guerrillas.

El enemigo francés llegó a la Capital de México y procedió a nombrar una Junta Provisional de gobierno. Constituida una Asamblea Nacional, se estableció una monarquía hereditaria y moderada. Los miembros de aquella Junta de Notables enjuiciaron duramente a Juárez: "Ha sido nuestro enmascarado verdugo, que se lisonjea de simbolizar el tipo más perfecto de patriotismo". Entre noviembre y diciembre de 1862 el ejército francés había ocupado casi todo el país. La corona le fue ofrecida al príncipe católico, archiduque de Austria, Fernando Maximiliano de Habsburgo, elegido por Napoleón III.

En febrero de 1864 Maximiliano le escribió a Juárez invitándolo a unirse a su gobierno, cosa que Juárez rechazó de modo categórico. Aunque escaso de armas y acechado permanentemente por las tropas francesas, el Presidente en el exilio, por el contrario, dictó una ley por la cual todo aquél que sirviera a la causa monárquica sería acusado de crimen de alta traición. En su peregrinaje nómada por el norte del país, en todas las ciudades en que entraba era recibido con vítores y agasajos. Juárez se convirtió así en un emblema nacional: "La causa de México no ha sucumbido. En cualquier punto de la República en que existan hombres empuñando armas y el pabellón nacional, existirá la patria".

En septiembre de 1865 Juárez terminaba su mandato y debía entregar la presidencia a un sucesor o bien, en uso de las facultades extraordinarias que tenía otorgadas, debía prorrogarlo. El 8 de noviembre, en vista de la situación, prorroga el período presidencial.

Napoleón III no cumplió con los compromisos contraídos con Maximiliano. En julio de 1866 el Imperio comienza a retirar sus tropas ante la inminencia de un conflicto con Prusia. El ocupante del trono mexicano quedó prácticamente solo y, a pesar de su compromiso liberal, buscó respaldo en el clero mexicano. Las fuerzas invasoras comenzaron a abandonar el territorio. En marzo de 1867 salían los últimos hombres para Europa. El archiduque Maximiliano se puso al frente de su ejército en Querétaro y las fuerzas republicanas pusieron sitio a la ciudad. Hecho prisionero, Maximiliano de Austria, emperador de México, y sus lugartenientes fueron juzgados. La ley del 25 de enero de 1862 condenaba a muerte a todo aquel que atentara contra la independencia nacional. La pena se hizo efectiva el 19 de junio de 1867; Maximiliano, Miguel Miramón y Tomás Mejía fueron fusilados en el Cerro de las Campanas, en Querétaro.

El ejército republicano entró en la capital el 21 de junio y el 15 de julio el presidente Juárez realizó un Manifiesto, del que extraemos algunos fragmentos: "Mexicanos: El Gobierno Nacional vuelve hoy a establecer su residencia en la ciudad de México, de la que salió hace cuatro años. Llevó entonces la resolución de no abandonar jamás el cumplimiento de sus deberes tanto más sagrados, cuanto mayor era el conflicto de la nación. Fue con la segura confianza de que el pueblo mexicano lucharía sin cesar contra la inicua invasión extranjera, en defensa de sus derechos y de su libertad. [...]

"Mexicanos: Encaminemos ahora todos nuestros esfuerzos a obtener y a consolidar los beneficios de la paz. Bajo sus auspicios, será eficaz la protección de las leyes y de las autoridades para los derechos de todos los habitantes de la República. [...]

"Que el pueblo y el Gobierno respeten los derechos de todos. Entre los individuos, como entre las naciones, el respeto al derecho ajeno es la paz."

Después de la caída del Imperio los cambios de sistemas de república a imperio y, otra vez, a república, dieron lugar a la presencia de nuevos caciques en los pueblos. Los generales en sus lugares de mando y hasta los gobernadores en sus Estados habían actuado de acuerdo con su parecer, y allí la fuerza pudo más que el equilibrio y el respeto a la ley y a los derechos de los demás. Para Juárez, retomar las riendas del gobierno era una tarea ciclópea. Todos lo atacaban, incluidos el Congreso y la prensa, hasta llamarlo tirano, por la necesidad imperiosa en que se encontró de centralizar el poder. Su origen indígena, que lo armó de un temple especial y le forjó un espíritu paciente e imperturbable, lo reconfortó, haciéndolo casi inmune a esas críticas y permitiéndole proseguir su plan de consolidación de las autoridades en el estado de derecho.

Pretendió reformar la Constitución mediante un sistema plebiscitario, aplicándolo en el llamado a elecciones en 1867. En dicha convocatoria, se sometía a la voluntad popular. Como buen creyente del dogma católico, devolvió el derecho político a los clérigos, para demostrar que las reformas no iban dirigidas a una contienda religiosa y que estos prelados eran también ciudadanos y no debían explotar su condición de víctimas.

El liberalismo fue la doctrina política que logró consolidar al Estado mexicano. No fue un liberalismo democrático; fue una minoría elitista que lo aplicó verticalmente, dentro de un modelo autoritario totalmente antipopular. Benito Juárez centralizó el poder: controló el ejército a través de sus generales de mando; morigeró los poderes de la Cámara de Diputados y decidió sobre el nombramiento de los gobernadores.

Sufrió varios ataques de corazón, que no atendió como correspondía, dedicado hasta el último día a las funciones públicas. En 1871 falleció su esposa y ese mismo año fue reelecto en medio de duras divisiones políticas: del partido liberal se desprendían nuevos sectores encabezados por antiguos correligionarios, como Lerdo de Tejada —que originará el "lerdismo"— y Porfirio Díaz, posterior dictador de México durante más de tres décadas.

En la noche del 17 de julio de 1872, luego de varias audiencias, pidió a su familia que se fuera a reposar. Hacia la madrugada, en soledad, como era su costumbre, falleció en su dormitorio del Palacio Nacional.

Junto a Morelos e Hidalgo, ambos párrocos, padres de la independencia mexicana, se ha incorporado la imagen de Benito Juárez en el panteón de los héroes de América latina. Una de sus memorables frases resume su pensamiento básico: "Todo lo que México no haga por sí mismo para ser libre, no debe esperar, no conviene que espere, que otros gobiernos de otras naciones hagan por él".

Francisco "Pancho" Villa

1878-1923

El Centauro de la Revolución

*"El trabajo honesto es más importante que la lucha
y sólo el trabajo honesto crea buenos ciudadanos."*

Este personaje, destinado a convertirse en uno de los líderes de la Revolución Mexicana, vio por primera vez la luz en San Juan de Río (Durango) en el año 1878, muy posiblemente el 5 de junio.

Poco es lo que se conoce de su primera infancia, aunque se sabe que recibió por nombre Doroteo Arango Quiñones. Muy pronto quedó huérfano. Ya en los albores de la adolescencia, cuando contaba apenas dieciséis años, ocurrió un hecho que marcaría su futuro. Por defender a su hermana Martina fue objeto de una primera persecución. A partir de entonces, Doroteo Arango debió esconderse en la sierra, inicio de las correrías que caracterizarían su existencia.

Pasado un tiempo adoptó el nombre de Francisco Villa por ser ése el apellido de su abuelo Jesús. "Cuando empezaron a ser cada día más constantes las persecuciones que me hacían –explicó cierta vez–, cambié el de Doroteo Arango por este de Francisco Villa que ahora tengo y estimo como más mío. Pancho Villa empezaron a nombrarme todos, y casi sólo por Pancho Villa se me conoce en la fecha de hoy."

El grupo inicial

En 1910 Francisco Villa se suma a la revolución capitaneada por Francisco Madero, contra la dictadura de Porfirio Díaz, que se mantenía en el poder, casi sin interrupciones, desde 1876. Con un pequeño grupo partió de Chihuahua y bajó de la Sierra para tomar el pueblo de San Andrés, sin que fuera menester entrar en combate. Los pocos hombres que lo seguían se convirtieron en un ejército de más de trescientos cincuenta reclutas en poco tiempo.

Una semana más tarde, alentados por el triunfo obtenido, tomaron el pueblo de Santa Isabel. Triunfaron una vez más y repitieron el éxito en San Andrés, nombrando las nuevas autoridades revolucionarias; ya contaba con quinientos hombres. Decidió, pues, marchar rumbo a Chihuahua. La suerte no lo acompañó. Estaba en camino cuando se enfrentó con las fuerzas de la Federación, superiores en número y mejor equipadas, las que lo derrotaron en el Bajío de Tecolote.

Villa enarbolaba la bandera revolucionaria en los pueblos conquistados, mientras las fuerzas federales iban pisándole los talones. Poco después recibió una invitación del líder opositor Francisco Madero para una entrevista. La relata el propio Villa: "Me dijo él: ¡Hombre, Pancho Villa, qué muchacho eres! ¡Y yo que te creía viejo! Quería conocerte para darte un abrazo y por lo mucho que se habla de ti y por lo bien que te estás portando".

A fines de 1911, siendo ya Madero presidente de México, y mientras Villa residía en Chihuahua, recibió un recado del primer magistrado en el que lo invitaba a una nueva entrevista. En ese encuentro le encargó una misión en México, dividido su territorio en dos zonas a poco de estallar la Revolución, una meridional y otra septentrional.

"El Charro" Emiliano Zapata

Se encontraba a la cabeza de la primera región, que abarcaba el Estado de Morelos y sus zonas de influencia, el célebre Emiliano Zapata, ranchero poseedor de estudios y de buena posición económica, dueño de una tropilla de caballos, símbolo de poder. Al decir de Octavio Paz, Zapata "era un charro entre los charros". Su objetivo político era restituir las tierras usurpadas por los hacendados a sus primitivos dueños.

La segunda zona, la septentrional, con centro y base en Chihuahua, estaba encabezada por el no menos célebre Pancho Villa.

En Chihuahua, Villa mantuvo las primeras conversaciones sobre la democracia con Abraham González. Diría más tarde: "Allí oí su voz invitándome a la Revolución que debíamos hacer en beneficio de los derechos del pueblo... Allí comprendí una noche... que el pleito que yo había entablado contra los que nos perseguían, amancillaban a nuestras hermanas, podía servir para algo bueno... y no sólo para andar echando balazos en defensa de la vida... Allí sentí de pronto que las zozobras y los odios amontonados en mi alma durante tantos años de luchar y sufrir, se mudaban en la creencia de que aquel mal tan grande podía acabarse, a cambio, si así lo gobernaba el destino, de la sangre y la vida... Allí escuché por primera vez el nombre de Francisco Madero. Allí aprendí a quererlo y a reverenciarlo pues venía él con su fe inquebrantable y nos traía su luminoso Plan de San Luis, y nos mostraba su ansia de luchar, siendo él un rico, por nosotros los pobres y oprimidos".

Tiempo después, con algo más de quinientos voluntarios, y por indicación del presidente Madero, se puso a las órdenes del general Victoriano Huerta, impuesto como jefe del ejército maderista. Combatió contra las tropas de Pascual Orozco, su antiguo aliado, y logró vencerlo en Tlahualilo. Los combates contra las tropas orozquistas se sucederán y a Villa lo ascienden a general brigadier.

Prisión y fuga

La lucha contra los colorados de Orozco recrudecía y Villa peleaba codo a codo con los generales Rabago y Emilio Madero, los jefes del ejército de Huerta. Según palabras del propio Villa, era un hombre que sabía mandar "aunque se daba a la bebida desde las siete de la mañana y casi nunca andaba en su cabal juicio".

A pesar del destacado desempeño que había tenido en la campaña contra las fuerzas de Orozco, algunos nubarrones transitaron por la mente del general Huerta contra Pancho Villa. Lo mandó buscar y, una vez en el cuartel general, lo obligó a entregar sus armas; luego fue conducido por una escolta con la evidente intención de fusilarlo. No comprendiendo la causa, pasan por la cabeza de Villa sucesivas imágenes: primero el enojo, después la indignación y el desconcierto.

Próximo a ser pasado por las armas, intercedió el coronel teniente Guillermo Rubio Navarrete, quien ordenó la suspensión de la ejecución por "orden del general". De nuevo ante Huerta, de una

49

manera ambigua y evasiva éste exclamó: "Lo mandé fusilar porque así me lo requiere mi honor militar". Después de esto, hizo formar a la tropa. Villa se despidió de sus hombres, ignorando adónde lo enviaban, con estas palabras: "Soldados de la libertad: la gratitud mía para ustedes es cosa que yo no podría expresar con palabras... Han sido buenos soldados y leales amigos... Ignoro la suerte que me espera, pero cualquiera sea, yo les recomiendo fidelidad al gobierno del señor Madero. Si he de morir, al menos saber por qué".

Partió preso con una escolta. Pasaron por Monterrey, cruzaron Potosí y finalmente llegaron a la Capital, donde debía ser juzgado. Allí Villa se entera de las acusaciones. El juez a cargo le informó que debía juzgarlo por el saqueo del pueblo de Parral y su insubordinación contra Huerta. Durante los cuatro meses siguientes se comprobó fehacientemente que Villa estaba autorizado a reclamar ayuda de los ciudadanos de Parral. A pesar de lo cual, continuó incomunicado en la penitenciaría. Fue trasladado tres meses después a la prisión militar de Santiago de Tlatelolco. Allí trabó relación con un empleado que le propuso que se fugara. Tras breve reflexión, Pancho Villa decidió huir; sabía que Huerta –que se alzaba con un proyecto de imponer una dictadura personal con el apoyo del embajador de los Estados Unidos, Henry Lane Wilson– no cesaría de perseguirlo, mientras Madero se desentendía de lo que pudiera ocurrirle.

Consiguió varios caballos y, acompañado por nueve hombres incondicionales, cruzó una vez más la frontera por el río Bravo. Al cabo de pocos días había reunido alrededor de cuatrocientos seguidores. Sabía que al final del camino enfrentaría al general que lo había mandado fusilar. Victoriano Huerta ya había cambiado de bando y para entonces se proponía derrocar a Madero.

Llegado a Casas Grandes, Villa se cruzó con el ejército enemigo, que marchaba al mando de José Salazar. Villa esperó la noche y ordenó el ataque: "Muchachitos, nadie me da un paso atrás. No parar hasta vernos en los cuarteles". Allí obtiene la victoria y ordena fusilar a los sesenta prisioneros que había tomado. Entretanto, en febrero de 1913 las fuerzas de Huerta asesinan al presidente Madero y su vicepresidente, y se hacen del poder para desatar una violenta represión.

Villa volvió a Torreón dispuesto a avanzar sobre Zacatecas, pero recibió un telegrama de Venustiano Carranza, ex gobernador de Coahuila y líder de la Revolución desde el asesinato del Presidente, en el que le comunicaba que el general Pánfilo Natera concretaría el ataque a esa ciudad y que le mandara un refuerzo de "no menos de tres mil hombres" para apoyar la acción. En conferencia telegráfica, Villa preguntó a Carranza si quería que él, con la división a su mando, "fuera a quedar bajo las órdenes de Arrieta o Natera, y si ha de ser deber mío tomar plazas para que otras entren a ellas y las consideren conquistas suyas". En respuesta, Carranza le ordena: "Procederá usted a despachar la ayuda conforme le ordeno". Villa, desanimado y viendo que el hombre en quien confiaba lo rebajaba a un lugar secundario siendo él un general, tal vez el más victorioso de la Revolución, le contesta: "Señor, estoy resuelto a retirarme del mando de esta División. Sírvase decirme a quién la entrego".

Los generales de la División del Norte, leales a su persona, rehusaron nombrar a otro. Lo reintegran en el mando y deciden atacar Zacatecas. Carranza difunde la noticia de que Villa era un traidor; como represalia, Villa se apodera de los tesoros que Carranza había dejado en Ciudad Juárez y da la orden de marchar hacia Zacatecas. Entra victorioso y se acerca a los generales Álvaro Obregón y Pablo González con el fin de conferenciar con ellos en El Torreón, en buscar de un acuerdo. Ellos reconocen a Carranza como primer jefe, aunque mantienen algunas dudas, porque el nuevo líder había desconocido lo convenido.

En el levantamiento revolucionario contra Huerta confluían sectores diversos. Carranza se situaba a la cabeza de los republicanos moderados o "maderistas"; los "villistas" y "zapatistas", en el norte y el sur, dirigían los grupos agraristas y revolucionarios. Se unirían, sin embargo, para derrocar al nuevo dictador a través del Plan de Guadalupe, acordado el 26 de marzo de 1913.

Un ejército de 3.500 hombres

En esos días se cumplía el aniversario del levantamiento de Villa contra el general Huerta. Estaba al mando de un improvisado ejército de 3.500 hombres. Corría el mes de marzo de 1914 y "el Primer Jefe" –en referencia a Carranza– se había puesto en camino hacia la ciudad de Juárez. Ordenó Villa reunirse en Santa

Rosalía a mediados de marzo. Huerta contaba con un ejército más poderoso pero Villa confiaba en sus hombres, que en poco tiempo habían duplicado su número, y que sabía dispuestos a morir por la causa de la Revolución. El 5 de abril de 1914 dio la orden de avanzar. Los dos ejércitos se encontraron frente a frente. Tras cinco días de escaramuzas, Villa vence a Huerta. Entre septiembre de 1913 y abril de 1914, la División del Norte –"los villistas"– consolidaba su poder en Torreón, en Coahuila y Ciudad Juárez, en el gran Estado de Chihuahua.

Villa se proclama gobernador de Chihuahua y, apodado "el Centauro del Norte", realiza una serie de reformas administrativas: funda cincuenta escuelas; confisca grandes propiedades, que reparte entre los ciudadanos varones, a razón de 25 hectáreas por persona, terrenos que declaró inalienables por diez años, y restableció la circulación monetaria.

Villa derrota a los federales de Huerta en San Pedro de las Colonias y, junto a los hombres de Carranza, obtiene triunfos decisivos en Saltillo y Zacatecas. El 23 de julio de ese mismo año, Victoriano Huerta huyó, dejando en su lugar a Francisco Carbajal. Carranza le telegrafió a Villa instándolo a que apresara a Carbajal, pues aseguraba que éste estaba dispuesto a entregarse sin condiciones. Pancho Villa sospechó que esa orden había sido impartida sólo con el fin de crear aún más discordias y poner en peligro su vida.

La actitud del Primer Jefe en relación con Pancho Villa se comprende si se tiene en cuenta que Carranza estaba cuidándose ante el riesgo de que el general Villa adquiriera una estatura superior a la suya. Eso explicaría las continuas muestras de desconsideración y hasta de intrigas que propiciaba. Los cálculos de Carranza no eran equivocados: en octubre de 1914 se realiza la convención de Aguascalientes, donde los carrancistas se distancian de Villa y Zapata, quienes poco después serán dueños de la capital mexicana.

Convención de Aguascalientes

A esta altura, Carbajal había huido para no verse obligado a aceptar las condiciones impuestas por Villa. El general José Refugio Velasco, vencido por Villa en Torreón y en San Pedro de las

Colonias, firmó la rendición incondicional ante los generales Álvaro Obregón y Lucio Blanco, reconociendo así el nuevo orden en toda la extensión del territorio mexicano.

Villa y Obregón hicieron llegar a Carranza sus condiciones. Carranza sería presidente interino de la República y, transcurridos treinta días, convocaría a comicios para elegir presidente y miembros de la Suprema Corte. En cada ayuntamiento se nombrarían autoridades interinas y el Congreso reformaría la Constitución conforme lo requiriera el pueblo.

Carranza respondió "que no podía un pequeño grupo determinar el futuro". Finalmente, el 1º de octubre, presentó la renuncia a la Junta reemplazante, pero no fue aceptada. Hubo voces que se levantaron contra Villa y Zapata. Pancho Villa venía sufriendo desplantes y calumnias, y en su entorno se hablaba de traición.

En esa difícil situación, se suma la acción del Gaucho Mujica, quien según Villa fue enviado por el general Pablo González para asesinarlo, por lo que recibiría una fuerte suma de dinero.

La inquietud política no contribuía a sosegar las sospechas ni su ánimo. Crecía el descontento. La posible unión del país se veía como una remota utopía.

Villa convocó a una convención a realizarse en Aguascalientes, a la cual Carranza rehusó concurrir. La Convención se celebró entre el 10 de octubre y el 9 de noviembre de 1914 y a ella asistieron los enviados de Emiliano Zapata, aunque estuvo dominada por los elementos villistas, que lograron imponer sus propuestas.

Al desconocer lo resuelto en Aguascalientes, Carranza ensanchó la división, aunque afirmaba que estaba dispuesto a acatar sus decisiones si Villa y Zapata abandonaban la causa revolucionaria y se retiraban a la vida privada. Carranza se burlaba de Villa, diciendo que sólo dibujaba la firma. Cierto es que no sabía leer ni escribir, pero hablaba bien claro y sus órdenes tenían que cumplirse. La Convención se declaró soberana, eligió al general Eulalio Gutiérrez presidente de la República y nombró a Villa jefe del Ejército convencionista. El enfrentamiento militar con el ejército constitucionalista de Carranza era cuestión de tiempo.

En busca de vías de negociación y a sugerencia del general Felipe Ángeles, en quien confiaba ciegamente, Villa aceptó retirarse de la jefatura de la División del Norte, siempre que Carranza renunciara como Primer Jefe. Fue más allá; en uno de sus raptos de extravagante grandeza, ofreció ser fusilado junto a Carranza para asegurar la paz de México. No obtuvo respuesta. Sin embargo, en un primer momento todo pareció, por fin, haberse encaminado. Fueron aceptadas ambas renuncias, y nadie fue fusilado.

Poco después, Carranza alegó que no había renunciado sino que expresaba tan sólo "bajo cuáles condiciones presentaría mi renuncia. Esta Junta ha nombrado un presidente [...] lo que estimo un acto de insubordinación". De todas maneras, se ponía a las órdenes del nuevo presidente.

El 3 de diciembre se produjo el encuentro entre Pancho Villa y Emiliano Zapata. El general Villa se apeó del caballo y exclamó: "Señor general Zapata, realizo hoy mi sueño de conocer al jefe de esta gran Revolución del Sur". A lo que Zapata respondió: "Señor general Villa, realizo hoy ese mismo sueño tocante al jefe de la División del Norte".

Juntos hacen su entrada en el pueblo de Xochimilco, en las afueras de la ciudad de México, donde en una recepción Zapata le ofrece a Villa una copa. Este hecho es relatado por Villa –no sin algo de sorna– en sus *Memorias*: "Y declaro yo, Pancho Villa, que Emiliano Zapata me brindó una copa; yo acepté, aunque en verdad nunca bebía. Y en prueba de mi cariño por él, la bebí".

El 6 de diciembre los dos líderes entran a caballo en la capital seguidos por sesenta mil soldados y simpatizantes; Carranza y sus seguidores se trasladaron a Veracruz, donde quedó instalada la jefatura de sus fuerzas.

A pesar de que los ejércitos de estos dos hombres fueron los instrumentos de la destrucción del dictador Porfirio Díaz y de su sucesor Victoriano Huerta, no lograron instalar el nuevo orden en México. Zapata, al no conseguir atender las demandas de sus campesinos revolucionarios, y Villa, absorbido por la gloria de sus triunfos, no supo entender las consecuencias políticas de no crear una organización estable que gobernara el país.

La incapacidad programática de estos jefes revolucionarios les resultaría costosa. Al poco tiempo el gobierno de la Convención abandonó la ciudad de México, que fue ocupada por Álvaro Obregón al frente de doce mil hombres. Villa se dispuso a atacar San Juan de Potosí y en unos pocos días Manuel Chao fue dueño de la plaza.

Retirada y muerte

En su regreso hacia el Norte, las fuerzas villistas soportaron una tenaz ofensiva del ejército carrancista dirigido por Obregón, y entre abril y junio de 1915 fueron derrotadas en El Bajío, León y Trinidad. Un duro revés en Celaya obligó a Villa a refugiarse en Chihuahua. A principios de 1916 retorna a la táctica de la guerra de guerrillas, toma Santa Isabel y ordena el fusilamiento de varios ciudadanos estadounidenses, acusando a su gobierno de apoyar a Carranza.

Decidido a dejar su nombre inscripto en la historia, el 9 de marzo de 1916 Pancho Villa cruzó la frontera y atacó la ciudad de Columbus, en el territorio norteamericano de Nuevo México. La reacción de los Estados Unidos fue inmediata. El presidente Woodrow Wilson destacó una expedición punitiva al mando de John Joseph Pershing, que buscó a Villa encarnizadamente, sin lograr su captura.

En 1919 Emiliano Zapata muere en una emboscada. Villa se conduele por la desaparición de uno de los pocos hombres en quien había podido confiar. En 1920 el derrocamiento y la muerte de Carranza deciden a Villa a deponer las armas. Se reúne luego con Obregón como viejos amigos, ya sin empuñar armas. Se reconcilian y firman el Tratado de Sabinas, en el que se establece un alto el fuego y se conviene una amnistía.

Villa, en goce de su rango y sueldo de general y de un rancho de 25 mil hectáreas, se retira con muchos de sus leales soldados a la estancia cerca de Hidalgo del Parral, en Chihuahua, creyendo que la paz sería posible. Allí, en la misma tierra que lo había visto nacer, será asesinado el 20 de julio de 1923. Fue enterrado en el panteón civil de esa localidad, pero en 1976 el gobierno ordenó el traslado de sus restos al Monumento a la Revolución, en la capital de México.

Lázaro Cárdenas

1895-1970

Tierra y petróleo
para los mexicanos

*"La mente humana tiene tan sólo el objetivo
y la meta que el invidiuo le asigna."*

A los dieciocho años, el joven que había hecho sus primeras experiencias de trabajo en una escribanía, luego en una oficina dedicada a recoger las obligaciones fiscales y más tarde como impresor, inició su carrera de hombre de armas, que lo llevaría a la actuación política. Era el período de la Revolución, lo que le permitió un veloz ascenso en ambas actividades.

Lázaro Cárdenas del Río irá tomando contacto con la naturaleza, con la tierra de México y con sus compatriotas, acostumbrados a vivir en la violencia entre ríos de sangre; en la desigualdad, la autocracia y el coloniaje; con el primitivo fervor religioso de una población que, entregada a la Revolución, haría de ella un mito generado por múltiples culturas. En este escenario, y con esas influencias, se formaría un luchador apasionado dispuesto a ayudar siempre a los más humildes.

Cárdenas, consciente de los vicios y defectos de los mexicanos, puso todas sus energías en comprenderlos, educarlos, terminar con la mísera vida que llevaban, trabajando por ellos con incansable fe. Cuando el general Lázaro Cárdenas llegó a la presidencia de México, en 1934, hacía veinticuatro años que se había iniciado la Revolución Mexicana y diecisiete que se gozaba de cierta estabilidad, después de haberse dictado una nueva Constitución con fuerte contenido social.

En 1928, con el grado de general de división, lo eligieron gobernador constitucional, siendo el candidato del Partido Nacional Revolucionario (PNR) de Michoacán, su Estado de origen. En 1934 juró como presidente de la República, cuando ya había adquirido un notorio prestigio entre las masas campesinas y obreras.

Cuatro fueron las líneas fundamentales de su acción como gobernante: 1) la reforma agraria; 2) el nacionalismo económico; 3) la consolidación del movimiento obrero y campesino, una fuerza de trabajo moderno impulsada por cambios, y 4) la transformación del sistema educacional.

Michoacán, la patria chica

Lázaro Cárdenas nació en Jiquilpan, pequeño pueblo del Estado de Michoacán, al noroeste de la capital, vecino al gran lago de Chapala, el 21 de mayo de 1895. Allí se encuentra el cerro de San Francisco, llamado Huanimba, que en lengua tarasca o purépecha –la cultura amerindia de la región– significa 'lugar de flores'. Jiquilpan, somnoliento pueblecito, era famoso por su leche, sus redondos quesos frescos y por unos macizos panes de huevo. No llegaba a dos mil habitantes, la mayoría de ellos en la pobreza; cuatro iglesias y dos plazas adornaban el paisaje. En su hermoso clima crecían la buganvilla (o santa rita), los jazmines y el jacarandá.

La casa amplia y con cierto lujo no concordaba con la pobreza en que vivía la familia; la había recibido Felicitas del Río, su madre, de una tía rica, su madrina, como regalo de casamiento.

Lázaro estudió las primeras letras desde los seis años, en la escuela privada de Merceditas Vargas. A los ocho, Hilario de Jesús Fajardo fue su educador en la escuela oficial. Les hablaba a sus alumnos del cura Morelos, el soldado de la Independencia; de la epopeya independentista de Juárez y contra el clero, el feudalismo, la invasión francesa y Maximiliano de Austria. Reservado y silencioso, a Lázaro le gustaba escuchar a los mayores, como a su padre, Dámaso, que había sido un liberal juarista. Su madre Felicitas, siempre muy piadosa y delgada, era tan recta que en su escrupulosidad consultó al cura cuando su hijo Lázaro, ya revolucionario, le mandó algún dinero; quería saber si podía recibirlo pues, para ella, no era totalmente lícito el origen. Mucho tiempo después, los viejos del lugar la recordaban como una santa.

El primer empleo que tuvo Lázaro se lo encontró su padre. Estos detalles de la vida de Cárdenas se conocen por su diario, al que llamó *Apuntes*, comenzado el 12 de mayo de 1911. Estuvo empleado en la secretaría de la Prefectura. Simultáneamente, se inició en el oficio de impresor en La Económica, donde aprendió a componer, manejar la prensa y encuadernar todo tipo de libros y folletos.

La Revolución

El 30 de mayo de 1913 estalla la Revolución en su terruño. El 1º de junio Pedro Lemus, su jefe, entra con unos pocos hombres en Jiquilpan, sin resistencia. En La Económica les imprimieron cinco mil ejemplares de un manifiesto. Cuando llegaron al taller las tropas oficialistas de Huerta destrozaron el lugar por el tono subversivo del manifiesto impreso. Las tropas federales, implacables, encarcelaron y reprimieron con castigos ejemplares a los que habían colaborado.

Felicitas, avisada de que buscaban a su hijo Lázaro, lo escondió hasta el 18 de junio, día en que se despidió de su madre y abrazó la causa de la Revolución como propia. Iniciaba una etapa que duraría veinte años. En aquel entonces, ya sabía ensillar y montar un caballo, así como disparar un fusil o una pistola.

El 3 de julio, tras recorrer varios poblados, se enteró de que el general Guillermo García Aragón, después de servir en las fuerzas de Zapata, andaba por los pueblos ribereños del río Zapalcatepec con ochocientos hombres y decidió acercarse a su cuartel.

Luego de conversar con el general García Aragón y apreciada su bonita letra, el general lo designó para que se ocupara de su correspondencia y le dio la jerarquía de capitán segundo, incorporándolo a su estado mayor. Un caballo alazán y una carabina 30-30 fueron sus pertrechos de guerra.

El ejército no tenía características tradicionales. No eran más que grupos armados de guerrilleros cuya fuerza consistía en la gran movilidad. Podían fragmentarse en un combate y reagruparse casi de inmediato presentando nueva batalla. Cárdenas participó en las batallas de Tanguaciparo, Aguililla y Purépero. Durante un año y medio había luchado en su tierra contra el despotismo de Huerta, mas al pasar al escenario nacional los grupos enfrentados fueron muchos más, y las peleas, sin cuartel. Así, aparecieron magonistas, callistas, gonzalistas, obregonistas, villistas, zapatistas... A cada grupo lo comandaba un pequeño o un gran caudillo; lo mismo, sin excepción, ocurría en otras regiones de América latina.

En 1915 en Agua Prieta, donde el general Plutarco Elías Calles estaba cercado, se sintió un soldado constitucionalista, con sus doscientos cincuenta hombres del Regimiento 22 y los ciento cincuenta del 23. Reconocía como jefe a Carranza y sabía que su deber era unirse a Calles y no a un Pancho Villa carente de doctrina definida.

En la noche del 27 de marzo la columna de cuatrocientos hombres a su mando inició la marcha y a cinco kilómetros de Agua Prieta notificó al general Calles su deseo de agregarse a su columna. Aceptado su pedido, se puso bajo el mando de Calles a los veinte años de edad. Esta decisión tendría trascendencia en su vida militar y política. Ascendido a coronel, realizó interminables marchas a caballo, en el frío de la montaña, con el temor de perder la vida en cada encerrona, de las que muchas veces se salvó milagrosamente. Su salud y entereza de espíritu lo acompañaron hasta su muerte.

Nueva Constitución

En 1917 la Convención Constituyente trabajó durante sesenta y dos días antes de sancionar la Constitución Mexicana, de contenido social. Obreros, militares, profesionales, maestros, pequeños propietarios, periodistas... fueron casi la totalidad de los convencionales en esa asamblea. Las principales innovaciones a la Constitución de 1857 utilizada por Porfirio Díaz no fueron obra de una minoría ilustrada conocedora del Derecho, sino de una mayoría unida por un sentimiento revolucionario. El presidente Venustiano Carranza, que había convocado a la Convención Constituyente, señalaba en su proyecto: "Los pueblos todavía necesitan gobiernos fuertes, capaces de contener, dentro del orden, a poblaciones indisciplinadas, dispuestas a cada instante a desbordarse cometiendo toda clase de desmanes". Carranza, con Constitución o sin ella, fue siempre un autócrata seguido por hombres de igual postura.

El célebre artículo 3° de la Constitución de 1917 se discutió durante cuatro días: la enseñanza sería libre pero laica, ninguna corporación religiosa ni ministro de culto alguno podría establecer o dirigir escuelas de instrucción primaria; además, sería gratuita. El artículo 123 estableció principios de los más avanzados del mundo sobre protección al trabajo, tales como el derecho de huelga, la jornada de ocho horas, la fijación de un salario mínimo, reparto de utilidades entre los trabajadores, medidas de seguridad, despido sólo por causa justificada, protección a las madres, abolición del peonaje por deudas, formación de sociedades de seguros y cooperativas, modos de dirimir conflictos entre el capital y el trabajo. En el artículo 130 se fijó que la Iglesia estaría subordinada al poder del Estado; el matrimonio sería de carácter civil; se reglamentaba el ejercicio del sacerdocio y los derechos y restricciones para ejercerlo. El artículo 27 sancionó que las tierras, las aguas y el subsuelo pertenecían a la Nación. También se consagró la expropiación por causa de utilidad pública; el fraccionamiento de latifundios en pequeñas propiedades para su explotación y la prohibición de que las asociaciones religiosas pudieran poseer o administrar bienes raíces, ni establecer impuestos sobre ellos. La Constitución entró en vigor el 1º de mayo de 1917.

Durante la Primera Guerra Mundial, de 1914 a 1918, el gobierno de Carranza permaneció neutral, por lo que se lo acusaba de germanófilo. Él contestaba: "México debe ser un país libre, soberano, independiente e igual a las demás naciones del mundo ante el derecho internacional".

En 1919, ya muertos Huerta y Zapata y con Villa alejado del centro de los acontecimientos, el estilo autocrático del presidente Venustiano Carranza había replanteado una serie de conflictos con los inversores extranjeros, debido a sus intentos de limitar la propiedad privada extranjera y nacionalizar la titularidad de los depósitos petroleros y las minas. Además, sus anteriores subordinados Plutarco Elías Calles y Álvaro Obregón –candidato del Partido Liberal Constitucionalista– pretendían sucederlo en el poder. En esa lucha, y cuando intentaba huir, Carranza perdió la vida.

En 1920 los enemigos peligrosos, dispuestos a matar o morir, habían desaparecido. Una nueva etapa se abría paso entre las ruinas de un país militarizado y dividido en numerosos grupos armados, con ansias de mando y sin freno en sus correrías. El caudillo Obregón tenía el poder en sus manos.

El Parlamento nombró a Adolfo de la Huerta como presidente interino, del 1° de junio al 30 de noviembre de 1920. En junio, tres hombres pasaron a componer una trilogía que gobernaría México los próximos quince años: Obregón, el mago de la guerra; Calles, el mago de la política, y De la Huerta, que sería el mago de la conciliación. Los dos primeros generales, y el último, un civil. Obregón ejerció la presidencia de 1920 a 1924. En 1921 la Suprema Corte de Justicia reconoció el principio de no retroactividad con respecto a las disposiciones constitucionales de nacionalización. En junio de 1924 se escuchó el nombre del general Calles, secretario de Gobierno, como sucesor presidencial. El candidato no gozaba de simpatía entre los hombres de armas y entre algunos miembros del gabinete. Sin embargo, Obregón lo eligió porque confiaba en su lealtad, y no se equivocó, pues demostró sagacidad política y condición de excelente administrador. Calles obtuvo el apoyo de los cuatro partidos existentes: el Partido Liberal Constitucionalista, el Partido Cooperativista Nacional, el Partido Nacional Agrarista y el Partido Socialista del Sudeste.

El Ejército se mantuvo en expectativa, si bien el nombre de alguno de sus jefes resonó como posible candidato alternativo al de la "trilogía", que sin embargo, se había fortalecido aún más al ser eliminado Pancho Villa en 1923.

El costo de este reguero de enfrentamientos lo pagó la Nación. Murieron en México, en estas luchas intestinas, siete mil hombres; se gastaron grandes sumas en un país donde millares de campesinos padecían hambre, y, además, se concedió ventajas a los capitales estadounidenses.

Inestabilidad política

Entre 1924 y 1927 gobernó Calles como presidente de la República. Coordinó el capital extranjero con los intereses nacionales, aplastó la rebelión del clero y aplicó las leyes con el máximo de rigidez.

No faltaron cargos –sin fundamento– en los que se acusaba a México de atentar contra los derechos de propiedad de norteamericanos e ingleses; se decía que existía una cacería religiosa, una política de expansión bolchevique... El origen secreto de todas estas críticas era la explotación petrolera, área en la que Calles mantenía un rígido control; para ello contaba con el general Lázaro Cárdenas, comandante militar de la Huasteca. Se creyó que se produciría una invasión de tropas norteamericanas, pero fueron frenadas a último momento. Calmadas las aguas, el gobierno de los Estados Unidos resolvió cambiar de embajador y conseguir, a través de la negociación, lo que no había obtenido con mano dura. Además, se acercaba el final de la presidencia de Calles.

Se preparó entonces el regreso de Obregón a la primera magistratura. La resistencia fue grande, y los ríos de sangre volvieron a correr. Se sospechaba que el general Obregón sería muerto antes de llegar a la presidencia y, en efecto, el magnicidio retornó a la escena política mexicana, esta vez de la mano de un joven y fanático católico, José de León Toral, quien tras recibir la bendición de un sacerdote le descargó su pistola durante una comida en su honor.

Con el obregonismo decapitado, el 30 de noviembre de 1928 Calles nombró a su secretario de Gobierno Emilio Portes Gil, presidente interino de la República. Su candidato presidencial sería el embajador en el Brasil, Pascual Ortiz Rubio, quien el 13 de noviembre ganó las elecciones.

Entre 1928 y 1930 Lázaro Cárdenas cumplió las funciones de gobernador de Michoacán, cuando ya era general de división. En 1930 ocupó la presidencia del partido político oficial, el PNR, pero renunció al año siguiente, por considerar que había perdido la confianza de sus correligionarios.

Plutarco Elías Calles, el Jefe Máximo, quería concentrar todo el poder en sus manos. Pidió al embajador Puig Casauranc que sirviera de intermediario en su exigencia de que el presidente Pascual Ortiz Rubio renunciara. El Presidente contestó: "Yo llegué al gobierno por la ayuda y la voluntad del general Calles. Hágame un último favor, doctor Puig, redacte mi renuncia al cargo de Presidente de la República y llévesela al general Calles haciéndole saber de mi deseo de salir del país después de haber leído mi mensaje presidencial de septiembre".

Ya tenía el Jefe Máximo un sustituto sumiso, el general Abelardo L. Rodríguez, de cuarenta y tres años, un total desconocido en México. Una larga cicatriz que cruzaba su rostro hablaba de su calidad de guerrero.

Lázaro Cárdenas, el candidato

El general Lázaro Cárdenas fue secretario de Guerra del presidente Abelardo Rodríguez. Desde principios de 1933 se advirtió que muchos grupos se acercaban a él proponiéndole la candidatura a presidente de la República.

Frente a la situación política planteada, Cárdenas le escribió al general Calles solicitándole su opinión, "como amigo y jefe", para poder adoptar una resolución. No se conoce la respuesta del general Calles, pero el Jefe Máximo, al comunicarle al presidente Rodríguez que Cárdenas debía dejar la Secretaría de Guerra para trabajar por su candidatura, dio una inequívoca señal de aceptación.

El 31 de mayo de 1933 las Ligas de Comunidades Agrarias de varias ciudades reunidas en convención decidieron apoyar la candidatura de Cárdenas. Poco antes lo había hecho la Confederación Campesina Mexicana. El 4 de julio de 1934 el candidato obtuvo más de dos millones de votos, y el 30 de noviembre asumió la presidencia en un estadio repleto de banderas, de trabajadores y campesinos.

Lázaro Cárdenas apareció con un sencillo traje oscuro, sin etiqueta. Leyó su discurso de tres cuartos de hora, con voz apagada, de pocos matices. Recordó que había otro mundo, el de los indios, el de los campesinos, el de los trabajadores mal pagados, que contrastaba con las grandes riquezas naturales de México. La intervención del Estado iba a ser cada vez mayor. Los trabajadores debían integrar un solo frente en el que estuvieran contenidas sus justas demandas, de las que el gobierno se ocuparía fundamentalmente. Respetó el voto de las masas. Siguió enunciando propósitos: "Estoy convencido [...] por mi experiencia como gobernador de Michoacán, que no basta la buena intención del mandatario [...] es indispensable el factor colectivo que representan los trabajadores [...]. Al pueblo de México ya no le sugestionan las frases huecas: libertad de conciencia, libertad económica". Y terminó su discurso con un solo efecto dramático: "He sido elegido Presidente y habré de ser el Presidente".

Obra de gobierno

En 1934 se dirigió, en uno de sus primeros manifiestos, a la población indígena: "Al conocer en toda su amplitud las necesidades de las poblaciones que habitan el Estado [de Chiapas], las cuales vienen a confirmar el concepto que tengo de las razas aborígenes del país, estimo que el Gobierno de la Revolución debe seguir prestándoles su apoyo moral ilimitado y poniendo a su servicio la ayuda material que se haga indispensable para incorporarlas definitivamente a nuestra civilización, borrando las características de parias que por desgracia todavía conservan y que manifiestan [...] en sus costumbres rudimentarias, en sus espíritus adormecidos y en sus cuerpos semidesnudos, para darles los atributos que conforme a nuestra época les corresponden a todos los seres humanos y que los capaciten realmente para considerarlos factores de interés de la economía mexicana".

Puso en práctica las principales ideas de la Constitución de 1917, referidas a la propiedad de la Nación sobre las tierras, minas y recursos naturales, y a lograr mejores condiciones para campesinos y obreros, lo que consiguió –como trataremos con más detalle a continuación– mediante la expropiación petrolera y la repartición de tierras, mejorando además la legislación para que se respetaran los derechos de los trabajadores.

Durante los cuatro años como gobernador de Michoacán –de 1928 a 1932–, más tarde como secretario de Gobierno y después como secretario de Guerra y Marina de la presidencia, Cárdenas demostró capacidad y empeño en la distribución de tierras. Desde la primera magistratura impulsó un proceso similar, distribuyendo anualmente 2.935.000 hectáreas entre 129 mil beneficiarios, con una superficie media por parcela de 22 hectáreas. Estableció como forma de explotación del ejido, el sistema colectivo; en esos años se constituyeron más de setecientas cooperativas de producción en La Laguna, Yucatán, Río Yaquí, Los Mochia y Michoacán, con obras de regadío apropiadas.

Esta política "agrarista", aseguró, estaba destinada a remediar las desigualdades y eliminar el latifundio. En el transcurso de la reforma agraria se repartieron cerca de 18 millones de hectáreas. Acompañada por la acción del Banco Nacional de Crédito Ejidal, que entre 1936 y 1943 prestó 536 millones de pesos, de los cuales recuperará con posterioridad 366 millones.

Fue amplia también la obra relativa a salubridad y educación públicas. Se levantaron hospitales y se enviaron médicos a regiones rurales. Se crearon campos de descanso para obreros y en el

Departamento de Asuntos Indígenas se dio preferencia a los problemas de prevención de enfermedades.

Nada quedó librado al azar en la instrucción, desde la escuela primaria hasta la universitaria. Las escuelas de oficios y de participación y convivencia fueron denominadas "socialistas", entendiéndose como tales las que eran de enseñanza "obligatoria, gratuita, de asistencia infantil, coeducativa, integral, vitalista, progresista, científica, desfanatizante, orientadora, cooperativista, emancipadora, nacionalista". La educación fue ascendiendo en el número de alumnos durante la presidencia de Cárdenas, y en 1940 llegó a cubrir el noventa por ciento de la población infantil.

Los siNdiCATOS

Es también en esta época cuando se observan los avances más notorios en la sindicalización obrera y campesina. En Michoacán, el proceso más importante en este sentido se concretó durante su período como gobernador, cuando fundó la Confederación Revolucionaria Michoacana de Trabajo. Entonces, se dictó la ley que autorizaba a los empleados del Estado a constituir el sindicato y a utilizar la huelga para concretar sus reivindicaciones.

Una serie de huelgas en 1935 –de los obreros petroleros y electricistas en distintos Estados– llevó a Lázaro Cárdenas a abocarse a la solución de los problemas planteados. Escribió entonces: "...en defensa de sus intereses he venido propugnando y llamando a los trabajadores a la formación de un frente único".

El líder sindicalista Vicente Lombardo Toledano encabezó, en 1936, el Segundo Congreso de la Confederación General de Obreros y Campesinos. El mismo año se constituyó el Sindicato Único de los Trabajadores de las Empresas Petroleras, que planteó, en la Convención, las dificultades en sus tareas.

El petróleo... mexicaNo

A pesar de la intervención directa de Cárdenas en las conversaciones entre obreros y patrones para llegar a un acuerdo, el 25 de mayo de 1937 estalló la huelga.

Se constituyó una comisión pericial para estudiar la situación de las compañías petroleras. A Jesús Silva Herzog, asesor de Hacienda, correspondió la dirección de este inmenso trabajo. Lo secundaban catorce especialistas en la redacción, veintiocho contadores, varios calculistas y estadígrafos y un batallón de mecanógrafas y auxiliares. Trabajaron de doce a catorce horas diarias, hasta llegar a la redacción final de dos mil setecientas páginas. Sus conclusiones, en síntesis, fueron las siguientes: 1) que guardaban escasos lazos con el conjunto de la economía mexicana, lo que les confería cierto carácter de "enclave"; 2) que habían amortizado hacía ya diez años el total de sus inversiones; 3) que exportaban la totalidad de sus utilidades, dejando en México sólo salarios e impuestos, es decir la parte que de ningún modo podría haberse "repatriado"; 4) que una sola compañía (Compañía de Petróleo El Águila), con sus filiales, había producido casi el sesenta por ciento del total, o sea que aun entre las empresas extranjeras se advertía una situación de monopolio; 5) que la evolución de los precios de los productos petroleros era ascendente (lo que presumiblemente correspondía a manejos monopolistas); 6) que el aumento de los salarios no había compensado ni remotamente los incrementos del costo de la vida, y los petroleros estaban peor pagados que los ferroviarios y mineros; los salarios de los norteamericanos, por otra parte, eran superiores a los de los mexicanos, lo que configuraba discriminación.

Pasaron diez meses entre el comienzo de la huelga y el final del conflicto. Ante la imposibilidad de llegar a un arreglo y en vista de lo aconsejado por la pericia realizada, el 18 de marzo de 1938 se dictó el decreto expropiatorio de los bienes muebles e inmuebles de las compañías petroleras.

Una empresa oficial, Petróleos Mexicanos (PEMEX), tomó a su cargo los negocios en el área. Las compañías intervenidas utilizaron todos los procedimientos a su alcance para hacer fracasar la nueva empresa.

El gobierno inglés rompió relaciones con México; el norteamericano, en cambio, no decidió la intervención militar ni tampoco alguna gestión diplomática para forzar al gobierno de Cárdenas a retroceder. Explica esta actitud la relación comercial que existía entre ambos países. Así, en 1937 el 56 por ciento de las exportaciones mexicanas se encaminaban a los Estados Unidos y el 62 por ciento de las importaciones venían de ese país. Sólo Cuba, en América latina, superaba en esos años a México.

También es necesario puntualizar que la ley establecía expropiación y no confiscación; por lo tanto, el gobierno mexicano no sólo se comprometía a pagar el importe de bienes muebles e inmuebles incautados sino que se destinaba el veinte por ciento de las ventas de petróleo al extranjero a ese fin. Igualmente, hubo intentos de incendiar los pozos, sin contar los reiterados esfuerzos por comprar voluntades.

Los ferrocarriles, cuatro líneas, fueron estatizados. En 1935 lo mismo ocurrió con las compañías de seguros. Los problemas religiosos –disputas y enfrentamientos del régimen con la jerarquía eclesiástica– no aminoraron.

Una política exterior independiente

La política internacional siguió la misma dirección, es decir, el principio de la *no intervención* era inalienable. Durante la invasión de Italia a Etiopía se ordenó el embargo del combustible que se enviaba al agresor.

En la Guerra Civil de España, de 1936 a 1939, México envió de inmediato armas y municiones de fabricación nacional a los republicanos. México resolvió recibir a todos los españoles refugiados en Francia, sin distinción de ideas políticas; llegaron en poco tiempo unas veinte mil personas que, según algunos cálculos, ascienden a cuarenta mil pocos años después.

Entre los refugiados merece destacarse la presencia del último presidente republicano, Juan Negrín, quien constituyó en México el gobierno republicano en el exilio, hasta 1945. Con él llegaron otros altos dirigentes del Partido Socialista Obrero Español (PSOE), del Partido Obrero de la Unificación Marxista (POUM) y del Partido Comunista (PCE). Entre los exiliados notables, muchos eran hombres de letras, como el poeta León Felipe, el dramaturgo Max Aub, escritores y ensayistas como José Bergamín, Ramón José Sender y el catalán Josep Carner. Poco después, hacia 1952, llegó también Luis Cernuda.

En el mismo tenor, Cárdenas abrió la puertas del país a los perseguidos por sus ideas que pedían asilo. Así, el 9 de enero de 1937 entraba en puerto mexicano un barco noruego petrolero, el *Ruth*, que transportaba a Lev Davidovich Bronstein –León Trotsky– y su mujer Natalia Sedova, quienes habían sido expulsados de la URSS. Una lancha atracó al lado del barco y un general en nombre del Presidente les dio la bienvenida. El famoso pintor Diego Rivera y el general Mujica, secretario de Comunicación, le pidieron a Cárdenas que otorgara el asilo a los recién llegados. Se encontraban, además de Rivera, anfitrión de Trotsky, su esposa la pintora Frida Kahlo y dos trotskistas norteamericanos.

El 23 de mayo de 1940, a las cuatro de la madrugada, intentaron asesinar a Trotsky en su vivienda. Falló el intento y nunca se dio a publicidad quiénes habían atentado contra su vida. Sin embargo, se conoció que el pintor comunista David Alfaro Siqueiros había llegado con veinte hombres uniformados, amordazaron a los policías de guardia y durante veinte minutos ametrallaron las puertas, lanzaron bombas e incendiaron el cuarto del nieto de Trotsky. Escaparon. Por puro azar, nadie sufrió un rasguño.

El 20 de agosto de ese mismo año otro atentado causó la muerte del líder de la Revolución de Octubre de 1917, que fue creador y jefe del Ejército Rojo. A las 12 de la noche del 21 de agosto, el general Cárdenas escribió en sus *Apuntes:* "24 horas. Hoy falleció el C. León Trotsky a consecuencia de la agresión que sufrió ayer por Jacques Mornard, de nacionalidad belga, que en calidad de amigo lo venía visitando.

"La agresión la hizo con una pequeña hacha, en momentos en que conversaban solos en la propia habitación de Trotsky, ubicada en Coyoacán.

"Mornard resulta un fanático al servicio de los enemigos de Trotsky, que llegó del extranjero hace seis meses. Cuenta 28 años de edad.

"Diego Rivera gestionó la autorización para que Trotsky radicara aquí, ante la negativa de otros países de concederle asilo.

"Las causas o ideales de los pueblos no se extinguen con la muerte de sus líderes sino, antes bien, se afirman más con la sangre de las víctimas inmoladas en aras de las propias causas.

"La sangre de Trotsky será un fertilizante en los corazones de su patria."

Llegó la época de las elecciones presidenciales. La Constitución no permitía la reelección y no faltaban candidatos. El general Manuel Ávila Camacho, secretario de Defensa, era el hombre de la conciliación. Fue más que un soldado: un administrador minucioso y un hombre que llevaba como don mayor la lealtad.

El 24 de julio de 1940, Lázaro Cárdenas escribía: "En la campaña política para la sucesión presidencial contendieron varios generales. Caso curioso en la historia política de México en que cinco colaboradores cercanos en el gobierno que presido, se lanzaron como candidatos a la presidencia de la República, y que todos ellos disfrutaron de libertad para hacerlo y confiaron en que tendría garantía para llegar a la primera magistratura el que obtuviera el apoyo mayoritario de la Nación".

Abandonaba el general Lázaro Cárdenas la presidencia a los cuarenta y cinco años, en la plenitud de sus excepcionales facultades. Durante su mandato, hizo una práctica constante de la natación, los paseos y las cabalgatas. En su recorrida por los diferentes Estados, sus jornadas de trabajo se prolongaban de dieciséis a dieciocho horas. Dormía poco, unas cinco horas como máximo. Su régimen alimenticio era frugal.

En el marco de la Segunda Guerra Mundial, en 1942, Camacho nombró a Cárdenas comandante de la Región Militar del Pacífico. Luego será secretario (equivalente a ministro) de Defensa Nacional. A su pedido, presentado el año anterior y terminada ya la guerra, el 27 de agosto de 1945 se le otorgó el retiro.

El 21 de abril de 1947 Cárdenas presentó al presidente electo, Miguel Alemán, un programa sobre la cuenca del Tepalcatepec, aprovechando el agua del río y sus afluentes para la zona de Michoacán. El Presidente lo nombró vocal ejecutivo de la Comisión de Tepalcatepec, recién constituida.

Durante once años siguió sirviendo al país en las presidencias sucesivas de Miguel Alemán y Adolfo Ruiz Cortínez, aunque mantuvo un bajo perfil público, como era habitual en los ex presidentes mexicanos.

Defendió al gobierno de Jacobo Arbenz en Guatemala –depuesto por un golpe pro norteamericano– y en julio de 1954 concurrió al velatorio de Frida Kahlo en el Palacio de Bellas Artes. Defendió con énfasis la Revolución de Cuba de 1959 y aplaudió al grupo armado vencedor. Para ello viajó a Cuba a saludar a Fidel Castro. Estos hechos provocaron una fuerte reacción en su contra, que lo obligó a pedir al Presidente el retiro definitivo de sus cargos.

Convalecencia y final

A finales del otoño de 1969 en el Hemisferio Norte, Cárdenas comenzó a padecer de un cáncer en la garganta. El 10 de enero fue operado. Leemos en sus *Apuntes*: "Estoy tranquilo y optimista, sólo me preocupa la alarma que puede causarles a Amalia [su esposa], a Cuauhtémoc [el hijo], a Alicia [su hija natural] y hermanos, al enterarse mañana de qué se trata".

Viajó por entonces a Oaxaca y recorrió su querido Michoacán, visitando las grandes y pequeñas presas.

El 17 de octubre de 1970, a las siete de la noche, expiró. Poco después se publicó el mensaje póstumo de Lázaro Cárdenas del Río a las fuerzas revolucionarias de México. Terminaba el mensaje con estas palabras: "Por sus antecedentes históricos y la proyección de sus ideales, México se debe a la civilización universal que se gesta en medio de grandes convulsiones, abriendo a la humanidad horizontes que se expresan en la fraterna decisión de los pueblos de detener las guerras de conquista y exterminio, de terminar con la angustia del hombre, la ignorancia y las enfermedades, de conjurar el uso deshumanizado de los logros científicos y tecnológicos y de cambiar la sociedad que ha legitimado la desigualdad y la injusticia".

José Martí

1853-1895

Pluma y espada
por la independencia de Cuba

José Julián Martí y Pérez, el héroe indiscutido, aparece como el punto más alto entre las voces que se alzaron para luchar por la independencia de Cuba. Fue un hombre político, con un superlativo grado de compromiso. Como en todas las épocas, esto conllevaba entonces un deber y un sacrificio, antes que una acomodada elección de vida. Fue, al mismo tiempo, un notable escritor, de una personalidad singular.

Los años iniciales y un maestro

José Martí nació en La Habana el 28 de enero de 1853. Asistió a la escuela en su ciudad natal y muy pronto se mostró sensible al dolor, los padecimientos y las injusticias humanas.

El ambiente de su casa paterna no parece haber contribuido, por lo menos en forma directa, a estimular las características personales del patriota cubano. Se trataba de gente por demás sencilla, cuya mayor aspiración para el futuro de su hijo era que llegara a convertirse en escribiente de alguna casa comercial. Sin embargo, es cierto que las mentes destacadas han brotado con frecuencia en los campos más infértiles. Y ése parece ser el caso del Libertador de Cuba. Hijo de padres españoles, en el mismo seno de su hogar han de haberse planteado, sea explícita o implícitamente, las ásperas cuestiones que se dirimían a nivel nacional. Las acciones del joven ponían en riesgo su libertad y su vida, y no terminaban ahí, sino que arriesgaban también la continuidad del trabajo de su padre, con el cual, como jefe de familia, subvenía dificultosamente a sus necesidades.

En ese marco, se destaca una personalidad providencial. Su maestro, el poeta Rafael María de Mendivé, guía de sus pasos en las cosas del espíritu, fue encarcelado. Se habían conocido tres años antes, cuando Martí ingresó en la Escuela Municipal Superior de Cuba. Al advertir Mendivé los progresos de su joven alumno, tomó la decisión de costearle los estudios en el Instituto de Segunda Enseñanza, allá por el año 1867. Fue entonces cuando la relación entre maestro y alumno se afianzó. Y fue en casa de Mendivé donde José Martí, junto con otros intelectuales perseguidos por sus ideas, comenzó a comprender en profundidad el dolor de los cubanos. Resulta difícil desconocer la influencia del maestro como padre espiritual del poeta.

El joven Martí adhirió firmemente a la tesis filosófica de Jean Jacques Rousseau: "El hombre es naturalmente bueno; es la sociedad la que lo corrompe". Esa innata bondad será el centro de su cosmovisión. Este enfoque será además matizado con el concepto de que el hombre es el instrumento del deber. "Tengo fe en el mejoramiento humano, en la vida futura, en la utilidad de la virtud", afirmaba. Propuso la ternura y el desinterés como caminos hacia la grandeza.

Con el tiempo, diría de él el escritor español Federico de Onís: "Su vida fue una de las más intensas, puras y nobles que se han vivido sobre la tierra".

El Grito de Yara

José Martí era apenas un adolescente cuando intervino en lo que se denominó Guerra de los Diez Años, contra el dominio español. Corría el año 1868 cuando un grupo de hacendados, dirigidos por Carlos Manuel de Céspedes, proclamó la independencia cubana en el llamado Grito de Yara, lanzado en el ingenio de Damajagua. Al estallar la insurrección, Martí se unió a los combatientes. Su corazón se desbocaba de impotencia y desató su verbo punzante y crítico. Como consecuencia, fue condenado a trabajar en las canteras, y más tarde sufrió el destierro en España. Los trabajos forzados realizados en San Lázaro le dejaron las marcas de los grilletes durante muchos años.

El exilio fue arduo de sobrellevar, lejos de su patria, que seguía dominada por los realistas. Pronto lanzó una publicación: *Presidio político en Cuba*, el primero de una larga serie de escritos que se alzarían en defensa de la independencia.

El conocimiento de las miserias humanas, las vejaciones a las que eran sometidos los ancianos y los niños, le llegaban sin atenuantes. Las tremendas escenas que le fue dado contemplar habrían de permanecer como vigías insomnes en su memoria, sin darle paz. Pero no permitió que su acción se viera teñida por el odio. Por el contrario, aquellas imágenes se constituyeron en la savia que alimentaría su infatigable afán por revertir la desdichada situación.

Inquietudes y tristezas

La universidad es mirada con recelo por las autoridades. Mendivé es apresado y tras cuatro meses de cárcel parte al destierro en España. La crisis alrededor de Martí se acentúa. Sus padres le imploran que abandone la lucha. Con su maestro del otro lado del océano, el suicidio se le presenta como una tentación. La correspondencia es el único lazo que lo mantiene vivo. Mendivé lee con sobresalto las cartas que recibe de José: "Confieso a usted con toda la franqueza ruda que usted me conoce, que sólo la esperanza de volver a verle me ha impedido matarme. La carta de usted de ayer me ha salvado".

En un admirable ensayo, titulado *Maestros ambulantes*, el futuro patriota escribe que debe hacerse "una campaña de ternura". Refleja la sensibilidad de su espíritu en ocasión de la muerte del poeta Ralph Waldo Emerson. Martí no lo llora: su corazón se inunda de ternura porque este hombre sabio había sido "tierno para los hombres y fiel a sí mismo".

No resulta tarea simple comprender el carácter supremo de las virtudes que Martí pregona. Poco frecuente es encontrar a un hombre que bucee afanosamente en el interior de sus semejantes para sacarlos de la oscuridad y hacerles reconocer las virtudes que llevan dentro. "Un hombre que se cultiva y se levanta por sí propio, es el más alto de los reyes –dijo el poeta–, ése es mi evangelio, que yo mismo he hecho y con el que he ido subiendo en las cosas del alma a la serenidad".

Mientras él era capaz de reflexionar de esta manera, Cuba era un hervidero. A principios de 1869, en el Teatro Villanueva, la compañía que allí actuaba donó los fondos recaudados, aparentemente, "para los pobres", aunque la realidad era otra: ese dinero se destinaría a apoyar a los cubanos insurrectos, rebeldes a la dominación española. En conocimiento de este hecho, las fuerzas del orden irrumpieron en el Teatro y abrieron fuego contra el público, en medio del cual se encontraba José Martí, de sólo dieciséis años. Su madre, doña Leonor, logró ponerlo a salvo.

El periódico *La Voz de Cuba* estaba sediento de sangre revolucionaria, y los padres de José, como tantos otros, temían por su hijo. Dos días más tarde tuvieron lugar los hechos de violencia que se conocieron como los "sucesos del Louvre", y también fue saqueado el Palacio de Aldama.

El joven Martí colaboraba entonces en el periódico rebelde *La Patria Libre*, y su poesía reflejaba la realidad del pueblo cubano luchando por su independencia.

En referencia a esa luctuosa noche, tiempo después el propio Martí escribirá: "Horrible noche en que tantos hombres armados cayeron sobre tantos hombres indefensos".

La prisión, el exilio y el clima hogareño

Vientos nuevos disipan, en parte, el oscuro presente del poeta. Su madre empieza a intuir que en José habita una inteligencia y una sensibilidad superiores a lo corriente. A partir de ese momento su actitud cambia y comienza a interesarse por los versos que brotan de la pluma inquieta del muchacho. Su propia sensibilidad adormecida revive en la escritura del joven hijo.

Desde entonces Martí encontró en el seno familiar un ámbito de contención para su vuelo lírico. Ahora le era posible compartir con su madre y sus hermanas el éxtasis de la poesía.

Todo esto ocurría a espaldas de su padre, quien en su doble rol de progenitor y de esposo vivía en la ignorancia respecto de los progresos de su hijo. Sin duda, pretendía para José un destino acaso más concreto, más provechoso... La poesía, en su concepto, era, como lo ha sido para tantos, una pérdida de tiempo.

Sin embargo, no era un hombre insensible al dolor ni a la pena. Enfermo, deberá asistir al "indigno" espectáculo que ofrecen su esposa y sus hijos procurando el sustento para el hogar. Y cuando José, a causa de sus ideales políticos, es encarcelado y condenado a trabajos forzosos, don Mariano lo visitará en las canteras.

Martí relata el reencuentro con conmovedor realismo: "Y qué día tan amargo aquel en que logró verme, y yo procuraba ocultarle las grietas de mi cuerpo, y él, colocarme unas almohadillas de mi madre para evitar el roce de los grillos, y vio al fin... aquellas aberturas purulentas, aquellos miembros estrujados, aquella mezcla de sangre y polvo, de materia y fango sobre la que me hacían apoyar el cuerpo y correr y correr... ¡Día amarguísimo aquel!, prendido a aquella masa informe, me miraba con espanto, envolvía a hurtadillas el vendaje, me volvía a mirar, y al fin, estrechando febrilmente la pierna triturada, rompió a llorar. Sus lágrimas caían sobre mis llagas; yo luchaba por secar su llanto; sollozos desgarradores anudaban su voz, y en eso sonó la hora del trabajo, y un brazo rudo me arrancó de allí; y él quedó de rodillas en la tierra mojada con mi sangre y a mí me empujaban hacia el montón de cajones que nos esperaba ya para seis horas. ¡Día amarguísimo aquél!". El recuerdo de su padre lo acompañará siempre.

Desde la cárcel de La Habana Martí escribía a su madre, con quien no dejará de comunicarse, no importa dónde estuviera. Le confiaba que se sentía deprimido, que no había escrito verso alguno, pero que se alegraba porque "usted ya sabe cómo son y cómo serán los versos que yo escribo". Y al final le hacía un pedido: "Mándeme libros de versos y uno grande que se llama *Museo Universal*".

Martí fue deportado a España en 1871, cuando contaba dieciocho años. Se instaló en Madrid con la salud resentida, pues el arduo cautiverio había dejado su cuerpo débil y enfermo. Pese a ello, concluyó sus estudios en la Universidad de Zaragoza, donde, a los veintiún años, obtuvo las licenciaturas en Derecho y Filosofía y Letras. El contacto con los grupos liberales españoles, sin embargo, lo dejaron desilusionado. Viajó después a Francia y a continuación regresó a América.

Corre el año 1875 cuando se embarca hacia México para reunirse con su familia. Llega el 9 de febrero, pero la alegría del reencuentro se ve opacada por la noticia de la muerte de Ana, su hermana predilecta.

Escribió algunos versos en su memoria.

Mis padres duermen. Mi hermana ha muerto.
Es hora de pensar. Pensar espanta
Cuando se tiene el alma en la garganta.

En la ciudad de México, donde intentará sostener el ánimo de los suyos, su espíritu se pondrá de manifiesto a pesar de la pérdida sufrida. Su verbo florece, pero resulta estéril procurar una ayuda económica para la familia. Sobreviene entonces una nueva y dolorosa separación.

Martí se dirigió a Guatemala, donde por espacio de algunos meses dictará clases en la universidad. La pintura de Goya despierta vivamente su interés.

NUEVAS TRISTEZAS

En 1877 recibió la noticia de la muerte de su padre, en una carta enviada por su cuñado y amigo José García. Nuevamente, su refugio ante el dolor es la poesía. Incapaz de contener la pena, le escribe a un amigo mexicano: "Ya no vive aquel anciano de la barba blanca. Puesto que no podré, como quería, amarlo y ostentarlo de manera que todos lo viesen, y le premiara en los últimos años de su vida, aquella enérgica y soberbia virtud que yo mismo no supe estimar, hasta que la mía fue puesta a prueba". Y con una angustia retrospectiva, continúa: "No he podido pagar a mi padre mi deuda con la vida. ¡Ya dónde se la podré pagar! No es que haya muerto lo que me entristece, sino que haya muerto antes de que yo pudiera pregonar la hermosura silenciosa de su carácter y darle pruebas públicas y grandes de mi veneración y de mi cariño".

Después de que se firmara en Cuba la Paz del Zanjón –que puso fin a la Guerra de los Diez Años–, en 1878, Martí regresó a su patria. No obstante, al año siguiente volvió a ser deportado a España.

Visitó Francia, Nueva York y Venezuela. El mismo Martí describió así su llegada a la capital venezolana: "Cuentan que un viajero llegó un día a Caracas al anochecer y, sin sacudirse el polvo del camino, no preguntó dónde se comía ni se dormía, sino cómo se iba a donde estaba la estatua de Bolívar. Y cuentan que el viajero, solo con los árboles altos y olorosos de la plaza, lloraba frente a la estatua, que parecía que se movía, como un padre cuando se le acerca un hijo". Allí fundó la *Revista Venezolana* y fue expulsado del país por el contenido de sus artículos.

De vuelta en Nueva York, residirá allí durante el prolongado lapso de catorce años, entre 1881 y 1895.

Corresponsal en Hispanoamérica

José Martí era, en ese momento, el pensador de mayor trascendencia de Hispanoamérica. Desde muchos países de América del Sur le llegaban ofrecimientos de los principales y más prestigiosos periódicos para colaborar en sus páginas, contribuyendo con su pensamiento certero y crítico.

Además de dedicarse a escribir versos y artículos políticos y culturales en medios locales, como *The Hour* y *The Sun*, como un medio de contribuir a concienciar a los americanos, Martí aceptó corresponsalías en varios países. Era coherente con su consigna que atribuía especial peso a la palabra escrita en la lucha por la independencia: "Publiquen, publiquen. A Cuba por todos los agujeros. Las guerras van sobre caminos de papeles". Así, colaboró para *La Nación* de Buenos Aires, para *La Opinión Nacional* de Caracas, para *La Opinión Pública* de Montevideo, para *La República* de Honduras y *El Partido Liberal* de México, entre otros. Su reconocimiento era a nivel continental: en 1890 los gobiernos argentino y uruguayo lo designaron cónsul en Nueva York, pero Martí renunció al poco tiempo para entregarse a las tareas de propaganda y organización política.

Desde ese lugar, pelea contra las voces que se alzan en su contra tildándolo de iluso, en lugar de advertir lo acertado de su visión sobre las cuestiones americanas, consideradas como un cuerpo vivo, un todo indivisible.

Su estadía en Nueva York le permitió percibir –con temor, aunque esto no lo paralizaría– la enorme fuerza del norte de América, en contraposición con la debilidad del resto del continente. Pero su palabra tenía el vigor de las más hondas convicciones. Él mismo era el mejor ejemplo de que la convicción sobre las virtudes del hombre constituye una realidad tangible. Del pensamiento pasan a la posibilidad de hacerse realidad. ¿Quiénes, sino los propios americanos, llevarían a cabo la promesa de lo que América estaba llamada a ser?

Sabía que era necesaria la unión y que de ella dependía la posibilidad de organizarse. Cuba estaba embarcada en una cruzada valerosa y patriótica. Sin embargo, la guerra se debilitaba a causa de las peleas internas, de los desencuentros entre los distintos líderes de la lucha emancipadora. Y Martí se convierte, así, en el dolorido espectador de una América que se desgasta en intentos aislados.

La "guerra chiquita" y la conciliación

Para ayudar a revertir esa coyuntura, Martí batallará sin fatiga desde el lugar donde se encuentre.

En Nueva York comenzó a organizar la expedición a Cuba y conoció al general Calixto García. No fueron sencillos los preparativos. Martí no era militar, aunque acometía la empresa como si lo fuera. Partió, al cabo, la expedición y llegó a Cuba tras denodados esfuerzos.

El ejemplo de Martí fue esencial para el logro de la unión de voluntades. Fue quien encendió los ánimos y despertó las conciencias para poner un ejército en Cuba.

Al legar a destino la expedición del general García, Martí le dice a su pueblo: "Con el general García han ido a Cuba la organización militar y política que nuestra Patria en lucha requería; con el hombre de armas ha ido un hombre de deberes; con la espada que vence, la ley que la modera; con el triunfo que autoriza, el espíritu de la voluntad popular que refrena al triunfador. A vencer y a constituir ha ido el caudillo, no sólo a batallar".

Sin embargo, la Guerra Chiquita –nombre con que se conoció esta intentona y en la que Martí actuó directamente– no tuvo éxito. Sirvió, no obstante, para poner en evidencia, una vez más, el patriotismo del pueblo cubano y su hondo deseo de independizarse del yugo realista.

En esas horas, aunque sin proponérselo, Martí se convierte en el representante del pueblo cubano en el Norte, aunque en lo inmediato se suceden meses vacíos, entre devaneos y discusiones, mientras el pueblo de Cuba no conquista su libertad.

El poeta, un hombre cauto y equilibrado, dotado de gran sensibilidad, comenzó a sospechar que la política conciliadora de paz que los cubanos estaban llevando a cabo desde Nueva York no tendría perspectivas positivas y se planteó abandonar ese rumbo para lanzarse a una revolución abierta.

Los cubanos comprendían que se trataba de su propia lucha y que nadie más la haría por ellos. Durante diez años habían peleado contra los españoles sin lograr derrotarlos, muchas veces a causa de sus propias limitaciones en lo referente a organización, dado que no faltaban coraje o ansias de libertad. Germinó entonces, en este cubano lúcido y comprometido, la idea de organizarse para vencer.

En sendas cartas a los generales Máximo Gómez y Antonio Maceo, Martí les hace conocer su opinión: "¡Basta de políticas conciliadoras. Es la hora de las armas!". A continuación de advertir que no habría solución mientras el país permaneciera atado a España, dice el patriota-poeta: "Si no está en pie, elocuente y erguido, moderado, profundo, un partido revolucionario que inspire por la modestia de sus hombres y la sensatez de sus propósitos, una confianza suficiente para acallar el anhelo del país, ¿a quién ha de volverse, sino a los hombres del partido anexionista que surgían entones? ¿Cómo evitar que se vayan tras ellos todos los aficionados a una libertad cómoda, que creen que con esa solución salvan a la par su fortuna y su conciencia? Ése es el riesgo grave. Por eso es llegada la hora de ponernos en pie".

En la soledad de los elegidos

Resultará quizá sorprendente que este hombre valeroso y mesurado haya impulsado una revolución violenta. Su concepción de la guerra era personal y distinta. Creía que la guerra "debe acometerse con espíritu cordial, que deje de lado el lucimiento, que Cuba debe aceptar con confianza y júbilo la guerra necesaria para ser libre". Se refiere el patriota al espíritu de la nueva guerra que necesita asentarse, más que en ideas de necesidad, en bases espirituales.

En 1884 le saldría al paso una nueva dificultad.

Las cartas a Gómez y a Maceo no consiguen la respuesta esperada. No concuerda Gómez con ciertos enfoques del patriota cubano. Por entonces, la mesura de Martí era quizás, a esta altura, tan grande como su fama. Y en consecuencia, toma una drástica y difícil resolución: se llama a silencio durante más de un año. Se resiste a ser una traba que dificulte los próximos pasos, y se desplaza de la escena para no impedir el desarrollo de los planes de otros jefes independentistas, aun cuando no los compartiera.

Entre 1884 y 1887 se presentan sendas oportunidades con buenas probabilidades de encauzar la guerra. Sin embargo, la sabiduría y el instinto hacen que, por dos veces, Martí contenga las aguas. Temía desgastar las fuerzas de que disponía y se proponía atacar sólo cuando la victoria estuviera al alcance de la mano. Aún no había llegado el momento.

Soportó con estoicismo las presiones y las críticas que de todos lados le llegaban. Logró contener a quienes querían, de inmediato, una guerra final. Al mismo tiempo, conseguía mantener latentes las ansias de independencia del pueblo cubano.

Su "tristísimo silencio", como él mismo lo llamó, sobrevino cuando más se necesitaba su palabra certera. Escribe a propósito: "En este mundo no hay más que una raza inferior: la de los que consultan, antes que todo, su propio interés, bien sea el de su vanidad o el de su soberbia o el de su peculio; ni hay más que una raza superior: la de los que consultan antes que todo el interés humano".

Su ocasional adversario, el general Gómez, caerá en la cuenta de que Martí tenía razón. Y entendió que, finalmente, la victoria habría de edificarse sobre la organización, tal como pregonaba el poeta, y que ésta demandaba tiempo, lo cual no significaba que él y sus hombres no tuvieran un papel que cumplir en esa etapa. Por el contrario, una vez organizados, habría llegado el momento de actuar.

Tampoco el ámbito de la vida familiar le brinda alegrías a Martí; con la muerte de don Mariano, el seno familiar se desvaneció. Su madre, con quien sostenía una nutrida correspondencia, se instaló a vivir con sus hijas, casadas años atrás, cuando José deseaba que viviera con él, quizá temiendo que la muerte la sorprendiera, y que a él le ocurriera lo mismo que con su padre.

Doña Leonor se estaba quedando ciega , por lo que un nuevo

reencuentro nunca llegó a concretarse. El fragmento de una carta conmovedora dirigida al médico que la asistía, da cuenta de los sentimientos del revolucionario: "Sé lo que haces por mi madre, y lo que vas a hacer. Trátamela bien, que ya ves que no tiene hijo. El que le dio la naturaleza está empleando los últimos años de su vida en ver cómo salva a la madre mayor".

Reunión de Cayo Hueso

Corrían los últimos meses de 1891 cuando los patriotas se reunieron en Cayo Hueso y redactaron las bases del Partido Revolucionario Cubano (PRC). José Martí es actor principal y considerado, sin haber sido expresamente nombrado, como el virtual presidente del partido. La idea de independencia no dejaba de bullir en su espíritu.

En 1892, tres meses después de la creación del partido, funda su propio periódico, *Patria*, que consigue ser un vehículo de comunicación entre las almas emigradas, exiliadas. En su página única, trazaba los lineamientos a seguir para alcanzar la independencia. Desde el número inicial se aclaraba cuál era su finalidad: "Para juntar y amar y para vivir en la pasión de la verdad, nace este periódico". Fue el último periódico en el que Martí volcó sus ideas.

Asiste a reuniones, consigue más adeptos a la causa de la independencia y habla con los héroes de las guerras pasadas, quienes se suman a las filas del partido, deseosos de ver libre a Cuba.

Para Martí, los tiempos se acortaban. Sabía que su destino estaba marcado y que avanzaba hacia él. Su vida había sido y sería de sacrificio y de cumplimiento del deber. Ésa era su misión. Comprendía que se encontraba en la recta final de la carrera. Ahora o nunca, parece haber sido su consigna.

Se desprende de todas las ataduras. Suspende las corresponsalías en los diarios latinoamericanos y renuncia a la presidencia de la Sociedad Literaria Hispanoamericana. En 1894 abandona Nueva York, su lugar de residencia, y parte hacia Cuba a la cabeza de un grupo de revolucionarios armados, con el propósito de invadir la isla. Interceptado en Florida, debe emprender el regreso.

"Díganle general", había instado el general Gómez. Pero

Martí no acepta. En la mente de los cubanos germinaba la idea de erigir a Martí como jefe de gobierno. Después de todo, él había sido el presidente natural de la República en armas. Imposible encontrar a otro que vigilara con más devoción y fidelidad los pasos de la revolución. "Debo desistir en cuanto llegase la hora propia, para tener libertad de aconsejar, y el poder moral para resistir el peligro que desde años atrás preveo, y en la soledad en que voy, impere acaso, por la desorganización e incomunicación que en mi aislamiento no pude vencer, aunque a campo libre la revolución entraría naturalmente por su unidad de alma, en las formas que asegurarían y acelerarían su triunfo".

Las tropas se reorganizan y un año después, encabezadas por el general Máximo Gómez, logran pisar suelo patrio. A principios de 1895 Martí y Gómez firman el Manifiesto de Montecristi, que junto con una carta enviada a Federico Henrique de Carbajal constituirá el testamento político de Martí.

El 24 de febrero estalló la revolución que culminaría con el triunfo de las tropas revolucionarias cubanas y la instauración de la República. El 11 de abril las tropas conjuntas de Gómez y Martí desembarcaron en Cuba.

Un fiNAL y uN pRiNcipio

José Martí no asistirá a la victoria final. El 3 de mayo redactó un manifiesto para que se publicara en el *New York Herald*, explicando las causas de la guerra, y el 18 escribió su última carta, inacabada, a su amigo Manuel Mercado.

El 19 de mayo, desoyendo los consejos de Gómez, Martí se lanzó al combate contra un escuadrón realista, en Boca de Dos Ríos. En esa escaramuza de poca importancia, a los cuarenta y dos años, murió el gran patriota y el poeta.

Pensó como político de ley. Sufrió con sensibilidad de poeta. Peleó como el mejor de los soldados. Martí estaba decidido a todo, excepto a marcharse otra vez y ver a su patria desde el exilio. Y sobreviene la oportunidad trágica. Algún autor deja entrever la sospecha de que pudo ser ése el momento de entregar voluntariamente la vida. En todo caso, nosotros preferimos imaginarlo peleando con la espada, como ya lo había hecho con la pluma a lo largo de su vida, en pos de su mayor anhelo: la unión del pueblo cubano en amor y libertad.

Una mirada americanista, un arquetipo

En ocasiones, su idealismo fue tildado de utópico, aunque es sabido que son las utopías las que hacen andar al mundo.

Sus reflexiones lo llevaron a comprobar que América era una tierra plena de posibilidades, con un futuro promisorio, aun cuando los hombres que la habitaban estuvieran todavía ensayando los primeros pasos en busca de su destino.

La acción de Martí se orientó en el sentido de transmitir la convicción de que había que concentrar los esfuerzos en la búsqueda de las propias raíces. Es, posiblemente, en ese momento cuando ciertas mentes diáfanas advirtieron con previsión profética que no eran excepción los países que intentaban buscar su identidad demasiado lejos del terruño patrio, volviendo la vista hacia el Viejo Continente; un vano intento por imitar criterios y comportamientos ajenos. A esto se unía, como suele ocurrir, un desdén hacia lo propio.

Lo que preocupó a Martí fue la conciencia autóctona, que él intentó despertar. No le bastó con abrir los ojos de su pueblo cubano, sino que aspiró a encarar una vasta tarea de alcance americanista. Sabía que no era fácil, pero no lo consideró imposible.

Comprendió que Cuba no podría ser libre si a su alrededor otros países hermanos del continente continuaban dominados. Como Cuba, Puerto Rico padecía una situación similar. Esto lo llevó a proponer esa casi utópica visión de lo nacional, ampliándolo a lo sudamericano, en una dimensión universal. En la carta a su amigo, escrita el día anterior a su muerte, señaló la importancia que adjudicaba a la liberación de Cuba: "Ya estoy todos los días en peligro de dar mi vida por mi país y por mi deber [...], impedir a tiempo, con la independencia de Cuba, que se extiendan por las Antillas los Estados Unidos y caigan con esa fuerza más, sobre nuestras tierras de América. Cuanto hice hasta hoy, y haré, es para eso. En silencio ha tenido que ser".

Comenzó por lo que más amaba y por lo que tenía más cerca: su propia patria. Lo atormentaba verla esclavizada, y para revertir esa dolorosa situación comenzó por acercarse a las nuevas generaciones, a los "pinos nuevos" y a los gloriosos veteranos de otras guerras.

Confiaba en que en el hombre había grandes virtudes dormidas, aunque latentes, y se entregó a la tarea de despertarlas, para que se pusieran en acción en favor de los más altos ideales. Insistía Martí en que el hombre "no es lo que se ve, sino lo que lleva adentro". Al advertir la influencia que las modas ejercían sobre la juventud, propuso: "Pongamos de moda la virtud".

Pero ¿de dónde partía esa fuerza de Martí? ¿De qué manantial brotaban su energía y su equilibrio, a la par que su pasión, y las certezas que le permitían acometer tan ardua misión?

Martí comenzó por realizarse a sí mismo en su concepción del hombre. No le gustaba teorizar sin haber sido ejemplo de sus propias concepciones. Y lo mejor que podemos decir es que el hombre que imaginó fue el propio Martí. Y no porque estuviera hecho de una sustancia mejor, sino porque supo dominar, en primera instancia, los malos impulsos, los instintos y las pasiones, y por la clara conciencia que tuvo de que sólo así podría vencer. Él fue su propio arquetipo. No hubo en América, utopista más convencido que José Martí; encarnó, como nadie, la Utopía de América.

A este perfil político y humano debe agregársele el del extraordinario escritor. Martí se destaca decididamente como el precursor del modernismo en Cuba. Sus poemas atraen por un estilo, en el que prevalecen la sencillez y la expresividad de las imágenes. Es considerado entre los escritores más originales y brillantes de nuestra lengua. Drama, poesía y novela atrajeron su atención. *Amor con amor se paga* es una de sus obras dramáticas, escrita en 1876, a la que le siguió *Asala*.

Sus *Obras completas* han sido reunidas en setenta y tres volúmenes, publicados entre 1936 y 1953, lo que no deja de asombrar, ya que tuvo una vida relativamente breve y descolló con trazos únicos en la esfera política.

Martí fue, en síntesis, un intelectual y un hombre de acción. No vivió para cumplir su ansiada meta, pero dejó sembrado el terreno para alcanzarla: en 1902 Cuba promulgó la Constitución de su independencia.

Fidel Castro

1927

El líder de la Revolución Cubana

"Sartre: ¿Y si un día el pueblo le pide la luna?
"Castro: Señal de que la necesita."
Huracán sobre el azúcar, 1960

El 27 de octubre de 1492 Cristóbal Colón tocó las costas de Cuba, la mayor isla de las Antillas, con un suelo de montañas altas y ríos de pequeño caudal. Su capital, La Habana, cuenta en la actualidad con casi 2.200.000 habitantes, de los cuales la mayoría tiene ascendencia africana. La explotación de la caña de azúcar ocupa más del sesenta por ciento de las áreas de cultivo. Entre los minerales, el níquel es el principal exportable. Las playas caribeñas, de aguas límpidas y arenas doradas, muy visitadas por los turistas, representan una decisiva fuente de ingresos.

Cuando promediaba el siglo XX, el turismo y los negocios norteamericanos, sumados al juego y el comercio sexual, habían convertido a Santiago de Cuba y a La Habana en "paraísos terrenales" alcanzables con dólares. La estructura de la sociedad tuvo un decisivo cambio a partir del 1º de enero de 1959, fecha en que se festeja el Día de la Liberación. El 26 de julio es el Día de la Rebeldía Nacional, en conmemoración del asalto al cuartel de Moncada en 1953.

Los programas de alfabetización han elevado a casi el 95 por ciento la proporción de cubanos que leen y escriben; los planes de salud colocan a Cuba en una posición de privilegio, con un médico cada quinientos habitantes, y con un índice de mortalidad de niños de hasta cinco años de 13 por mil, todos promedios que superan ampliamente los de Latinoamérica.

En esa realidad la figura de Fidel Castro, vestido como guerrillero y con su barba característica, con atuendo verde oliva y de imponente talla, presidiendo durante horas las celebraciones de pie, es inconfundible.

Un muchacho "con madera"

Fidel Castro Ruz nació el 13 de agosto de 1927 en Mayarí, en las sierras de Oriente, una rica zona agrícola y minera. Era hijo natural de un inmigrante español, poseedor de tierras y dedicado al cultivo de azúcar.

El director del colegio Nuestra Señora de la Caridad de los Hermanos de La Salle, Gerardo León Moré del Río, recordaba a los noventa años, en 1998, que Fidel era un "pepino" –por su timidez– cuando lo conoció a los ocho años. Ése fue el primer colegio al que asistió. Le gustaba discutir y jugar a la pelota. Su madre, María Mediadora, intervino especialmente para que admitieran al muchacho en ese colegio renombrado. A los dieciocho años, siendo aún alumno de los jesuitas, Fidel apareció en una foto de la revista del colegio Belén –hoy Instituto Técnico Militar, de nivel universitario– como líder juvenil, tanto en los deportes como en las ciencias y las letras. También figuró en el cuadro de honor del Instituto, según un comentario de los padres de la Orden: "Fidel Castro Ruz (1942-1945) se distinguió siempre en todas las asignaturas relacionadas con las letras. Fue un verdadero atleta, defendiendo con valor y orgullo la bandera del colegio. Ha sabido ganarse la admiración y el cariño de todos. Cursará la carrera de Derecho y no dudamos que llenará con páginas brillantes el libro de su vida. Fidel tiene mucha madera y no faltará el artista".

Desde niño sintió una especial afición por escalar los picos de las montañas, gusto que adquirió en Birán trepando las colinas de su provincia natal. Nadaba en el río y amaba la naturaleza. Era un líder intelectual, y con el físico bien dotado triunfaba en las competencias. Frecuentemente hablaba en nombre de sus compañeros, asombrando por su prestancia y buen decir.

La vieja Cuba

Cuba nace como país independiente en 1902, tras la interminable Guerra de la Independencia, que llevó a los cubanos a enfrentarse con España en una contienda que duró treinta años. Esta guerra, considerada por muchos una lucha contra la esclavitud, ya que en su mayoría los soldados eran esclavos negros, constituyó al mismo tiempo una expresión de repudio al creciente imperialismo norteamericano.

Poco duró la guerra de 1898 que enfrentó a España con los Estados Unidos. Luego de dos meses de combates España abandonó su antigua colonia. Desde entonces, la penetración del capitalismo norteamericano para la explotación de los recursos naturales de la isla fue total –especialmente en la industria azucarera– y en la vida cultural cubana. Hasta mayo de 1902 un gobierno militar estadounidense administró la isla. Al entrar en vigencia la Constitución de 1901 fueron incorporadas las consideraciones de la Enmienda Platt –elaborada por el senador Orville H. Platt–, por la cual se autorizaba a los Estados Unidos a intervenir militarmente en la isla, a adquirir bases carboníferas y navales y a instalar bases navales en el litoral, como ocurrió en bahía de Guantánamo y en la isla de Pinos.

En cumplimiento de la Enmienda, y antes de su abolición en 1934, los Estados Unidos intervinieron militarmente en cinco oportunidades (en 1906, 1912, 1917, 1920 y 1934). La intromisión *yanqui*, que provocó frecuentes casos de fraude y corrupción entre los políticos locales, generó estallidos de descontento popular y levantamientos, como los de 1906 y 1909. En la década del 20 se produjeron reiterados movimientos de rebelión estudiantil.

El líder del Partido Liberal, Gerardo Machado y Morales, fue elegido presidente en noviembre de 1924, tras haberse comprometido ante el pueblo a revocar la Enmienda Platt y a realizar otras reformas. Pronto se pondría en evidencia que, además de enriquecerse, la aspiración de Machado consistía en la concentración del poder en sus solas manos.

En 1933 un movimiento revolucionario logró derrocar a Machado, que buscó refugio en los Estados Unidos. Se inicia así un período caracterizado por la inestabilidad política. Un nuevo gobierno provisional no alcanzó a satisfacer las exigencias populares. Las huelgas y la toma de los ingenios azucareros por parte de los trabajadores se tornaron habituales.

Fulgencio Batista Zaldívar dirige un levantamiento de suboficiales del Ejército y consigue el apoyo de los estudiantes, que no habían cejado en sus reclamos. El futuro dictador de la isla logra el poder de las armas y es ascendido al grado de coronel y jefe del

Estado Mayor. El gobierno, proclamado por los estudiantes, fue encabezado por el profesor Ramón Grau San Martín, quien, sin fuerzas suficientes, cayó cien días más tarde. El porvenir de Cuba, en 1940, quedó así en manos de Fulgencio Batista, quien promulgó una nueva Constitución.

En ese clima de agitación social creció Fidel Castro, quien, durante su primera juventud, no exhibió especial interés en las cuestiones políticas, tema que lo motivaría durante sus estudios universitarios.

Maduración de un revolucionario

Aunque carecía de formación política, Castro no estaba ausente, sin embargo, de los problemas nacionales. Sentía, al igual que sus compañeros estudiantes, desprecio hacia los políticos de su tierra, que se mostraban incapaces de sostener los ideales que proclamaban en sus campañas electorales. Así lo manifestaba en las reuniones como representante estudiantil. Criticaba al gobierno de Ramón Grau San Martín, que había logrado imponerse a los seguidores de Batista en 1944, porque, si bien durante su presidencia se abolió la censura de prensa y se tomaron algunas medidas progresistas en temas de salud, educación y vivienda, mantenía el sostenimiento de la estructura corrupta, que finalmente le hizo perder el apoyo popular.

La militancia política del futuro revolucionario comenzó manifestándose por su atracción hacia las ideas de reformismo social y la actitud antiimperialista que propugnaba el Partido del Pueblo Cubano, conocido como "los ortodoxos". Sin embargo, como las ideas del joven Fidel no eran compartidas por el fundador del partido, Eddy Chibás, en medio de serios desacuerdos Castro reunió a varios miembros jóvenes del partido y formó la Acción Radical Ortodoxa. En 1947 se unió a una fuerza impulsada por el PPC, cuyo propósito era derrocar al dictador Rafael Leónidas Trujillo en la República Dominicana.

Al año siguiente participó en Bogotá de los motines urbanos por el asesinato del líder colombiano Jorge Eliécer Gaitán. Fidel había llegado a la capital colombiana para participar de un congreso estudiantil de protesta contra la Conferencia Panamericana y, con otros estudiantes, tenía previsto un encuentro con Gaitán el 9 de abril, día en que el líder liberal fue asesinado. Mostrando ya su perfil de hombre de acción, participó de la toma de la Quinta División de la Policía, y armado con un fusil defendió Radio Nacional, cercada por el Ejército, y colaboró en tareas de defensa de la Universidad Nacional.

En 1949 Castro pasó un tiempo en los Estados Unidos y cuando regresó a su patria se dedicó con fervor a los estudios y se doctoró en leyes en la Universidad de La Habana, en 1950. Con dos de sus compañeros instaló un estudio jurídico y durante tres años se dedicó a defender una clientela proveniente de los sectores más desprotegidos de la sociedad. En las nuevas elecciones, el joven abogado es nominado como candidato al Congreso por dos distritos pobres de la isla.

La toma del cuartel de Moncada

Tras pasar unos años en Florida, Fulgencio Batista había regresado a Cuba para ponerse a la cabeza de un nuevo golpe militar. El 10 de marzo de 1952 logró reunir un abanico de sectores sociales, económicos y políticos de Cuba, derribó a Carlos Prío Socarrás, jefe del gobierno desde 1948, y se hizo del poder. Suspendió la Constitución, disolvió el Congreso y a la cabeza de un gobierno provisional, prometió la realización de elecciones para el año siguiente.

Los estudiantes pasan entonces a la oposición y se puede decir con toda propiedad que el comienzo de esta dictadura es el germen de la revolución que triunfará siete años después, y de la que Fidel Castro será el principal protagonista.

Fidel se convierte en líder del grupo Movimiento, una organización clandestina que rápidamente extiende una red de acción desde el periódico *El Acusador*, también de circulación clandestina. Cuando promediaba el año 1953 tenía ya organizadas, con base en las provincias de La Habana y Pinar del Río, ciento cincuenta células con más de mil seguidores.

Castro y sus hombres planeaban tomar el Cuartel de Moncada, ubicado en Santiago de Cuba, al sudeste de la isla, y fijaron la fecha del asalto para el 26 de julio. Una vez logrado ese objetivo, las armas ganadas al enemigo serían distribuidas entre la gente. Otro grupo tomaría el Cuartel de Bayamo, situado a cien kilómetros del principal objetivo, para impedir el envío de refuerzos. Bayamo tenía importancia estratégica y simbólica: en la actual provincia de Granma habían comenzado dos importantes rebeliones contra España, la guerra de los Diez Años (1868-1878) y la exitosa guerra de la Independencia cubana (1895-1898).

El asalto preparado por unos doscientos hombres dirigidos por Fidel tropezó con una patrulla militar en las puertas mismas del cuartel y la acción fue desbaratada. Castro y un grupo de los rebeldes lograron huir y se refugiaron en Sierra Maestra. También fracasó la toma de Bayamo.

Castro fue capturado seis días más tarde, junto a otros hombres. Durante el juicio, se defendió a sí mismo con un alegato que concluía: "La historia me absolverá", frase que más tarde se convertiría en una consigna reivindicativa de los revolucionarios. Fue sentenciado a quince años de prisión en la Isla de Pinos.

Durante el cautiverio, los rebeldes se dedicaron a establecer las bases del Movimiento 26 de Julio. Se cuenta que en la cárcel Fidel fue un incansable lector: Marx, Victor Hugo, Turgeniev, la biografía del revolucionario brasileño Carlos Prestes y del deán de Canterbury, las obras completas de Freud, Von Clausewitz, Kant, Lenin, Shakespeare, escritos de Einstein y de Roosevelt, así como otros sobre figuras de Francia, como Napoleón, Mirabeau, Danton y Robespierre, o sobre la época de Carlomagno. Textos leídos con fruición. Muchos años después, un íntimo amigo de prolongados y periódicos diálogos, el novelista colombiano Gabriel García Márquez, lo introducirá en la lectura de otros autores, que canalizaron la pasión por la lectura de Fidel hacia nuevos estilos.

El Movimiento 26 de Julio

Después de sofocar el levantamiento el régimen parecía controlar la situación. Batista convocó a elecciones para fines de 1954 y su principal oponente, Grau San Martín, se retiró de la campaña denunciando que era intimidado y perseguido.

Sin oposición, Batista fue reelegido y asumió el 24 de febrero de 1955: restableció la Constitución y otorgó amnistía a los prisioneros políticos. Luego de diecinueve meses de encierro, Castro se asiló en México junto con su hermano Raúl –cuatro años menor–, y allí siguieron trabajando para derrocar a Batista.

A principios de 1956, Castro se separa definitivamente de Ortodoxo y proclama el Movimiento, que se bautizará 26 de Julio en recuerdo de la fallida toma del Moncada. Además de la vigorosa presencia de su hermano, la intensa actividad desplegada en México le permitió reunir muchas voluntades contra la dictadura; entre ellas, la de un joven y romántico médico argentino, con algo de revolucionario y otro tanto de aventurero, y destinado a convertirse en mito. Ernesto Guevara de la Serna, nacido en Rosario en 1928, era apenas un año menor que Fidel.

Enfermo de asma, Guevara tenía un físico débil que contrastaba con su entusiasmo y espíritu de lucha. Su preocupación por la situación de los países de América latina lo habían llevado a recorrerlos. Tomar contacto con esas realidades, lo impulsó a la acción y a la lectura de los ideólogos del comunismo. En 1953 había trabajado como colaborador del gobierno reformista radical de Guatemala, y luego se trasladó a México, donde conoció a Fidel Castro. Rápidamente se unió a sus hombres y así se convertirá en el legendario "Che".

Otro pilar fundamental del grupo era Camilo Cienfuegos. Nacido en La Habana el 6 de febrero de 1932 e hijo de una familia humilde, valoraba especialmente el rol de la educación. Como jefe guerrillero, ambicionará que los hombres que se encuentren bajo su mando aprendan a leer y escribir. Cuando completó su educación superior, debió abandonar su sueño de estudiar escultura para trabajar al lado de su padre. En abril de 1953 visitó los Estados Unidos y se quedó como inmigrante ilegal. Fue expulsado después de pasar treinta y nueve días en prisión y regresó a La Habana, en junio de 1955. En aquellos días se unió a una manifestación en contra de Fulgencio Batista y fue herido de un balazo. En el mes de marzo de 1956 regresó a los Estados Unidos y de allí, en septiembre, partió rumbo a México, para unirse al Movimiento 26 de Julio. Su familia simpatizaba con el marxismo y su hermano Osmani era dirigente comunista; sin embargo, Camilo nunca se dejó seducir por el partido, aborrecía las luchas por el poder y era reacio a las estructuras burocráticas.

A fines de noviembre de 1956, y haciendo caso omiso a las

opiniones adversas, el grupo partió hacia Cuba con una expedición de ochenta y dos hombres. Una tormenta confundió el rumbo del yate *Granma* en el que viajaban y atracaron en un sitio equivocado. El desembarco tuvo lugar el 2 de diciembre en la playa de Las Coloradas, próxima a la ciudad de Bélic, en el extremo sudoccidental de la isla. En una emboscada inicial y en los primeros combates el grupo sufrió muchas pérdidas y se redujo a poco más una veintena de hombres. Fidel y Raúl Castro, Camilo Cienfuegos y Ernesto Guevara se encontraban entre los supervivientes. Doce lograron reagruparse y se escondieron en la selva. Otros diez fueron capturados y trasladados a la Isla de Pinos, "de donde nunca debieron salir", como solía repetir Batista a quienes lo habían inducido a amnistiar a "los del Moncada".

De la Sierra Maestra al poder

En diciembre de 1958, con el respaldo del Partido Popular Socialista, el grupo avanzaba hacia La Habana, coronando así la Revolución Cubana.

El Movimiento 26 de Julio había conquistando la simpatía popular. En los ámbitos estudiantiles el apoyo se expresó en la conformación del Directorio 13 de Marzo; el de los campesinos de Sierra Maestra, considerados por las autoridades como bandoleros que ocupaban ilegalmente esas tierras, tuvo una importancia crucial en el triunfo de las filas castristas, que a partir de ese momento se vieron considerablemente engrosadas.

El Movimiento se presentaba con un programa democrático, antidictatorial y de tintes antiimperialistas. Su táctica de lucha, si bien tenía antecedentes en la experiencia de Mao en China y en las guerrillas del Vietcong en Vietnam, presentaba rasgos originales. Durante la presencia de los "barbudos" en la Sierra, el ambiente social se encrespó e importantes huelgas y manifestaciones se realizaron en la capital y otros centros urbanos.

Mantener la presencia en la zona y resistir los embates de los militares obligaron a los guerrilleros a llevar una vida dura y sacrificada. Casi aislados, recibieron esporádico armamento y abastecimiento desde La Habana. En la Sierra, Guevara se convirtió definitivamente en el "Che" y Camilo Cienfuegos, ascendido a comandante por Fidel, tuvo la complicada misión de inspeccionar la zona y organizar grupos de escopeteros. Su fama se hizo memorable: Camilo peleaba a cuerpo descubierto, como desafiando el miedo.

El 17 de marzo de 1958 Castro hizo un llamamiento a la rebelión general. Las fuerzas guerrilleras lograron constantes triunfos a lo largo del año y a fines de 1958 su avance se hizo incontenible.

Durante la ofensiva final y bajo la conducción general de Fidel, su hermano Raúl jugó un papel decisivo como jefe de la columna que avanzó por el Este. En cada población que tomaba el ejército rebelde se producía un desbande de funcionarios del régimen y los jefes revolucionarios iban asumiendo cargos comunales y tomando decisiones de gobierno.

El 22 de diciembre Batista ordenó bombardear las avanzadas de los rebeldes pero fueron sorprendidos por la defensa de la guerrilla, desde improvisadas trincheras, y tras hacerse fuertes en la guarnición de Yaguajay, en Cruces, Camilo y el Che se lanzaron sobre Santa Clara. "¡Ahora, a ganar la guerra!", fue el grito animoso que hizo ceder el último bastión de la dictadura. Ante la proximidad de los irregulares y los insistentes llamados a la huelga general y a la insurrección desde la Radio Rebelde y la prensa clandestina –*Revolución, Vanguardia Obrera, Sierra Maestra, El Cubano Libre* y *Resistencia*–, el dictador Batista huyó a la República Dominicana, el 24 de diciembre de 1958, y el 1º de enero el poder político de Cuba pasó a manos de Fidel Castro.

Un nuevo Estado

Se establece un nuevo gobierno nacional y a mediados de febrero de 1959 Castro, a pesar de que inicialmente había rechazado ejercer cargos, asume como primer ministro, cargo que ostentará hasta 1976, cuando se convierte en presidente del Consejo de Estado (este cargo englobaba dos jefaturas: la del Estado y la del gobierno, según la reforma constitucional aprobada ese año). Su hermano Raúl puso en marcha un programa de reformas sociales en Sierra Cristal, fue designado ministro de las Fuerzas Armadas Revolucionarias y más tarde participó en el gabinete como ministro de Seguridad. El argentino Guevara fue nombrado ministro de Industria, y ejercerá ese cargo entre 1961 y 1965. Con respecto a Cienfuegos es preciso destacar que, habiéndose convertido en uno de los héroes nacionales más queridos por el pueblo cubano, éste desapareció cuando se accidentó el avión Cessna en el que viajaba, el 28 de octubre de 1959, sin que llegaran a conocerse las causas del accidente.

La actividad posterior a la toma del poder fue intensa: tribunales militares especiales juzgaron a centenares de colaboradores del antiguo régimen y más de quinientos fueron ejecutados. En el aspecto político, la depuración se extendió también a algunos aliados durante la hora de la revolución. El primer presidente, el liberal Manuel Urrutia Lleó, fue reemplazado en julio de 1959 por el abogado y miembro del Partido Comunista Osvaldo Dorticós, quien se mantendría en el cargo hasta 1976, cuando cedió la presidencia a Fidel y pasó a ser vicepresidente. Apuntemos que Dorticós se suicidó en La Habana en 1983.

Cumpliendo promesas realizadas y llevándolas aun más a fondo de lo previsto, se concretó una profunda reforma agraria que culminó con la colectivización de las propiedades, en un hecho que afectaba seriamente los intereses estadounidenses en la industria azucarera, al prohibir el establecimiento de plantaciones controladas por compañías de accionistas extranjeros. Para satisfacer las necesidades de la población, se disminuyó el apoyo a la producción de azúcar en beneficio de otros cultivos. En 1960 los Estados Unidos anularon los acuerdos comerciales que mantenían con Cuba. Castro dio a conocer la primera "Declaración de La Habana", en donde reafirmaba la soberanía cubana.

La nacionalización de otros recursos y la expropiación de propiedades estadounidenses por un valor cercano a los mil millones de dólares tensaron aún más las relaciones con el país del Norte, y las relaciones diplomáticas y comerciales se suspendieron en enero de 1961.

Socializada la economía, la Cuba dirigida por Castro negoció acuerdos con la Unión de Repúblicas Socialistas Soviéticas (URSS) que abarcaban un amplio campo, desde créditos y alimentos hasta armamento moderno.

El régimen político evolucionó hacia un sistema de partido único, el Partido Unido de la Revolución Socialista, que en 1965 pasaría a denominarse Partido Comunista Cubano, y en el que Fidel Castro asumió como secretario general. La consumación del giro político terminó por exiliar a un gran número de cubanos ricos.

Bahía Cochinos y la crisis de los misiles

El presidente electo de los Estados Unidos, el demócrata liberal John F. Kennedy, aprobó un plan secreto para derrocar a Castro. El gran vecino del Norte no se resignaba a perder su histórico control sobre la isla caribeña y estaba en plena "guerra fría" con la URSS. Kennedy debía mostrar fortaleza ante un enemigo que, a pesar de algunas reuniones conciliatorias en la cuestión de Indochina, en agosto levantaría un muro que dividiría Berlín en dos sectores, al tiempo que enviaba al espacio el primer vuelo tripulado por un cosmonauta y se mostraba capaz de realizar pruebas nucleares en la atmósfera.

El 17 de abril de 1961 más de mil exiliados anticastristas, apoyados y entrenados por agencias de los Estados Unidos, desembarcaron en Bahía de Cochinos. La operación, presumida de sorpresiva, resultó un enorme fracaso: noventa invasores fueron muertos y cerca de mil doscientos fueron capturados. Luego regresaron a los Estados Unidos por un acuerdo de intercambio con el gobierno estadounidense. La presencia personal de Castro –y su firme posición– durante el enfrentamiento no hizo sino aumentar su prestigio entre los cubanos.

Hacia septiembre de 1962 la situación se volvió crítica y el mundo temió un enfrentamiento nuclear cuando los Estados Unidos afirmaron constatar que Cuba poseía misiles de origen soviético. Kennedy ordenó el bloqueo naval a la isla para evitar el paso de más barcos soviéticos con armas. A fines de octubre Nikita Kruschev, presidente soviético, aceptó desmantelar las bases misilísticas, cerrando así la llamada "crisis de los misiles".

Los Estados Unidos, sin embargo, se negaron a retirarse de su base naval, instalada en Guantánamo, a pesar de los reclamos realizados por Cuba ante las Naciones Unidas. Estos episodios acercaron aún más a Castro a la órbita soviética y aumentaron la dependencia económica de la isla respecto de la URSS. En 1972 Cuba se incorporó formalmente al Consejo para la Asistencia Mutua Económica (COMECON), el bloque económico controlado por la URSS.

¿Exportar la revolución?

Durante las décadas siguientes, Fidel Castro conquistó gran influencia internacional. Inicialmente, obtuvo reconocimiento en Latinoamérica y luego su prestigio se extendió hacia Europa y los países del llamado Tercer Mundo, donde ejerció un especial liderazgo desde el Movimiento de Países No Alineados, que presidió entre 1979 y 1981, o en eventos globales como la Cumbre de la Tierra, celebrada en Rio de Janeiro en junio de 1992.

Impulsó la formación de la Organización Latinoamericana de Solidaridad (Olas) para apoyar movimientos insurgentes en Sudamérica; fue solidario con la lucha de los grupos guerrilleros centroamericanos, como el sandinismo de Nicaragua y el Frente Farabundo Martí de El Salvador, y mostró apertura hacia regímenes nacionalistas, como el de Nasser en Egipto o el de Torrijos en Panamá. Por decisión de Castro, tropas cubanas participaron durante la guerra civil en Angola y tomaron posiciones en Etiopía y en Yemen del Sur; actos que Occidente interpretaba como avances soviéticos en la región.

A principios de los años 80 la ayuda de la URSS a Cuba promediaba los tres millones de dólares diarios. Castro, sin embargo, se distanció de la URSS cuando, a fines de la década, Mijail Gorbachov inició un proceso de reformas económicas (la Perestroika) y de apertura política (la Glasnost) con el que disentía, a pesar de que las consecuencias resultarían de suma gravedad para la economía cubana.

Si bien se le ha adjudicado a Castro todo tipo de intromisiones en problemas de otros países, en lugares tan distantes como Oriente Medio, Mozambique o Chile, el tema de "exportar la revolución" fue un pensamiento más cercano a Guevara. Y tal vez haya sido ésta una de las cuestiones que más los distanció. El ministro Guevara, en efecto, recorrió países africanos y asiáticos, y tras renunciar a la ciudadanía cubana, partió hacia África en junio de 1965 para luchar en el Congo. Al año siguiente llegó a Bolivia pero, sin lograr apoyo para su lucha, en octubre de 1967 fue capturado y fusilado. Con la desaparición del "Che" sólo Fidel y Raúl Castro permanecieron en lo más alto, como herederos de la lucha heroica de Sierra Maestra.

Cuba fue separada de la Organización de Estados Americanos y sancionada con una serie de medidas en 1964. Recién en julio de 1975, en San José de Costa Rica, la OEA aprobará una resolución de libertad de acción, modificando el embargo comercial.

En 1979, el triunfo del Frente Sandinista en Nicaragua planteó la posibilidad de que el FSLN virara hacia el modelo del socialismo cubano. Fidel, que sin duda ejercía gran influencia sobre los comandantes sandinistas, fiel a sus anteriores definiciones expresó con claridad: "Nicaragua no será una nueva Cuba". De este modo, disipó algunos fantasmas que los Estados Unidos blandían para justificar su intervención militar en Centroamérica. Por eso, los más allegados a Fidel afirman que no adoptó el dogma marxista sino que siempre fue "fidelista", y que a pesar de su preocupación por los problemas internacionales, su vista estuvo puesta, prioritariamente, en su propia tierra. Para Fidel Castro la historia de Cuba comienza con su independencia real, el 1º de enero de 1959, y las palabras de José Martí le servirían de estandarte: "Para un país que sufre no hay más Año Nuevo que el de la derrota de sus enemigos".

"La fuente más importante de inspiración y legitimidad de la Revolución de Castro –destaca Sebastián Balfour en su obra *Castro*, publicada en Madrid en 1999– es la tradición nacionalista cubana en su versión más radical. La vena de regeneración y voluntarismo que corre a través de su pensamiento político tiene mucho más en común con el nacionalismo hispano que con el socialismo europeo o el comunismo soviético. A pesar de sus aparentes cambios de política y de la diversidad de ideologías hay una continuidad en las ideas políticas de Castro que tiene su origen en la lucha centenaria y todavía incompleta por la independencia y el desarrollo."

Democracia y derechos humanos

Constantemente se ha interrogado al régimen cubano, a Fidel y a sus ministros sobre la manera en que el Estado debe garantizar los derechos humanos, las llamadas libertades formales, lo que obligaría a modificar las superestructuras creadas por la Revolución. Refiriéndose al régimen imperante, la respuesta ha sido, casi invariablemente, la misma: "No creemos que la democracia exija la existencia de muchos partidos. Aceptamos el concepto de democracia social aplicado a la mayor participación popular. Si la competencia en economía genera eficacia, la competencia en política genera oportunismo y corrupción", asegura Fidel Castro.

"Cuba es el país que más respeta los derechos humanos. Aquí no hay niños mendigos, ni desasistidos sanitariamente, ni analfabetos, ni abandonados, ni hay prostitución infantil como en casi todo el Tercer Mundo y tenemos la más baja mortalidad infantil, sin discriminación de sexo o de raza, sin diferencia entre ricos y pobres, explotadores y explotados. ¿Habrá hecho algún país más por los derechos humanos?", declaró en una entrevista.

"El país donde más gente se ajusticia en el mundo es Estados Unidos [...] no hay distinción ahí entre delincuentes comunes y delincuentes políticos", expresó en un discurso. Luego de un silencio y con su gran condición de caudillo actor, continuó, en tono dramático: "¿Por qué se aplica en Cuba? El pueblo no entendería que no se castigara con la muerte al que mata cobardemente y aun así se aplica mínimamente y para castigar el terrorismo con sangre".

Ese concepto "fidelista" de la democracia se extiende a la obra de la revolución en todos los campos; como el científico –el país es reconocido mundialmente por sus avances en medicina–, el tecnológico, el educativo y el artístico. En ocasión de la reunión del Congreso de Educación y Cultura, celebrado en La Habana en abril de 1971, manifestó Fidel Castro en su discurso: "Nosotros como revolucionarios valoramos las obras culturales en función de los valores que entrañan para el pueblo [...], en función de la utilidad para el pueblo, en función de lo que aporten al hombre, a la felicidad del hombre. Nuestra valoración es política. No puede haber valor estético sin contenido humano. No puede haber valor estético contra el hombre. No puede haber valor estético contra la justicia, contra el bienestar, contra la liberación, contra la felicidad del hombre. Ha habido una cierta inhibición por parte de los 'verdaderos intelectuales', que dejaron en manos de un grupo de hechiceros los problemas de la cultura. [...] ¿Qué pueden preocuparnos a nosotros las magias de estos hechiceros? ¿Qué pueden preocuparnos si nosotros sabemos que tenemos la posibilidad de, a todo un pueblo, hacerlo creador; de, a todo un pueblo, hacerlo intelectual, hacerlo escritor, hacerlo artista?".

En el plano deportivo, la Cuba de Castro ha logrado éxitos rotundos y cada cuatro años cosecha múltiples medallas –muchas más que la mayoría de los países de similares dimensiones– en los Juegos Olímpicos. El Estado alienta y estimula la formación deportiva de los jóvenes y apoya la preparación de disciplinas de competencia.

CUARENTA AÑOS DESPUÉS

A los setenta años, Fidel Castro declaró que nunca había pensado llegar a esa edad. En una reunión con jóvenes de las nuevas generaciones, se lo vio envejecido, delgado, canoso, con la barba larga, símbolo de los guerrilleros de la Sierra Maestra. Bebió unos cuantos *mojitos*, permaneció dos horas de pie y quiso demostrar que seguía siendo "El Caballo", apodo popular que lleva desde que entró en La Habana. Los cubanos lo llamaron así recordando la tradición china en la que caballo equivalía a número uno, capaz, como él, de galopar sobre la decisión y el valor.

Castro sabe que los medios de información del mundo hacen publicidad acerca de su "quebrantada salud", sobre todo después de 1996. Es verdad que su delgadez hacía pensar en un fin próximo. Fidel decía que no había adelgazado, sino que los médicos lo habían hecho adelgazar. Ya desde la época en Sierra Maestra, cuando lo asistía facultativamente el Che Guevara, se especulaba con que sufría de un cáncer terminal. Haciendo parte de esta leyenda –sólo sufrió, o sufre, de divertículos–, le encanta desaparecer y dejar que se crea que ha muerto, para que luego, al reaparecer, se diga que es un santero. Incluso cuando habló por primera vez en La Habana, el 8 de enero de 1959, tenía palomas posadas en sus hombros, lo que sirvió para alimentar la fantasía popular.

Los cambios en la última década del siglo XX fueron importantes; sin embargo, el poder de Castro –que anunció que el delfín del régimen era su hermano Raúl– no parece haberse deteriorado. La caída del Muro de Berlín se reflejó también en Cuba. En 1992, por su propia orden, se cambió, en las escuelas urbanas, la enseñanza del marxismo leninismo y del ruso como segundo idioma por el inglés. En noviembre, la Asamblea General de la ONU aprobó una resolución pidiendo el cese del embargo estadounidense. Las condenas de la ONU, aunque repetidas los años siguientes, han sido ignoradas por los Estados Unidos. La ley Helms-Burton, aprobada en 1996 por el Congreso norteamericano, por el contrario intenta penalizar a aquellas empresas –nacionales o extranjeras– que comercien con Cuba, medida que fue tajantemente rechazada por la Unión Europea.

Los disidentes y la revolución

Tras la "crisis de los balseros", producida en 1993 y 1994, cuando miles de cubanos navegaron hacia Florida en improvisadas balsas, se llegó a un nuevo acuerdo migratorio entre ambos países, que normalizó la situación. Lo cual no impide que el tema sea recurrente: el gobierno cubano acusa a los Estados Unidos, y en especial a la Agencia Central de Inteligencia (CIA), de financiar disidencias, y el gobierno norteamericano culpa al cubano de no respetar a los disidentes y la libertad de expresión.

Castro, consciente de que los disidentes constituyen un arma que el Imperio utiliza en su contra, advirtió: "Os advierto que acabo de empezar. Si en vuestras almas queda un latido de amor a la patria, de amor a la humanidad, de amor a la justicia, escuchadme con atención. Sé que me obligarán al silencio durante muchos años; sé que tratarán de ocultar la verdad mediante todos los medios posibles; sé que contra mí se alzará la conjura del olvido. Pero mi voz no se ahogará por eso; cobra fuerzas en mi pecho, mientras más solo me siento, y quiero darle a mi corazón todo el calor que le niegan las almas cobardes".

Todo disidente, en consecuencia, es un mercenario original o potencial. Pero una cosa son los disidentes del interior, controlados por la Dirección de Seguridad del Estado dirigida por Raúl Castro, que se encuentra en Villa Marista, antiguo colegio de los hermanos maristas, donde se interroga a los detenidos y se practica la coacción para acceder a las verdades que se intenta ocultar, y otra cosa distinta es el arco de presión contra el régimen de Fidel Castro, formado desde Puerto Rico hasta Miami y con un pie puesto en Madrid, en la Fundación Hispanocubana. En Puerto Rico se edita *Desidente Universal*, pero es desde Miami –donde viven miles de cubanos, conocidos como "gusanos"– de donde parte la onda expansiva más influyente para desprestigiar el cambio habido en Cuba.

En julio de 1992 Amnesty International estimó que había entre doscientos y quinientos presos de conciencia en la Isla. Mientras los Estados Unidos endurecían el bloqueo y la oposición desataba desde Miami una guerra mediática especulando con los disidentes del interior de Cuba, Fidel viajaba invitado por el dirigente político de derecha Manuel Fraga Iribarne, presidente de la Xunta de Galicia. Se lo recibió con grandes agasajos, y se liberaron algunos presos españoles en Cuba como prueba de buena amistad. Fidel ha mantenido fluida relación con Felipe González, el líder socialista, y con Juan Carlos de Borbón, rey de España, país que mantiene permanente distancia de la política norteamericana sobre Cuba.

Hablar de los disidentes permite a Fidel subrayar sus convicciones, que poco han cambiado tras más de cuarenta años en el gobierno: "Los imperialistas cuentan los que se van pero no quieren contar los que se quedan. Dejamos irse a los que quieren, y eso confirma la fe que tenemos en el pueblo desde el primer momento, fe nunca defraudada, que nos da la seguridad de que dejando marchar a los que quieran, salimos ganando, y que nos da la seguridad de que saliendo de este país los que carezcan de aptitudes para vivir en esta patria, en esta hora, aquí permanecerá la inmensa mayoría del pueblo, que siente el llamado de la Patria y de la Revolución".

Francisco Morazán

1792-1842

Adalid de la unidad centroamericana

"Cuando en una bandera
cinco naciones juntan sus esperanzas."
Rubén Darío

Durante las dos primeras décadas del siglo XIX el istmo centroamericano estuvo influenciado por dos grandes procesos revolucionarios independentistas: el mexicano, impulsado por los curas Miguel Hidalgo y José María Morelos, y el venezolano, cuyas figuras liminares eran Miranda y Bolívar. Por cuestiones geográficas, Centroamérica estableció una mayor relación con las antiguas tierras de los aztecas y los mayas, conquistadas por Hernán Cortés y convertidas en el Virreinato de Nueva España.

La primera oleada revolucionaria en México sufrió un compás de espera desde la muerte de Morelos en 1815. Hacia 1820, las fuerzas conservadoras, preocupadas por las reformas liberales que impulsaba Rafael de Riego en España, se plantearon la necesidad de formalizar un acuerdo estratégico. Enviado por el virrey Juan Ruiz de Apodaca, Agustín de Iturbide, militar criollo de familia aristocrática, pacta el "Plan de Iguala" con el tenaz Vicente Guerrero, jefe de los guerrilleros del sur. El Plan se llamó también "de las tres garantías o Trigarante" porque aseguró tres puntos fundamentales: la independencia de México –que sería gobernado por un príncipe español designado por Fernando VII–, el reconocimiento de la fe católica como la única del país y la igualdad para los peninsulares respecto de los criollos.

El nuevo virrey, Juan O'Donojú –el último de la larga serie iniciada en 1556–, refrendó los acuerdos y en septiembre de 1821 una Junta de Gobierno proclamó la independencia de México. Al grito de "¡Viva Agustín I!" el ejército entronizó a Iturbide como emperador y así México se constituyó en el único territorio hispanoamericano cuyo proceso de independencia fue dirigido por los sectores conservadores.

Las Provincias Unidas del Centro de América

Algunos lo presentan como salvadoreño, otros como hondureño y no falta quien lo defina por haber sido presidente de Costa Rica. Los biógrafos que respetan más el propio sentir del personaje se inclinan por reconocerlo "centroamericano", adoptando de este modo la verdadera cruzada que signó su vida.

Francisco Morazán, el paladín de la primera revolución liberal-constitucionalista que hubo en América, nació en Tegucigalpa (Honduras) el 13 de octubre de 1792, y morirá en San José de Costa Rica el 15 de septiembre de 1842, poco antes de cumplir cincuenta años. De ascendencia italiana, fue un autodidacta y llegó a dotarse de una amplia cultura. Durante diez años fue el principal hombre público de la región. Ocho de esos años fue presidente de la república denominada Provincias Unidas del Centro de América, que federó a cinco países: Guatemala, El Salvador, Honduras, Nicaragua y Costa Rica, y durante otros dos, presidente de Costa Rica.

En 1821 la elite criolla de Guatemala, imitando a la de México, declaró su independencia respecto de España, proceso al que se unió toda Centroamérica. El 15 de septiembre la Audiencia guatemalteca se convirtió en cabeza política de la región y San Salvador ratificó la independencia siete días después. Los pueblos fueron convocados a elecciones para un congreso que debería reunirse en 1822, pero la iniciativa de la Junta guatemalteca no fue acatada en todas partes: Nicaragua esbozó una resistencia y Chiapas, adhiriéndose al Plan de Iguala, quedó más ligada a México que a los países de América Central. Francisco Morazán, como miembro de un grupo de voluntarios, participó en la lucha por evitar la anexión de Honduras al imperio de México de Agustín de Iturbide.

Derrotado ese proyecto conservador por la caída de Iturbide en 1823, los liberales asumieron el control de la región y se independizaron también de México. A pesar de los intentos por anexarlos como provincias, en los extremos norte y sur se produjeron secesiones: Chiapas siguió perteneciendo a México y Panamá se unió a la Gran Colombia de Simón Bolívar.

El Congreso Nacional Constituyente de Centroamérica se reunió Guatemala el 24 de junio de 1823 y el 1º de julio proclamó la independencia y el nacimiento de las Provincias Unidas del Centro de América. Con mayoría de representantes liberales y la presidencia de Mariano Gálvez, en 1824 la Asamblea promulgó una Constitución federal que permitía a cada país la elección de un presidente, abolía la esclavitud y los tributos que pagaban los indios y mantenía los privilegios de la Iglesia católica. Se instaló la capital en Comayagua, ciudad del interior de Honduras.

Manuel José Arce fue designado primer presidente de la república federal, cargo que compatibilizó con el de presidente de El Salvador, mientras que Dionisio de Herrera fue designado primer jefe de Estado de Honduras. En tal carácter, en 1825 dictó una Constitución propia, que consideraba a Honduras como parte de la República Federal de Centroamérica. El mismo año, Gálvez presidió el primer Congreso Federal de Guatemala.

La integración constitucional, sin embargo, presentó algunas indefiniciones: "La idea federal centroamericana –destaca Teresa García Giráldez en *Nación política, nación étnica en el pensamiento político centroamericano del siglo XIX*– choca inmediatamente con los afanes centralistas de México, que se manifestaron incluso antes de la declaración de independencia del gobierno español; pero el ideal descentralizador tampoco estaba claramente definido, como lo demuestran los continuos cambios de nombre de lo que un tiempo había sido el Reino de Guatemala: 'Provincias Unidas del Centro de América', 'Estados Federados del Centro de América', 'República Representativa Federal'. Estas tres denominaciones aparecen aún en las Bases constitucionales del 27 de diciembre de 1823".

Líder de las Provincias Unidas

Morazán ocupa un cargo administrativo en el gobierno municipal de su ciudad natal y en 1824 el presidente Herrera lo nombra secretario general de su gobierno –una especie de primer ministro– y secretario de Relaciones Exteriores. En poco tiempo se distingue como jefe militar y político, y se convierte en presidente del Consejo de Estado.

Manuel José Arce, presidente de las Provincias Unidas hasta 1829, era un militar prestigioso pero fue incapaz de hallar un equilibrio entre la organización centroamericana y los Estados miembros. Enfrentado a los demás mandatarios y al Congreso Federal de 1826, decidió disolverlo para convocar otro de carácter extraordinario y favorable a su persona, con el propósito de que éste le cediera poderes dictatoriales. Sus arbitrariedades y su acercamiento a las filas conservadoras provocaron el estallido de una guerra civil.

Las fuerzas liberales, que intentaban gobernar las Provincias Unidas con un modelo republicano y federal, al estilo norteamericano, pronto reconocieron en Morazán a su nuevo líder. Durante las campañas contra Arce y en defensa del gobierno de Herrera se distinguirá por su integridad y pericia.

Morazán dirigió la revuelta liberal de 1827 contra Arce, peleó en defensa de la capital Comayagua sitiada por el coronel Justo Milla, y fue tan enérgica la resistencia de los sitiados que el invasor apeló al último recurso de incendiar la ciudad. Morazán logró una salida para procurarse auxilios y se batió en La Maradiaga, pero el esfuerzo resultó inútil: después de treinta y siete días de enfrentamientos, la plaza fue entregada. Herrera cayó preso y fue conducido a Guatemala, y Morazán fue encarcelado en Tegucigalpa.

Fugado de la prisión, parte hacia El Salvador y Nicaragua, y busca apoyo para su proyecto de iniciar una revolución liberal en Honduras. Ese mismo año derrota a las fuerzas de Arce y asume como presidente de Honduras.

Como primera acción de gobierno envió tropas en socorro de El Salvador, que había sido atacado por Guatemala. Conformó una división con fuerzas coligadas de El Salvador y Honduras, a la que denominó Ejército Aliado Protector de la Ley, y con él obtuvo una gran victoria sobre Milla en La Trinidad. A este triunfo siguieron otros, como el de Gualcho contra los sitiadores de San Salvador, el de San Antonio, San Miguelito y Las Charcas. Estaba preparado para ocupar Guatemala.

El vencedor se rodeó de hombres conspicuos, como el guatemalteco José Barrundia, quien en 1813 había dirigido el primer levantamiento independentista, y el poeta hondureño José Cecilio del Valle, uno de los redactores y principal ponente en la sanción de la Constitución de las Provincias Unidas de Centroamérica. Las nuevas autoridades lograron pacificar Nicaragua, también convulsionada por la guerra civil, y atacaron uno de los baluartes de los conservadores al ordenar la disolución y expulsión de las comunidades religiosas. Restablecido el orden en Guatemala, Nicaragua y El Salvador, todas bajo control del Ejército liberal, Morazán regresó a Honduras.

Morazán presidente

En marzo de 1830 tomó posesión del cargo como jefe del Estado de Honduras, para el que había sido elegido. Nuevas alteraciones de la paz, sin embargo, lo obligaron a ponerse una vez más al frente del ejército.

Se dirigió a Olancho, en la zona oriental limítrofe con Nicaragua, e hizo capitular a las facciones que se presentaban amenazadoras en Las Vueltas del Ocote. Otro grupo conservador se alzó en Opoteca, al mando del cura Antonio Rivas, pero las fuerzas de Morazán controlaron rápidamente la situación. Reinstaurada la paz, retomó las tareas de gobierno en la provincia, pero el gran prestigio alcanzado con los triunfos militares y su influyente personalidad política motivó que los centroamericanos lo elevaran a la presidencia de la República Centroamericana en septiembre de ese mismo año.

Ejercerá el cargo durante más de ocho años, durante los cuales no podrá alejarse de la actividad militar para sostener la unidad de la federación, el principal objetivo que se había planteado. Durante su mandato mostró un perfil de estadista, que no siempre ha sido debidamente distinguido: inició numerosas reformas educativas, judiciales y económicas, hizo llevar a Honduras la primera imprenta y publicó la *Gaceta del Gobierno*; multiplicó las escuelas, protegió la minería y la exportación de los productos centroamericanos, y trató de limitar el poder de la Iglesia católica.

Estas medidas provocaron la reacción de los sectores conservadores. En 1832 y 1833 debió sofocar un gran levantamiento. Venció a Arce en Soconusco; a Ramón Guzmán, que provocativamente izó en el castillo la bandera española, en Omoa; a Domínguez en Tercales, La Opecedera, Trujillo y Jaitique, y en Iocoro y San Salvador. En algunas de estas batallas dirigió personalmente las acciones.

Terminado el período fijado por la Constitución, en 1834 se realizaron elecciones para la presidencia y resultó elegido José Cecilio del Valle. Como éste murió el 2 de marzo, poco después del escrutinio, Morazán recuperó el poder, designado en nuevo acto electoral casi por unanimidad de votos.

Segundo período presidencial

El general trasladó la capital federal a San Salvador, intentó reconciliar las facciones y aumentó las atribuciones del Poder Ejecutivo, pero su política despertó una feroz oposición y rebelión de los conservadores, al mismo tiempo que Arce intentaba recuperar el poder mediante dos invasiones –ambas fallidas–, organizadas desde Cuba y México. De todos modos, el prestigio de su gestión progresista se reflejó en el reconocimiento de la independencia de las Provincias Unidas por parte de la mayoría de las naciones extranjeras.

Su presidencia fue acompañada desde la República de Guatemala por Mariano Gálvez, quien, también fiel a los planteos liberales y federalistas, contribuyó a la consolidación de la República de Guatemala dentro de la federación centroamericana. Presidente desde 1831, fue reelegido en 1834. Su gobierno, en sintonía con el de Morazán, impulsó una política laicista y progresista centrada en el fomento de la economía y la inmigración, la inversión en obras públicas y la promoción de la educación y la actividad científica. Firme sostenedor del espíritu de la Constitución centroamericana, se esforzó por buscar caminos de entendimiento pacífico entre todos los Estados que la habían suscrito, y debió enfrentar a los conservadores y el clero, que intentaban socavar su poder.

Una epidemia de cólera que asoló el país fue el pretexto para culpar a Gálvez y provocar una insurrección, que consiguió derrocarlo en febrero de 1838. La caída del gobierno guatemalteco fue el comienzo de la desintegración del proyecto federativo. Un líder campesino e indígena, Rafael Carrera, tomó la ciudad de Guatemala e inició una política de hostigamiento contra Morazán. El 30 de mayo proclamó la disolución de la Confederación, actitud que fue imitada por Nicaragua, Honduras y Costa Rica. Desde entonces Carrera se convirtió, en los hechos, en el dictador del nuevo país. Controló el gobierno, directa o indirectamente, a través de presidentes "títeres" y con el apoyo de grupos políticos religiosos y conservadores, hasta su muerte, en 1865.

Terminado el segundo período presidencial de Morazán y ante la situación de anarquía y disolución, no se celebraron nuevas elecciones en América Central, pero igualmente el dirigente liberal fue designado jefe del Estado de El Salvador.

En abril de 1839, con una fuerza dos veces inferior, Morazán derrotó a los ejércitos aliados de Honduras y Nicaragua en Espíritu Santo. Poco después, una rápida acción de los enemigos les permitió tomar el cuartel de la capital y exigir a Morazán la entrega del poder con la amenaza de degollar a su familia. El Presidente respondió: "Los rehenes que mis enemigos tienen son para mí sagrados y hablan muy alto a mi corazón, pero soy el jefe del Estado y debo atacar pasando sobre los cadáveres de mis hijos; mas no sobreviviré un momento a tan horrible desgracia". Ordenó el ataque y recobró la ciudad, salvando en el mismo acto a su familia. A esta victoria siguió la de San Pedro Peculapán, en septiembre.

Decidido a liquidar el foco de los insurrectos, al mando de ochocientos hombres sitió y tomó Guatemala en marzo de 1840, pero el triunfo fue efímero; una fuerza de dos mil contrasitiadores lo obligó a desalojar el lugar y retornar a El Salvador.

Hacia 1839 "el Pulgarcito de América", llamada así por su pequeño territorio, era la única provincia que se reconocía parte integrante de las Provincias Unidas. Consciente de su debilidad, y tal vez con el propósito de detener la guerra civil, Morazán renunció a su cargo en 1840 y partió al exilio, en Panamá y Perú. Guatemala, Honduras, El Salvador, Nicaragua y Costa Rica se consolidaron desde entonces como repúblicas independientes.

Ideología en acción

No es extraño que en el istmo hayan proliferado las ideas liberales. En la tercera y cuarta década del siglo XIX, Gran Bretaña empezaba a reemplazar a España como fuerza dominante en la región y el asentamiento británico de Belice, utilizado anteriormente como una zona de abastecimiento y refugio de piratas, se convirtió gradualmente en el principal centro de comercio exterior. La influencia inglesa se extendió por las costas del Caribe hasta Panamá y Belice, convertida en colonia británica en 1836, subordinada a Jamaica.

Ardiente defensor de la "Patria Grande" centroamericana, Morazán se convirtió en un admirador de las instituciones norteamericanas y tomó como modelo la Constitución Federal de los Estados Unidos. En su concepto, la federación de Estados era el medio apropiado para fortalecer la independencia y el desarrollo en la región.

Su pensamiento estuvo claramente influido por los principios de la filosofía enciclopedista, fundamento ideológico de la Revolución Francesa. Hombre ilustrado, amante del progreso y el bienestar, fue un guerrero cuando las circunstancias lo exigieron y, por sobre todo, buscó ejercer el poder para fortalecer la educación del pueblo y dejar en el pasado el sistema colonial. Sus biógrafos "han insistido en sus brillantes triunfos militares, mencionando sólo en forma breve e incidental los verdaderos móviles, las razones, las ideas, las convicciones, los sentimientos que lo impulsaron a tomar las armas e intervenir directamente en los negocios públicos".

Morazán personificó la Ilustración en Centroamérica. Como gobernante favoreció la instrucción pública universal, concretó la separación entre el Estado y la Iglesia, consagró la igualdad política, la libertad de culto, la efectiva libertad de imprenta y otros derechos fundamentales del individuo.

Un último intento

Con su familia viaja a Panamá y posteriormente a Colombia, donde escribe el *Manifiesto al pueblo de Centroamérica* (1841), un documento de gran valor histórico. En el destierro escribió también parte de sus *Memorias*, que no podrá concluir.

En el Perú le llegó la noticia de una invasión británica a Nicaragua, hecho que lo convenció de la necesidad de restaurar la Federación. Preparó una expedición y después de tocar en El Salvador partió de la isla de Martín Pérez, en el golfo de Fonseca, con quinientos hombres, en cinco buques. Se dirigió al puerto de Caldera, donde desembarcó en abril de 1842 y alentó a los liberales costarricenses para que derrocaran al presidente Braullo Carrillo. El Presidente envió a su encuentro un nutrido contingente al mando del general Villaseñor. Morazán hizo capitular a Villaseñor y firmó un convenio en Jocote, el 11 de abril, que lo dejó dueño del poder sin derramamiento de sangre. En junio fue designado jefe del Estado de Costa Rica.

La nación liberada lo nombró "Benemérito y Libertador", pero Morazán, coherente y ambicioso, prefirió insistir sobre la necesidad de reinstaurar la unidad centroamericana, antes que consolidar su posición. Esta política lo llevará a la ruina.

Lanzado a una nueva campaña, Morazán fue derrotado por la gente de Rafael Carrera, producto de las delaciones. Sin formación de causa y en juicio sumario, fue condenado a muerte y murió fusilado en San José de Costa Rica, el 15 de setiembre de 1842. Esta fecha será declarada como aniversario de la Independencia.

Antes de llegar al patíbulo, Francisco Morazán escribió en su testamento: "Quiero que mis cenizas descansen en el suelo de El Salvador, cuyo pueblo me fue tan adicto". Sus restos fueron trasladados a San Salvador en 1849, con inusitada pompa, y desde entonces reposan en el cementerio general de Los Ilustres, en la capital salvadoreña.

Cinco países y una bandera

La llama estaba encendida y aún flameaba. El último intento reunificador de Morazán fue seguido en 1842 por el Pacto de Chinandega, que previó la unión de El Salvador, Nicaragua y Honduras, sin éxito. Las distintas tentativas de alianzas entre los Estados centroamericanos, a lo largo del siglo XIX y principios del siglo XX, tampoco prosperaron. Se desvanecieron los proyectos unionistas del presidente guatemalteco Justo Rufino Barrios y el Pacto de Amapala de 1895, que creó la República Mayor de Centroamérica conformada, en un principio, por El Salvador, Honduras y Nicaragua, y a la que se sumaron en 1897 Costa Rica y Guatemala. En 1898, antes de hacerse efectiva, se disolvió.

En las últimas décadas del siglo XX la idea de unión política ha sido desplazada por la de la cooperación económica, objetivo que persigue la Asociación Económica Centroamericana, nacida del Tratado firmado en 1960 en la ciudad de Guatemala. A fines de la década de 1980 los países centroamericanos, a instancias del presidente de Costa Rica, Óscar Arias, firmaron el Acuerdo de Esquipulas para promover la paz y la estabilidad por medio de la cooperación regional. Las hostilidades disminuyeron y los nuevos gobiernos democráticos de Costa Rica, El Salvador, Guatemala, Honduras, Nicaragua y Panamá marcharon a la par, democratizando sus regímenes y poniendo el acento en el crecimiento económico de la región.

Bolívar y Morazán compartieron en la historia latinoamericana un anhelo: el de la federación de naciones. Y una propuesta tan audaz no puede ser fácilmente eliminada de la memoria colectiva. Son testimonio de ello los monumentos erigidos al general centroamericano en diversas capitales y ciudades de la región, y la multitud de plazas y localidades que llevan su nombre. Cada año, los ejércitos centroamericanos conmemoran el aniversario de su nacimiento y suele decretarse asueto en la administración pública.

Sin embargo, son tal vez los colores de la bandera de las Provincias Unidas del Centro de América los que mejor reflejan el pasado común y glorioso. En efecto, la Asamblea Nacional Constituyente de 1823-1824 estableció los símbolos nacionales que la representaban y que tuvieron vigencia durante los catorce años de vida de la Federación. Desaparecidas las Provincias Unidas, cada una de las cinco naciones se convirtió en Estado soberano independiente; no obstante, el azul y el blanco de la Federación fue adoptado, con pequeñas variantes, por todos los países que habían tomado parte del acuerdo. La bandera de Nicaragua, por ejemplo, se diferencia por una orla que rodea el escudo, en este caso elíptico en vez de circular, y la leyenda, que ya no dice "República Federal de Centroamérica". Costa Rica se distingue de sus países hermanos porque agrega un listón colorado.

Al cumplirse el segundo centenario de su nacimiento, el Banco Central de Honduras realizó una emisión monetaria especial, de oro, para conmemorar la efemérides: en el anverso lleva la efigie del general Morazán y en el reverso, el Escudo de las Provincias Unidas del Centro de América.

Una página en Internet insta a concretar el sueño de la Patria Grande y a imitar su "ejemplo de morir con firmeza antes de dejarlo [al país de Centro América] abandonado al desorden en que desgraciadamente hoy se encuentra". "¿Qué nombre le damos al sueño de Francisco Morazán y al de muchas generaciones que vinieron después?", se pregunta el autor, y sugiere varios: Provincias Unidas de Centroamérica, República Federal de Centroamérica, Estados Unidos de Centroamérica o, simplemente, Centro América o Istmania. Uno de los nombres sugeridos llama especialmente la atención: la propuesta de que los cinco países se unan bajo la designación común de "Morazania".

Augusto César Sandino

1893-1934

El general de los hombres libres

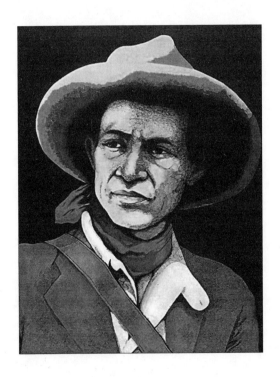

"La verdadera independencia de Nicaragua derivará de su integración espiritual, económica y política en el seno de una confederación de pueblos centroamericanos."

La República de Nicaragua es el país más extenso de América Central. Situada sobre el océano Pacífico y el Caribe, su suelo está atravesado por importantes sistemas montañosos, los Andes centroamericanos, y una serie de volcanes, algunos de ellos en actividad. Managua es su capital, con unos setecientos mil habitantes. De la totalidad de la población del país, el setenta por ciento es mestiza.

En 1821 Nicaragua se independizó de España junto con todos los países de Centroamérica, integrándose al Imperio Mexicano; en 1824 pasó a formar parte de la Federación de Provincias Unidas del Centro de América. En 1838 se declaró país independiente, estableció una Legislatura bicameral y un Ejecutivo representado por un supremo director.

Dos intervenciones norteamericanas

Desde mediados del siglo XIX, los gobiernos de los Estados Unidos de Norteamérica observaron a Nicaragua como una posición estratégica para favorecer sus planes de expansión. En 1856 desembarcaron en las playas nicaragüenses ciento veinte norteamericanos armados, al mando de un militar aventurero llamado William Walker, con la pretensión de proclamarse presidente de Nicaragua. Derrotado en 1857 por los ejércitos aliados de América Central, auxiliados por Gran Bretaña, el jefe invasor fue fusilado.

En 1893, una revuelta liberal llevó al poder a José Santos Zelaya, quien permanecerá en el gobierno durante dieciséis años, ins-

127

taurando una dictadura. En 1909 es elegido presidente Adolfo Díaz, pero tres años después un alzamiento intentó derrocarlo. Díaz solicitó apoyo militar a los Estados Unidos, en el momento en que en el país del Norte se imponía la política del *big stick* (el "gran garrote"), impulsada por el presidente Theodore Roosevelt. En esos años habían intervenido militarmente en Panamá, la República Dominicana y Cuba.

Durante la nueva invasión de 1912, el presidente norteamericano era William M. Taft. Las tropas permanecieron en Nicaragua hasta agosto de 1925, cuando el general Emiliano Chamorro asume la presidencia, al triunfar un golpe militar. Una fracción armada seguida por parte del pueblo se alzará contra él en mayo de 1926, y restituirá a Adolfo Díaz en la presidencia.

Entre una y otra invasión nació Augusto César Sandino, en Niquinohmo, el 19 de marzo de 1893. Su padre, Gregorio Sandino, era terrateniente y no se ocupó de su crianza, obligándolo a vivir en la sombra de la ilegitimidad junto a su madre, Margarita Calderón, una campesina mestiza que trabajaba como cocinera en la residencia familiar. En su niñez se ocupó de ayudarla en la recolección de café, actividad de la que vivían. Tras completar su educación primaria sintió afición por la mecánica y se empleó en un taller de esa especialidad, hasta 1920. La viruela dejó en su rostro marcas de por vida. Viajó luego para conocer otros países. Recorrió Honduras y Guatemala, donde trabajó en las plantaciones de la United Fruit, y en las ciudades mexicanas de Tampico y Cerro Azul se empleó como minero en la Huasteca Petroleum.

Los hechos producidos en su país lo impulsaron a regresar en 1926 con la intención de sumarse al movimiento nacionalista, que se incrementaba día tras día. El 26 de octubre, Sandino, al frente de una pequeña tropa compuesta de indígenas y mineros nicaragüenses de San Albino, se une a las filas liberales del general José María Moncada, que se había alzado contra los gobiernos conservadores de Emiliano Chamorro y Adolfo Díaz. La oligarquía liberal no vio con buenos ojos la intervención de los hombres de Sandino dentro de su grupo, a pesar de que aportaban a la causa armas y pertrechos.

El 2 de noviembre, en Jícaro, las fuerzas sandinistas fueron derrotadas por el ejército gubernamental. Díaz, entretanto, envió a Washington como emisario oficial a Juan Bautista Sacasa, para convenir con las autoridades el otorgamiento del permiso de desembarco de naves de guerra de los Estados Unidos en las costas de Nicaragua. El desembarco se produjo el 24 de diciembre de 1926 en Puerto Cabezas, con el almirante Latimer como jefe.

Rechazo de la comunidad internacional

Sandino consiguió armas y municiones para su ejército, más fuerte en voluntad y decisión que en infraestructura y capacidad operativa. El general Moncada, jefe de los liberales insurrectos, le ordenó que cumpliera sus órdenes y devolviera lo que se había apropiado. El "General de los hombres libres", como apodaban a Sandino, conservó los pertrechos de guerra, retornó a Las Segovias e inició una intensa campaña militar. Llamó a sus huestes "Ejército Defensor de la Soberanía Nicaragüense" y se lanzó a acaudillar la resistencia armada.

La presión bélica norteamericana se intensificó hasta que Moncada firmó un armisticio y entregó las armas al comandante de los *marines*, Henry Stimson. En la paz de Espino Negro de Tipitapa, Díaz, Sacasa y Moncada acordaron el nombramiento de un presidente conservador y dividir el resto de los poderes entre conservadores y liberales. Sandino no se rindió, y días más tarde se dirigió a Jinotega. Desde San Albino dio a publicidad el "Manifiesto del Mineral", en el que, en síntesis, declaraba la continuidad de la lucha "contra los oligarcas criollos, los invasores yanquis y en defensa de los oprimidos".

En mayo de 1927 el general Moncada, con las tropas reforzadas con *marines*, se dirigió a Jinotega para terminar con la rebelión de Sandino, quien, ante fuerzas tan superiores, se vio obligado a refugiarse en las montañas.

En los Estados Unidos, entretanto, el presidente Calvin Coolidge y su secretario Frank B. Kellogg eran fustigados desde las páginas de *The World* y *The Nation*, y sólo la cadena nacional de diarios de William Randolph Hearst, un precursor del periodismo amarillo, se atrevía a elogiarlo. El Congreso empezó también a interesarse sobre lo que ocurría en Nicaragua, con duras críticas hacia las acciones militares de las tropas estadounidenses. El ex ministro H. Knowles, en un discurso que llegó a la opinión pública mundial, manifestó: "Hemos impuesto nuestra fuerza a los países débiles, indefensos, asesinando a millares de sus súbditos, que esperaban que los defendiéramos".

La opinión continental se hizo adversa prácticamente por unanimidad. El 13 de enero de 1927 *La Prensa* de Buenos Aires señaló: "El imperialismo ha arrojado la careta, y cuadra que los pueblos libres lo rechacen... Las naciones de América, cuyos empréstitos fueron cubiertos casi todos en las oficinas de crédito de Nueva York, pueden abrir bien los ojos, porque un gobierno que se presentaba como de orden común, se cree ahora dispensador mundial de justicia y amenaza convertirse en el patrón supremo del valor de las monedas, humillando soberanías con una soberbia que no es de gran nación de soberana democracia, sino de banqueros dominados por la materia que les llena las manos y les oscurece el espíritu".

Lucha sin cuartel

En la batalla de Ocotal, en el mes de julio de 1927, Sandino iniciaría una nueva estrategia: la guerra de guerrillas. A pesar de la nueva táctica, sin duda ajustada a las circunstancias, una tras otra fueron sucediéndose las derrotas de los "sandinistas". En septiembre, en vista de que una fuerza de doce mil *marines* respaldados por las tropas regulares controlaba las ciudades, Sandino optó por realizar emboscadas y rápidas retiradas hacia las zonas de bosques y montañas en la zona de Tepalneca. El general lograba escabullirse y contaba con una creciente simpatía popular. Este respaldo oficiaba como segura retaguardia y le proporcionaba escondrijos inhallables, más aún para quienes desconocían la intrincada geografía nicaragüense. Sin embargo, los bombardeos enemigos desde aviones de combate, que ametrallaban la selva hasta la frontera con Honduras, lograban hacer trizas las armas antiguas y caseras de la guerrilla y la obligaba a marchar permanentemente.

Esta violenta ofensiva no era acompañada por todos los norteamericanos, entre quienes la opinión contraria a la intervención se hacía cada vez más influyente. El 4 de enero de 1928, en las sesiones del Senado de Washington, el demócrata Helflin, representante de Alabama, presentó un proyecto de resolución pidiendo el inmediato retiro de las tropas en Nicaragua. "El envío, por parte de los Estados Unidos, de fuerzas armadas a una república vecina –fundamentó–, con objeto de derrocar a un gobierno, resultante de la voluntad manifiesta de su pueblo, no está bien; es algo que no tiene excusa ni defensa. La acción del presidente Calvin Coolidge, al enviar una fuerza armada a Nicaragua, con el fin de proteger y defender a Díaz, el impostor y usurpador, y de mantenerlo como presidente, aunque nunca fue electo, constituye un acto de tiranía imperialista, y es un crimen cometido contra los naturales de Nicaragua, que aman suficientemente los principios del gobierno propio, para luchar y morir por ellos".

En la Cámara de Representantes se reproducía el ejemplo, al coincidir diputados republicanos y demócratas en su repulsa a la política de la Casa Blanca. Así, el republicano Huddleston, también de Alabama, declaraba: "El actual gobierno ha mezclado a los Estados Unidos en la cuestión con Nicaragua y está obligado a desentenderse de ese asunto; la guerra que se desarrolla en Nicaragua la hace el gobierno y no el pueblo de los Estados Unidos. El gobierno ha llevado a nuestros marinos a Nicaragua, pero no con propósitos americanistas.

"Creo que estamos en guerra, y lo estamos desde hace algunos meses. Sin embargo, el Congreso no tiene la facultad para declararla, no ha sido consultado acerca de esta situación. El Presidente puede tener facultades para enviar tropas a Nicaragua, pero, por cierto, eso constituye una violación de la Constitución. Se ha creado una situación peligrosa. Nunca debimos habernos metido en ella y no sé cómo podremos salir".

A pesar de estas fuertes disidencias y de las críticas internacionales, el 4 de enero de 1828 zarparon de Boston el crucero *Raleigh*, los destructores *Mc Farland, Preston, Putnam* y *Paulding* y el transporte *Ogalaba* con destino a Nicaragua, para luchar contra Sandino. El 18 de enero fueron embarcados a Nicaragua tres aeroplanos *Curtiss* de combate, con seis ametralladoras y treinta bombas cada uno. Poco antes, a fines de 1927, el combate de Quilalí, influyó notablemente en las deliberaciones de la VIª Conferencia Panamericana, iniciada el 16 de enero de 1828 en La Habana, donde el tema principal fue la situación nicaragüense y la presión de los Estados Unidos sobre toda América latina.

Ante la proximidad de las elecciones presidenciales –de acuerdo con lo pactado–, en noviembre los generales Emiliano Chamorro y José María Moncada viajaron a Washington con la esperanza de lograr el apoyo a sus candidaturas de los grupos financieros de gran influencia en los Estados Unidos. Esta maniobra era inconstitucional, ya que la Ley Suprema de Nicaragua impedía a los militares ejercer el Poder Ejecutivo. Los norteamericanos vetaron la candidatura de Chamorro, por lo que éste se volcó a la oposición al gobierno del presidente Adolfo Díaz, y utilizando la mayoría de partidarios con que contaba en el Congreso de Managua, esgrimió la norma constitucional para impedir también que el general Moncada fuera candidato.

Los Estados Unidos aprovecharon las divisiones entre los jefes nicaragüenses y se beneficiaron con la elección de un liberal. El viejo paradigma del "divide y reinarás", reforzado con la fuerza militar, era una vieja táctica con la que Norteamérica intervenía en las "repúblicas bananeras".

Recrudecieron los ataques de los *marines* y de la aviación, concentrados. El Chipote, montaña de formación volcánica de mil quinientos metros de altura de difícil ascensión, se había convertido en el cuartel general de Sandino. Esa posición era bombardeada desde el aire casi a diario, pero el 15 de enero se registró el ataque más intenso desde el comienzo de las hostilidades. Tres días después llegaba a Managua la información de que había fallecido Sandino. En realidad, el líder rebelde había preparado un falso sepelio de sus restos, para engañar a los yanquis.

"Un acendrado sentido de la justicia"

El primer periodista liberal norteamericano que entrevistó a Sandino fue Carleton Beats, en seis encuentros en Las Begonias, en 1927, reproducidos en *The Nation* de Nueva York, con el siguiente encabezamiento: "With Sandino in Nicaragua". Las notas integraron después su libro *Banana Gold*.

La reunión se llevó a cabo en San Rafael del Norte, una modesta localidad convertida por Sandino en cuartel general, a las cuatro de la madrugada, en su despacho alumbrado por una linterna. "Sandino es de talla menuda, de no más de 1,65 de estatura. Cuando lo vi vestía de uniforme marrón oscuro, calzaba relucientes botas de montar y su cuello estaba envuelto en un pañuelo rojinegro. Llevaba un sombrero tejano Stetson, de anchas alas que cada tanto, mientras conversábamos, echaba hacia atrás o volvía a calzar. Con cabellera negra y lisa, una frente alta y espaciosa, las líneas de cada lado de su rostro forman dos rectas, de la sien a la mandíbula angulosa y sesgada hacia el mentón, regular y firme. Las cejas son dos arcos altos sobre sus ojos negros y vivaces, cuyas pupilas no se distinguen. Sus ojos son de una notable movilidad y su refracción a la luz es rápida e intensa. Sandino no tiene vicio alguno y posee un acendrado sentido de la justicia personal. Se desvive por el bienestar del más humilde de sus soldados. 'Muchos combates han endurecido nuestros corazones, pero fortalecieron nuestras almas', es una de sus reflexiones. No estoy seguro sobre la primera parte de su epigrama, porque de hecho, en todos los soldados y oficiales con quienes hablé, Sandino ha estimulado un fiero afecto y una lealtad ciega. Les inculcó el odio vehemente que él mismo siente por los invasores.

"'La muerte no es sino un pequeño instante de incomodidad que no debe ser tomado en serio, y elige a aquel que más le teme', repite una y otra vez a sus soldados. Hay una nota religiosa en su pensamiento. Frecuentemente menciona a Dios: 'Dios es el árbitro final de nuestras batallas', o 'Dios mediante, iremos hacia la victoria', o 'Dios y nuestras montañas pelean por nosotros'. Sus frases corren de boca en boca entre toda la tropa.

"Sandino me dio en rápidas líneas las bases de sus demandas en la presente lucha: primero, la evacuación del territorio nicaragüense por los *marines*; segundo, la designación de un presidente civil imparcial, elegido por las personalidades de los tres partidos —que no haya sido antes presidente ni candidato a presidente—; tercero, la supervisión de las elecciones por latinoamericanos.

"'El día en que esas condiciones se cumplan —me dijo—, inmediatamente pondré fin a las hostilidades y licenciaré a mis tropas. Además, no aceptaré nunca un puesto gubernamental, electivo o de otra clase. No aceptaré ningún salario o pensión del gobierno. Juro que no deseo pagas ni posiciones. No aceptaré ninguna gratificación personal, ni hoy ni mañana ni nunca en el futuro.'

"Se puso en pie y comenzó a pasearse de un extremo al otro de la habitación para recalcar sus palabras."

Frente a las dificultades económicas por las que atravesaban las tropas de Sandino, se constituyeron comités para recaudar fondos en el continente, con el nombre de "Manos fuera de Nicaragua"; en su gran mayoría eran grupos estudiantiles. Una carta de Víctor Raúl Haya de la Torre fechada en México el 5 de febrero de 1928, destaca: "En la lucha heroica del pueblo de Nicaragua contra sus invasores se está defendiendo un principio sagrado que no sólo incumbe a Nicaragua sino a toda nuestra América. El pueblo de Nicaragua y Sandino, el ilustre defensor de la soberanía, son los campeones actuales de nuestros veinte pueblos amenazados".

La Guardia Nacional

El presidente Adolfo Díaz creó la Guardia Nacional, un ejército con características restrictivas de policía, integrado por naturales del país y comandado e instruido por oficiales norteamericanos. Era ésta una organización que a poco iba a ser instituida en muchos países del área del Caribe, ocasionando funestas consecuencias, sobre todo para dos de ellos: Nicaragua y Santo Domingo, donde dos jefes de ese cuerpo se apoyarían en esa estructura para llegar al poder: Anastasio Somoza y Rafael Leónidas Trujillo.

El cuerpo, apenas instruido, fue destinado a colaborar con las tropas invasoras en la lucha contra Sandino. Como naturales del país, no tenían los inconvenientes que sufrían los marinos yanquis para aclimatarse y resistir las enfermedades tropicales. Pero, entretanto ese ejército policial se dejara en manos de jefes vernáculos, las órdenes quedarían en manos de los oficiales norteamericanos. Así, el 26 de abril un cable de Managua informaba que Díaz había designado jefe al capitán John P. Parker, otorgándole el título de mayor de la Guardia Nacional.

Frank Kellogg, el secretario de Estado norteamericano, justificó nuevamente la intervención presentándola como un servicio para mantener el orden constitucional: "Nuestros marinos están en Nicaragua por invitación del presidente Díaz y con el propósito de ayudar al gobierno de Nicaragua a restablecer y mantener el orden, a fin de que puedan realizarse elecciones libres y correctas el 4 de noviembre de 1928, bajo la vigilancia de los Estados

Unidos. Presidirá el acto comicial el general Mc Coy, designado por Washington.

"La responsabilidad principal del mantenimiento del orden en Nicaragua corresponde a la Guardia Nacional, pero hasta que esa organización haya llegado en su adiestramiento y equipo al punto en que le sea posible hacerse cargo de la policía de todo el país, será necesario que las fuerzas armadas de los Estados Unidos cooperen con dicha Guardia Nacional en el mantenimiento del orden".

Desde Washington se informaba que el general Mc Coy, encargado de presidir las elecciones de Nicaragua, había concedido una entrevista al *Journal*, órgano semioficial del Ejército y la Marina norteamericanos. Durante su desarrollo, Mc Coy declaró que había elegido en Washington quince oficiales del ejército de la Unión, conocedores del idioma español, juntamente con otro grupo de oficiales que formarían su estado mayor durante las elecciones, entre los cuales estaban un coronel, un teniente coronel, ocho mayores, tres capitanes y dos tenientes primeros.

El Partido Liberal tenía ya su candidato presidencial, el general José María Moncada, mientras que los conservadores estaban divididos en "legítimos" y "chamorristas".

El 10 de octubre el presidente Adolfo Díaz, al ser entrevistado por la agencia United Press, expresó su "vivísima satisfacción por el proceder de los Estados Unidos al hacerse cargo de la vigilancia de los registros electorales". Aprovechó para predecir que el Partido Conservador, del cual él era el jefe, obtendría el triunfo por una pequeña diferencia. Por su parte, el general Moncada expresó en términos parecidos su satisfacción por la vigilancia estadounidense, mostrándose igualmente confiado en su triunfo.

Elecciones y promesas de pacificación

El 29 de diciembre de 1928, no obstante la oposición del bloque camarista, el Congreso de Nicaragua aprobó las elecciones del 4 de noviembre anterior y proclamó presidente y vicepresidente de la Nación, respectivamente, a José María Moncada y a Anís Aguado, quienes asumieron el 1º de enero. Juan Bautista Sacasa fue designado embajador en Washington. Moncada realizó un discurso inaugural con sabor a proclama: "El pueblo nicaragüen-se quiere la paz con toda voluntad.

"Hubo elecciones libres, y el escogido por la mayoría ya ocupa la presidencia de la República. La paz reina entre nosotros, desde Matagalpa hasta las costas del océano Pacífico. Solamente quedan en el norte de Jinotega y en la frontera de Honduras, por Telpaneca y otros lugares, partidas de bandoleros que asolan los campos y toman el café y otros productos en beneficio personal.

"El presidente está obligado a hacer un esfuerzo para concluir en Las Segovias con semejante estado de cosas. Se declarará la ley marcial en los lugares amenazados. Se levantará el ejército necesario para devolver la tranquilidad a la nación entera.

"Se ha dicho por algunos, dentro del país, que Augusto Sandino es un patriota. En el exterior han referido sus hazañas, que nosotros no conocemos. Pero acaba de proponer, por medio de dos jóvenes cuñados de él, un convenio de paz, en el cual dice, además de otras cosas muy graves para la república, que se divida ésta en dos secciones, una la república de Nicaragua y otra, la de Nueva Segovia, bajo las órdenes de Sandino.

"El Presidente considera esto una locura que se debe repudiar a todo trance. Cree que constituye traición a la patria de nuestros mayores, y ha resuelto poner fin a esta vergonzosa farsa de patriotismo. Por eso ha ordenado el alistamiento de voluntarios; de aquellos que amen de verdad a Nicaragua".

Los discursos grandilocuentes no podían ocultar el verdadero curso de los hechos y las causas de estas graves consideraciones. El 12 de enero Máximo Soto Hall publicó en *La Prensa* de Buenos Aires una lograda síntesis de lo que ocurría: "Los acontecimientos se han desenvuelto de manera natural, matemática, sin alteración, como tenía rigurosamente que suceder. Los hechos han culminado como debían culminar. No hay, por lo mismo, en esta faz de la política nicaragüense, ni enigma ni sorpresa. El general Moncada, antes y después de su elección, ha hecho declaraciones diametralmente opuestas a sus viejos postulados, que dejan ver claramente que su sistema de gobierno, sobre todo en lo que a relaciones exteriores se refiere, no será sino una prolongación de la política de Adolfo Díaz. A este respecto no hay ningún cambio que esperar. La nave seguirá su marcha con rumbo al norte, sin interrupciones ni dificultades".

Asilo en México

Sandino abandona Nicaragua para no dar a Moncada y a los Estados Unidos el pretexto para que la intervención continúe. Pide asilo en México, donde permanecerá un largo tiempo.

El presidente provisional de México, Emilio Portes Gil, reinició las interrumpidas relaciones de su país con el régimen de Moncada, y para hacer las cosas más gratas a éste, facilitó y procuró la entrada de Sandino, quien el 25 de junio de 1929 cruzó la frontera y se dirigió a Mérida, Yucatán, donde, desde el 11 de julio, vivió poco menos que recluido.

En las antiguas tierras mayas sufriría desengaños y sinsabores. Estrictamente vigilado por las autoridades mexicanas y estadounidenses, debió planear su salida de Mérida como una verdadera huida, preparada como una operación militar.

A fines de abril de 1930 salió con sus custodios en un auto destartalado, como lo hacía a diario para visitar las haciendas vecinas con fines de compra. Enfilaron al puerto de Progreso y bajo nombres falsos se embarcaron rumbo a Veracruz. Luego, en ferrocarril y auto, llegaron a la frontera sur. Ingresaron en Guatemala, continuaron viaje hacia El Salvador y Honduras, y arribaron a Las Segovias el 16 de mayo de 1930, a un año de la salida a México.

Sandino retomó la jefatura del Ejército Defensor de la Soberanía de Nicaragua. En los primeros días de junio recibió, en batalla, algunas heridas provocadas por fragmentos de metralla.

Adiós a las armas

En 1932, al resultar elegido presidente el liberal Juan Bautista Sacasa, Herbert Clark Hoover, presidente de los Estados Unidos desde 1929, ordenó el retiro de las tropas de Nicaragua. El tratado de paz se materializó en Managua el 2 de febrero de 1933, luego de que el último soldado norteamericano abandonara el territorio de Nicaragua. Sandino consideró cumplida su demanda fundamental; la patria estaba ya libre de invasores. El gobierno de Sacasa dispuso una amnistía política general y asignó al ahora ex general guerrillero tierras fiscales en la región segoviana, para que él y los remanentes de su ejército las trabajaran.

El mapa político norteamericano, entretanto, se había modificado. El 1º de marzo de 1934 asumió la presidencia de los Estados Unidos el candidato del Partido Demócrata, Franklin D. Roosevelt, quien durante la campaña electoral había censurado a los republicanos por la invasión a Nicaragua y se había plegado a las demandas latinoamericanas en favor de una política de no intervención en los asuntos internos de los países del hemisferio. En su discurso inaugural Roosevelt acuñará el lema: "Política de Buena Vecindad", distanciándose del "Gran Garrote" esgrimido anteriormente por su tío Theodore.

Quedaba en Nicaragua la Guardia Nacional y a su frente fue puesto Anastasio "Tacho" Somoza, quien desde entonces empezó a hostilizar y a agredir a las pacificadas tropas de Sandino.

A principios de 1934, alarmado por la creciente magnitud de los arrestos y asesinatos de sus hombres, Sandino decidió apelar ante el presidente Sacasa y viajó a Managua para entrevistarlo. El primer encuentro tuvo lugar el 3 de febrero, y ante la aceptación por parte del gobierno de los puntos exigidos por aquél, se firmó un convenio para poner fin a las hostilidades y establecer la paz. La Guardia Nacional, sin embargo, continuó con los ataques e hirió a soldados sandinistas que, de acuerdo con lo establecido, permanecían desarmados. La autoridad de Sacasa no alcanzaba a disciplinar a Somoza y su guardia pretoriana. Inquieto por los acontecimientos, Sandino llegó a manifestar que estaba dispuesto a abandonar el país si su partida contribuía a la tan anhelada pacificación.

Luego de algunos días de negociaciones, el líder guerrillero asistió, en la noche del 21 de febrero de 1934, a una cena que le ofreció el Presidente en vísperas de su retorno al norte segoviano. Sandino se preparó para el regreso con su gente, casi en la frontera con Honduras, pensando en cultivar cacao, maíz y tabaco, en fomentar el desarrollo regional con la explotación del cobre y los metales preciosos, y en observar, siempre vigilante de la política nacional, el imponente monte Mogotón, el más alto del país. Todo parecía marchar bien y hasta el mismo Somoza se había fotografiado con él, en un abrazo sonriente. Pero al abandonar la casa presidencial, sobrevino la emboscada.

La traición, el mito, la reivindicación

Terminada la recepción, Sandino atravesaba la Avenida de Marte en un auto, junto a su padre, el ministro Salvatierra y los generales Estrada y Umanzor, cuando un destacamento de la Guardia Nacional los detuvo. Les quitaron las armas, les ordenaron descender del vehículo y, sin mediar otra explicación que la de estar cumpliendo órdenes superiores, los hicieron entrar en el patio del cuartel. Desbordado por la sorpresa, Sandino exclamó: "¿Por qué semejante atropello? Hecha la paz, todos somos hermanos. Hace pocas noches el general Somoza me ha dado un abrazo en señal de concordia".

Sonó el teléfono y la orden le llegó al teniente López, quien indicó a Salvatierra y a don Gregorio Sandino que se apartaran mientras se llevaban a Sandino, a Estrada y a Umanzor. Don Gregorio, al oír la fusilería, poco después, exclamó: "¡Están matando a Augusto!". En efecto, el general Augusto César Sandino Calderón había sido fusilado por orden de Anastasio Somoza, el 21 de febrero de 1934, sin juicio previo.

Tacho Somoza se hará del poder en 1937 e inaugurará una dictadura familiar, que se extenderá por más de cuatro décadas, sostenida en la represión interna por parte de la Guardia Nacional y el apoyo de los Estados Unidos. Con el control del Estado, los Somoza amasaron una inmensa fortuna. El dictador fue asesinado en 1956 y lo sucedió su hijo mayor, Luis Somoza Debayle, hasta su muerte, ocurrida en 1967. La oposición, motivada por el triunfo de la Revolución Cubana, se agrupó en 1962 para retomar las banderas de Sandino y fundar el Frente Sandinista de Liberación Nacional (FSLN).

A partir de 1967 ocupó el poder el hijo menor del fundador de la dinastía. Anastasio Somoza Debayle, apodado "Tachito" y egresado de la academia militar de West Point, estableció un régimen en extremo autoritario. Luego de un terremoto que destruyó Managua el 23 de diciembre de 1972, y que causó cerca de seis mil muertos y veinte mil damnificados, declaró la ley marcial y fue formalmente reelegido presidente en 1974. El sandinismo, entretanto, ganaba influencia con pequeñas acciones guerrilleras.

En 1978, el asesinato del periodista opositor Pedro Joaquín Chamorro, editor del diario *La Prensa* de Managua, precipitó el comienzo de una corta guerra civil que desembocó en una insurrección. En julio de 1979 el FSLN, acompañado por grupos moderados, derrocaron a Somoza y éste debió exiliarse precipitadamente. Las banderas rojinegras que habían identificado al antiguo "General de los hombres libres", vistieron el país, que festejó el triunfo con alegría y alzó a Sandino a la categoría de héroe y mito.

El sandinismo, como parte sustancial del nuevo Gobierno de Reconstrucción Nacional, fue acosado por los Estados Unidos. Los norteamericanos apoyaron las acciones armadas de los "contras" temiendo que el régimen virara hacia el castrismo. Tras una guerra civil de casi cinco años, se puso fin a la lucha armada y el sistema evolucionó hacia formas democráticas. En 1984 el jefe del FSLN, Daniel Ortega Saavedra, se impuso cómodamente en las elecciones generales, y el país se estabilizó definitivamente en 1989, cuando comenzaron a sucederse en el poder gobiernos conservadores.

Omar Torrijos

1929-1981

Rector de Panamá
hasta su trágica muerte

"Esta victoria pertenece al Pueblo de Panamá, y para él deben ser la recompensa y el reconocimiento."

Omar Efraín Torrijos Herrera vio la luz en Santiago de Veraguas el 13 de febrero de 1929. Nació el mismo año que Martin Luther King (h), el líder de la resistencia pacífica por los derechos civiles en los Estados Unidos –asesinado en 1968– y que Yasser Arafat, el histórico jefe de la nación palestina, y cuando hacía su aparición el cine sonoro. Es de la misma edad que Jacqueline Kennedy Onassis, la glamorosa primera dama norteamericana de principios de los 60 y apenas dos años menor que Fidel Castro, el hombre que dirigió la Revolución Cubana y que detenta el poder en la isla caribeña desde hace cuarenta años.

La historia moderna de Panamá está imbricada con la política de los Estados Unidos hacia Centroamérica, y en 1929 la lucha antiimperialista de Augusto Sandino en Nicaragua motivó a otros pueblos del área. El Jueves Negro que produjo el *crack* de la Bolsa de Nueva York parecía predecir el fin del imperio. Aquel 24 de octubre miles de millones de dólares se esfumaron en el aire. Una parte importante de la potencia comercial de los Estados Unidos residía entonces en el control del paso bioceánico a través del canal construido en Panamá. Su existencia era de vital importancia para los norteamericanos, quienes consideraban a Centroamérica el "patio trasero" de su nación.

Sin embargo, la presencia militar extranjera en suelo propio sería una herida abierta para los panameños, que una y otra vez reclamarían, por distintos medios, sus derechos soberanos sobre la zona del Canal.

El éxito en la construcción del Canal de Suez, abierto al tráfico en 1859, motivó a Francia y a un grupo de empresarios y comerciantes encabezados por Fernando de Lesseps, a impulsar la apertura de un nuevo paso interoceánico, esta vez en el istmo de Panamá.

Al costo de más de veinte mil trabajadores muertos por las fiebres selváticas y las pésimas condiciones laborales, el primer intento de construir un canal se abandonó en 1889, después de siete años de esfuerzos signados por los malos cálculos y la corrupción. La empresa francesa se declaró en bancarrota.

Luego de un nuevo intento francés también fracasado, los Estados Unidos lograron los derechos de control y explotación del Canal en 1904. Por obra del acuerdo Herrán-Hay, se quedaron con los derechos de construcción, explotación y protección del Canal, y con la soberanía sobre una franja de cinco kilómetros de ancho a cada lado de la vía y las islas de la bahía de Panamá, entre otras concesiones. El pacto no fue respaldado por el Parlamento colombiano y los Estados Unidos provocaron la secesión panameña de Colombia a fin de negociar con un aliado más débil. Panamá declaró su independencia el 4 de noviembre de 1903 y Colombia recibió 25 millones de dólares como indemnización por el despojo de 77 mil kilómetros cuadrados de territorio.

Miles de trabajadores de diversos orígenes, sobre todo antillanos, italianos, españoles y estadounidenses, fueron contratados por dos o tres años con el compromiso de que serían devueltos a su país de origen. La obra fue concluida antes de lo previsto y se puso en servicio el 14 de agosto de 1914, poco después de iniciada la Primera Guerra Mundial. La construcción supuso no sólo la excavación de unos 143 millones de metros cúbicos de tierra, sino además el saneamiento de toda la zona del Canal, que estaba infestada de mosquitos que propagaban la fiebre amarilla y la malaria. El gobierno norteamericano y las empresas contratistas de la Compañía del Canal no cumplieron su compromiso y miles de obreros fueron arrojados al desempleo.

Con la inyección de capitales y la presencia de *marines*, como en Puerto Rico o Cuba, o colocando dictadores afines a la política estadounidense (Somoza en Nicaragua, Sténio Vincent en Haití,

Rafael Leónidas Trujillo en la República Dominicana), el "sueño americano" se concretaba y la United Fruit fortalecía su imperio bananero. Sin sonrojarse, el presidente William Howard Taft había afirmado en 1912: "No está lejos el día en que tres banderas de barras y estrellas señalen en tres sitios equidistantes la extensión de nuestro territorio: una en el Polo Norte; otra en el Canal de Panamá y otra en el Polo Sur...".

En 1918 en Chiriquí y en 1925 en la capital, tropas norteamericanas intervinieron en suelo panameño. En 1936 los Estados Unidos renunciaron a su prerrogativa de intervención directa en los asuntos internos del país, pero mantuvieron el derecho a enviar tropas en caso de emergencia, con el propósito de defender el Canal.

En 1930 John Dos Passos, un escritor estadounidense representativo de la "generación perdida", cuyas novelas atacan la hipocresía y el materialismo de los Estados Unidos entre las dos guerras mundiales, describió con amargura el nacimiento de Panamá, en *Paralelo 42*: "En Europa y Estados Unidos la gente había comenzado a comer plátanos, así que tumbaron la selva a través de América Central para sembrar plátanos y construir ferrocarriles para transportar plátanos, y cada año vapores de la *Great White Fleet* iban hacia el norte repletos de plátanos, y ésta es la historia del imperio norteamericano en el Caribe y del Canal de Panamá y del futuro canal de Nicaragua y los *marines*, los acorazados y las bayonetas...".

Inestabilidad política

Omar Torrijos fue el sexto hijo de doce, de una pareja de docentes. Sus padres, José María Torrijos y Joaquina Herrera de Torrijos, trabajaban como maestros y por eso no extraña que el muchacho ingrese en la Escuela Normal Juan Demóstenes Arosemena. "Me crié en un hogar docente –afirmó el futuro líder de Panamá–, le debo la formación a mi padre, quien era profundamente preparado y con una preparación más que todo filosófica. Era la vida que me dieron mis padres bastante salpicada de alegría. Vivíamos todos juntos, el problema de uno era el problema del otro. Dentro de un hogar muy respetable, fui formando mi juventud y esto determinó que desde muy pequeño, cuando tuve uso de razón, nunca trabajé en provecho propio, nunca pensé en provecho individual sino [que] siempre pensaba en el provecho colectivo."

Cursaba el tercer año cuando se hizo acreedor a una beca para ingresar en la Academia Militar de San Salvador, para graduarse, años después, como subteniente de infantería y bachiller en letras y ciencias. Su personalidad ya se destacaba entre los estudiantes. Uno de sus compañeros de entonces declaró a Michele Labrut: "Omar, desde el primer año, fue un buen estudiante. Observábamos sobre todo, nosotros sus compañeros de promoción, su liderazgo, innato en él dentro del grupo. Lo veíamos cuando tomaba la palabra o hacía recomendaciones. Era un hombre de gran sensibilidad humana y un buen hombre; siempre humilde, pero carismático. Omar tenía una frase que utilizará a lo largo de nuestros estudios: 'las cosas no son del dueño sino de quien las necesita'. Él se reía y justificaba todo con ese refrán. Uno de los aspectos más simpáticos de nuestra vida estudiantil fue la fundación de un periódico, cuya idea germinó en la cabeza de Omar. Era una publicación quincenal, *El Azote*, donde se daba a conocer la vida diaria del cadete, el aspecto social y algunas críticas sobre el 'rancho'; llegó a ser tan interesante y combativo que habíamos ampliado su difusión fuera de la escuela".

La presencia extranjera era un elemento que provocaba permanentes conflictos. La inestabilidad política se puede sintetizar con un par de datos: en los primeros cincuenta años de vida independiente, Panamá había tenido nada menos que cuarenta y dos presidentes. El promedio de permanencia en el poder de cada uno de ellos, de poco más de un año, es elocuente en sí mismo, más aún si se verifica que cinco de ellos cumplieron el período de cuatro años, totalizando sus gestiones poco más de veinte años.

Los roces entre el Ejército norteamericano y el pueblo de Panamá comenzaron a intensificarse a mediados de la década del 50. Durante la presidencia de Ernesto de la Guardia, entre 1956 y 1960, sectores de la oposición demandaban un aumento en el pago del canon anual, que ya se había incrementado de los 250 mil dólares iniciales a 1.930.000 en 1955. Una franja de los revoltosos exigía, sin más trámite, la nacionalización de la zona, reclamo que adquirió especial énfasis después de que Egipto se hiciera del control del canal de Suez en 1956. Torrijos, entretanto, ingresó en la

Guardia Nacional en 1952, fue ascendido a capitán en 1956 y a mayor cuatro años después.

En 1959, luego de manifestaciones masivas e intentos de invadir la zona del Canal, el presidente de los Estados Unidos Dwight Eisenhower ordenó que en la zona flameara la bandera panameña junto a la estadounidense. La medida, entendida como formal y diplomática, no logró apaciguar los ánimos y en 1964 la agitación, sobre todo en los ámbitos obreros y universitarios, se incrementó. Los disturbios fueron reprimidos y costaron más de veinte muertos. La gesta de 1964, como la recuerdan los panameños, dejó un antes y un después en el tema del Canal y un "despertar político" en el país. El presidente Marco Aurelio Robles abrió las negociaciones para acordar un nuevo tratado, y hacia 1967 los dos países habían elaborado tres proyectos para el acuerdo.

Las capacidades de mando y organizativas de Torrijos, entretanto, le habían permitido realizar una exitosa carrera dentro de la Guardia Nacional, única fuerza armada del país con funciones de ejército y policía. En 1966 se incorporó a la plana superior del cuerpo armado: fue promovido a teniente coronel y se desempeñó en la secretaría general de la Comandancia. Había ampliado, además, su visión completando su formación en escuelas militares de El Salvador, los Estados Unidos y Venezuela.

Torrijos había observado que la dirigencia política de su país solía tener actitudes débiles ante las sugerencias norteamericanas y comenzó a delinear entre sus camaradas una orientación de tipo nacionalista; sobre todo, el reclamo por la presencia de militares extranjeros en el suelo patrio. Ese orgullo nacionalista y la preocupación por las masas populares le valieron el mote de "Indio Omar". Para entonces ya estaba casado con Xenia Espino Durán.

Golpe y "máximo líder"

Los tiempos de la Segunda Guerra Mundial habían alzado a Arnulfo Arias Madrid a la figura de líder poco afecto a los Estados Unidos. Arias, presidente entre 1940 y 1941, y entre 1949 y 1951, había simpatizado con el Eje nazifascista y en las dos oportunidades fue derrocado. Referente de los intereses de la oligarquía local y declarado anticomunista, exhibió tendencias autoritarias. Con el Partido Panameñista (PP) fue elegido presidente, por tercera vez, en 1968. En esta oportunidad alcanzará a gobernar sólo once días.

El teniente coronel Torrijos llegó al poder encabezando una Junta militar, y será desde aquel 11 de octubre de 1968, y por quince años, el principal actor de los destinos del país. El Ejecutivo, hasta diciembre de 1969, fue ocupado por los militares José María Pinilla y Bolívar Urrutia, y en apariencia el hombre fuerte del golpe era Boris Martínez. En esta primera etapa de la revolución se fortaleció la figura de Torrijos como el indiscutido líder del proceso.

El régimen suprimió los derechos constitucionales, declaró ilegales a los partidos y actuó con dureza frente a las presiones empresariales y estudiantiles. "Iniciamos un proceso –declaró el mismo Torrijos– tendiente a erradicar esos males profundos que se manifestaban en la epidermis del organismo nacional como una calentura permanente. Por esos brotes febriles se enfrentaba el Instituto Armado con quienes lideraban las causas reales y profundas que sufría nuestro pueblo. Como no existía en ninguno de los altos cuadros de nuestra institución castrense intenciones dictatoriales ni vocación de permanecer en el poder para usufructuarlo, nos propusimos metas dentro de plazos razonables."

En un reportaje al coronel Díaz Herrera, publicado en *El Siglo* de Panamá el 11 de octubre de 2002, el militar, testigo preferencial de los hechos, describió la distribución y la evolución interna de los resortes del poder: "Torrijos –afirmó Díaz Herrera– nunca negó su pecado original. [...] Una cosa fue el régimen que comienza el 11. Los primeros seis meses manda más Boris Martínez dentro de los cuarteles que Omar. Éste estaba viendo lo político, lo estratégico y Boris se sobaba el mandado adentro, con un grupo de altos oficiales que marginaban a Torrijos. Una cosa es Torrijos, la etapa inicial con muchos errores, ingenuidades, difícil consolidación, chambonadas incluso, pero luego viene la salida sorpresiva de Boris, la liquidación del minigolpe de CONEP y media docena de coroneles con la CIA, y se va creciendo el general y convirtiendo en estadista. [...] La ultraderecha panameña, entiéndase CONEP, logra montar catorce meses después del 11, un golpe al golpe, con media docena de coroneles, los más 'gringuistas', y Torrijos es acusado abiertamente de comunista y de gobernar con comunistas, por tirano."

En efecto, en diciembre de 1969 un sector de la Guardia Nacional trató de derrocarlo, pero Torrijos, con el apoyo de la mayor parte de la fuerza armada y de un sector de la población campesina, logró sofocar el alzamiento. En la ocasión adquirió notoriedad Manuel Antonio Noriega, quien permitió que el general Torrijos aterrizara en Chiriquí y pusiera fin al intento de golpe de Estado. En retribución, Torrijos lo nombró jefe de la Inteligencia panameña, el G2, puesto desde el cual se convirtió en el hombre más temido del país.

Aplastada la oposición, ocupó la presidencia Demetrio B. Lakas –quien permanecerá en el cargo casi nueve años– y Torrijos fue designado "jefe del Gobierno y líder supremo de la Revolución Panameña". Una Asamblea Constituyente adoptó una nueva Constitución, que favorecía el desarrollo de un curso nacionalista, perfil que distinguirá al "torrijismo".

Con la jefatura de la Guardia Nacional Torrijos se aseguró el control de la oposición política y, en lo externo, estableció relaciones con Cuba, apoyó la experiencia liderada por Velasco Alvarado en el Perú, y tras el fracaso de ese intento, se alineó con Colombia, Venezuela y México, con una prédica "tercermundista".

En las elecciones de 1972 se conforma una nueva Asamblea Nacional, que el 11 de octubre lo ratifica como "máximo líder" por un período de seis años más. Si bien Demetrio B. Lakas continuaría ocupando la presidencia, Torrijos era el verdadero responsable de los asuntos internos y exteriores, y de designar a los miembros del gobierno, del Ejército y de las instituciones judiciales.

Ideó un "patrullaje doméstico" con el fin de interiorizarse de las necesidades populares y de tomar contacto personal con la población. Articuló un nuevo sistema de representación e instauró la Asamblea Nacional de Representantes de Corregimiento. Fomentó la educación estatal en todos los niveles e implementó una audaz política de desarrollo económico de tipo nacionalista. "La recuperación de la base [militar] de Río Hato, la nacionalización de la Fuerza y Luz, la nacionalización de las comunicaciones, la cooperativización del transporte urbano, el establecimiento de la Corporación Bananera del Estado, la Corporación Azucarera Estatal, la Planta Estatal de Cemento, la adopción del nuevo Código de Trabajo, la Reforma Educativa, la multiplicación de escuelas, la Legislación de la Vivienda, la electrificación del país, la Reforma

Agraria, la organización de los Asentamientos Campesinos y la promoción de entidades sindicales, así como múltiples proyectos en marcha, todo lo cual se armoniza con una política exterior revolucionaria [...], son muestras de que el Gobierno, en cuestiones vitales del desarrollo nacional, está ejerciendo con verdadero vigor el desarrollo de libre determinación política y económica en beneficio del Estado panameño, dentro de los moldes de la nueva Constitución Política promulgada en 1972."

A pesar de estas medidas innovadoras Panamá no pudo sustraerse a los vaivenes de la economía mundial y la crisis internacional de 1973-1974 produjo serias consecuencias: el país vivió una profunda depresión y aumentó de forma alarmante la deuda externa como resultado del incremento del precio del petróleo, una de sus principales importaciones; lo cual desencadenó protestas de obreros y empleados que exigieron aumento de salarios y el control de los precios.

Los tratados Torrijos-Carter

El antiguo tema de la soberanía sobre el Canal continuaba siendo la cuestión prioritaria. En 1970 Torrijos rechazó la revisión estadounidense de los tratados de 1967, pero en 1971 reabrió las negociaciones. Dos años después Panamá obtuvo una resolución favorable a su postura por parte del Consejo de Seguridad de las Naciones Unidas, que fue vetada por los Estados Unidos pero alentó al gobierno torrijista a abocarse decididamente a reclamar sus derechos en los foros internacionales.

Luego de arduas negociaciones, el 22 de septiembre de 1977 el presidente estadounidense James E. Carter y Omar Torrijos firmaron en Washington dos tratados, en virtud de los cuales se eliminó el acuerdo de 1903 y se estipuló que la transmisión de la soberanía tendría lugar de forma gradual hasta la total devolución del Canal en el 2000. Los acuerdos permitían a los Estados Unidos continuar con el mantenimiento y la defensa de la zona hasta finales de 1999 y concedían a Panamá un porcentaje de los peajes. Desapareció el gobierno del área del canal, que pasó a manos panameñas, y se convino la neutralidad permanente del paso interoceánico, abierto al tráfico internacional tanto en la paz como en la guerra, si bien los Estados Unidos lo defenderían indefinidamente. El histórico convenio se refrendó bajo el título de "Tratado del Canal de Panamá, Torrijos-Carter", con lo cual el general panameño dejaba inscrito su apellido en la historia mundial. Este acuerdo le acarreó a Torrijos el reconocimiento internacional y la amistad de conocidos intelectuales, como el escritor Gabriel García Márquez.

"No soy el protagonista de este acto histórico, sino solamente su vocero. El verdadero protagonista es el pueblo de Panamá. Fue él quien, con su trabajo, hizo posible la construcción del Canal. Es él quien ha realizado toda clase de sacrificios en defensa de su soberanía. Es él quien recuerda, con devoción y orgullo, a sus mártires de enero de 1964. Es él quien ha hecho posible que hoy celebre este Acto de Ratificación. Por consiguiente, esta victoria pertenece al pueblo de Panamá, y para él deben ser la recompensa y el reconocimiento."

Aunque Torrijos debió enfrentar cierta resistencia interna dados los plazos estipulados, Panamá los ratificó en octubre de 1977. Tampoco fue sencillo el trámite en los Estados Unidos, donde los grupos conservadores plantearon que Jimmy Carter "regalaba una legítima propiedad" norteamericana. Los tratados fueron ratificados en 1978 –en Panamá se llevó a cabo un plebiscito– y entraron en vigor al año siguiente.

PALABRAS dE TORRIjos

Es interesante reproducir el discurso pronunciado por el general Omar Torrijos en Washington:

"Señor Presidente de los Estados Unidos: mi presencia en este escenario, conjuntamente con los más representativos líderes y estadistas del hemisferio, rubrica la terminación de muchas luchas de varias generaciones de patriotas panameños.

"Nuestro pueblo, que ha luchado con tenacidad heroica por perfeccionar su independencia, no tiene ninguna vocación de rencor hacia este pueblo que, agigantándose en lo tecnológico, abrió las entrañas del Istmo de Panamá y comunicó dos océanos en ocho horas de distancia.

"Sin embargo, lo que fue una conquista tecnológica para la

humanidad, las deformaciones históricas la convirtieron en una conquista colonial de nuestro país. Y digo deformaciones de la historia porque el mismo presidente Teodoro Roosevelt manifestó públicamente en Panamá, el 18 de octubre de 1904: 'Señor presidente Amador Guerrero, nosotros no tenemos la menor intención de establecer una colonia independiente en la zona del Canal'.

"En el fondo, lo que alimentaba la esperanza en el hombre panameño y fortalecía su paciencia durante todos estos años, era la firme convicción de que el pueblo norteamericano no tiene vocación colonialista. Porque ustedes fueron colonia y lucharon heroicamente por su liberación.

"Consideramos que usted, señor presidente Carter, al enarbolar la moralidad como bandera en nuestras relaciones, está representando el verdadero espíritu de su pueblo. América latina nos ha acompañado en forma leal y desinteresada. Sus mandatarios se encuentran en este acto para testimoniar que la religión y la causa del pueblo panameño son la religión y la causa del continente.

"La presencia de estos mandatarios debe iniciar una nueva y diferente era entre quienes vivimos y dormimos juntos en el continente, a fin de que desaparezcan todos los resabios de injusticias que impiden se nos trate de igual a igual. Porque ser fuerte conlleva el compromiso de ser justo, y usted ha convertido la fuerza imperial en fuerza moral.

"Estimado señor presidente Carter, hay dos clases de verdades: la verdad lógica y la verdad agradable. En nombre de la verdad lógica, quiero manifestarle que este Tratado que firmaremos, y que deroga el que ningún panameño firmó, no goza de un total consenso en nuestro pueblo. Porque veintitrés años acordados como período de transición son 8.395 días. Porque permanecen por este tiempo bases militares que convierten a mi país en un posible objetivo estratégico de represalia, y porque estamos pactando un tratado de neutralidad que nos coloca bajo el paraguas defensivo del Pentágono. Pacto éste que, de no ser administrado juiciosamente por las futuras generaciones, puede convertirse en un instrumento de permanente intervención.

"Sin embargo, lo pactado es producto del entendimiento entre dos dirigentes que creen en la pacífica convivencia de sus pueblos y que reclaman el valor y el liderazgo de enfrentarse a sus pueblos sin más armas que la verdad y su profunda convicción de lo justo.

"Un plebiscito será el instrumento de ratificación en Panamá, que más que plebiscito será el más puro ejercicio de civismo registrado en la historia política de la República. La ratificación en este país dependerá del consenso del Congreso.

"Estimados amigos senadores: me despido recordándoles el pensamiento de un filósofo que dijo: 'Un estadista es aquel que piensa en las futuras generaciones, y un político es aquel que piensa en las próximas elecciones'.

"Me voy a mi patria convencido de que el futuro de nuestras relaciones queda en manos de excelentes estadistas. Muchas gracias."

"Halcón al vuelo"

Torrijos rehusó presentarse en las elecciones presidenciales de 1978, si bien mantuvo la jefatura de la Guardia Nacional y el control real sobre el país. Fue electo presidente Arístides Royo, candidato del oficialista Partido Revolucionario Democrático (PRD). Ese año regresó al país, casado con la joven Mireya Elisa Moscoso Rodríguez, el octogenario caudillo Arnulfo Arias, quien renovó su movimiento político fundando el Partido Panameñista Auténtico (PPA), con el que participará en las elecciones del 6 de mayo de 1984.

Torrijos murió en un accidente aéreo, cuando sobrevolaba la selva panameña en un avión de las Fuerzas Aéreas Panameñas, el 31 de julio de 1981. El aparato cayó en el cerro Marta y fallecieron todos los tripulantes. El hecho despertó sospechas nunca dilucidadas y todavía en la actualidad hay sectores del PRD que piden que se esclarezca la muerte de Torrijos. El diario local *Crítica Libre* recordó, veinte años después, la denuncia hecha en septiembre de 1985 por el legislador Hugo Torrijos, ya fallecido, de que su hermano Omar había sido víctima de un complot. Hugo Torrijos declaró en el pleno de la Asamblea Legislativa que la operación se llamó "Halcón al vuelo" y que se pagaron doscientos mil dólares, aunque destacó que la familia Torrijos no tenía el ciento por ciento de certeza.

Como otra sospechosa casualidad, la prensa dio a conocer el "Santa Fe I", un documento secreto de grupos *lobbistas* norteamericanos elaborado en 1980, en el que se calificaba al gobierno de

Omar Torrijos como una "dictadura nacionalista de extrema izquierda", poco antes del trágico "accidente". Otro personaje señalado en ese texto, el primer mandatario de Ecuador Jaime Roldós, también se estrelló con el avión presidencial, en mayo de 1981.

Lo que podría, tal vez, interpretarse como una ironía de la historia, cierra el ciclo de los casi cien años de presencia norteamericana en el Canal. Las sombras de Omar Torrijos y de Arnulfo Arias, las "figuras del siglo" en Panamá, según sondeos recogidos por la cadena CNN (que otorgaron un treinta por ciento de las preferencias al militar y un doce por ciento al caudillo), se proyectaban aún en el año 2000. Cuando se concretó el traspaso del Canal y el último soldado *yanqui* abandonó Panamá, la encargada de cerrar el acto en su carácter de jefa de Estado fue Mireya Moscoso, viuda de Arias, que había accedido al cargo derrotando al candidato del PRD, Martín Torrijos Espino, hijo, justamente, del general que había depuesto a su esposo.

El 31 de diciembre de 2000 el pueblo de Panamá festejó el fin de ese "poder tras el poder" que implicó la presencia de tropas extranjeras, y la recuperación de la plena soberanía territorial.

Francisco Miranda

1750-1816

El hombre que predicó la cruzada por la emancipación

Cristóbal Colón llegó a las costas de la actual República de Venezuela en 1498 y los españoles, al encontrar las construcciones sobre pilares, recordando a Venecia bautizaron a las nuevas tierras con el nombre de Venezuela. Con el tiempo, la región se convertiría en Capitanía General con capital en Caracas.

Las primeras rebeliones contra el dominio español datan de 1797, cuando Manuel Gual y José María España encabezaron una conspiración de fuerte arraigo popular, que logró ser controlada por el poder realista. Para entonces Francisco Miranda ya había elaborado un plan continental de emancipación, e interesado en él a hombres de varias potencias europeas.

Al servicio de España

Cerca de la Plaza Principal de Caracas, en la calle de la Divina Aurora, vivió Francisco Antonio Gabriel Miranda, de los nueve a los veintiún años. Había nacido el 28 de marzo de 1750, en la entonces parroquia de San Pablo. En la Academia de Santa Rosa hizo sus estudios preparatorios y, posteriormente, en 1764 en la Real y Pontificia Universidad, para escuchar las lecciones del curso de humanidades y artes.

El 25 de enero de 1771 salió de La Guaira la fragata sueca *Príncipe Federico* llevando a Miranda a la Corte de España. Llegó a Cádiz el 1º de marzo y catorce días después viajó a Madrid.

En la Corte recibe lecciones de matemáticas e idiomas. En su árbol genealógico encuentra gloriosos antepasados. El 7 de septiembre de 1772 entra al servicio de la Corona como capitán del Regimiento de Infantería de la Princesa.

Vive con holgura y concurre a los círculos intelectuales y elegantes de Madrid, gracias al dinero que le envía su padre, producto del comercio de cacao. Compra libros y da prioridad a los autores ingleses y franceses, de ideas avanzadas en esos años, aunque su curiosidad abarca también el estudio del Corán. Concurre a museos y bibliotecas, inclinaciones todas ellas que practicará durante toda la vida. Llegará a dominar diez idiomas.

Cumple sus funciones militares en guarniciones y presidios en España y África, y en diciembre de 1774, con el grado de capitán, toma parte en el sitio de Melilla. En 1780 consigue que lo trasladen a Cádiz.

En abril parte de Cádiz, comenzando sus andanzas por las Antillas como ayudante de campo del general Juan Manuel de Cagigal y capitán efectivo del Regimiento de Aragón. Asciende a teniente coronel e interviene comandando tropas españolas en el triunfo de George Washington en la batalla de Yorktown, definitiva en la independencia norteamericana. Pasó luego a Jamaica y regresó a La Habana. En Nueva Providencia, capital de las Bahamas, arregló la capitulación de los ingleses y las islas quedaron en poder de España.

Acusado de delitos que no se comprueban pero con sentencias pendientes, el teniente coronel Miranda, el 1º de junio de 1783, embarca en el *Prudente* para iniciar su vida de viajero infatigable, siempre afinando y profundizando sus conocimientos.

En Filadelfia, Francisco Rendón, representante de España, le franquea la entrada en las principales casas del lugar, tales como la del presidente del Congreso y el superintendente de Finanzas y de Marina, hasta que llega a entrevistarse con el general Washington. Llega a Nueva York y a Boston, donde conversa con el republicano Samuel Adams. También trata a Mare Motier, el marqués La Fayette. Visita el Colegio de Cambridge y en Nueva York traba amistad con Alexander Hamilton y Thomas Paine, con quienes habla acerca de la libertad de su patria, Venezuela.

El 15 de diciembre de 1784 se embarca a Londres después de un año y medio de andanzas por las antiguas colonias inglesas. En Inglaterra encuentra el ambiente anhelado, como para denominarla "la madre Patria de la libertad" y escuela de las ideas políticas de vanguardia. Recorre Europa y se informa sobre política y comercio, obtiene estadísticas y visita hospitales, fortalezas, trabajos de agricultura. Conversa sobre historia y literatura.

En la Rusia de Catalina la Grande

Miranda es uno de los primeros sudamericanos que pisa tierra rusa. Atraviesa el Mar Negro venido desde Constantinopla y pasea por Ucrania, donde conoce mansiones y festejos de grandes señores. El 31 de diciembre de 1786 el afamado y poderoso príncipe Grigori Alexandrovich Potemkin, favorito de la zarina Catalina la Grande, envía a uno de sus edecanes para invitar a Miranda a su casa. El Príncipe, dueño de Rusia por especial afecto de la Emperatriz, le hace mil preguntas sobre Venezuela y lo invita a pasar la noche del año nuevo en su compañía.

Entre corpulentos cosacos que le rinden homenaje, recorre Crimea con Potemkin, como invitado de honor y se agrega al séquito de la Emperatriz en la Corte imperial de Kiev.

Francisco Miranda era un personaje atrayente, de elevada estatura, de frente espaciosa, robusto torso y tórax saliente, cabellos castaños y ojos grises de mirada enérgica. Taciturno y reflexivo, era poco dado a cambiar de opinión. Vestía con rigidez, recordando la forma de presentarse de los hombres de la Convención francesa. Seductor en el hablar, había conquistado con su palabra poderosos hombres de varios continentes. Inclinado por el sexo opuesto, encontraba en las damas la respuesta esperada.

Decidido a marcharse luego de una prolongada estadía, la Emperatriz le hizo saber que no aceptaría su regreso, ya que resultaba "peligroso" el cruce de los ríos. Pasados unos meses le ofreció integrar la Corte del Imperio. Miranda prefirió abandonar la suntuosidad y emprender el camino de la gloria y el martirio.

Antes de embarcarse en la goleta sueca *Ana Carlota*, Miranda envió a Londres varias cajas de libros comprados en su largo viaje. Visita Suecia y Noruega, y en su minucioso *Diario* desfilan personajes, ciudades, costumbres, estado de las artes y las ciencias de cada uno de los países que recorre.

Al llegar a Dinamarca es observado pues, por las credenciales que trae de Rusia, algunos lo creen espía. A pesar de ello puede realizar trabajos muy positivos. En establecimientos de manufacturas algodoneras aprecia que el mejor algodón era el de América, por tener la hebra más larga y fina. Es de resaltar la labor que realiza cuando visita las cárceles danesas, ya que logra que se mejoren y humanicen los tratos a los presos. En similar sentido elabora todo un programa para mantener en mejores condiciones hospitales y cuarteles.

Cruza y recorre el centro y norte de Europa, llega a Londres en 1791 y conoce Oxford y Cambridge. Durante su permanencia en la capital británica, don Francisco sufre innumerables denuncias y persecuciones de los agentes de España. El embajador español llegó a crear arteramente un ardid para ponerlo preso.

Ya en 1790 en sus conversaciones con el primer ministro inglés William Pitt le habla de la independencia de las colonias españolas en América, interesándolo en su ayuda. No en vano pasarían por Londres, antes de sus gestas libertadoras, José de San Martín, Simón Bolívar y Bernardo O'Higgins, y los colombianos Antonio Nariño y Antonio José Caro, entre otros hombres destacados de la causa americana.

Al servicio de la Revolución Francesa

Llega al París revolucionario atraído por el cambio de régimen y por sus convicciones, y procurando encontrar "oídos" para sus planes de independencia sudamericana. Los contactos son variados. Recorre los alrededores de París y en Vincennes visita el calabozo donde estuviera preso el conde de Mirabeau.

Jacques Pierre Brissot está desde el principio entre sus mejores amigos, además de otras sobresalientes figuras girondinas de la Asamblea Nacional y la Convención. Concurre a reuniones de artistas, intelectuales y generales de Francia y se relaciona con figuras prominentes, como Georges Danton y el general Charles Dumouriez. La situación, sin embargo, no permite disfrutar de la vida en sociedad; otros países de Europa enfrentan al gobierno francés y los austríacos marchan con sus ejércitos coaligados.

Piensa retirarse a Londres pero Petion lo insta a ponerse al servicio del Ejército francés. El 22 de agosto de 1792 le ofrecen el cargo de mariscal de campo y el 5 de septiembre recibe los despachos definitivos para servir en el Ejército del Norte.

El destino lo llevó a la actividad bélica en Holanda y Bélgica, y participa de la toma de Amberes, actividad que despierta recelos en la Corte rusa, enemiga de la Revolución. Después de las primeras acciones de éxito heroico, premian sus servicios a la causa otorgándole el rango de lugarteniente general.

Muchos de los amigos franceses piensan en enviarlo a las colonias españolas, alentando su cruzada a favor de la independencia, como jefe de una expedición a Santo Domingo. Aunque la propuesta parece coincidir con sus planes, la rechaza.

Los triunfos militares del venezolano, por otro lado, despiertan la intriga entre los generales franceses. Designado jefe del ejército de Bélgica, tiene cerca de veintidós mil hombres a sus órdenes. Cuando el 1° de enero de 1793 vuelve a Amberes, le llueven las propuestas para marchar a Santo Domingo.

La relación con Dumouriez sufrió un cambio como resultado de las disidencias entre los miembros de la Convención, donde se diferencian las líneas de los girondinos, jacobinos y montañeses. Dumouriez aspira al regreso de la monarquía —espera que se lo acuse de rebelde— y quiere conocer la eventual actitud de su amigo. "Siempre estaré de parte de la República", le aclara Miranda.

En una nueva entrevista, el caraqueño le reprocha al jefe militar francés sus manejos, que perjudicaban la causa republicana. Dumouriez lo acusa a su vez de ser responsable de algunos fracasos, como en Maastricht y en Neerwinden; lo que se agrega a la sospecha que pesa sobre él por su relación con Pitt, con los rusos y algunos personajes norteamericanos.

Tras un prolongado juicio fue declarado inocente el 15 de mayo de 1793. Las críticas de los jacobinos, que controlan el poder, arrecian. Tal es la presión que ejercen que a dos meses de estar en libertad, el 9 de julio lo vuelven a encarcelar, sin causa formal. El Terror está en marcha y Maximilien Robespierre, el triunviro, clama por su cabeza. La guillotina está preparada y Miranda pide ser oído por las barras. El 13 de julio aparece ante la Convención y la Asamblea lo escucha en silencio. Resuelve envenenarse y morir en el cadalso con una dosis del célebre veneno de opio y estramonio.

No deja de enviar cartas a los convencionales y al Comité de

Salud Pública. La inestable situación política le depararía una sorpresa: sin mediar explicación, desde fines de enero de 1795 recupera la libertad, se instala en un lujoso apartamento y vuelve a frecuentar los salones elegantes y teatros. En sus últimos días en Francia recibe información de los movimientos fracasados en Lima, Bogotá y Caracas durante los últimos meses de 1797. El 3 de enero de 1798, con peluca y anteojos verdes, parte a Calais. El 15 de enero llega a Londres. Pitt lo espera en Downing Street. Allí el jesuita Juan Pablo Viscardo y Guzmán, otro precursor de la emancipación americana, le da noticias sobre las colonias españolas. En 1800 consigue un pasaporte y el 28 de noviembre regresa a París, después de vivir dos años en Inglaterra. En marzo la policía francesa le exige que muestre sus papeles acusándolo de espía inglés, y lo llevan a la prisión del Temple. El 14 de marzo el temible jacobino Joseph Fouché le ordena dejar Francia en un plazo de cuatro días y el 22 deja París para no regresar ya nunca más.

Vuelve a Londres para seguir conspirando en favor de la independencia de las colonias españolas, en sociedades llamadas logias, como las Juntas de las Patrias Americanas, la Gran Reunión Americana, la Comisión de lo Reservado y la de los Caballeros Racionales. En ellas Miranda fue siempre el centro de atención.

El independentismo en el Nuevo Mundo

Precursor de la conspiración, no cejaba en su empeño para que Inglaterra protegiera el movimiento insurreccional. Los políticos de Saint-James aprovecharon la oportunidad de tener un hombre decidido y de gran prestigio para realizar la operación, y al mismo tiempo sacar el mejor partido con su presencia. Sufragan algunos gastos pero la operación, reiteradamente, se posterga o paraliza.

Lord Sullivan y Home Popham discuten el proyecto que les presenta el caraqueño. El plan de Popham llegará a realizarse y terminará en un rotundo fracaso en las dos Invasiones Inglesas al Río de la Plata. Proliferan iniciativas de leyes e instituciones en ensayos de constituciones; el sistema de gobierno a instaurar corre entre monárquico y republicano. Inglaterra quiere que un comandante acompañe a Miranda en la liberación de Caracas, pero éste rechaza enérgicamente la idea. Las conversaciones se interrumpen.

Como la traba principal era la buena relación entre Inglaterra y España, el 12 de septiembre de 1804, cuando España le declara la guerra a Inglaterra, renacen las esperanzas de don Francisco. En julio de 1805 William Pitt responde a los requerimientos de Miranda, le solicita paciencia y le asigna una pensión. Decepcionado, Miranda emprende viaje a los Estados Unidos en busca de apoyo a su plan independentista. El 7 de diciembre tiene audiencia con el presidente Thomas Jefferson.

En el puerto de Nueva York comienza el reclutamiento, aunque sin carácter "oficial". Para entusiasmar gente se utiliza como propaganda que en las tierras hacia donde se encaminan hay ricas minas de oro y plata. Carabinas, petardos, sables y cartuchos se embarcan en el buque *Leander*, sin manifiesto conocimiento del capitán y los voluntarios, y parten el 2 de febrero de 1806. Son alrededor de doscientos.

El embajador de España, marqués de Casa Irujo, atento a los movimientos del general Miranda, protesta ante el gobierno norteamericano y anoticia al virrey de Nueva España y al capitán general de Venezuela de lo ocurrido, para que preparen la defensa.

La controversia se hace intensa. Jefferson y Madison le insinúan al embajador español que pueden ordenar que abandone la capital, y los periódicos estadounidenses llaman al general Miranda el "Washington de América del Sur".

El 18 de febrero Miranda realiza una primera escala en Haití, donde se le unen las goletas *Bachus* y *Bee*. El 12 de marzo, entre el ruido de las armas y las voces de mando se izan por primera vez el azul, blanco amarillento y rojo de la futura bandera de Venezuela; el general está presidiendo la ceremonia acariciado por la suave brisa del Caribe. Escrita en la insignia de la corbeta se lee: "Muera la tiranía y viva la libertad".

El 11 de abril llegan a Aruba, retrasados por las tormentas, lo que ha permitido a las autoridades españolas prepararse para la lucha. Cuando arriban a Granada reciben la noticia de que Pitt había muerto y que lord Grenville había sido designado primer ministro. Siguen a Barbados, donde se encuentran con el almirante sir Thomas Cochrane, a quien informan del motivo de la expedición. Cochrane firma con Miranda un acuerdo de ayuda al

Leander, permitiendo que el caraqueño reclute nuevas fuerzas en Barbados y en Trinidad. Entretanto, en Nueva España se declara traidor a Miranda y se lo sentencia a muerte.

Frente a Ocumare de la Costa, en las playas caribeñas de Venezuela, la expedición es rechazada el 28 de abril. En un segundo intento de desembarco, el 1º de agosto llegan a la Vela de Coro, donde desciende un pequeño grupo de expedicionarios y silencia a las baterías españolas. Huyen las tropas españolas a la montaña y el general Miranda y su estado mayor instalan una nueva administración; la "Carta a los españoles americanos" del padre Viscardo se distribuye entre los habitantes. Pocos son los ciudadanos que responden al llamado patriótico. El gabinete de lord Grenville desaprueba el pacto firmado por el almirante Cochrane, después de lo ocurrido en el Río de la Plata.

Los españoles tienen mil quinientos hombres para oponerse a Miranda. El 4 de agosto el intento se frustra definitivamente. El 13 de agosto de 1806 y en vista de que los españoles mejoran sus posibilidades, Miranda y su estado mayor buscan otro lugar cercano del continente para esperar la ayuda británica. El fracaso de la expedición debe atribuirse, primero, a tener un ejército invasor sólo interesado en el éxito pecuniario; en segundo lugar, a la falta de recursos, y, por último, a la indiferencia de la población.

En diciembre Cochrane le comunica a Miranda que debe retirarse de Aruba, donde se encontraba, y pasar a Trinidad, pues, de lo contrario, la ayuda inglesa sería suprimida. Los expedicionarios exigen sus sueldos y provisiones para no morir de hambre. Miranda está en quiebra y mellado su prestigio como general; debe vender el *Leander* para pagar las deudas contraídas.

De nuevo en Londres

En diciembre de 1806 Miranda envía a Londres a su delegado De Rouvray, e inicia la campaña en favor de la independencia, mientras permanece un tiempo en las Antillas. A fines de 1807 regresa a Inglaterra y el 4 de enero de 1808 tiene audiencia con el ministro de Relaciones Exteriores, George Canning, quien le anticipa que lord Auckland se interesa por sus planes. El gobierno británico, en esos días, recibe diversas proposiciones de promotores interesados en solventar los gastos para la independencia de Sudamérica.

Miranda planeaba que podía establecer cuatro gobiernos en América latina: un Estado estaría formado por México y Centroamérica; el segundo por Venezuela, Nueva Granada y Quito; el tercero por el Perú y Chile, y el cuarto por el Virreinato del Río de la Plata. Serían necesarios diez mil hombres y las fuerzas navales para liberar el continente. El desembarco debería realizarse en La Guaira, para seguir a Caracas, mientras las naves sometían Puerto Cabello.

Sir Arthur Wellesley, futuro duque de Wellington y vencedor de Napoleón, coincide con los planes mirandinos y prepara militarmente los objetivos de México, Venezuela y el Río de la Plata; será nombrado comandante en jefe para la expedición de las colonias españolas. Pero la prioridad política varía y lord Wellesley parte, no hacia el Nuevo Mundo, sino hacia España y Portugal, para luchar contra los franceses.

En la contienda entre ingleses, franceses y españoles se forman en España Juntas de Gobierno con una central en Cádiz. Lo mismo comienza a ocurrir en las colonias, al pedido de que los Cabildos formen Juntas frente a la ausencia de autoridad en el trono español.

Miranda, entretanto, envía cartas con instrucciones al Río de la Plata. Sus destinatarios son Rodríguez Peña, Manuel Padilla y Felipe Contucci, pensionados por el gobierno de Gran Bretaña. En Caracas, sin embargo, las opiniones están divididas: unos apoyan la intervención de José Bonaparte y la presencia de Francia en la península; otros exigen que vuelva Fernando VII al trono, y una tercera posición comparte las ideas de Miranda.

En Inglaterra, el caraqueño se entrevista con el filósofo utilitarista Jeremy Bentham y con el historiador y economista James Mill. Coinciden ambos en elogiarlo: "Por la gracia de Dios, señor general, viva usted mil años". En 1810 Miranda funda en Londres el periódico *El Colombiano*. Simultáneamente, estalla la revolución en distintos puntos de América: el 19 de abril el Cabildo de Caracas destituye al capitán general Vicente Emparán y crea una Junta Suprema de Gobierno, a semejanza de las que existían en la metrópoli.

Llegan a Londres comisionados venezolanos para pedirle a Francisco Miranda que viaje a Caracas. Miranda introduce entre sus relaciones británicas a Simón Bolívar, a López Méndez y a Andrés Bello. Los delegados desean que Miranda vuelva con ellos pero siguen el consejo de lord Wellesley, quien, en consideración a la buena amistad que unía a Inglaterra y España, no consideraba conveniente que lo hicieran juntos.

Simón Bolívar se embarca rumbo a Caracas a mediados de septiembre, en la fragata *Sapphire*. Don Francisco, ya un hombre de sesenta años, parte el 10 de octubre y llega a La Guaira el 11 de diciembre. Bolívar es el comisionado de la Junta para recibirlo. En la capital se le ofrece una gran recepción y una multitud acompaña la cabalgata que él encabeza. La Junta lo designa general del ejército, se integra a la Sociedad Patriótica, de la que era su lejano inspirador, y es nombrado representante en el Congreso Constituyente. Bajo su mando militar, las fuerzas revolucionarias toman la ciudad de Valencia, donde perecen cerca de ochocientos soldados españoles.

El 5 de julio de 1811 el país declara formalmente su independencia y el 17 de agosto se firma el Acta de la Independencia, que denomina al nuevo Estado: Confederación Americana de Venezuela. A finales de diciembre se sanciona la Constitución, que definió al país como una república federal y entregó el mando a un triunvirato.

La Constitución, primera de Latinoamérica, sigue el modelo de la norteamericana y los principios franceses de los derechos del hombre; sin castas, prohíbe la trata de negros; sostiene la libertad de expresar las ideas, de reunión; el fomento de la industria y el comercio; declara abolidos el fuero personal, los títulos de nobleza y el fuero eclesiástico. Por estos principios habían luchado Miranda en el Congreso y Bolívar en la Sociedad Patriótica, defendiendo un sistema centralista en contra del federalista. Se origina entonces un cambio profundo en la vida cultural, política y comercial.

La reacción realista se organiza con Domingo de Monteverde a la cabeza, en Coro, y el indio Reyes Vargas, alistado con la causa monárquica española; ambos toman Carora. El Congreso de Venezuela abandona Caracas. Avanzan los realistas y el ejecutivo venezolano recurre a Francisco Miranda concediéndole el poder absoluto para salvar la República. Es ahora generalísimo en su patria y organiza el ejército. Lo nombra jefe a Simón Bolívar para defender Puerto Cabello.

El panorama de Caracas en los días de la campaña de abril a julio de 1812 es sombrío y la intriga y la ambición reinan. Hay componendas entre los miembros del gobierno de la Primera República. Las relaciones entre el arzobispo Coll y Pratt y Miranda se hacen tirantes no sólo por haber perdido los fueros eclesiásticos, sino por la prisión de varios sacerdotes sediciosos. En esos mismos días, oficiales extranjeros se han molestado por expresiones del general Miranda hacia ellos.

Se impone la ley marcial. Miranda lanza proclamas a sus compatriotas delineando su política. Envía agentes diplomáticos a Bogotá, Cartagena, Inglaterra y los Estados Unidos. Ataca a De Monteverde y obtiene algunos éxitos, pero la suerte cambia y tiene que retroceder a La Victoria.

Entre los patriotas hay quienes no quieren pelear a las órdenes del generalísimo caraqueño. Los esclavos se alzan en Barlovento sin responder a los realistas ni a los patriotas. Las provincias de Coro, Maracaibo y Guayana permanecen fieles a la Corona, y las guarniciones de Guanare y San Juan de los Morros se pasan a los realistas; De Monteverde aumenta sus efectivos.

El conflicto se agrava por la diversidad de opiniones y las disputas entre federalistas y centralistas se acentúan. Miranda, acostumbrado en Europa a combatir con tropas disciplinadas, no comulga con el sistema de guerrillas que imponen las circunstancias. Se pierde Puerto Cabello y Bolívar, con cinco oficiales y algunos soldados, después de una lucha desesperada, se embarca en una goleta hacia La Guaira.

La fatalidad y la desunión doblegan el tiránico esfuerzo de los patriotas. La caída de Puerto Cabello es un desastre decisivo. Se resuelve negociar con De Monteverde. Se reúnen el 20 de julio de 1812 en Valencia y el 25, los delegados de Miranda firman la capitulación.

Mientras Miranda es acusado de haber llevado en la campaña un plan dilatorio, De Monteverde no está dispuesto a cumplir lo firmado. La capitulación de San Mateo levanta intrigas y espantosas censuras al generalísimo.

Había quienes aseguraban que Miranda se había vendido por mil onzas de oro, que el marqués de Casa León le había entregado. Él, por su parte, pensaba ir a Nueva Granada y con Santiago Mariño seguir la lucha contra los realistas; plan que realizará, más tarde, Simón Bolívar. Hasta Simón Bolívar acusaba a Miranda de traición por haber aceptado la capitulación. La conjura seguía en marcha.

Se colocan piquetes en las calles y el mismo Bolívar dirige la operación. El generalísimo había decidido embarcarse hacia el extranjero. A las tres de la madrugada Miranda oye voces. Se asoma a la puerta y allí se adelanta Bolívar y lo declara prisionero. A la luz de una linterna el héroe caraqueño ilumina los rostros de los conspiradores y exclama: "¡Bochinche, bochinche, esta gente no es capaz sino de bochinche!".

Entrega su espada y lo conducen a la fortaleza. Miguel Peña y Manuel María de las Casas, que estaban a las órdenes de De Monteverde, hacen pública en la ciudad la actuación de Miranda. Ningún barco puede salir ahora del puerto por orden de Casas. Los conspiradores, por lo tanto, quedan en Caracas hasta la llegada de las tropas realistas. Los habían traicionado.

De Monteverde concede sendos pasaportes a Bolívar, Peña y Casas por los servicios prestados al rey y Miranda permanece en prisión a pan y agua durante un tiempo. En los primeros meses de 1813 es conducido al castillo de San Felipe en Puerto Cabello.

El 8 de marzo el prisionero envía un Memorial a la Audiencia de Caracas, sin acusaciones hacia los compatriotas que habían contribuido a su desgracia: "Don Francisco Miranda, natural de la ciudad de Caracas, con el debido respeto, a V. A. representa: Que después que por largo espacio de cerca de ocho meses he guardado el silencio más profundo, sepultado en una oscura y estrecha prisión y oprimido con grillos; después que he visto correr la propia suerte a un número considerable de personas de todas clases y condiciones; después que ante mis propios ojos se han presentado las escenas más trágicas y funestas; después que con un inalterable sufrimiento he sofocado los sentimientos de mi espíritu; y finalmente, después que ya estoy convencido de que por un efecto lamentable de la más notoria infracción, los pueblos de Venezuela gimen bajo el duro yugo de las más pesadas cadenas; parece es tiempo ya de que por el honor de la nación española, por la salud de estas provincias y por el crédito y responsabilidad que en ellas tengo empeñados, tome la pluma, en el único y preciso momento que se me ha permitido, para reclamar ante la superior judicatura del país, estos sagrados e incontestables derechos. [...]

"Yo vi entonces con espanto, repetirse en Venezuela las mismas escenas de que mis ojos fueron testigos en Francia; vi llegar a La Guaira recuas de hombres de los más ilustres y distinguidos estados, clases y condiciones, tratados como unos facinerosos; los vi sepultar junto conmigo en aquellas horribles mazmorras".

Para terminar, firmando en las "Bóvedas del castillo de Puerto Cabello, a 8 de marzo de 1813", el prisionero subraya: "Suplico a V. A. se sirva, en mérito de lo expuesto y en uso de sus superiores facultades, mandar que se ponga en libertad inmediatamente a todos los que se hallan en prisión con este motivo, sin haberlo dado posteriormente a la capitulación dada por mí y por el comandante general de las tropas españolas, declarando que no ha habido causa para semejante procedimiento, y que en lo sucesivo no puedan ser molestados, ni perturbados en el goce de los derechos que respectivamente les concede la Constitución; y disponiendo se me comuniquen las resultas de esta reclamación para mi conocimiento y a los demás fines necesarios; y si por las circunstancias en que quizá podrían estar las cosas, pareciese indispensable que afiancemos nuestra seguridad y conducta mientras varían, yo, desde luego, ofrezco dar a V. A. las cauciones que se pidan por mí y por todos aquellos infelices que por sí no tengan quien los garantice [...]".

"Déjenme morir en paz..."

Simón Bolívar inicia una campaña admirable. En vista de ello, el jefe español, temeroso de que Miranda pudiera ser puesto en libertad, lo embarca el 4 de junio a las prisiones de Puerto Rico y el Morro de San Juan. Desde estos destinos el generalísimo dirige otro Memorial a las Cortes españolas, el 30 de junio de 1813.

El escorbuto, la apoplejía y otras enfermedades minaron el

cuerpo avejentado del contumaz conspirador venezolano. Sin embargo, no deja de escribir, en especial a amigos en Londres.

Las sombras de la fiebre pesan en su calabozo. En Londres, de un momento a otro se espera la noticia fatal. Su mujer morirá en 1850, treinta y cuatro años después de su desaparición. Leandro, uno de sus hijos, fallecerá en París en 1886, dejando descendientes de su matrimonio con Teresa Dalla Costa Soublette. Francisco, el segundo, servirá bajo las órdenes de Simón Bolívar y morirá ejecutado en 1831.

Cuando al "Precursor" se le ofrece que ponga su alma en paz con Dios, el enfermo, con el rostro desfigurado, repudia la oferta y apenas se mueven sus labios para decir: "Déjeme usted morir en paz". Es 14 de julio de 1816, en el presidio de Cuatro Torres, cerca de Cádiz. Dos días después de la muerte de Miranda, el comandante general del arsenal de la Carraca (San Fernando), el señor Baltasar Hidalgo de Cisneros, último virrey en funciones en Buenos Aires depuesto el 25 de mayo de 1810, comunica la noticia a la Corte de Madrid.

El día de la muerte de quien fuera un alto militar de la Revolución francesa coincide con el de la toma de la Bastilla en 1789. Su nombre, Francisco Miranda, está inscrito en piedra en el Arco de Triunfo en París. Sus restos, en cambio, en 1816 fueron arrojados a la fosa común en España.

Simón Bolívar

1783-1830

El Libertador del Norte

General y estadista, Simón Bolívar es una de las figuras más trascendentales de la gesta emancipadora de las Américas. Su campaña comenzó como audaz guerrillero; su fe permite compararlo al granito de la montaña; su entusiasmo, a la lava de un volcán, y su actividad incansable se asemeja a un inagotable torrente. Cae y torna a erguirse. Cien veces sucumbirá y otras tantas volverá a rehacerse hasta que la victoria, doblegada por esta constancia sobrehumana, se rendirá mansamente a sus pies.

Bautizado como José Antonio de la Santísima Trinidad Simón Bolívar y Palacios, nació en Caracas el 24 de julio de 1783 en el seno de una familia de abolengo patricio, los Bolívar y Ponte-Palacios y Blanco. El niño Simón, endeble y frágil de salud, mostró un carácter vivaz y determinado. La pérdida prematura de sus padres fue, tal vez, lo que desencadenó en él esa asombrosa fortaleza psicológica. Una de las tantas anécdotas que se le atribuyen es la respuesta al tribunal que lo obligaba a volver con su tío Carlos, a quien no quería: "Ustedes pueden hacer con mis bienes lo que quieran, pero con mi persona, no. Si los esclavos tienen libertad para elegir amos, a mí no me la pueden negar para vivir donde me agrade".

Los maestros que formarían el carácter inquisidor y profundo fueron el culto Andrés Bello, futuro erudito en creación literaria, el licenciado Miguel José Sanz, el padre Andújar y el humanista Simón Rodríguez, llamado "el Rousseau americano" por su erudición y tremenda penetración filosófica.

Se recibió de subteniente del Batallón de Voluntarios de Aragua en 1797. Dos años después su tío, el marqués de Palacios, lo invita a Europa. Embarca en el navío español *San Ilde-fonso* y llega a México. Luego sigue viaje bajo los cielos de España y de Italia, en la turbulenta y sensual París o entre las brumas de Londres, siempre en persecución de las ternuras del amor, de los conocimientos de las Luces y la Ilustración europeas. Su mente se fortalecerá y se asombrará por el magnetismo de Napoleón Bonaparte.

Regresa a Madrid, donde se casa con María Teresa del Toro y Alayza en mayo de 1802. La pareja se traslada a Venezuela para dedicarse al cultivo de sus vastas propiedades, pero el destino les juega una mala pasada: la joven muere a escasos ocho meses del matrimonio. En 1806 Bolívar embarca para Hamburgo, visita Norteamérica y vuelve a Venezuela. Hasta 1809 su vida se desenvolverá en meditación profunda.

Sus maestros y un juramento

Aprende las primeras letras con el más extravagante personaje de Caracas, Simón Carreño Rodríguez, un hombre que había estudiado latín y humanidades, conocimientos que fortaleció con algunas nociones de ciencias físicas.

El maestro Rodríguez era descuidado en el vestir y en sus maneras. Había leído "todos" los libros y fue fiel al pensamiento republicano fanático. Se ocupó de adoctrinarlo en el respeto a los derechos del hombre y la libertad de los pueblos. De los escombros de las viejas instituciones, decía, debía levantarse un nueva forma de gobierno que asegurara la felicidad a los hombres: la República.

Bolívar lee a los clásicos griegos y latinos en traducciones francesas; también a Spinoza, Hobbes, Holbach, Montesquieu, Rousseau y los enciclopedistas. Rodríguez le enseñó a despreciar la cultura española, el saber aborrecido por las Luces, un sentir que se alimentaba en Venezuela, como en toda Hispanoamérica, con el resentimiento del criollo blanco contra el español peninsular.

En Madrid profundiza sus estudios sobre pensadores antiguos y modernos con el sabio marqués Gerónimo de Ustáriz. De vuelta en París, con su salud quebrantada, el joven ambicioso es ganado por la frivolidad de los salones franceses. Tanto es así que en Versalles, en el Petit Trianon, se habla de la "*chambre* de Bolívar", su sombrero –el "sombrero a lo Bolívar"–, así como del color de su capote. Allí se encontrará nuevamente con Simón Rodríguez, que ahora se hace llamar Simón Robinson. Los dos Simones cruzan los Alpes a pie y llegan a las llanuras de la Lombardía. Rodríguez no da tregua con preguntas que arden en los oídos del futuro Libertador: "¿Por qué han de sufrir las provincias de América por más tiempo el despotismo del Rey de España?". "Ah –se responde Rodríguez–, si hubiese un adalid arriesgado que se pusiera al frente de los pueblos rebelados." En la llanura de Montesquiaro, cerca de Milán, Napoleón ha reunido a su ejército. Simón Bolívar, deslumbrado, fija su mirada en el Emperador. Tiene Napoleón talla pequeña pero majestuosa. Así Simón Bolívar concibe la gloria.

Llegan a Roma en agosto de 1805. Sobre la cumbre del Monte Aventino –o Monte Sacro, una de las siete colinas de Roma–, a donde Simón Rodríguez ha llevado a su discípulo, el maestro le pide el sagrado juramento de que consagraría su vida a conquistar la independencia de su patria. El joven Bolívar extiende sus brazos como si abrazara Roma y exclama: "¡Sí, Juro!".

Hacia la Independencia

Regresa a América en junio de 1807. Convencido de los principios de la Revolución Francesa, participó en Venezuela de los sucesos que culminarían en un nuevo régimen encabezado por una Junta de Gobierno el 19 de abril de 1810. Designado coronel de milicias, se le encomienda una misión diplomática ante el gobierno británico, que no resulta exitosa.

Se relaciona con Francisco Miranda para incorporarlo a la causa de la revolución. Miranda, que ya pertenecía a la logia masónica, tiene cincuenta y cuatro años y Bolívar sólo veintiséis; en Caracas fundan la Sociedad Patriótica.

Miranda, experimentado y probado revolucionario, conoce y practica hábilmente los métodos estratégicos, consiguiendo el 5 de julio de 1811 que el Congreso venezolano proclame la independencia. Bolívar se separa de Miranda por diferencias de procedimiento y fines. Al año siguiente, precisamente durante el Jueves

Santo y mientras los templos rebosan de fieles, un terremoto hunde gran parte de Caracas y otras localidades próximas. La superstición popular no tarda en catalogar el fenómeno y lo atribuye a la cólera divina por haberse rebelado el pueblo contra el Rey. Nuestro héroe escucha el murmullo temeroso de la muchedumbre y pone de manifiesto su temple. Sin trepidar un instante, escala las ruinas de la iglesia de San Jacinto y encara al realista que procuraba azuzar al pueblo contra los patriotas; desenvaina la espada y exclama: "Si la naturaleza se opone, lucharemos contra ella y haremos que obedezca". A pesar de la desmesura del proyecto enunciado, el futuro general habría de cumplir con su palabra.

La revolución vencida

La campaña militar de Miranda fracasa. El generalísimo capitula en julio de 1812 y la mayoría de los patriotas debe exiliarse. Bolívar, encargado de custodiar la importante Plaza de Puerto Cabello, llega a la Guaira donde está Miranda, y lo acusa de traición. Miranda, apresado, será condenado a muerte. Bolívar, que huye a Cartagena de Indias (en la actual Colombia), el 2 de noviembre de 1812 da a conocer su "Manifiesto de Cartagena" y el 15 de diciembre, su "Memoria a los Ciudadanos de Nueva Granada": allí critica la actitud de Miranda, algunos aspectos de la organización constitucional adoptada e invita a la población a acompañarlo para liberar Venezuela. De inmediato inicia una fulgurante campaña a lo largo del río Magdalena. Avanza con decisión y alcanza Cúcuta, desde donde comienza la llamada Campaña Admirable, que entre mayo y agosto de 1813, vencedor en Niquitao, Los Horcones y Traguanes, le permite entrar triunfal en Caracas. En Trujillo había dictado la proclama de "Guerra a muerte".

Domingo de Monteverde, el oficial español de la Marina de Guerra que derrotó a Miranda, dominó Venezuela a sangre y fuego. La "guerra a muerte" enunciada por Bolívar será reafirmada varias veces en el futuro. En su proclama de Mérida el 8 de junio de 1817, escribió: "Las víctimas serán vengadas: los verdugos serán exterminados. Nuestra bondad se agotó ya, y puesto que nuestros opresores nos fuerzan a una guerra mortal, ellos desaparecerán de América, y nuestra tierra será purgada de los mons-

176

truos que la infestan. Nuestro odio será implacable y la guerra será a muerte". Bolívar solía firmar sus órdenes y circulares con textos como: "Año III de la Independencia y I de la guerra a muerte".

Reconquistada la capital, el joven héroe de treinta años es aclamado y le confieren el máximo de los poderes: capitán general de los Ejércitos de Venezuela, y el mayor de los títulos: desde entonces será llamado "El Libertador". Bolívar gobernó por medio de tres secretarios y continuó la campaña militar. Triunfa en Bárbula y Las Trincheras, logra nuevas posiciones en Vigirima y Araure, y uno de sus lugartenientes, José Félix Ribas, derrota a los realistas en La Victoria el 12 de febrero de 1814. Sin embargo, los avances no logran consolidarse.

La Segunda República

El jefe patriota Santiago Mariño, poco antes, había expulsado a los españoles del Oriente del país y Bolívar instauró la Segunda República.

Los españoles que habían quedado confinados en tres o cuatro plazas del litoral de Venezuela volvieron, poco después, a dominar casi todo el territorio independiente. José Tomás Boves, un asturiano robusto, de ojos oscuros, cabellos rubios y fuerza hercúlea, realizó el milagro. Se había dedicado al contrabando, entre la costa y la llanura del río Guárico. Como muchos otros españoles establecidos desde hacía tiempo en Venezuela había adoptado la idiosincrasia criolla y adherido a la revolución. Sin embargo, tuvo problemas y terminó en el presidio. Lleno de odio y venganza, y seguido por una tropa irregular de tez oscura y armada de lazo, machete y lanza en ristre, defenderá la causa de la Corona española.

Las tropelías de los criollos blancos resultan más abusivas y arbitrarias que las de los españoles. "Los pueblos se oponen a su bien —escribe con amargura el general patriota Urdaneta en 1814—; el soldado americano es mirado con horror; no hay un hombre que no sea un enemigo nuestro; voluntariamente se reúnen en los campos a hacernos la guerra, nuestras tropas transitan por los países más abundantes y no encuentran qué comer; los pueblos quedan desiertos al acercarse nuestras tropas y sus habitantes se van a los montes, nos alejan los ganados y toda clase de víveres; y el soldado infeliz que se separa de sus camaradas, tal vez a buscar alimento, es sacrificado". Así es como Boves no encuentra dificultades para aumentar su tropa con nuevos voluntarios. Medio desnudo sobre su caballo, es uno más en la lucha, con un sorbo de café a la mañana y un trozo de carne por la tarde, es suficiente.

El 15 de junio de 1814 en La Puerta, el realista Boves alcanza al ejército de Bolívar, lancea a diestra y siniestra y desbarata a las tropas patriotas. Sin compasión remata a quien se pone enfrente. La guerra es a muerte. Caen en el combate los dos secretarios de Bolívar. El Libertador, con sus generales, se refugia en Caracas, donde sus cuarenta mil habitantes son presas del terror. El "Atila de los Llanos" se aproxima y no hay forma de rechazarlo. Bolívar carece de poder –lo ha perdido todo– y ve salir en procesión a la población caraqueña, aterrada, hacia el Oriente.

Apoyado por José Francisco Bermúdez, Bolívar cree poder hacerse fuerte en Aragua de Barcelona, pero llega el segundo de Boves, Morales, y el 17 de agosto lo derrota. No le queda otro camino que huir.

Bolívar está en Bogotá, donde los patriotas de Nueva Granada se encuentran divididos por diferencias políticas; unitarios y federales libran una verdadera guerra civil que se ha cobrado muchas víctimas con excesos de fusilamientos y asesinatos. Las enfermedades diezman la tropa. En marzo de 1815 desembarca un ejército peninsular, con diez mil hombres veteranos que pelearon contra Napoleón, y avanza hacia Cartagena al mando del general Pablo Morillo. Tras ciento ocho días de sitio, retoma la plaza en nombre del rey Fernando VII, repuesto en el trono.

Sin posibilidad de salvación, el Libertador había abandonado el suelo de su patria el 7 de septiembre de 1814 y pedido asilo en la isla de Jamaica. Su dolor es enorme y antes de embarcarse se despide de sus hombres: "Venezolanos: Vosotros debíais volver a vuestro país; granadinos: vosotros debíais volver al vuestro, coronados de laureles, pero aquella dicha y este honor se trocaron en infortunio. Ningún tirano ha sido destruido por nuestras armas; ellas se han manchado con la sangre de nuestros hermanos en dos contiendas, diversas en los objetos, aunque iguales en el pesar que nos han causado... ¡Dichosos vosotros que vais a emplear el resto de vuestros días por la libertad de la patria! ¡Infeliz de mí que no puedo acompañaros y voy a morir lejos de Venezuela, en climas remotos, porque quedéis en paz con vuestros compatriotas! Granadinos y venezolanos: de vosotros, que habéis sido mis compañeros en tantas vicisitudes y combates, de vosotros me aparto para ir a vivir en la inacción y a no morir por la patria. Juzgad de mi dolor y decidid si hago un sacrificio de mi corazón, de mi fortuna y de mi gloria renunciando el honor de guiaros a la victoria. La salvación del ejército me ha impuesto esta ley; no he vacilado. Vuestra existencia y la mía eran aquí incompatibles; preferí la vuestra. Vuestra salud y la mía, la de mis hermanos, la de mis amigos, la de todos, en fin, porque de vosotros depende la república. Adiós, adiós". Bolívar recomienza su epopeya refugiado en Kingston.

"Carta de Jamaica"

En 1815 dio a conocer la famosa "Carta de Jamaica", donde demuestra conocimiento enciclopédico y formula sus teorías –proféticas– sobre lo que habría de suceder en América latina. El texto lleva como subtítulo: "Contestación de un americano meridional a un caballero de esta isla" y está fechado en Kingston, el 6 de septiembre. Responde Bolívar a una carta anterior de alguien que se ha interesado por la suerte de su patria, "desde su descubrimiento hasta estos últimos períodos, por parte de sus destructores, los españoles [...] me encuentro en un conflicto, entre el deseo de corresponder a la confianza con que Vd. me favorece, y el impedimento de satisfacerla, tanto por la falta de documentos y libros, cuanto por los limitados conocimientos que poseo de un país tan inmenso, variado y desconocido, como el Nuevo Mundo [...].

"'Tres siglos ha, dice Vd., que empezaron las barbaridades que los españoles cometieron en el grande hemisferio de Colón.' Barbaridades que la presente edad ha rechazado como fabulosas, porque parecen superiores a la perversidad humana; y jamás serían creídas por los críticos modernos, si, constantes y repetidos documentos, no testificasen estas infaustas verdades. El filántropo obispo de Chiapas, el apóstol de la América [Bartolomé de] las Casas, ha dejado a la posteridad una breve relación de ellas, extractadas de las sumarias que siguieron en Sevilla a los conquistadores, con el testimonio de cuantas personas respetables había entonces en el Nuevo Mundo, y con los procesos mismos que los tiranos se hicieron entre sí, como consta por los más sublimes historiadores de aquel tiempo. Todos los imparciales han hecho justicia al celo, verdad y virtudes de aquel amigo de la humanidad [...] si la justicia decide las contiendas de los hombres. El suceso coronará nuestros esfuerzos porque el destino de la América se ha fijado irrevocablemente; el lazo que la unía a la España está cortado."

En otra parte, escribe: "El hábito de la obediencia; un comercio de intereses, de luces, de religión; una recíproca benevolencia; una tierna solicitud por la cuna y la gloria de nuestros padres; en fin, todo lo que formaba nuestra esperanza nos venía de España. De aquí nacía un principio de adhesión que parecía eterno, no obstante que la conducta de nuestros dominadores relajaba esta simpatía, o, por lo menos decir, este apego forzado por el imperio de la dominación. Al presente sucede lo contrario: la muerte, el deshonor, cuanto es nocivo, nos amenaza y tememos; todo lo sufrimos de esa desnaturalizada madrastra. El velo se ha rasgado, ya hemos visto la luz, y se nos quiere volver a las tinieblas; se han roto las cadenas; ya hemos sido libres, y nuestros enemigos pretenden de nuevo esclavizarnos. Por lo tanto, la América combate con despecho; y rara vez la desesperación no ha arrastrado tras sí la victoria. [...]

"La Nueva Granada que es, por así decirlo, el corazón de la América, obedece a un gobierno general, exceptuando el reino de Quito, que con la mayor dificultad contiene sus enemigos por ser fuertemente adicto a la causa de su patria, y las provincias de Panamá y Santa Marta que sufren, no sin dolor, la tiranía de sus señores. [...] En cuanto a la heroica y desdichada Venezuela, [...] sus tiranos gobiernan un desierto; y sólo oprimen a tristes restos que, escapados de la muerte, alimentan una precaria existencia; algunas mujeres, niños y ancianos son los que quedan. Los más de los hombres han perecido por no ser esclavos, y los que viven combaten con furor en los campos y en los pueblos internos, hasta expirar o arrojar al mar a los que, insaciables de sangre y de crímenes, rivalizan con los primeros monstruos que hicieron desaparecer de la América a su raza primitiva. Cerca de un millón de habitantes se contaba en Venezuela; y, sin exageración, se puede asegurar que una cuarta parte ha sido sacrificada por la tierra, la espada, el hambre, la peste, las peregrinaciones; excepto el terremoto, todo resultado de la guerra". [...]

"Las islas de Puerto Rico y Cuba [...] son las que más tranquilamente poseen los españoles, porque están fuera del contacto de los independientes. Mas, ¿no son americanos estos insulares?, ¿no son vejados?, ¿no desean su bienestar?"

Y poco más adelante postula: "La Europa misma, por miras de sana política, debería haber preparado y ejecutado el proyecto de la independencia americana no sólo porque el equilibrio del mundo así lo exige, sino porque éste es el medio legítimo y seguro de adquirirse establecimientos ultramarinos de comercio. [...] Sin embargo, ¡cuán frustradas esperanzas! No sólo los europeos, pero hasta nuestros hermanos del norte se han mantenido inmóviles espectadores de esta contienda, que por su esencia es la más justa, y por sus resultados la más bella e importante de cuantas se han suscitado en los siglos antiguos y modernos, porque ¿hasta cuándo se puede calcular la trascendencia de la libertad del hemisferio de Colón?".

Y concluyendo, señala: "Yo diré a Vd. lo que puede oponernos en actitud de expulsar a los españoles y de fundar un gobierno libre: es la unión, ciertamente, más esta unión no os vendrá con prodigios divinos sino por efectos sensibles y esfuerzos bien dirigidos. La América está encontrada entre sí, porque se halla abandonada de todas las naciones, aislada en medio del universo, sin relaciones diplomáticas ni auxilios militares, y combatida por la España, que posee más elementos para la guerra que cuantos nosotros furtivamente podemos adquirir. [...] Cuando los sucesos no están asegurados, cuando el estado es débil, y cuando las empresas son remotas, todos los hombres vacilan, las opiniones se dividen, las pasiones se agitan y los enemigos las animan para triunfar por este fácil medio. Luego que seamos fuertes, bajo los auspicios de una nación liberal que nos preste su protección, se nos verá de acuerdo cultivar las virtudes y los talentos que conducen a la gloria; entonces seguiremos la marcha majestuosa hacia las grandes prosperidades a que está destinada América meridional...".

Sin recursos, y con el ambiente frío de la isla, pide ayuda al presidente de la flamante República de Haití, Anne Alexandre Sabès, conocido como Pétion. En poco tiempo, la ciudad de Puerto Príncipe, con Bolívar cobijado por el pueblo haitiano, se transforma en lugar de reunión de los venezolanos patriotas. Munido de embarcaciones, armas y dinero, el 31 de marzo de 1816 comanda una expedición republicana, llamada "Expedición de Los Cayos". El 2 de mayo vence a un bergantín y a una goleta españoles cerca de la isla Margarita y el 7, seguido por Juan Bautista Arismendi y Santiago Mariño, en una asamblea se lo proclama jefe supremo de las fuerzas y de los destinos de la República. En un manifiesto, Bolívar dice: "Venezolanos: He aquí el tercer período de la República. La inmortal isla Margarita, acaudillada por el intrépido general Arismendi, ha proclamado de nuevo el gobierno independiente de Venezuela".

Pese al desembarco, la expedición –que reúne tanto a oficiales venezolanos como a granadinos, franceses e ingleses reclutados en Haití– retorna a la isla para volver al continente a fines de 1816, y a conquistar Barcelona a principios de 1817. Poco después se produce la batalla de San Félix, brillantemente ganada por el general Manuel Piar y que permitió a los patriotas controlar la rica zona de Guayana y acceder a la vía fluvial del Orinoco.

En su nuevo cuartel general, ubicado en Angostura (actual Ciudad Bolívar), se asientan los poderes públicos. Entre septiembre y octubre Bolívar crea un Consejo de Estado y un Consejo de Gobierno, y el 27 de junio de 1818 funda el *Correo del Orinoco* para difundir las ideas republicanas. Su personalidad de caudillo, de guerrero, de Libertador, empieza ahora a alcanzar renombre universal. De él se habla en Inglaterra y los Estados Unidos no tardan en enviarle un representante diplomático. En su ejército hay soldadesca europea con sus uniformes reglamentarios; entre los soldados llaneros, en cambio, reina la más completa libertad, les basta vestir un calzón y un poncho o frazada para cubrirse el cuerpo, aunque amen los arreos costosos: estribos, hebillas, grandes espuelas y empuñaduras de plata, así como alhajar sus cabalgaduras.

En el trágico año de 1818 Bolívar entra en acción con su ejército de quinientos neogranadinos, a los que se incorporan muchos venezolanos durante la marcha. En marzo se lanza a probar fuerzas contra Pablo Morillo, a quien llega a sorprender y encerrar en el pueblo de Calabozo. En la Campaña del Centro, desde enero, se cuenta con el valioso concurso del general de Los Llanos, José Antonio Páez. Hay desencuentros, sin embargo, que permiten afirmar las posiciones del general español, quien anota un triunfo en Semen el 16 de marzo.

Bolívar, establecido en Angostura, la capital de la provincia de Guayana, prepara la invasión a Bogotá y al rico Perú. Necesita convocar a un Congreso para dar legalidad a su objetivo. Trabaja durante días en la redacción del manifiesto. Terminado, llega a Angostura, flamante capital de la Gran Colombia y señala el 15 de febrero de 1819 para la inauguración solemne del Congreso. A las doce del mediodía penetra en el recinto seguido por su estado mayor y somete a la Asamblea su proyecto de Constitución.

Discurso de Angostura

Ciertos fragmentos del discurso pronunciado por el Libertador ante el Congreso de Angostura, su pieza oratoria liminar, reflejan con meridiana claridad su pensamiento. "No ha sido la época de la República que he presidido, una mera tempestad política ni una guerra sangrienta, ni una anarquía popular; ha sido, sí, el desarrollo de todos los elementos desorganizadores: ha sido la inundación de un torrente infernal que ha sumergido la tierra de Venezuela. Un hombre, ¡y un hombre como yo!, ¿qué diques podría oponer al ímpetu de estas devastaciones? En medio de este piélago de angustias, no he sido más que una débil paja. Yo no he podido hacer ni bien ni mal: fuerzas irresistibles han dirigido la marcha de nuestros sucesos: atribuírmelos no sería justo, y sería darme una importancia que no merezco. [...] todas mis acciones públicas y privadas están sujetas a la censura del pueblo. ¡Representantes!, vosotros debéis juzgarlas. Yo someto la historia de mi mando a vuestra imparcial decisión; nada añadiré para excusarla; ya he dicho cuanto puede hacer mi apología. Si merezco vuestra aprobación, habré alcanzado el sublime título de buen ciudadano, preferible para mí al de Libertador que me dio Venezuela, al de Pacificador que me dio Cundinamarca, y a los que el mundo entero puede dar [...] ¡Legisladores! Yo deposito en vuestras manos el mando supremo de Venezuela. Vuestro es ahora el augusto deber de consagraros a la felicidad de la República."

Y más adelante, su visión política parece adelantarse en el tiempo cuando afirma: "La continuidad política en un mismo individuo frecuentemente ha sido el término de los gobiernos democráticos. Las repetidas elecciones son esenciales en los sistemas populares, porque nada es tan peligroso como dejar permanecer largo tiempo en un mismo ciudadano el poder. El pueblo se acostumbra a obedecerle, y él se acostumbra a mandarlo; de donde se origina la usurpación y la tiranía. Un justo celo es la garantía de la libertad republicana, y nuestros ciudadanos deben temer con sobrada justicia que el mismo Mandatario que los ha mandado mucho tiempo, los mande perpetuamente".

En referencia al proyecto de Constitución, afirma: "Sé [...] que mi proyecto acaso os parecerá erróneo, impracticable. Pero, Señor, aceptad con benignidad este trabajo, que más bien es el tributo de mi sincera sumisión al Congreso, que el efecto de una levedad presuntuosa. [...] No somos europeos, no somos indios, sino una especie media entre los aborígenes y los españoles. Americanos por nacimiento y europeos por derechos, nos hallamos en conflicto de disputar con los naturales los títulos de posesión y de mantenernos en el país que nos vio nacer, contra la oposición de los invasores; así nuestro caso es el más extraordinario y complicado. Todavía hay más: nuestra suerte ha sido siempre puramente pasiva, nuestra existencia política ha sido siempre nula y nos hallamos en tanto más dificultad para alcanzar la libertad, cuanto que estábamos colocados en un grado inferior al de la servidumbre: porque no solamente se nos había robado la libertad, sino también la tiranía activa y doméstica. [...] La América, todo lo recibía de España, que realmente la había privado del goce y ejercicio de la tiranía activa, no permitiéndonos sus funciones en nuestros asuntos domésticos y administración interior".

Reflexiona más adelante: "Muchas naciones antiguas y modernas han sacudido la presión, pero son rarísimas las que han sabido gozar de algunos preciosos momentos de libertad"; y agrega: "El sistema de gobierno más perfecto, es aquel que produce mayor suma de felicidad posible, mayor suma de seguridad social, y mayor suma de estabilidad política. [...] Dignaos —concluye— conceder a Venezuela un gobierno eminentemente justo, eminentemente moral, que encadene la opresión, la anarquía y la culpa. Un gobierno que haga reinar la inocencia, la humanidad y la paz. Un gobierno que haga triunfar bajo el imperio de leyes inexorables, la igualdad y la libertad". Y cierra su alocución con un broche de oro: "Señores, empezad vuestras funciones: yo he terminado las mías. [...] Moral y luces son los polos de una República: moral y luces son nuestras primeras necesidades".

Presidente provisional

El 15 de febrero de 1819 el Congreso lo nombra presidente provisional, con amplias facultades, pero, hombre de acción al fin, Bolívar se encamina a la cumbre de los Andes para enfrentar a Morillo y liberar Nueva Granada. Cumple treinta y seis años al iniciar esta campaña.

Después de varias batallas los dos ejércitos se encuentran en Boyacá el 7 de agosto, en las márgenes del río. Aquí gana una de sus más brillantes batallas, y se le otorga el título de Gran General, que corre por toda América. El virrey Juan Sámano huye y Bolívar entra en Bogotá. El Libertador forma gobierno y nombra vicepresidente al general Francisco de Paula Santander. De regreso en Angostura, el 17 de diciembre de 1819 crea la República de Colombia, dividida en los departamentos de Venezuela, Cundinamarca y Quito.

Tras un armisticio, Morillo y Bolívar se enfrentan en Carabobo, el 24 de junio de 1821, donde los americanos consolidan la libertad de Nueva Granada. En marzo de 1822 emprende la campaña a Quito. Triunfa en Bombaná y el 24 de mayo, un guerrero admirable que lo acompaña en la marcha hacia el Sur, el general Antonio José de Sucre, gana la batalla de Pichincha, que abre las puertas de Quito. El Libertador la incorpora a la República de Colombia. Allí, Bolívar conoce a la indómita Manuela Sáenz, quien será por el resto de sus días su compañera fiel.

Sólo queda en poder realista la ciudad de Guayaquil. El Libertador se presenta y la ciudad se muestra sumisa a sus intenciones. En ese mismo momento, un barco que entra en puerto lleva a bordo al Libertador del Sur, general José de San Martín.

Bolívar y San Martín

A principios de 1822 el general San Martín delegó el mando como Protector del Perú en el marqués de Torre Tagle y se trasladó a Guayaquil para entrevistarse con el general Bolívar. San Martín llegó en la goleta *Macedonia* y Bolívar se acercó al puerto para recibirlo. Fueron, el 26 y 27 de julio, dos días llenos de honores, fiestas públicas, homenajes y banquetes. En privado los dos generales mantuvieron largas conversaciones. Es la célebre entrevista que ha desvelado durante más de un siglo a los historiadores. Lo cierto es que San Martín, al regresar a Lima el 20 de septiembre de ese año, resignó el mando y se retiró a la vida privada. Muchas versiones se han tejido sobre ese famoso encuentro. La iconografía muestra a ambos libertadores montados a caballo, en la escena que se denominó "el abrazo de Guayaquil".

Desde uno y otro país de origen han salido versiones a veces concordantes, a veces encontradas. Lo cierto es que el tiempo transcurrido, lejos de contribuir a echar luz sobre el episodio, lo ha empujado hacia las zonas donde la historia se convierte en leyenda. De todos modos, ningún historiador resiste la tentación de buscar su propia interpretación. Acometiendo un arduo ejercicio de equilibrio y mesura, nos es dado todavía reflexionar sobre el tema.

Ninguno de los dos generales de América reveló, ni en ese momento ni después, detalles sobre el pacto que sin duda se llevó a cabo entre ambos en el curso de los dos encuentros que mantuvieron a solas. No sabremos ya nunca si San Martín tuvo un gesto de generosidad o, al estar frente a un igual, prefirió hacerse a un lado, cediéndole los honores de la victoria final. Es un hecho, sin embargo, que algo más de dos décadas después, en 1846, en una visita de Sarmiento al general San Martín cuando se encontraba en su destierro en Francia, ante la insistencia del gran sanjuanino que lo interrogaba acerca de lo ocurrido en aquella ocasión, el anciano general con extrema prudencia le confiesa que en la primera entrevista advirtió que Bolívar en ningún momento lo miraba a los ojos, y que ante sus preguntas, sólo obtenía respuestas evasivas. Al ofrecerse San Martín a combatir bajo sus órdenes,

Bolívar le contestó que su delicadeza no le permitiría darle órdenes "al general San Martín". Éste comprendió entonces las razones: Bolívar no deseaba compartir con nadie el honor de la victoria total en el Perú.

El ideal perdido

Los años que siguen le mostrarán a Bolívar que sus sueños de libertad y de creación de pueblos se desmoronan: un continente gigantesco cae en manos del despotismo y de las luchas por ambición de poder. El Libertador asistirá horrorizado a la insurrección de los apetitos personales, a la rebelión localista de los pueblos, al desenfreno de militares hechos a prisa y de intelectuales con proyectos fantasiosos.

Toda su formación se ha nutrido con el saber del Siglo de las Luces. Cree en los derechos naturales del hombre, en su bondad esencial, en la acción en busca de la libertad, hacia el bien, la justicia y el progreso infinito por obra de la razón y la cultura. Cree que no hay problema social o político que la educación no pueda resolver.

Venezuela, la más querida en sus sueños de libertad, se niega a aceptar la idea nacional de la Gran Colombia, rompiendo los lazos con Nueva Granada. Conspiraciones, motines, formación de Juntas, acuerdos secesionistas.

Bolívar abandona Lima y llega a Bogotá, que está a un paso de una guerra civil sangrienta. En Puerto Cabello, el 1° de enero de 1827 redacta un decreto de paz y olvido. El 10 de enero hace su entrada triunfal en Caracas. Necesita tomar medidas enérgicas. El 4 de julio sale para Bogotá; nunca más volvería a Venezuela. Allí también se encontrará con una situación apremiante. No hay reposo para Bolívar. Guayaquil reasume su soberanía.

Mientras tanto, la memoria de Simón Bolívar rememora el año 1817, cuando soñaba con dar sentido integral a la unidad continental e insinuó al Director Supremo de las Provincias del Sud, Juan Martín de Pueyrredón, la necesidad de llegar a la formación de una sola nación en todo el Mundo Nuevo, con un solo vínculo que ligue las partes entre sí, o bien una sociedad federativa con la unidad por divisa en toda la América meridional.

A este sueño, Bolívar busca infundirle realidad en 1822, luego de haber alcanzado las victorias de Boyacá y Carabobo. Ajusta, desde Venezuela, los tratados con el Perú y Chile, en junio y octubre de ese año; convienen una liga ofensiva y defensiva, en paz y en guerra, para garantizar la recíproca independencia, y un pacto de unión perpetua, conviniendo además buscar la adhesión de los Estados americanos y promover la reunión de una asamblea general en Panamá. Quien hace reverdecer este viejo sueño es Bernardo de Monteagudo, ex secretario de San Martín y por entonces colaborador de Bolívar, después de la victoria de Ayacucho de diciembre de 1824.

El 23 de enero de 1823 llega a Buenos Aires el plenipotenciario de Colombia Joaquín Mosquera, con el propósito de concertar un tratado análogo al firmado con el Perú y Chile. Inicia las conversaciones con Bernardino Rivadavia, a la sazón ministro de Gobierno, con quien acuerda un pacto de amistad y una alianza defensiva en sostén de la independencia contra España o cualquiera otra dominación extranjera. Pero el gobierno de Buenos Aires desechaba de plano lo relativo al Congreso continental. En junio de 1826, en Panamá, el intento de confederar las repúblicas hispanoamericanas fracasó, aunque derivó en un Tratado colombiano-peruano-chileno, y Bolívar concentró sus esfuerzos en neutralizar las tendencias separatistas de los territorios agrupados en la Gran Colombia.

Por entonces, el poder de Bolívar parecía omnipotente: era presidente de Bolivia, jefe supremo del Perú y presidente de la Gran Colombia. En poco tiempo sólo se mantendría como dictador de Colombia.

VUELTAS Y REVUELTAS

A los cuarenta y cinco años Bolívar se siente tan sin energías como un viejo achacoso. La tisis que ha heredado de su madre está haciendo estragos en su organismo. Después de sortear el intento de asesinato –se salva al saltar por la ventana del dormitorio en que estaba con su compañera Manuelita Sáenz, la predilecta– en la noche del 25 de septiembre de 1825, el Libertador cae en el ocaso de su existencia.

Se oyen, en 1829, voces a favor de instaurar una monarquía constitucional a condición de que Bolívar mande en ella. Al año siguiente, próximo a desterrarse, le llega una terrible noticia: el general Sucre, gran mariscal de Ayacucho, primer presidente de Bolivia, noble caballero y austero y digno patriota, había sido asesinado cobardemente en Berrecos, cerca de Pasto, en Colombia.

Está flaquísimo, desfalleciente. Su figura esbelta ayer es hoy la de un hombre enjuto, empequeñecido. Desde 1826 hasta su muerte en 1830, serán años de desilusión. Todo se desintegra. En 1829 Bolivia se independiza y poco después Venezuela se separa de Colombia.

A Bolívar lo trasladan a la finca de un hacendado español, Joaquín de Mier, en San Pedro Alejandrino. El 17 de diciembre de 1830, el cura Matocos, de una humilde aldea de indios, lo ha confesado, le ha puesto un crucifijo sobre el pecho y le ha cerrado los ojos. Doce años después José Antonio Páez, por entonces presidente de Venezuela, trasladó sus restos mortales a Caracas, y en 1876 fueron inhumados en el Panteón Nacional.

Jorge Eliécer Gaitán

1898-1948

El gran líder popular de Colombia

El asesinato de Jorge Eliécer Gaitán Ayala, producido el 9 de abril de 1948, y del que se hizo responsable al gobierno, se convirtió, según algunos historiadores, en el suceso desequilibrante que partió en dos la historia del país. Según este enfoque, desde entonces Colombia no ha podido recuperar la estabilidad política. Más allá de la exactitud de este análisis, es un hecho el impacto social y político que causó la prédica de Gaitán a lo largo de las tres décadas en que fue un decisivo protagonista de la política nacional. Fue capaz de generar un movimiento de masas sin precedentes en la historia de Colombia, que sacudió los cimientos de un sistema político anacrónico.

Doctor en leyes

Jorge Gaitán, el mayor de seis hermanos, nació en Bogotá, en el barrio Las Cruces, el 23 de enero de 1898. Su padre, don Eliécer Gaitán Otálora, era militante del liberalismo radical, y su madre, la maestra Manuela Ayala, se caracterizaba por sus ideas progresistas, lo que ocasionó a la familia no pocas dificultades con la Iglesia y los grupos conservadores.

En 1911 terminó los estudios de nivel primario en una escuela de Facatativa y dos años después inició el bachillerato en el colegio Simón Araújo, a donde concurrían los hijos de liberales acomodados. La precaria situación económica de la familia le produjo constantes dificultades. Concluyó el ciclo medio en 1919, en el colegio de don Martín Restrepo Mejía.

Joven aún, evidenció inquietudes políticas. En 1918 participó en las elecciones presidenciales en apoyo del poeta liberal Guillermo Valencia y realizó sus primeras intervenciones como orador –campo en el que se destacaría– durante las protestas en el centenario de la batalla de Boyacá, en marzo de 1919, en repudio a la importación de uniformes ordenada por Marco Fidel Suárez para las celebraciones. Organizó por entonces un centro universitario de promoción cultural, que le valió el reconocimiento de los jefes liberales, como el del candidato presidencial de 1922, Benjamín Herrera.

Inclinado a los estudios de jurisprudencia, ingresó en la Facultad de Derecho y Ciencias Políticas de la Universidad Nacional y en 1924 se recibió de abogado con la tesis "Las ideas socialistas en Colombia". Ese mismo año fue elegido diputado a la Asamblea de Cundinamarca.

En julio de 1926 se embarca rumbo a Europa. En Italia, se inscribe en la Real Universidad de Roma, y prepara su tesis "El criterio positivo de la premeditación", con la que obtiene el doctorado en jurisprudencia de la Escuela de Especialización Jurídico Criminal. Convertida después en texto de estudio, la tesis mereció la máxima calificación –*magna cum laude*– y lo hizo merecedor al premio Enrico Ferri.

El Partido Liberal

De regreso en su país, participa decididamente en la actividad política del Partido Liberal. En marzo de 1929, en un clima de agitación social y política, resulta elegido diputado a la Cámara de Representantes. El 8 de junio encabeza las protestas contra la hegemonía conservadora y la corrupción administrativa en la capital. Sensible a los problemas de los trabajadores e informado de los abusos que se cometían en las plantaciones de banana, inspecciona la región controlada por la United Fruit Company. En el mes de septiembre inicia una serie de reclamos y origina debates sobre la cuestión, que no impiden que el 5 de diciembre se produzca una represión a los reclamos obreros que termina en masacre.

Gaitán denunció la responsabilidad del gobierno de Miguel Abadía Méndez y del Ejército en los sucesos y logró la libertad de numerosos obreros, así como indemnizaciones para las viudas y huérfanos de los trabajadores asesinados.

Su prédica y elocuencia lo catapultaron a los más altos niveles partidarios. En 1931 fue elegido presidente de la Cámara de Representantes y presidente de la Dirección Nacional Liberal, y al año siguiente asumió como rector de la Universidad Libre. Durante el conflicto limítrofe colombiano-peruano de 1932-1933 desempeñó una transitoria misión diplomática para explicar las tesis jurídicas colombianas en diversos países del continente, durante una gira por Latinoamérica.

Ciertos sesgos ideológicos del liberalismo, y por sobre todo sus métodos, lo fueron distanciando progresivamente de la organización, y convenciéndolo de que para cambiar los estilos políticos del país era necesario construir una nueva herramienta.

En 1933, junto con Carlos Arango Vélez, funda la Unión Nacional Izquierdista Revolucionaria (UNIR): recogiendo las aspiraciones de las clases populares, organizó y dirigió un movimiento definido como "antioligárquico" y enfrentado a las cúpulas políticas. En la nueva fuerza intentó gestar una estructura organizativa que facilitara la relación entre dirigentes y militantes, afiliando a los miembros y estructurando comisiones locales. La UNIR, a pesar de sus indefiniciones ideológicas –había referencias casi marxistas, similares a las del APRA peruano, así como expresiones de simpatía hacia Mussolini–, sacudió el ambiente político y tanto liberales como conservadores intentaron boicotear su surgimiento, recurriendo incluso a la violencia.

El 4 de febrero de 1934, en Fusagasugá, una manifestación de la UNIR, en la que se encontraba Gaitán con un grupo de liberales, fue baleada por la policía y hubo cuatro muertos. Presionado por las circunstancias y consciente de las dificultades para articular una herramienta alternativa, dos años después Gaitán retornó a las filas del Partido Liberal, sin abandonar su principal punto programático: la oposición a la política caciquil de los partidos tradicionales.

El radicalismo liberal de Gaitán, sintetizado en una ardiente oratoria, se alzó contra la corrupción administrativa y los ilícitos electorales, y fue expresión de un estado de ánimo generalizado contra el viejo sistema. Las clases tradicionalmente excluidas del escenario político encontraron en Gaitán a su representante e intérprete. En el marco de un proceso de modernización capitalista, su discurso –partidario de alianzas policlasistas, cambio pacífico y gradual, nacionalismo moderado y atención a los problemas de la clase trabajadora– podía contener a sectores disímiles del espectro político.

Alcalde de Bogotá

El año de 1936, que en el plano internacional presenta el ascenso al gobierno del socialista León Blum en Francia, la formación del Eje nazifascista Roma-Berlín y el inicio de la Guerra Civil Española, marca también un jalón decisivo en la vida de Gaitán: el 8 de junio asume como alcalde de la capital colombiana, cargo que ejercerá durante ocho meses. Su gestión, imbuida de dinamismo, promovió obras públicas y mejoras viales, actividades culturales, campañas de salubridad e higiene, y la construcción de viviendas orientadas a los sectores más pobres. Ciertas pretensiones autoritarias, como la de prohibir el uso de ruanas y alpargatas en la ciudad, y el intento de uniformar a los lustrabotas y a los choferes de los vehículos públicos –que respondieron con un huelga–, aunque estuvieron animados por una intención higienista y educativa, precipitaron la salida de Gaitán de la Alcaldía.

Ese mismo año se casó con Amparo Jaramillo y al siguiente, el dolor sacudió su hogar: fallecen su madre, a la que amaba profundamente, y su única hija, la pequeña Gloria.

Desde 1934 y hasta 1938 gobernará el país Alfonso López Pumarejo, dando impulso al programa liberal. Ejecuta la denominada "Revolución en marcha", postulada en la Constitución de 1936 y cercana al modelo de la "República liberal". Sus concepciones reformistas entroncaron con el proceso de reconversión económica y se plasmaron en una amplia obra que alcanzó al sistema impositivo, la protección social, la educación y el poder judicial, ámbito en el que contó con el sólido apoyo del doctor Jorge Gaitán, quien no descuidó su actividad como jurista y ganó reconocimiento en el terreno profesional como profesor universitario de Derecho Penal y de Sociología Criminal. En 1938 Gaitán es designado miembro de la Academia Nacional de Jurisprudencia y al siguiente se incorpora como magistrado a la Corte Suprema de Justicia.

Candidato presidencial

La Segunda Guerra Mundial conmociona al mundo y modifica las antiguas relaciones internacionales. El ingreso de los Estados Unidos en la contienda confirmó la tendencia de los últimos años con respecto al desplazamiento de Inglaterra como primera potencia mundial. Los intereses norteamericanos en Colombia son importantes y las relaciones entre ambos países han sido conflictivas, sobre todo porque la secesión del territorio de Panamá en 1903, alentada por los Estados Unidos para apoderarse del Canal, abrió una herida profunda que no cicatrizaría a pesar del Tratado Thompson-Urrutia, firmado por ambos países en 1921.

Entre 1940 y 1943 Gaitán realiza una intensa actividad política. Es ministro de Educación del gobierno de Eduardo Santos Montejo durante ocho meses, en los que intenta introducir una reforma integral del sistema, proyecto que fue rechazado por el Congreso. Entre otras medidas, funda el Ateneo Nacional de Altos Estudios para "mantener la tradición científica colombiana y continuar las investigaciones de la Expedición Botánica, los estudios de la Comisión Corográfica, las especulaciones matemáticas, los trabajos filológicos, y dedicarse al estudio de la etnografía, de la antropología y de la arqueología indígenas".

Participa entonces del grupo opositor a la reelección de Alfonso López Pumarejo y en 1942 es elegido senador por el departamento de Nariño; en septiembre asume como presidente del Senado. López Pumarejo resultó electo para un segundo mandato, y si bien será menos brillante que el anterior, conseguirá concretar una reforma constitucional que, entre otras medidas progresistas, concederá la ciudadanía a las mujeres.

En octubre de 1943 Gaitán abandona la banca en el Senado para ocupar la cartera de Trabajo en el gabinete del presidente interino Darío Echandía, cargo que mantendrá hasta junio de 1944. Desde mayo los gaitanistas publicaban su propio periódico, *Jornada*, para difundir sus opiniones en una amplia audiencia. La prédica del ministro a favor de los derechos laborales y sociales le permitió conquistar las simpatías de los trabajadores. En el mismo momento, en el extremo sur del continente Juan Domingo

Perón se convertía en caudillo de las masas populares argentinas, desde un cargo similar.

López Pumarejo dimitió en 1945, sin completar su mandato. Cubrió el interinato el entonces embajador en los Estados Unidos Alberto Lleras Camargo , quien convoca a nuevas elecciones. Gaitán –en una nueva coincidencia con el líder del peronismo– fue proclamado candidato a la presidencia en 1945. La consigna central de la campaña: "Por la restauración moral y democrática de la República", y su planteo de organización de las masas atrajeron la atención de la mayoría de la población hacia el "movimiento gaitanista", asombrando a los políticos tradicionales por el desarrollo del nuevo fenómeno y su rápida inserción nacional.

El 15 de septiembre la Convención "gaitanista" inició sus deliberaciones en el circo de Santamaría –la Plaza de Toros de Bogotá– y el 23 una enorme concentración popular respaldó el lanzamiento del candidato para competir en las elecciones que se realizarían el año siguiente. La metodología empleada y la amplia participación popular desconcertaron al viejo esquema bipartidista. En palabras de Herbert Braun, ese día Gaitán "transformó simbólicamente a sus oyentes en actores de la historia". El Partido Liberal, dividido en dos fracciones, tuvo como su candidato oficial a Gabriel Turbay, mientras que el Partido Conservador era representado por Mariano Ospina Pérez.

Los dos países

No es fácil clasificar las ideas políticas de Gaitán, más definidas por la acción que por la ideología, aunque podría ubicárselo como un socialdemócrata con rasgos populistas. En la campaña electoral Gaitán puso especial énfasis en su visión de la realidad colombiana. El 20 de abril de 1946, en uno de sus acostumbrados discursos en el Teatro Municipal, estableció la diferencia entre un "país político" y el "país nacional". Dijo en esa oportunidad: "En Colombia hay dos países: el país político que piensa en sus empleos, en su mecánica y en su poder, y el país nacional que piensa en su trabajo, en su salud, en su cultura, desatendidos por el país político. El país político tiene metas diferentes de las del país nacional. ¡Tremendo drama en la historia de un pueblo!".

En los comicios de 1946 el Partido Conservador se alzó con el triunfo y Mariano Ospina Pérez asumió como nuevo presidente. Turbay salió segundo y Gaitán ocupó el tercer lugar, aunque conquistó la mayoría en los principales centros urbanos. Aunque derrotado, Gaitán siguió siendo el líder indiscutible de la oposición. Además, la caída de los liberales y la presencia de los conservadores en el gobierno, desde su óptica, le abrían el camino al próximo triunfo. "En la derrota liberal –destaca Braun– [Gaitán] vio su propia victoria." Su consigna ahora será "Por la reconquista del poder".

La presidencia de Ospina inició una campaña terrorista contra toda manifestación de disconformidad hacia el gobierno y de intolerancia hacia la oposición. En esas condiciones, la prédica de Gaitán, decididamente opositora, ganó mayor audiencia, sobre todo entre los trabajadores y los sectores pobres de la ciudad y el campo.

Iván Marín Taborda realizó una precisa secuencia del sostenido ascenso del gaitanismo, que le permitió en 1947 tomar el control político del Partido Liberal: "El 18 de enero de 1947 se inició una Convención Popular para escoger candidatos a las elecciones al Congreso, durante la cual se presentó la plataforma y los estatutos modernos del Partido Liberal, documentos conocidos como la 'Plataforma del Colón', que propugnaba por la democracia social y económica. En las elecciones legislativas del 16 de marzo de 1947, se confirmaron las mayorías electorales del gaitanismo. A los pocos meses, los dirigentes tradicionales del liberalismo debieron reconocer la jefatura única de Gaitán en el Partido Liberal. Entre julio y agosto de 1947, Gaitán presentó a consideración del Congreso un proyecto de ley conocido como el 'Plan Gaitán'. El proyecto contemplaba fundamentalmente reformas democráticas en la esfera económica; sin embargo, la oposición del Congreso frustró las propuestas del plan".

Gaitán, en efecto, fue nombrado jefe único del Partido Liberal después de que sus partidarios se impusieran, en elecciones, a los seguidores de los otros dos dirigentes fundamentales del partido, Eduardo Santos Montejo y Carlos Lleras Restrepo.

La política represiva del gobierno de Ospina provocó una serie de incidentes que impulsaron a Gaitán a convocar, para el 7 de febrero de 1948, a una "marcha del silencio" en protesta por la violencia política. La respuesta popular fue contundente: en la Plaza de Bolívar se reunieron más de cien mil personas, la mayoría, trabajadores. La magnitud de la concurrencia preocupó seriamente a los jefes del bipartidismo. Los tiempos políticos comenzaron a acelerarse.

La actividad de Gaitán hizo presuponer a los círculos tradicionales que constituiría un verdadero peligro si alcanzaba el poder. Cada acto de Gaitán era tomado como una afrenta y una amenaza. En Manizales, capital del departamento de Caldas, en la parte occidental del país, Gaitán pronunció la "Oración por los Humildes" en homenaje a los liberales recientemente asesinados, y el 18 de marzo puso fin a toda colaboración del partido con el gobierno conservador.

Un evento extraordinario vendría a provocar el descontrol. A fines de mes se instaló en Bogotá la IX ª Conferencia Interamericana, cuyo principal resultado sería la firma del Pacto de Bogotá y la organización de la Organización de Estados Americanos (OEA). Gaitán fue excluido de la delegación colombiana, encabezada por Laureano Gómez, tensando aún más las relaciones entre el gobierno y la oposición.

El 8 de abril tuvo su último éxito profesional obrando como defensor del teniente Jesús María Cortés Poveda. Al día siguiente, Jorge Eliécer Gaitán cayó asesinado al salir de su oficina.

Su muerte provocó una insurrección popular, cuyo epicentro estuvo en Bogotá. Las expresiones de repudio al atentado se extendieron a todas las ciudades más importantes y a localidades campesinas. El "Bogotazo" fue una reacción espontánea de las masas, que sintieron que con el asesinato de Gaitán –aún joven, pues tenía cincuenta años– se quedaban sin el hombre destinado a cambiar el país.

Sin dubitar, el pueblo atribuyó su muerte al gobierno y los disturbios en la capital se generalizaron. Hubo asaltos a sedes diplomáticas y comerciales de los Estados Unidos y a edificios públicos; saqueos a comercios y barricadas en las calles, así como decenas de muertos. El presunto asesino, de apellido Roa Sierra, fue linchado por una multitud enardecida.

El Ejército reprimió con extrema dureza, y recién al tercer día de iniciados los incidentes logró reinstaurar el orden. Cercado en el Palacio Nacional, Ospina Pérez pactó un gobierno compartido con los liberales para superar la crisis.

Gaitán se convirtió en un mártir popular y su recuerdo, en objeto de veneración para sus partidarios. Una de sus biografías, publicada en *Noticias Culturales* en 1973, sintetizó de esta manera ese sentimiento: "Se distinguió como un hombre de carácter y entereza, como un exponente de ambición y de combate, como un tribuno elocuente y aguerrido, como un conductor de masas apasionado e infatigable; en una palabra, como el más auténtico e insuperado caudillo popular".

El doctor Silvio Villegas, un adversario político, acota entre los rasgos de su personalidad que "en el fondo no era sino un gran agitador público. Ninguno de sus artículos ha de perdurar, porque ignoraba los secretos del idioma y le faltaban el reposo, la melancolía, la angustia que engendran la obra literaria. Por lo demás, tampoco persiguió nunca este objetivo. Se sentía con una misión que cumplir y a esta tarea consagró todas sus potencias espirituales. Todo en él estaba calculado para la tribuna: el pensamiento, la garganta, la acción, el idioma".

Con el perfil de un apasionado político y su lección de patriotismo y desinterés, queda planteado un enigma histórico que nunca hallará una respuesta unívoca: ¿qué habría sido de Colombia si Gaitán hubiera llegado a presidirla?

Alberto Lleras Camargo

1906-1990

El primer presidente de la Unión Panamericana

Si bien gustaba caratularse a sí mismo como un periodista que había llegado a la diplomacia, presentar de ese modo la figura de Alberto Lleras Camargo sería hacer culto a su propia modestia. En efecto, el periodismo fue una constante en su vida. Fue fundador, director y colaborador de publicaciones colombianas, tales como los diarios *El Liberal, La Tarde, El Independiente, El Tiempo* y *El Espectador,* y las revistas *Semana* y *Visión* de Bogotá, así como también de medios extranjeros, entre ellos *El Mundo* y *La Nación* de Buenos Aires.

Pero esta descripción obviaría dos informaciones decisivas. Una, que fue dos veces presidente de Colombia en momentos cruciales de la historia del país: en 1945, cuando se hizo cargo del gobierno a raíz de la crisis que desató la renuncia de Alfonso López Pumarejo, y en 1958, luego de una década de aguda violencia liberal-conservadora. La otra, que durante varios años fue director de la Unión Panamericana y secretario de la Organización de Estados Americanos, durante el período fundacional.

El periodismo y la política

Su vocación no fue en absoluto casual. Alberto Lleras Camargo nació en Bogotá el 3 de julio de 1906, en el seno de una familia que se había destacado por tener varios periodistas, intelectuales y educadores de nota, algunos de ellos valorados como próceres nacionales.

Hijo de Felipe Lleras y Sofía Camargo, pasó la infancia en haciendas de la Sabana y Chipaque, que administraba su padre, y recibió la primera instrucción de parte de una institutriz. Ingresó luego en un colegio de monjas. Como su padre falleció en 1915 y la familia quedó al amparo de sus tíos, Alberto Lleras recordará especialmente a uno de ellos, llamado Santiago, como el verdadero jefe de la familia. Otro tío, Nicolás, se abocó a su educación y lo introdujo en el conocimiento del francés y el inglés, idiomas que llegó a dominar cuando tenía catorce años.

Cursó los estudios secundarios en el Colegio Militar Antonio Ricaurte, y los superiores en el Colegio Mayor de Nuestra Señora del Rosario y en el Externado de Ciencias Políticas de Bogotá, aunque no obtuvo títulos académicos. Mientras tanto, cultivó el gusto por la prosa y la poesía, por los artículos políticos de tono socialista y hasta llegó a fundar un periódico. Con el paso de los años, en reconocimiento a su producción intelectual, las universidades de Harvard, Princeton, Columbia, Johns Hopkins, Georgetown, California, del Cauca y de Antioquia le conferirán doctorados *honoris causa*.

Dos duros momentos forjaron su espíritu: en 1919, cuando estuvo al borde de la muerte por una apendicitis que derivó en peritonitis, y tres años después, cuando murió su hermano Ernesto, lo cual constituyó, según sus propias palabras, "el límite afilado entre su infancia y su juventud".

Tras cursar algunas asignaturas de Derecho, en 1929 se hizo cargo de la dirección del diario *El Tiempo*, empresa en la que participaba su familia y entre cuyos propietarios figuraba Eduardo Santos, quien sería más tarde presidente de la República por el Partido Liberal. En 1930 fundó *La Tarde* e inició la actividad política. Elegido diputado, ejercerá la presidencia de la Cámara de Representantes a partir de 1931, con apenas veinticinco años. Era el primer dirigente liberal que ocupaba el cargo luego de cuarenta y cinco años de predominio conservador. Ese mismo año se casó con Berta Puga Martínez, hija del general chileno Arturo Puga, con quien tendrá cuatro hijos: Consuelo, Alberto, Ximena y Marcela.

"Lleras Camargo —señala Silvia Rojas Caballero— perteneció a la generación de 'Los Nuevos', que contribuyó a cambiar el uso del lenguaje, la actividad política, las costumbres sociales y los gustos del país. Esta renovación fue, en un principio, sólo de carácter literario; pero luego, cuando Lleras entró al ámbito de los periódicos, se reflejó en su pensamiento político, entrelazando lo estilístico con lo ideológico, la especulación intelectual con lo científico." Hasta 1933 se lució como jefe de la Cámara. Su especial relación con el líder liberal Alfonso López Pumarejo lo catapultó a los primeros planos de la política. Se embanderó con la "Revolución en marcha", una gestión que culminaría con una reforma constitucional, y durante la primera presidencia de López –entre 1934 y 1938– fue ministro de Educación y de Gobierno. En este período realizó sus primeras experiencias como diplomático. En 1934 viajó a Montevideo en calidad de secretario de la delegación colombiana a la Conferencia Panamericana, y fue secretario de la misión que acompañó a López Pumarejo en su viaje a los Estados Unidos. Dos años después fue delegado a la Conferencia Americana de Paz en Buenos Aires, donde presentó una ponencia para la fundación de la Liga de las Naciones Unidas Americanas.

Al concluir este período presidencial, retornó al periodismo y fundó el diario *El Liberal*, haciéndose cargo de su dirección hasta 1942. Desde sus páginas se volcó a la oposición del presidente Eduardo Santos y renovó esfuerzos por la reelección de López Pumarejo, mandatario que había dejado una huella progresista –y que serviría a Lleras como modelo inspirador–, pero que era resistido por el líder popular Jorge Gaitán.

Durante el segundo período de López Pumarejo, entre 1942 y 1945, detentó la cartera de Relaciones Exteriores y fue embajador en los Estados Unidos. La intensa actividad diplomática desplegada en el período de fines de la Segunda Guerra Mundial tuvo en Lleras Camargo a su principal actor, otorgándole una importante proyección internacional.

Elegido senador nacional por Cundinamarca, en octubre de 1943 regresó a Bogotá y fue nombrado nuevamente ministro de Gobierno. A comienzos de 1945 ocupó la cartera de Relaciones Exteriores y en calidad de tal presidió la delegación que intervendría en la Conferencia de Chapultepec, e inmediatamente después representó al país en la Conferencia de San Francisco, que adoptó la Carta de las Naciones Unidas.

En un confuso episodio, López Pumarejo fue retenido en Pasto, en un movimiento que podía desembocar en golpe de Estado. El presidente renunció ante el Congreso y Lleras retornó de Washington. Con buena cintura política, asumió la presidencia de la República el 7 de agosto de 1945 y logró evitar un enfrentamiento. A su amigo, el presidente dimitente, lo destinó a funciones internacionales, como delegado ante la Asamblea de las Naciones Unidas.

La presidencia provisoria de Lleras Camargo fue breve –exactamente un año– pero fructífera. Dio participación a los conservadores y logró controlar el orden público y manejar la situación económica, encauzando la salida electoral. Merece destacarse la fundación de la Flota Mercante Grancolombiana (FMG), gestionada en común por los gobiernos de Venezuela, Ecuador y Colombia.

El Presidente, asociado a las corrientes liberales reformistas, debió afrontar una situación de crisis en su partido, que dividió la fuerza electoral entre dos candidatos: el oficial Gabriel Turbay y el populista Jorge Eliécer Gaitán. El partido conservador, unido tras la figura de Mariano Ospina Pérez, resultó vencedor. Lleras le entregó el poder el 7 de agosto de 1946.

Decidido a continuar con la actividad periodística, fundó la revista *Semana*, que se publicará durante 1946 y 1947 y que será catalogada como pionera en el género de las publicaciones políticas.

La Unión Panamericana y la OEA

Los tiempos en la arena internacional no eran sencillos. La posguerra abrió un período de hostigamiento entre los Estados Unidos y la Unión Soviética, que desembocará en la formación de dos bloques antagónicos, enfrentados en la "guerra fría". La revolución maoísta en China y la guerra de Corea agregaron dramatismo a la situación. Los Estados Unidos transformaron en un hecho aquella vieja consigna de "América para los americanos" e instrumentaron una organización supranacional que les permitiera influenciar a los demás países del continente. Reflotaron viejos proyectos y denominaciones, como el de la Unión Panamericana, que databa de 1910.

En 1947 Lleras Camargo fue nombrado director de la Unión Panamericana, y en tal carácter tuvo a cargo la organización del nuevo encuentro internacional, para lo cual debió intensificar los contactos con los gobiernos del área y vencer más de una resistencia. El país anfitrión sería Colombia y la sede funcionaría en Bogotá.

El 30 de abril de 1948 la IXª Conferencia Panamericana adoptó el Tratado Americano de Soluciones Pacíficas, o Pacto de Bogotá, por el cual se creó la OEA y se designó a la Unión Panamericana como órgano central y como secretaría general. La junta de gobierno de la Unión se convirtió en Consejo de la nueva organización americana. La OEA se fundó cuando Colombia aún era sacudida por los efectos del "Bogotazo", una insurrección popular motivada por el asesinato del líder liberal Jorge Gaitán.

El Pacto de Bogotá entró en vigencia el 6 de mayo de 1949 y estableció que las "altas partes contratantes" convenían "en abstenerse de las amenazas, del uso de la fuerza o de cualquier otro medio de coacción para el arreglo de sus controversias y en recurrir en todo tiempo a procedimientos pacíficos". Se comprometían a utilizar los procedimientos pacíficos regionales antes de acudir al Consejo de Seguridad de la ONU.

Los países signatarios fueron la Argentina, Bolivia, Ecuador, Estados Unidos, Nicaragua, Paraguay, Perú, Brasil, Colombia, Costa Rica, Cuba, Chile, El Salvador, Guatemala, Haití, Honduras, México, Panamá, República Dominicana, Uruguay y Venezuela, si bien los siete primeros firmaron con reservas. El desempeño de Lleras Camargo, en lo esencial, había sido completamente satisfactorio.

Durante su gestión al frente de la OEA, Colombia fue sacudida en 1953 por un golpe de Estado encabezado por el general Gustavo Rojas Pinilla, quien al mando de las Fuerzas Armadas derrocó al presidente Laureano Gómez y se proclamó presidente de la República. Su dictadura terminó con un levantamiento popular en 1957, que lo obligó a exiliarse. Durante esos años Lleras Camargo dejó el cargo en la OEA y asumió, primero, como presidente de la Asociación Colombiana de Radiodifusión y, después, como rector de la Universidad de los Andes, hasta 1956. Reanudó la actividad periodística como director del periódico *El Independiente*, publicación que reemplazó a *El Espectador*, clausurado por el régimen militar. Por sus críticas, Rojas Pinilla lo había calificado como un "guerrillero intelectual".

El Pacto de Sitges y la segunda presidencia

En el marco de esas convulsiones políticas, Lleras Camargo fue designado jefe del Partido Liberal. Como en su anterior gestión, se inclinó por fomentar el acuerdo con el Partido Conservador y comenzó negociaciones con el máximo líder, Laureano Gómez.

El 24 de julio de 1956 se creó el Frente Nacional, con la firma del "Manifiesto de Benidorm", y con el pacto de marzo de 1957 se unieron esfuerzos para derrocar a Rojas Pinilla. El Pacto de Bogotá, ese mismo año, acordó la alianza definitiva de los dos partidos tradicionales.

Este convenio cristalizó en el Pacto de Sitges, firmado en Cataluña, España, el 20 de julio de 1957, por el cual se estableció un régimen bipartidista, que aseguraría la alternancia en la presidencia en los próximos doce años, y la paridad en el reparto de los cargos públicos, medidas que garantizaron la preeminencia de una oligarquía política. La propuesta fue refrendada en diciembre de 1957, en un referéndum que consiguió una votación muy favorable y que consagró las directrices del Frente Nacional.

En reconocimiento a su acertada actuación política y con el apoyo de ambas fuerzas políticas y de los grandes grupos económicos del país, Lleras Camargo fue elegido presidente en 1958, con el ochenta por ciento de los votos. La singular experiencia que inauguraba, basada en fuerzas parlamentarias iguales en el Congreso y la paridad en la administración de justicia y en el gabinete ejecutivo, no fue, sin embargo, tan feliz como lo esperado. La baja de los precios internacionales del café y las manifestaciones sociales generaron un clima de inestabilidad y crisis.

El Presidente empezó por levantar el estado de sitio para asegurar las libertades democráticas y diseñó una política sindical favorable a las grandes corporaciones. Esto le granjeó el distanciamiento de las bases campesinas y favoreció el surgimiento de grupos guerrilleros. Con las influencias que ejercía la triunfante revolución en Cuba, en 1961 anunció una reforma agraria que racionalizaría la propiedad, pero que, por su tibieza y moderación, tuvo escasas consecuencias prácticas.

A pesar de la ayuda recibida desde los Estados Unidos –país con el que se alineó en la lucha anticomunista–, en el marco de la "Alianza para el Progreso", la crisis económica se profundizó. Igualmente, el mandatario pudo concluir e inaugurar algunas obras iniciadas con anterioridad, como el Ferrocarril del Atlántico, la central hidroeléctrica de Chicoral y el aeropuerto El Dorado.

Hostigado, ofreció una amnistía a los grupos alzados en armas, pero no pudo disolver la creciente oposición del movimiento conservador "Unionista" y la disidencia del Movimiento Revolucionario Liberal (MRL), dirigido por quien sería presidente de la Nación, Alfonso López Michelsen.

Antes de concluir el mandato, Lleras Camargo rompió relaciones diplomáticas con Cuba e incorporó al país a la Asociación Latinoamericana de Libre Comercio (ALALC). En 1962 fue reemplazado por el conservador Guillermo León Valencia.

Siguió ejerciendo diferentes responsabilidades en organismos internacionales americanos y retornó a la actividad periodística.

"Un escritor político"

La definición de Silvia Rojas Caballero no puede ser más precisa. Si una constante puede encontrarse en la vida de Alberto Lleras Camargo es el uso de la pluma –y de la máquina de escribir– para enunciar ideas, para polemizar y hacer señalamientos, para hacer propuestas, difundir consignas, movilizar conciencias.

Se ha dicho de él que poseía una prosa magistral, que desarrollaba también, con locuacidad, en la oratoria, ejercitada tanto en las tribunas parlamentarias como en la plaza pública. Jamás usó un apunte para guiar sus palabras.

Imitaba el estilo del ensayista y novelista español Azorín, aunque también reconoció influencias de Ortega y Gasset. Como periodista, firmaba sus notas como "Allius".

Desde la finalización de su segundo mandato fue director de *Visión* y en 1981 recibió el Premio Nacional de Periodismo Simón Bolívar.

En el siguiente período de su vida será el principal referente político del país. Se puede decir que hasta su muerte, Lleras Camargo fue el orientador de todos los gobiernos, conservadores y liberales, que sucedieron al suyo.

Murió en Chía, Bogotá, el 4 de enero de 1990.

José María Velasco Ibarra

1893-1978

La eterna presencia de un "Gran Ausente"

"La miseria es uno de los peores males. La persona se degrada; extiende la mano en demanda de pan y este acto le quita toda dignidad."

Ecuador, el país que debe su nombre al paralelo que lo atraviesa, es uno de los que tiene mayor porcentaje de población indígena en Sudamérica. Antaño convivían en ella novecientos cuarenta comunidades, compuestas por un total de trescientos mil individuos. A estos primitivos ocupantes se sumaron los españoles, y luego la raza negra traída de las Antillas para integrar los contingentes de esclavos.

La colonización inauguró actividades laborales de típico corte feudal, aportando elementos para la formación de latifundios. En éstos, pese a la gran concentración de tierras, sólo un bajo porcentaje se encontraba cultivado. Como contrapartida surgieron los minifundios, en manos de los campesinos.

Los latifundistas basaron su éxito en el sistema de explotación y, así, no sólo los campesinos quedaron bajo su vigilancia, sino también los indios y mestizos.

En cuanto a la explotación de la tierra, en Ecuador pueden encontrarse claramente delimitadas dos zonas: la costera y la de la sierra. En la primera se concentran las tierras más fértiles y su producción se basa en el cultivo de cacao, café y banano, mientras que en la zona de la sierra, influida por la altitud y más cálida y húmeda que la costa, pueden encontrarse granos y frutas y una industria de artesanías en continua expansión. La explotación del petróleo y del oro, el cobre y otros minerales representa también otra importante fuente de recursos.

A principios del siglo XX la economía estaba concentrada en pocas manos. La situación de extrema pobreza de la mayoría de la población provocó, en 1925, un movimiento cívico-militar, conocido como la "revolución juliana", que intentó modificar la estructura social y política a favor de los sectores desposeídos. El intento fue efímero y culminó en un fracaso.

La crisis inauguraría un largo período de fragmentación política, del que se beneficiaría la figura de José María Velasco Ibarra, quien con una política integradora prolongará su presencia en los destinos ecuatorianos hasta la década del 60. Durante esos cincuenta años, ejercerá la presidencia de la Nación en cinco oportunidades, y en cuatro de ellas será derrocado por golpes militares.

FORMACIÓN CATÓLICA

Velasco Ibarra nació en la ciudad de Quito, Ecuador, el 19 del marzo de 1893, hijo de Delia Ibarra y Alejandrino Velasco Sardá, colombiano, quien al margen de su profesión de ingeniero se destacó como prominente matemático. Cuando era adolescente sufrió, junto a sus tres hermanos –Lucila, Ana María y Pedro–, la muerte de su padre, en 1909. Este hecho no sólo dejó su marca indeleble por su intrínseco significado, sino porque complicó considerablemente la situación económica familiar.

Estudiante constante y poseedor de una excelente memoria, Velasco Ibarra no tardó en destacarse, además, como deportista, interesándose por la natación y el ciclismo. El ambiente hogareño le hizo tomar contacto desde niño con posiciones de repudio hacia las reformas impulsadas por los liberales. Como solía ocurrir en toda familia tradicional de la época, cooperaba con las guerrillas conservadoras. Entre 1906 y 1911 el presidente Eloy Alfaro introdujo una nueva Constitución de carácter liberal, dio impulso a la construcción y el desarrollo del ferrocarril y estableció la enseñanza laica y gratuita, todas medidas que fueron resistidas por la sociedad más tradicional.

Tras completar la educación primaria, impartida por su madre, continuó los estudios en el Seminario Menor de San Luis, y posteriormente en el Colegio San Gabriel, dirigido por jesuitas. Con veinte años cumplidos, y previamente a su ingreso en la universidad, José María fue elegido secretario del Centro Católico de Obreros, donde comienza a integrar su concepción filosófica, política y social de la sociedad, a la que concebía como una institución jerárquica en la cual quienes cultivaban la mente tenían el deber de instruir a los trabajadores manuales. En ese ámbito buscará un rumbo en su afán de encontrar medios para solucionar las graves cuestiones de tipo social.

En 1916 pone en evidencia su pasión por el Derecho, cuando ingresa en la Universidad Central. Su tesis final, presentada en 1922, deja en claro su visión con respecto a la Filosofía de la Historia. La tesis consta de tres etapas: comunismo primitivo, presión estatal y desigualdad. En un capítulo final alude a la creación de organizaciones para limitar el poder del Estado.

En dicho texto afirma que "el sindicalismo no es un movimiento obrero, no es un movimiento político; es un movimiento jurídico-social, es una renovación de la institución social humana".

La publicación de la tesis fue por demás oportuna, ya que a la presión que el socialismo y el comunismo ejercían sobre el país se sumó, en el mismo mes de noviembre en que se diplomó, la llamada "Masacre en Guayaquil", en la cual centenares de trabajadores perdieron la vida. Velasco Ibarra estuvo cerca de los acontecimientos desde la militancia universitaria.

En 1923 fundó la *Federación de Estudiantes Ecuatorianos* con el objetivo, entre otras cosas, de propiciar un acercamiento entre los estudiantes del Perú y Ecuador.

La Revolución Juliana

El 9 de julio de 1925 el gobierno liberal de Gonzalo Córdova cayó derribado por una conspiración militar, encabezada por la Liga de los Militares Jóvenes, auxiliada por grupos de la izquierda marxista.

El amplio consenso que logró el alzamiento, dada la situación de grave crisis económica que pauperizaba a la población, permitió que el ascenso al poder se realizara sin violencia. Asumió entonces una Junta militar de la que también formarán parte siete civiles. El movimiento, sin embargo, era excesivamente heterogéneo y, carente de experiencia y organización, se debatió en la confusión. El nuevo gobierno esgrimió como principal pauta la lucha unitaria contra la plutocracia y el anhelo de "la igualdad de todos y la protección del hombre proletario". Esta vaga intención de transformación democrática del país se concretó en 1929, cuando fue proclamada una nueva Constitución. El presidente Isidro Ayora –que había asumido en 1926– fue confirmado en el cargo, pero el 25 de agosto de 1931 la presión de los militares por la crisis económica y socio-política lo obligó a dimitir.

De todos modos, durante la presidencia de Ayora se concretaron varias de las reformas que había exigido la revolución: reorganización fiscal y bancaria, atención a los problemas sociales y una reforma constitucional que estableció un sistema bicameral y que le otorgó poderes a la Legislatura para controlar al Ejecutivo mediante mociones de censura. Una de ellas, precisamente, precipitó su caída: la depresión económica mundial de fines de la década del 30 minó el régimen juliano asentado sobre las capas medias de la sociedad, y sostenido sobre la base de una fuerte presión impositiva sobre la próspera burguesía de Guayaquil.

Entre 1922 y 1931, Velasco Ibarra ocupó sucesivos cargos públicos –procurador del Consejo Municipal, secretario de la Asistencia Pública y miembro consultivo del Ministerio de Relaciones Exteriores–, a la vez que se desempeñó como profesor de matemática y derecho en la Universidad Central. Pero la más destacable de las actividades que desarrolló, sin lugar a dudas, fue la de editorialista de los diarios *El Comercio* y *El Día* de Quito, desde cuyos valientes y ásperos artículos denunció con tenacidad el fraude electoral.

También por entonces comenzó la publicación de sus libros. En 1928 aparece su primer trabajo, *Estudios varios*, que se continuará en el tiempo con una intensa producción intelectual: *Meditaciones y luchas*, aparecido en 1930; *Cuestiones americanas: Rodó, Vasconcelos, Bolívar*, en 1931; *Conciencia o Barbarie*, en 1937; *Democracia Ética y Democracia Materialista*, en 1939; *Expresión Política Latinoamericana*, en 1943 y *Servidumbre y liberación*, de 1965.

En 1930 fue nombrado miembro de la Real Academia Ecuatoriana de la Lengua y al año siguiente fue elegido presidente de la Cámara de Diputados por la provincia de Pichincha. Velasco se casó con Esther Silva en 1927 y siete años más tarde se divorció.

Una grave crisis sacudió al Ecuador, motivada por las reacciones militares y civiles ante espurios manejos económicos, y en 1931 Bonifaz Ascasubi gana las elecciones presidenciales. Bonifaz debió enfrentar el descontento popular, ya que no se olvidaba su antigua indecisión a la hora de optar entre ser ciudadano peruano o ecuatoriano. El Congreso lo inhabilitó para asumir y, en consecuencia, se desencadenó una guerra civil, conocida como la "Guerra de los Cuatro Días". Soldados rasos, la policía y civiles se enfrentaron a las tropas nacionales. Estos gravísimos episodios cobraron más de un millar de vidas. Algunos autores coinciden en describir un tétrico escenario en los días posteriores, en que los cementerios de San Diego y de El Tejar no daban abasto para recibir los restos de los caídos en la lucha. Hubo que cavar extensos zanjones fuera del camposanto para enterrar allí a los muertos.

En diciembre de 1932, Juan de Dios Martínez Mera llegó a la presidencia. Nuevamente el fantasma del fraude electoral se agitó sobre el pueblo ecuatoriano. El Congreso, presidido por Velasco Ibarra, exigió la renuncia de Martínez Mera, ya que "la gran mayoría declaraba al Señor Martínez Mera incapaz para ser Presidente".

Primera presidencia

Tras su paso por el Congreso, y habiéndose convertido en un hábil orador, Velasco Ibarra aceptó la candidatura a presidente. Contaba para ello con el apoyo del Partido Conservador.

A su regreso de un viaje a la Sierra Norte, realizado con el propósito de difundir su plan político y conocer más en detalle las necesidades del país, en 1934 –a los cuarenta años– resultó elegido, tras una aplastante victoria, con el ochenta por ciento de los votos. Inició entonces una gira por países de América latina, en la que visitó Colombia, Perú, Bolivia, Chile y la Argentina, país en el que conoció a Corina Parral Durán, poeta y compositora, quien sería su compañera hasta el final de sus días.

Pese a la amplia mayoría de sufragios cosechada en las elecciones no tenía garantizado el éxito de su gobierno. Y, en efecto, sólo logró mantenerse en el cargo durante once meses.

Velasco Ibarra explicó este fracaso de sus planes –cimentados en el propósito de garantizar la producción de agricultores e industriales para abastecer el mercado interno– alegando que nada podía hacer ante la conjunta oposición de izquierdistas y liberales.

Según los relatos de un enviado británico, el fracaso podría haber sido previsto desde el comienzo mismo del gobierno, de acuerdo con ciertas circunstancias que tuvieron lugar en la misma ceremonia de asunción: "Puede ser muy democrático que el Presidente se mezcle con la gente en esta forma, pero no ayuda a su dignidad que se le vea saliendo despacio de un teatro rodeado por la muchedumbre con un sombrero viejo de copa y el cuello de su abrigo subido, como un amanuense cualquiera". El cónsul británico, por su parte, en una carta a sir John Simon, en septiembre de 1934 manifestaba: "El doctor Velasco Ibarra se ha embarcado en una política que es totalmente contraria a las ideas establecidas en su país. Cuando un presidente se posesiona en el Ecuador, la práctica normal es que sus amigos y partidarios encuentren su recompensa en cargos públicos... Para complicar su posición aún más, el doctor Velasco Ibarra por algún tiempo ha estado hablando insistentemente de que gobernará sin afiliación a ningún partido político y prefigurando todo tipo de reformas".

Otros aspectos contribuyeron a debilitar aún más al nuevo gobierno, como la designación del ministro de Finanzas, sospechado de haberse beneficiado irregularmente mientras se desempañaba al frente de la gerencia del Banco La Previsora de Guayaquil. El ministro −con el apoyo de Velasco Ibarra− había enviado un detallado plan al Congreso, alegando que si no era aprobado en su totalidad presentaría la renuncia a su cargo. El plan económico no fue aprobado en toda su extensión, razón por la cual éste se vio obligado a renunciar, así como también el Presidente.

Luego de tres días de negociaciones, Velasco Ibarra retiró su renuncia. El final era previsible: "El Presidente ha perdido prestigio y su comportamiento es criticado por todos, por infantil y débil".

Su gobierno, tildado de autoritario, continuó pese a la oposición permanente del Congreso. El apoyo de los conservadores se hizo cada vez más exiguo, y finalmente, sólo el pueblo le confería un debilitado poder. Sin embargo, el respaldo popular no era incondicional, y comenzó a mermar luego de que Velasco Ibarra dispusiera algunas medidas que contrariaban la voluntad de las mayorías: despido de empleados públicos, clausura de algunos periódicos y de la Universidad Central de Quito, entre otras.

El Presidente justificó sus acciones manifestando que no era "lo mismo gobernar en tiempos normales que en tiempos de renovación". La sensación de inseguridad creció entre la población y se hizo evidente que quien osara criticar a la administración, aunque fuera moderadamente, corría el riesgo de ser llamado al orden de inmediato, multado y hasta encarcelado.

Las obras que se llevaron a cabo en esta breve primera presidencia fueron numerosas y se observaban a lo largo del país. Pero no fueron suficientes.

El 10 de agosto de 1935 el Congreso inició sus sesiones y resultó electo presidente del Senado, Carlos Arroyo del Río. Ante las presiones ejercidas por parte de la oposición, Velasco Ibarra organizó las actividades de la Acción Cívica, un grupo destinado especialmente a entorpecer el desarrollo de las funciones legislativas. En una maniobra, la ausencia de la mayoría de los legisladores fue aprovechada por el Presidente para disolver el Senado. Al mismo tiempo, con el objeto de mantener el poder hasta las próximas elecciones, se declaró dictador, violando la Constitución Nacional.

Las fuerzas militares decidieron negarle el apoyo y Velasco Ibarra se vio obligado a presentar la renuncia, ante un panorama de júbilo popular, el 20 de agosto de 1935.

En el que sería su primer exilio político, el "Gran Ausente" –como comenzó a ser llamado– partió rumbo a Colombia. Su permanencia en el extranjero se extendió hasta 1944, aunque regresó a su país durante un breve lapso, entre 1939 y 1940, para participar de las elecciones presidenciales.

En los años de exilio se dedicó a recorrer países latinoamericanos –Colombia, Chile y la Argentina– y se desempeñó como profesor.

Retorno a la patria

Tras la muerte del presidente Aurelio Mosquera Narváez en 1939, Carlos Arroyo del Río asumió temporalmente la presidencia. Con vistas a las nuevas elecciones, renunció a fin de poder ser designado candidato por el Partido Liberal.

Velasco Ibarra, el "candidato popular", retornó a Ecuador para lanzar su campaña. Una multitud de cerca de diez mil personas llegó hasta el aeropuerto de Quito para darle la bienvenida, el 29 de noviembre de 1939. El periódico *El Día* se hizo eco de esta muestra de apoyo: "A la una y cinco minutos de la tarde se pudo divisar en el horizonte al trimotor en que viajaba el candidato a la presidencia de la República, doctor Velasco Ibarra. Desde ese momento el público comenzó a lanzar vivas al futuro presidente, al candidato del pueblo [...] tratando de invadir el campo de aterrizaje. Fue indispensable que las fuerzas de policía interviniesen para evitar la aglomeración".

En su primer discurso, Velasco Ibarra saludó al pueblo ecuatoriano, reconociendo "que con tanta constancia en el dolor ha sabido mantener esta esperanza", a lo cual agregó: "Necesitamos canalizar vuestra pasión para obtener el triunfo y la felicidad del Ecuador... Más cómodo me hubiera sido estar alejado de la disputa y mantenerme en un ambiente de tranquilidad, en que he vivido fuera de la patria, pero mi deber era afrontar la responsabilidad".

Su plan de gobierno era simple y contemplaba, básicamente, tres puntos fundamentales: respetar la libertad de sufragio, apoyar el desarrollo económico y transformar a los trabajadores en ciudadanos. A fin de difundir este programa se trasladó al interior del país, donde fue aclamado por las muchedumbres.

Entretanto, las diferencias con la oposición se volvieron cada vez más violentas. La campaña electoral llegó a su fin con una marcha organizada en Quito el 30 de diciembre, donde sobresalió la agresividad con la que se refirió al candidato del Partido Liberal: "Frente a la candidatura popular se levanta y quiere imponerse, a toda costa, la candidatura de un reducido grupo, pretencioso y altanero, que desprecia a las muchedumbres, gloriándose de no tener ningún contacto con ellas". Y prosiguió: "Nadie me ha acusado a mí de haber sido directa o indirectamente, remota o cercanamente, responsable de hecatombes [...]. Nadie me ha acusado jamás de no haber tenido otra norma que acumular inmensas riquezas sin mezclar jamás el ideal y el sentimentalismo que afligen o consuelan a la humanidad [...]. Nadie me ha acusado de haber tomado siempre la defensa del extranjero y nunca la de la patria contra el extranjero [...]. Nadie pretenda crear el caos para sacar ventajas personales e impensadas: el pueblo ecuatoriano quiere que yo sea Presidente de la República".

Uno de los principales derechos exigidos por los seguidores de Velasco Ibarra era el de democratización de los lugares públicos. Y debido a que la mayoría de la población continuaba privada de su derecho al sufragio, utilizaban las calles para manifestar su descontento y su apoyo al líder popular.

Durante la campaña electoral los velasquistas organizaron contramanifestaciones en cada lugar donde Arroyo del Río se dirigía a sus seguidores y entorpecían el normal desarrollo de sus discursos. Los velasquistas acusaban al liberal de haber participado en la masacre obrera de Guayaquil, aquel fatídico 15 de noviembre de 1922. Entre los ecuatorianos existía la certeza de que era de su autoría de la frase que afirmaba: "Hoy anochece riendo la chusma, pero mañana amanecerá llorando".

La sospecha de un nuevo fraude electoral flotaba en el ambiente. Al final, tras dos días de votaciones, el Congreso atribuyó la victoria a Arroyo del Río, con 43.642 votos, seguido por Velasco Ibarra con 22.061, y por último, el conservador Jijón y Caamaño, con 16.376 votos.

Estos resultados generaron actos masivos de protesta, no sólo entre la población civil sino que el descontento también alcanzó a las fuerzas militares. Después de violentos enfrentamientos con los carabineros, fieles a las órdenes del Congreso, que dejaron un saldo de cuatro muertos y treinta y nueve heridos, los seguidores de Velasco Ibarra se rindieron, y su líder partió a un segundo exilio político en Colombia. El Congreso de 1940 no hizo sino ratificar el resultado de las elecciones.

Más allá del fracaso, la campaña de Velasco Ibarra presentó dos innovaciones fundamentales que pronto se convertirían en la estrategia de todos los candidatos: por un lado, el público al que estaba dirigida la campaña pasó de ser una reducida minoría a abarcar a masivas mayorías populares; por otro, se generalizó la toma de espacios públicos como lugares de manifestación.

Triunfo de "La Gloriosa" y segunda presidencia

El 31 de mayo de 1944, luego de una revuelta popular a la que se dio el nombre de "La Gloriosa", Velasco Ibarra entró triunfal en Ecuador. Hasta ese momento había dirigido la campaña electoral desde Colombia y alentado la destitución de Arroyo del Río, debido a la prohibición que le impedía ingresar en el país. Fue proclamado presidente provisional de la República mediante una alianza que concretaron los partidos más fuertes; socialistas, comunistas, conservadores y algunos liberales.

Cerca de ochenta mil personas recibieron esta vez a Velasco Ibarra a su llegada a Quito, pese al adverso panorama climático que elevaba la temperatura más allá de lo soportable. El Presidente se dirigió a los presentes con estas palabras: "Pueblo del Ecuador, heroico pueblo de Quito. Quito, gloria de América... os habéis constituido en verdadero pueblo; pero pueblo no es un simple conglomerado de individuos, sino la gravedad valorizante, que sabe desear la libertad y destruir el despotismo. [...] Con el apoyo del pueblo ecuatoriano hemos de triunfar. Mi deber no es calcular si voy a fracasar o no. Mi deber es entregarme a la tarea de salvar a la patria ecuatoriana. No es posible, señores, ni un momento más de vacilación".

Una Asamblea Constituyente votó una Constitución progresista en 1945, en la cual los principales artículos establecían "la igualdad ante la ley [...]. No pueden concederse prerrogativas ni imponerse obligaciones que hagan a unos ciudadanos de mejor o peor condición que a otros (art. 2); [...] la libertad de conciencia en todas sus manifestaciones, mientras no sean contrarias a la moral o al orden público (art. 11); [...] prohíbense los monopolios [...]. El Estado regulará las actividades de la vida económica nacional [...]. El Estado dará el apoyo económico y técnico necesario para desarrollar el sistema cooperativo de explotación agrícola (art. 12)". Esta Constitución fue derogada al año siguiente y por presión militar una nueva fue sancionada el 31 de diciembre de 1946.

Erosionado el poder gubernamental por el profundo caos económico y político que imperaba en la nación, Velasco Ibarra fue derrocado nuevamente por la oposición del Ejército, liderada por el ministro de Defensa Carlos Manchemo, el 23 de agosto de 1947. El destituido presidente esperó que una insurrección popular respaldara su permanencia en el gobierno pero, transcurridas varias horas, firmó la renuncia esa misma noche. Poco después, el grupo militar emergente fue a su vez apartado del poder por otro movimiento revolucionario, que instaló a Carlos Julio Arosemena como presidente provisional. En junio de 1948, Galo Plaza Lasso, antiguo embajador en los Estados Unidos y funcionario de la United Fruit Company, fue elegido presidente.

México, Venezuela y la Argentina acogieron a Velasco Ibarra durante varios períodos hasta 1952, año de un nuevo regreso triunfal a su país. Se reavivó por entonces un antiguo litigio fronterizo entre Ecuador y Perú. Tanto en 1941 como en 1950 la cuestión se había sometido a arbitraje internacional y en 1942 se había firmado un acuerdo binacional en Rio de Janeiro, del que la Argentina, Brasil, Chile y los Estados Unidos oficiaron como garantes. Como Ecuador sostenía que en 1942 se había adjudicado al Perú más territorio que la zona en disputa, en 1950 anuló unilateralmente los acuerdos. El conflicto estallaría nuevamente en 1995.

En 1952 José María Velasco Ibarra regresó a Ecuador para hacerse cargo de la presidencia por tercera vez. Con el apoyo de la derecha y a pesar de la persistente y combativa oposición de la izquierda, y de que carecía de un programa de gobierno contundente, este período presidencial sería el único que Velasco Ibarra lograría completar. Ese año se creó la Federación Nacional Velasquista con el propósito de unificar a los diversos seguidores del Presidente.

En 1956 entregó el mando al candidato conservador Camilo Ponce Enríquez, vencedor sobre el candidato liberal por un estrecho margen.

Dos gestiones interrumpidas

Velasco, enfrentado seriamente a las propuestas económicas de Ponce, se postuló nuevamente a la presidencia en 1960, convertido ya en un personaje político ineludible. Prometió reformas y venció arrolladoramente a Galo Plaza por la acción de un Frente Nacional, conformado por comunistas y algunos independientes. En esta gestión, se negó a participar en cuestiones interamericanas, como la intervención norteamericana en Cuba, alegando en una declaración ante el Congreso: "La Revolución Cubana terminará por poner ella misma sus propios límites, como es el caso de la Revolución Mexicana de 1910".

En su paso más fugaz por el gobierno ecuatoriano, Velasco Ibarra fue obligado a renunciar en noviembre de 1961. Poco antes había firmado el acuerdo de la Alianza para el Progreso, que aseguraba la ayuda de los Estados Unidos por los siguientes diez años.

Su sucesor será el vicepresidente Carlos Arosemena Monroy, quien será también derrocado en poco tiempo. En julio de 1963 asumió una junta militar reformista, que impulsó una limitada reforma agraria. Al año siguiente la junta esbozó un plan nacional de mediano plazo pero se enfrentó a la exigencia popular de retornar a la legalidad constitucional. En julio de 1965, tras dos semanas de violentas manifestaciones callejeras, se acordó la formación de un gabinete que incorporaba a la oposición. En marzo de 1966, sin embargo, recrudecieron las manifestaciones y, a pesar de haber sido duramente reprimidas, provocaron la caída de la junta. Una nueva Asamblea Constituyente, realizada en noviembre de ese año, nombró presidente interino a Otto Arosemena, y en mayo de 1967 fue promulgada una nueva Constitución.

En 1968 "El Gran Ausente" fue elegido presidente por quinta vez, si bien el margen de votos a su favor no fue tan amplio como en los casos anteriores. El programa de gobierno pregonaba cambios importantes, como la intención de instrumentar los medios necesarios para poner fin a los monopolios y renegociar los contratos de petróleo, entre otros. Pero el destino no le resultó más afortunado que en sus anteriores gobiernos.

A mediados de 1970, carente de respaldos, Velasco Ibarra se decidió a dar un autogolpe: derogó la Constitución y clausuró el Congreso y la Universidad. En febrero de 1972 fue derrocado por un golpe militar, alentado por una burguesía casi inexistente, y el general Guillermo Rodríguez Lara, comandante en jefe del Ejército, asumió el poder.

En su renovado exilio, adoptó a la Argentina como su patria sustituta. En 1978 el Ejército le impidió presentarse por sexta vez como candidato presidencial. Al año siguiente regresó definitivamente a Ecuador, donde murió un mes después de su retorno, en el mismo suelo que lo vio nacer.

Víctor Haya de la Torre

1895-1979

Del Perú, para Latinoamérica

América latina fue escenario de profundas transformaciones entre las dos guerras mundiales. En la región, como consecuencia de la puesta en marcha de emprendimientos industriales, la población, en gran parte proveniente de zonas rurales, migró hacia las ciudades y allí creó un proletariado fabril sin preparación. La falta de profesionalización y cultura originó una peculiar clase obrera y también una incipiente burguesía fabril dependiente. De tal modo, variaron los signos de la vida cotidiana y nuevas expresiones políticas, en general autoritarias, se adueñaron del poder. Utilizando principios de reivindicación, trataron de unificar a las masas en su desigualdad.

En este marco, pero con un sesgo propio, el líder peruano Víctor Raúl Haya de la Torre fundó en México el aprismo, una corriente política de lucha antiimperialista y de esencia indoamericana. El APRA (Alianza Popular Revolucionaria Americana) inició el 7 de mayo de 1924 su campaña de lucha en favor de las necesidades de los más pobres y para ello fijó un programa con cinco puntos fundamentales: acción contra el imperialismo yanqui; la unidad política de América latina; la internacionalización del Canal de Panamá; la nacionalización progresiva de tierras e industrias y la solidaridad con todos los pueblos y clases oprimidos.

Influencia de la Reforma Universitaria

Había nacido en Trujillo, ciudad del noroeste del Perú, en una región costera desértica, el 22 de febrero de 1895. Aristocrático con

229

costumbres coloniales, y de posición social acomodada, cursó estudios universitarios y al mismo tiempo entró en contacto con intelectuales de ideas avanzadas. Sus lecturas lo llevaron a apreciar la transformación producida en el mundo de las ideas después del *Manifiesto comunista* de Karl Marx y Frederich Engels de 1848. Desde entonces, el pensamiento sobre la estructura de la sociedad y su historia futura experimentó un cambio profundo. Entre tantas obras que llegaron a sus manos, el joven leyó las de su compatriota Manuel Gonzales Prada, a quien conocerá más tarde en la Universidad de San Marcos. Gonzales Prada será su maestro y mentor, y lo aproximará a las nuevas concepciones políticas. La experiencia fue, sin embargo, breve, pues el maestro murió en 1918.

Fundó un periódico y sus artículos sobre la libertad y la justicia fueron considerados parte de la enseñanza popular. Sus autores preferidos eran José Martí y Domingo Faustino Sarmiento, a quienes leyó en profundidad y cuyas concepciones lo fortalecieron en la convicción de seguir por el camino de la educación del pueblo, en un país como el Perú, con un alto porcentaje de analfabetos. "Sigo creyendo —dirá tiempo después— que en la obra de instrucción del pueblo está el secreto renovador. Algún día será..."

Realizó los estudios secundarios en el colegio más prestigioso de Trujillo, el Seminario de San Carlos. Ingresó luego en la Facultad de Derecho de su región natal, donde sus compañeros lo eligieron delegado de la Federación de Estudiantes. Allí demostró dotes para la oratoria, y consiguió convencer a los más reticentes de las ideas que difundía.

Las lecturas en la biblioteca de la Liga de Obreros y Artesanos lo volcaron a interesarse por los problemas del proletariado. En 1917 se trasladó a Lima para continuar los estudios en la Facultad de Derecho de la Universidad de San Marcos. Allí frecuentó los círculos intelectuales y trabó amistad con el gran poeta César Vallejo, el autor de *El mundo es ancho y ajeno*.

Al año siguiente partió para Cuzco, para profundizar sus estudios jurídicos y políticos en la Universidad. Le escribió por entonces a su padre, fuertemente impresionado: "Esto es el otro Perú, el Perú grande. [...] Me duele este dolor de los indios. Tú no te puedes imaginar lo que es esta esclavitud". Según el líder reformista argentino Gabriel del Mazo, Haya de la Torre "no perdió de vista en ningún momento las razones fundamentales de la cruzada iniciada en el Manifiesto Reformista". Aquel texto liminar presentado el 21 de junio de 1918 por la Federación Universitaria de Córdoba, decía: "El movimiento estudiantil iniciado en Córdoba lleva en su seno el germen fecundo de esos nuevos ideales, y, al mismo tiempo, tiende a batir las fuerzas oscuras que se oponen a su realización, abriendo los más altos horizontes a la vida; que concordando con la idea trascendente que anima al movimiento, se hace necesario e impostergable dar a la cultura pública una alta finalidad, renovando radicalmente los métodos y sistemas de enseñanza implantados en las repúblicas, por cuanto ellos no se avienen ni con las tendencias de la época, ni con las nuevas modalidades del progreso social; que la organización actual de los establecimientos educacionales, principalmente la de los colegios y universidades, los planes de estudio que en ellos rigen y el dogmatismo y el escolasticismo, que son su corolario lógico, corresponden a épocas arcaicas, en las cuales las duras disciplinas, el principio de autoridad y el culto extremo de cierta tradición, eran la norma directriz de la enseñanza".

En 1919 volvió de Cuzco a Lima para actuar en la política universitaria, y fue elegido presidente de la Federación de Estudiantes del Perú. Durante aquel año y con ese cargo organizó una huelga de estudiantes en la Universidad de San Marcos, que le valdría la más acerba enemistad de los grupos conservadores de la capital del Perú.

La unión de obreros y estudiantes universitarios que promovió el joven líder peruano fue la primera experiencia de ese tipo en América latina. Los obreros pidieron a los estudiantes que negociaran con las autoridades peruanas y Haya de la Torre intervino en una huelga general obrera en demanda de ocho horas de trabajo diarias y convenció a los dirigentes sindicales de buscar el apoyo estudiantil. Les dijo: "Es la juventud universitaria que tiende sus manos fraternales a los trabajadores en una hora decisiva". El ministro de Fomento Vinelli, designado interlocutor, recibió el mensaje directamente de Haya: "Ya ve usted que los choques callejeros, los heridos que van cayendo y los numerosos presos que son llevados a la comisaría no contribuyen sino para agravar más la situación". La huelga siguió hasta conseguir las ocho horas, como jornada laboral.

En 1920 Haya de la Torre asistió en Cuzco a la Primera Conferencia Internacional de Estudiantes Iberoamericanos. Ese año también se creó la Universidad Popular Gonzales Prada, que designó rector a Haya de la Torre, distinguiéndolo como inspirador de su creación. Dijo en la oportunidad: "La Universidad Popular se inspirará en la justicia social [...]. Las Universidades Populares significan una justa redistribución de esa riqueza cultural que nosotros solos [los estudiantes] no deseamos acaparar; enseñando en estas nuevas, libres y gratuitas aulas para el pueblo, cumpliremos con una obligación de verdadera justicia social". En el acto inaugural de otra universidad popular en Juliaca, departamento de Puno, para no crear resquemores con los obreros expresó: "Los trabajadores vienen aquí a aprender y nosotros, los profesores, también [...]. Aquí nos vamos a educar todos. Los estudiantes aprenderán del proletario acerca de la cuestión social". Decidido a aumentar los lazos universitarios con otros países, viajó a la Argentina, Uruguay y Chile.

En Montevideo presidió la Conferencia Internacional Estudiantil. Los presidentes de las federaciones estudiantiles del Perú, la Argentina y Chile —Víctor Raúl Haya de la Torre, Gabriel del Mazo y Alfredo Demaría, respectivamente— firmaron acuerdos por los cuales esas organizaciones se comprometían a efectuar "propaganda activa por todos los medios para hacer efectivo el ideal del americanismo, procurando el acercamiento de todos los pueblos del continente y el estudio de sus problemas primordiales". El mismo año, al levantarse entre Chile y el Perú el espectro de una guerra por la cuestión limítrofe de Tacna y Arica, la Federación Universitaria Argentina propuso a sus hermanas de ambos países que constituyeran una comisión de estudiantes conjunta para investigar las verdaderas razones del amenazante diferendo y proponer a sus gobiernos una solución.

En 1921 se reunió en México un Congreso Internacional de Estudiantes, que en realidad tuvo carácter "latinoamericano". Además de proclamar que la juventud universitaria lucharía por "el advenimiento de una nueva humanidad, fundada sobre los principios modernos de justicia en el orden económico y político", se condenaron "las tendencias de imperialismo y de hegemonía y todos los hechos de conquista territorial". Más aún, el Congreso se pronunció sobre aspectos muy concretos de la unidad latinoamericana. Así, invitó a los centros estudiantiles de Nicaragua y Costa Rica a que orientaran "sus trabajos a fin de que sus respectivos países se incorporen a la República Federal que acaba de constituirse con las otras tres nacionalidades centroamericanas, realizando así el ideal de aquellos pueblos".

De regreso en Lima, en 1922, colaboró con la Federación obrera local y retornó al activismo universitario; un decreto presidencial había reconocido la autonomía de la casa de altos estudios y, por consiguiente, la participación de los estudiantes en el gobierno de la universidad. En 1923 apareció *Claridad*, órgano de las Universidades Populares que tenía como lema: "Hagamos la Revolución de los espíritus". Ese año regresó de Europa el intelectual marxista José Carlos Mariátegui, y realizó encuentros periódicos con los dirigentes estudiantiles.

El ambiente político, sin embargo, no era favorable a los aires renovadores. El gobierno autoritario del general Augusto Bernardino Leguía reformó la Constitución para permitir su propia reelección. Se mantuvo en el poder durante once años, entre 1919 y 1930, y puso en marcha un movimiento denominado 'Patria Nueva', que reprimió cualquier nueva alternativa política que apareciera. Leguía fijó por decreto que el 23 de mayo de 1923 sería el día del festejo de la Consagración Pública del Corazón de Jesús. Los estudiantes de la Universidad de San Marcos, dirigidos por las autoridades de la Universidad Popular, resolvieron, junto con los obreros de Lima, realizar en la misma fecha una manifestación de protesta con la consigna: "Democracia y libertad", que resultó exitosa: desfilaron unidos diez mil manifestantes, con Víctor Haya de la Torre al frente.

El presidente ordenó que la Guardia Republicana los disolviera. La represión fue brutal y se produjeron cantidades de muertos y heridos. Haya fue encarcelado el 2 de octubre. Los sindicatos y los centros de estudiantes declararon una huelga general. Durante días se prolongó la lucha, hasta que se logró que los dirigentes detenidos fueran liberados y la Universidad Popular, reabierta; pero Haya de la Torre fue deportado.

Los levantamientos indígenas constituyeron otra vertiente de la lucha social peruana. Entre 1921 y 1922 los alzamientos fueron más de treinta. Un Congreso de indios en 1921 constituyó el Comité Pro Derecho Indígena en Tahuantinsuyu y realizó convocatorias año tras año. En 1923 se constituyó la Federación Regional de Obreros Indios, dando lugar a persecuciones y una fuerte represión a dirigentes indios, estudiantiles, obreros y campesinos.

En 1926 apareció el periódico *Amauta* ("maestro" en lengua quechua), fundado por Mariátegui, con artículos sobre problemas indígenas. Al año siguiente el gobierno peruano disolvió el Comité Pro Derecho Indígena. En Cuzco, un grupo indigenista de intelectuales, obreros y artistas, llamado Grupo Resurgimiento, publicó un manifiesto en *Amauta* con el nombre de "El proceso del Gamonalismo", denominación que se daba a las autoridades nacionales y de la Iglesia por los desmanes cometidos contra los indios. Haya de la Torre, en su libro *Por la emancipación de América*, al igual que en los artículos publicados en *Amauta*, reivindicaba la legitimidad de la demanda de los indígenas, cuyas tierras habían sido apropiadas por el latifundismo improductivo.

El presidente Leguía mantuvo una reacción permanente ante las campañas antiimperialistas y las exigencias democráticas y sociales: trabajadores, líderes estudiantiles, profesores universitarios fueron deportados. Haya de la Torre recién conseguirá el permiso para regresar al Perú en 1931.

El APRA en el exilio

Durante su exilio en México fundó el APRA el 7 de mayo de 1924. Entre otras ideas fundacionales, Haya de la Torre explicitó: "En el caso del APRA peruano, el campesino no es fundamentalmente y mayoritariamente el indio, cuyos problemas son: la tierra, los instrumentos de producción, la educación económica para producir [...]. Nos interesa combatir el clericalismo en su poder económico; nos interesa combatirlo como latifundista. Combatido el clericalismo en su poder económico, pierde su fuerza espiritual; dándole, así, al indio, mayor poder económico y ganar fuerza del espíritu. Bien entendidas las diferencias entre el falso espiritualismo del hombre que se eleva sobre sí mismo, al ver cumplida, en la satisfacción de sus necesidades vitales, el ideal de justicia".

Proclamado líder del movimiento, recorrió varios países de América latina y fue honrado en algunas universidades, como las de Panamá, Chile, Cuba y la Argentina. Escribió artículos en periódicos y revistas con el fin de organizar filiales del APRA en otros países latinoamericanos. Fue el primer gran movimiento de masas que apareció en América del Sur, mirado con gran recelo por los grupos ultraconservadores.

En los años vividos en el exterior visitó Bruselas, donde concurrió a la Conferencia Antiimperialista. En Oxford participó en actos contra la Doctrina Monroe. Fundó secciones centroamericanas del APRA, recorrió México y continuó viaje por Costa Rica y Panamá, donde será expulsado.

En Alemania, visitó primero Bremen y luego Berlín, donde terminó su libro *El antiimperialismo y el APRA*. También publicó allí *¿Adónde va Indoamérica?*, en el que reafirma sus ideas básicas: "el indoamericanismo es la expresión de la nueva concepción revolucionaria de América, que pasado el período de las conquistas ibéricas y sajonas, se estructuró en una definida organización económica, política y social, sobre la base nacional de sus fuerzas de trabajo representadas por la tradición, la raza y la explotación de sus masas indígenas, que en total de la economía americana –cuya unidad es indestructible– representan desde la época precolombina la base de nuestra productividad, la médula de nuestra vida colectiva". Es importante destacar que, aproximadamente, el setenta y cinco por ciento de la población de América es india y que en el Perú la mitad de los habitantes son mestizos, el cuarenta por ciento es indio y el noventa por ciento habita en la zona rural

En Europa, su posición antinorteamericana fue vista con simpatía en muchos círculos. En 1924 Haya de la Torre asistió al V Congreso Mundial del Partido Comunista de la URSS en Moscú, donde tomó, además, algunos cursos de estudios socio-políticos. Al año siguiente ingresó en Oxford y en la Escuela de Economía de Londres. En París fundó con el argentino Manuel Ugarte, el Centro de Estudios Latinoamericanos, y en La Habana, la Universidad Popular José Martí, a principios de 1927.

El APRA, entretanto, se consolidó en diversos países. A las delegaciones guatemalteca y de El Salvador se sumaron las filiales de Cuba, Puerto Rico, Santo Domingo y Chile. Haya de la Torre había alcanzado una dimensión continental.

Candidato presidencial y clandestinidad

En diferentes publicaciones Haya de la Torre propugnó la necesidad de que la clase media peruana fuera parte de la transformación que se iba produciendo en todas las actividades. El APRA, su partido político, tuvo como finalidad alcanzar el poder e instalar, en él, un capitalismo de Estado, con el objeto de independizar económicamente al Perú. Escribió entonces: "Es necesario, por la situación en que pasamos, de imponer una política multiforme, acorde con la realidad. Un planteo evolucionista, pues es imposible saltar etapas históricas".

Estas ideas lo llevaron a cambiar el nombre del APRA por el de Partido Aprista Popular (PAP), en 1928, una alianza de clases con la hegemonía de la clase media. Su proyecto político se disociaba así de la visión clasista impulsada por Mariátegui, quien culminará cuestionando seriamente a Haya de la Torre y orientándose hacia el Partido Comunista Peruano.

La revista *APRA* apareció en Lima procurando unir a todos los partidos de izquierda del Perú, aunque los disensos con el comunismo eran insuperables. El PAP se fundó en un Congreso Nacional, en los meses de agosto y septiembre de 1931. A partir de julio, Haya de la Torre recorrió el país explicando el programa aprista, plan al que llamó "de acción inmediata". Lo proclamaron candidato a la presidencia de la Nación con el fin de implementar en el gobierno un plan moderno y funcional. "El Estado democrático llamaría a participar a los ciudadanos de la vida económica de la Nación. Asegurando la nacionalización de la economía, la asociación gradual del latifundismo con el objeto de lograr un cooperativismo integral de producción y consumo en la agricultura, la industria y el comercio". El proyecto otorgaba un papel predominante a la clase media peruana, objetivo que le valió un amplio apoyo popular al PAP.

Un movimiento militar destituyó a Leguía en 1930 y convocó a elecciones. En el escrutinio final de 1931, fraude electoral mediante, el resultado fue: 155.378 votos a Luis M. Sánchez Cerro y 106.551 para Haya de la Torre. El PAP consiguió veintisiete legisladores en el Congreso.

Mientras las oficinas del PAP eran clausuradas, se intentó asesinar a Haya de la Torre. Las Fuerzas Armadas sofocaron movimientos de carácter revolucionario, y las cortes marciales sentenciaron a la pena de muerte, sólo en Trujillo, a ciento dos miembros de la oposición. Haya de la Torre logró asilarse en la embajada de Colombia en Lima, en donde redactó su tesis *Espacio-Tiempo-Histórico Americano*. Allí fijaba las bases de su pensamiento en favor del indio y de una política de alcance continental. El aprismo comenzó a accionar desde la clandestinidad, hasta 1933.

El general Oscar Benavídez, sucesor de Sánchez Cerro, convocó a nuevas elecciones pero antes declaró ilegal al partido aprista. Las elecciones fueron declaradas nulas porque no favorecieron al candidato oficial y el presidente Benavídez continuó gobernando durante otros tres años.

Entre 1939 y 1948 el movimiento aprista estuvo legalizado. Fue expandiéndose en la sociedad peruana y alcanzó gran influencia en diversos sectores. Poco a poco desplazó a los comunistas entre los obreros y los sindicatos, y penetró eficazmente en la clase media y aun en ciertos centros conservadores. Aumentó su influencia entre los estudiantes, consolidando su base en la política indígena y convirtiéndose en el único partido de masas del Perú.

Partido fuertemente disciplinado, estaba centralizado en el liderazgo hegemónico de su inspirador.

Un giro ideológico

En 1939, finalizada la Guerra Civil Española, Alemania e Italia estaban preparadas para iniciar la Segunda Guerra Mundial, que se prolongaría hasta 1945.

En el Perú se produjo un profundo cambio en la tradicional política antiimperialista del APRA. Haya de la Torre introdujo un giro político, que no fue aceptado por muchos de sus simpatizantes, y buscó la colaboración de los gobiernos de los Estados Unidos de Norteamérica y de los países latinoamericanos. "Los motivos de la guerra –escribió para justificar el cambio de rumbo– son ideológicos, producto del racismo de los países del Eje. Debemos preferir a la democracia, al totalitarismo." Para fundamentarlo escribió: *¿Y después de la guerra qué?*

En 1944 el aprismo organizó un Frente Democrático para que funcionase como Partido del Pueblo. Al año siguiente José Luis Bustamante y Rivero, candidato a presidente de la Nación por el Frente Democrático Nacional, ganó la elección y obtuvo mayoría en el Parlamento, con el apoyo de un importante bloque aprista. El gobierno reconocía la notoria influencia de Haya de la Torre; sin embargo, Bustamante Rivero en poco tiempo de gestión y presionado por los apristas para que cumpliera con lo pactado antes de las elecciones, se encontró impotente por la presencia de grupos poderosos que obstaculizaban las reformas. En medio de permanentes conflictos, desoyó las exigencias de los apristas y por efecto de la crisis debió renovar varios gabinetes.

En posteriores elecciones los apristas aumentaron su representación en el Congreso, pero cuando se declaró una huelga general de trabajadores en Lima y el Callao, el gobierno decretó el estado de sitio y la suspensión de las garantías constitucionales.

En 1948 el general Manuel Odría, ministro de Bustamante Rivero, receloso por la "tibieza" de su accionar, depuso al presidente y lo obligó a exiliarse. Después del golpe de Estado, Odría ocupó la presidencia, disolvió el Congreso y un año después reprimió al aprismo y persiguió a sus dirigentes.

Odría llamó a elecciones en 1950, presentándose como único candidato. Las revueltas que estallaron motivaron la clausura de la Universidad de San Marcos. Haya de la Torre se asiló nuevamente en la embajada de Colombia, durante cinco años, hasta que consiguió salir del país, ilegalmente, y fijó su residencia en México.

En 1956, en el marco de nuevo llamado a elecciones y después de una amnistía parcial, la guarnición de Iquitos se levantó y depuso al presidente Odría. Manuel Prado Ugarte llegó a la presidencia con el apoyo aprista; dictó un decreto de amnistía general del APRA y permitió el accionar legal del partido en 1962.

El pensamiento de Haya de la Torre y el accionar político de su movimiento se habían ido morigerando progresivamente, desde 1936. Durante el período de la Guerra Fría, el PAP se convirtió en un partido político anticomunista y propulsor de reformas sociales cada vez más moderadas. En 1962, Haya de la Torre es candidato presidencial por segunda vez, pero en esta oportunidad por el Frente Democrático, enfrentado a Fernando Belaúnde Terry, de la Unión Popular. El aprismo resultó el más votado pero, como no alcanzó el tercio de votos fijado por la ley, se anularon las elecciones.

En 1963 se concretó otro llamado a elecciones presidenciales. El Partido de Acción Popular, con la candidatura de Belaúnde Terry y el apoyo de los democristianos y de algunas organizaciones de filiación de izquierda, resultó vencedor. El aprismo consiguió quince senadores y cincuenta y siete diputados. En los años subsiguientes, Haya de la Torre se dedicará a estrechar alianzas con los sectores progresistas –según su expresión– de los Estados Unidos de Norteamérica.

Un golpe militar hizo caer a la democracia cristiana en 1968. Una Junta Militar de "izquierda", enemiga del aprismo, llegó al poder con el general Juan Velasco Alvarado como presidente, hasta 1975. Una vez más, el gobierno declaró ilegal al APRA.

En 1979, restaurada la democracia, el APRA ganó las elecciones legislativas. Víctor Raúl Haya de la Torre, a los ochenta y cuatro años, es elegido presidente del Congreso Constituyente, pero fallece poco después, el 2 de agosto, sin tener oportunidad de ver al líder aprista Alan García Pérez convertirse en presidente de la Nación, en 1985.

El pensamiento de Haya de la Torre influyó poderosamente en los movimientos de masas policlasistas de toda América latina. La búsqueda de un camino autóctono, una alternativa entre el régimen tradicional y las propuestas de los comunistas, en un renovado capitalismo de Estado populista y nacionalista, encontró en Costa Rica con el Partido de Liberación Nacional, en la Acción Democrática (ADECO) de Venezuela y en el Movimiento Nacional Revolucionario (MNR) boliviano, una continuación de la bandera que Haya de la Torre había levantado en el Perú.

La historia del pensamiento y de la práctica política latinoamericanos no estaría completa si no consideráramos al principal político peruano del siglo XX. G. D. H. Cole, en su *Historia del pensamiento socialista*, define al aprismo como "el único intento importante por crear una concepción específicamente latinoamericana del socialismo [...] aplicable a las condiciones existentes. De esta manera, pretendió establecerse como una tercera vía entre el capitalismo imperialista, primera forma del capitalismo en Indoamérica y el comunismo europeizante".

La pretensión de Haya de la Torre fue fundar un Estado antiimperialista desde el Río Grande hasta la Patagonia, que generara un capitalismo nacionalista. Ideó una gran coalición de clases sociales, liderada por sectores que movilizaran a los obreros, a los campesinos y a los indígenas contra la oligarquía imperialista.

Desde otra perspectiva, Norberto Bobbio caracteriza al aprismo como una corriente política de la clase media radicalizada. Su aparición reflejó un continuo desplazamiento hacia la izquierda de una naciente pequeño burguesía, y la emergencia de nuevas clases sociales que no se encontraban insertas en el entramado político de las repúblicas oligárquicas del siglo XIX.

Antonio José de Sucre

1795-1830

Artífice de la independencia de Bolivia y libertador del Ecuador

Su apellido da nombre a la capital de Bolivia y a la unidad monetaria histórica del Ecuador. También, a un Estado en Venezuela y a un departamento en Colombia, limitando extremadamente nuestra descripción. Que se lo puede presentar como el lugarteniente de Bolívar; es cierto. Pero de ese modo se podría también mencionar a muchos personajes de la historia a quienes les tocó convivir al lado de uno de aquellos "grandes hombres", como lo fue el Libertador del Norte.

Antonio José de Sucre y de Alda se destaca entre los luchadores por la Independencia de la América hispana como militar, político y estadista, ocupando en la historia latinoamericana el escalón contiguo al de San Martín y Bolívar. Su brillo genuino tiene una marca indeleble: la de la nobleza, la dignidad y la modestia, de las que dan cuenta numerosos sucesos registrados durante su vida, y en los que "la Historia no ha podido encontrar una sola palabra de censura", según uno de sus biógrafos. El escritor ecuatoriano Juan Montalvo, caracterizado por estigmatizar a todas las tiranías –y nacido en Ambato, donde Sucre luciera en una batalla–, lo describió como "el más generoso de los vencedores y el más desprendido de los ciudadanos". No menores fueron los elogios y reconocimientos que el "mariscal de Ayacucho" recibió durante su vida.

En las dos primeras repúblicas

Sucre nació en Cumaná, ciudad comprendida por el Virreinato de Nueva Granada –ubicada en lo que posteriormente sería Venezuela–, el 23 de febrero de 1795, aunque sobre esa fecha aún no se han puesto de acuerdo los historiadores. A pesar de que existe una partida de bautismo, hay quienes dudan de la autenticidad del documento y opinan que, en realidad, nació el 13 de junio de 1793. De origen sefardí, en opinión de Salvador de Madariaga, era descendiente por tres generaciones de militares españoles.

En Caracas recibió una educación esmerada, destacándose en materias de ingeniería militar como álgebra, geometría, trigonometría, agrimensura, fortificación y artillería. Según afirmaciones del propio Sucre, tenía quince años cuando tomó las armas, a mediados de 1810 y, considerando los antecedentes familiares, le fue fácil alcanzar el grado de alférez de ingenieros a temprana edad. Huérfano de madre, su tío José Manuel Sucre, empleado en Rentas, lo tomó a su cargo. En carta a Simón Bolívar, Sucre refiere que "fue él quien a mi edad de quince años me inspiró sentimientos con que creo haber servido a mi patria".

En julio de 1810 inició la carrera militar como subteniente de infantería del Cuerpo de los Nobles Húsares del rey español Fernando VII, cuyo comandante era su padre, Vicente Sucre. Pasó a formar en las Milicias Regladas de Infantería y en agosto la Junta Suprema de Caracas lo nombró subteniente del Cuerpo de Ingenieros. Poco después recibió el nombramiento de comandante del Cuerpo de Ingenieros de Margarita, cargo que abandonó para participar en la campaña contra los realistas alzados en Valencia.

Al estallar las primeras tentativas independentistas, y aunque su formación castrense lo orientaba hacia la estructuración de ejércitos profesionales, Sucre se sumó a las informales tropas patrióticas comandadas por Francisco Miranda, e hizo carne en él la guerra de urgencia contra los españoles, proclamada por Simón Bolívar.

En julio de 1812, con apenas diecisiete años, era ya comandante de Artillería y del Cuerpo de Ingenieros de Barcelona con el grado de teniente.

Incapaz de oponer una resistencia estructurada, Miranda, jefe de la revolución, capituló el 25 de julio de 1812 y, así, expiró la Primera República. Sucre rechazó la posibilidad de escapar al exterior y se refugió con algunos de sus hermanos en la hacienda familiar de Hacamaure, en el golfo de Cariaco.

En su libro *El General Sucre*, Carlos Pereyra dice: "Sucre tendía por una propensión innata a la guerra profesional, de ejércitos bien organizados, y esta afición fue, sin duda, el lazo moral de simpatía que unió al oscuro alférez cumanés con el brillante general Miranda, a cuyo lado sirvió Sucre durante la primera campaña. Estuvo en los Guayos y en Guaica. Tuvo el dolor de presenciar la capitulación de La Victoria, que era no sólo expresión de un fracaso militar, sino prueba [de] que la guerra no podía ser guerra de ejércitos, con organización regular y cerebros directores, sino lucha con todas las armas y con todas las pasiones: lucha dirigida más bien contra el no combatiente que contra el combatiente; lucha en que mujeres, niños y ancianos se veían obligados a correr todas las eventualidades y todos los peligros, como los mismos combatientes. Aun la religión, que era el vínculo social más fuerte y venerable, dejó de formar un campo de neutralidad y amparo para los débiles".

En 1813 retomó las armas y se unió a Mariño, Piar, Bermúdez y otros que tras la caída de la Primera República encabezaron una expedición contra los realistas del Oriente venezolano. Casi sin armas, invadieron el continente desde el islote de Chacachacare, el 12 de enero, y Santiago Mariño se autodesignó general en jefe. La campaña permitió liberar las provincias de Cumaná y Barcelona, pero la posición de Mariño, poco tendiente a unificarse con el ejército de Bolívar en el Occidente, demoró la fusión de las fuerzas hasta el año siguiente.

Sucre revista ya como teniente coronel en la campaña conjunta sobre Caracas, y Bolívar lo ubica en el Estado Mayor. Tras la derrota de Aragua de Barcelona, una de las batallas más sangrientas de la guerra independentista, librada el 17 de agosto de 1814, y de Urica, el 5 de diciembre, se perdió la Segunda República. Sucre debió refugiarse en las Antillas, junto con otros jefes revolucionarios.

Con Mariño y Bolívar

Desde Haití colaboró con Bolívar para organizar la expedición de Los Cayos, aunque no se enroló en ella. Posteriormente se instaló un tiempo en Trinidad y regresó al ejército de Mariño. A fines de 1816 fue ascendido a coronel de Infantería y en febrero del año siguiente Mariño lo nombró comandante general de la provincia de Cumaná.

Bolívar, que había tenido oportunidad de reconocer sus cualidades, lo designó gobernador de la Vieja Guayana y comandante general del Bajo Orinoco, y luego lo incorporó al estado mayor divisionario del general Bermúdez. En octubre de 1817 le encomendó la difícil tarea de obligar al general Mariño a obedecer las disposiciones de los nuevos consejos de Gobierno y de Estado, asentados desde el mes anterior en Angostura (actual ciudad Bolívar).

Con habilidad, Sucre logró restablecer la autoridad del Libertador entre los jefes orientales. A mediados de 1818 fue ascendido a general de brigada y tuvo una comisión para recabar armas y municiones en las Antillas. Entretanto, Bolívar se había conectado con el general de Los Llanos José Antonio Páez, y juntos habían emprendido la Campaña del Centro contra el ejército realista de Pablo Morillo, en la que hubo importantes victorias, como en Calabozo el 12 de febrero, y derrotas significativas, en Semen, el 16 de marzo. Bolívar regresó a Angostura y el 15 de febrero de 1819 instaló el Segundo Congreso de Venezuela.

Nueva Granada se independizó y fue creada la República de la Gran Colombia. Sucre, junto con otros jefes, tuvo entonces la misión de ajustar con Pablo Morillo un armisticio y un Tratado de Regularización de la Guerra, que se firmó el 26 de noviembre de 1820. El tenor justo, equilibrado y sin revanchismos de las bases del convenio, redactadas por Sucre, mereció el elogio de Bolívar: "Este tratado es digno del alma del general Sucre; la benignidad, la clemencia, el genio de la beneficencia lo dictaron; él será eterno como el más bello monumento de la piedad aplicada a la guerra".

El mariscal de Ayacucho

El nuevo gobierno español, de corte liberal, se negó a aceptar la emancipación de Venezuela. Como jefe de las Fuerzas Auxiliares de Colombia, Sucre se dirigió hacia Guayaquil para apoyar a los sublevados y enfrentar a las fuerzas realistas, que intentaban retomar terreno desde Quito y Cuenca. El 19 de mayo de 1821 obtuvo un resonante triunfo en Yaguachí; fue derrotado el 12 de septiembre en Huachi, su único revés, pero llegó victorioso a Cuenca en febrero del año siguiente. La campaña que terminó la guerra del Sur de Colombia, dirigida y mandada personalmente por él, culminó el 24 de mayo de 1822, cuando, en la ruta hacia Quito, venció brillantemente al general realista José Aymerich en las cercanías de Pichincha, actual provincia ecuatoriana. De esta manera, aseguró la libertad para el actual territorio del Ecuador.

En Guayaquil, proclamó el Protectorado de la Gran Colombia y sus victorias allanaron el camino para la definitiva liberación del Perú, cuya capital había sido liberada por el general José de San Martín en julio del año anterior. Sucre fue ascendido a general de división y designado intendente del departamento de Quito.

Tras la entrevista de Guayaquil entre Bolívar y San Martín en julio de 1822 y el retiro del general argentino, las fuerzas de Bolívar y Sucre tomaron rumbo hacia el sur. El 6 de agosto de 1824 triunfaron en un pequeño combate librado en las llanuras de Junín, cerca de Lima, y Bolívar ingresó en la capital peruana.

El Libertador no contó con el acuerdo del Congreso del Perú y cedió el mando para la continuación de la campaña en el sur, que fue encargada a Sucre. Como general en jefe, dirigió personalmente la que sería la batalla decisiva –y última– de la guerra de la independencia. José de la Serna e Hinojosa, virrey del Perú desde 1821, avanzó sobre el ejército libertador desde el Cuzco, al mando de diez mil hombres –que se preciaban de haberse mantenido invictos en los últimos catorce años–, casi el doble de los seis mil peruanos y colombianos que mandaba Sucre. El 9 de diciembre de 1824, en las llanuras de Ayacucho (Perú), el general cumanés decidió un ataque antes de que La Serna pudiera organizar bien sus tropas, lo derrotó y el virrey fue tomado prisionero.

El categórico triunfo liberó definitivamente la América del Sur del dominio español y Sucre recibió el título de gran mariscal de Ayacucho, y el grado de general en jefe. La situación se consolidaría definitivamente en enero de 1826, cuando se concreta la ocupación del puerto de El Callao, el último reducto de las tropas españolas.

En consideración a un hecho que la historiografía considera sobresaliente, destacaremos un párrafo especial de las capitulaciones que Sucre ofreció al general de los vencidos, José Canterac.

Caratuladas de "generosas", "hidalgas" y hasta de "únicas en la historia de las guerras de toda la humanidad", pensadores modernos aseguran que Sucre sentó con ellas las bases político-filosóficas en que habrían de inspirarse las futuras relaciones de América latina y España. En el Tratado de Ayacucho Sucre ofreció: "1) la libertad a todos los prisioneros (que lo fue todo el ejército español con sus jefes y oficiales, incluso el virrey); 2) que los que quisieran trasladarse a España podrían embarcarse, corriendo los gastos de viaje por cuenta del gobierno del Perú; 3) que los que optaran por tomar servicio en el ejército americano serían incorporados reconociéndoseles sus grados; 4) que los que prefirieran domiciliarse en el país se les reputaría como peruanos de nacimiento; 5) que a nadie se hacía responsable por sus opiniones anteriores, y 6) que las propiedades de los vencidos quedaban bajo la garantía y protección de las leyes de la república.

"De manera que –subraya Villanueva– no sólo se les garantizaba la vida, sino también su libertad y su dignidad personal; se respetaban sus opiniones, se los protegía con dinero, se ponían en salvo sus propiedades, se les brindaba una nueva patria bajo el gobierno del sistema republicano".

El texto mereció nuevamente el reconocimiento de Bolívar: "Es la cabeza mejor organizada de la Gran Colombia. Metódico y capaz de las más elevadas concepciones, el mejor general de la República y el mejor hombre de Estado. Sus principios son excelentes y su moralidad, ejemplar".

Presidente de Bolivia

Aislado en el Alto Perú, el general realista Pedro Antonio Olañeta intentó una última defensa ante el avance de Sucre. El español se había negado a obedecer las órdenes del virrey La Serna y, con fuerzas considerables, aún sostenía el pabellón del rey Fernando VII en el Alto Perú.

Informado de la derrota de Ayacucho, Olañeta se resolvió a mantener la guerra por sí solo. Dirigió sus fuerzas al Desaguadero y Puno, pero los movimientos se frustraron por las continuas deserciones de la tropa. Diezmado y con escasas fuerzas, se retiró a Potosí.

Sucre, sin obstáculos que interfirieran la marcha, tomó Oruro mientras el general Álvarez de Arenales, con tropas de Buenos Aires, avanzaba desde Salta captando para sus filas a muchos de los mejores soldados realistas. Acorralado y exasperado, Olañeta intentó un ataque casi suicida y fue muerto en el combate. Sus tropas capitularon y se aseguró entonces la libertad del Alto Perú.

El 10 de junio de 1825 se reunió una Asamblea General de Representantes del pueblo y el 6 de agosto se declaró la independencia de las provincias, que se denominaron República Bolívar (después, de Bolivia), confiando el poder ejecutivo al Libertador –de cuyo puño y letra es la redacción de la Constitución–. Investido como suprema autoridad y elegido presidente vitalicio, Bolívar cedió en Sucre el mando inmediato de los departamentos.

Bolívar gobernó durante cuatro meses y, a pesar de su tenaz negativa, el mariscal Sucre debió reemplazarlo, convirtiéndose, de hecho, en el auténtico organizador de la nueva nación. El Congreso lo nombró primer presidente vitalicio el 28 de octubre de 1826.

Sucre dispuso la emancipación de los esclavos, estableció la libertad de imprenta y redujo los privilegios de la Iglesia en favor de una política educativa impulsada por el Estado. Para la organización republicana se inspiró en la estructura administrativa francesa y dividió el país en provincias y departamentos.

La nueva nación, en la que confluían intereses diversos y una sorda puja entre los sectores comerciales afines al Perú y los relaciones con el poder de Buenos Aires, atravesó un período de tensa inestabilidad. El proyecto bolivariano que encarnaba Sucre, de federar al Perú y Bolivia con la Gran Colombia (integrada por Nueva Granada, Venezuela, Panamá y Ecuador), provocaba serias resistencias en la tradicionalista sociedad altoperuana.

Por otro lado, la grave situación económica del país impedía otorgar beneficios como los que se realizaban en la rica Lima. Cuando en el Perú se aprobó la concesión de un millón de pesos para premiar a los vencedores de Ayacucho, el gobierno boliviano estuvo imposibilitado de seguir el ejemplo, lo que generó un gran descontento entre los militares, muchos de ellos ahora inactivos. La cuestión, además, acentuó las simpatías por el gobierno del Perú.

En noviembre de 1826 estalló un movimiento militar en Cochabamba y un año después se repitió en La Paz. Las tropas de Sucre consiguieron sofocar las rebeliones actuando con severidad y energía, pero al costo de avivar aún más el descontento popular contra los denominados "colombianos". Estos hechos empañaron una gestión que, en lo general, había estado signada por la honestidad, la justicia y el equilibrio.

La presión de los sectores opositores forzó su renuncia. Sucre ejerció el cargo durante dos años; poco después, un ejército peruano, al mando del general Agustín Gamarra, invadió Bolivia. El mariscal de Ayacucho manifestó su intención de retirarse a la vida privada para reunirse en Quito con Mariana Carcelén, marquesa de Solanda, con quien se había casado por poderes en abril de 1828, y dedicarse al estudio y la agricultura en las tierras de su esposa.

El mensaje de renuncia constituye otra pieza memorable, que merece recuperarse: "No concluiré –dice– sin pedir a la representación nacional, un premio por mis servicios, que, pequeños o grandes han dado existencia a Bolivia, y que lo merecerán por tanto. La Constitución me hace inviolable: ninguna responsabilidad me cabe por los actos de mi gobierno. Ruego, pues, que se me destituya de esta prerrogativa, que se examine escrupulosamente toda mi conducta. Si hasta el 18 de abril se me justifica una sola infracción de ley; si las Cámaras Constitucionales juzgan que hay lugar a la formación de causa al ministerio, volveré de Colombia a someterme al fallo de las leyes. Exijo este premio con tanta más razón cuanto que declaro solemnemente que, en mi administración, yo he gobernado; el bien o el mal, yo lo he hecho, pues, por fortuna, la Naturaleza me ha excluido de esos miserables seres que la casualidad eleva a la magistratura, y que, entregados a sus ministros, renuncian hasta la obligación de pensar en los pueblos que dirigen. [...] Tengo mi conciencia libre de todo crimen [...]. En medio de los partidos que se agitaron quince años, y de la desolación del país, no he hecho gemir a ningún boliviano; ninguna viuda, ningún huérfano solloza por mi causa; he levantado del suplicio porción de infelices condenados por la ley y he señalado mi gobierno por la clemencia, la tolerancia y la bondad".

A principios de 1829 Guayaquil se separó de la República de Colombia y el presidente peruano José de la Mar ocupó la provincia de Loja con una fuerza de cuatro mil quinientos hombres. Agustín Gamarra alistó cerca de tres mil soldados, que sumó a los de La Mar. Sucre, entretanto, revistaba en Cuenca una fuerza que no llegaba a ser la mitad que la de sus oponentes. El jefe colombiano intentó lograr un avenimiento digno para ambas partes, pero las negociaciones fracasaron. En febrero, en Portete y Tarqui, el ejército colombiano venció al peruano. Gamarra, con planes propios, derrocó a La Mar, firmó un tratado con la República de la Gran Colombia y el Congreso del Perú lo designó presidente constitucional.

Tranquilizadas las aguas en el límite sur, la Gran Colombia no conseguía paz entre sus provincias y Bolívar, ungido dictador, contó con su lugarteniente y hombre de confianza de siempre para intervenir en los conflictos internos. Así, el Libertador le encomendó una misión para evitar la secesión de Venezuela, en la que no tuvo éxito. El 20 de enero de 1830 Sucre presidió el último Congreso Constituyente de la Gran Colombia, donde participó como diputado por Ecuador e informó del fracaso de su gestión.

Al confiarle la presidencia del Congreso, Bolívar decidió su retiro "con la mayor confianza, dejando al Congreso presidido por el más digno de los generales de Colombia".

A mediados de 1830 el mariscal Sucre partió de Bogotá camino hacia Quito. Pasados los límites de Cundinamarca llegó a las tierras de Pasto, acompañado por un pequeño grupo. En la madrugada del 4 de junio fue asaltado en una emboscada y asesinado en la montaña de Berruecos por una partida de seguidores del general José María Obando, uno de los más enconados opositores a Bolívar.

Obando debió fugarse para evadir la ley. El coronel Apolinar Morillo, otro de los inculpados, murió en el patíbulo, y los tres soldados ejecutores materiales del asesinato fueron al poco tiempo envenenados, seguramente por los instigadores del hecho.

Las crónicas han dejado constancia del desgarramiento que sufrió Bolívar al enterarse de la muerte de su leal colaborador. Su desaparición confirmaba de algún modo que la etapa de la gesta bolivariana había llegado a su fin. De hecho, el mismo Libertador morirá también poco después.

Los restos mortales del gran mariscal de Ayacucho, que encarnó tanto las aspiraciones constitucionales de Bolivia como el sueño de la Gran Colombia, reposan en la catedral de Quito.

Víctor Paz Estenssoro

1907-2001

Un intento nacionalista y revolucionario

Unos dos milenios antes de la era cristiana, lo que en la actualidad es Bolivia era entonces tierra de agricultores y pastores asentados en la parte andina, y de recolectores y hombres acostumbrados a la guerra, en la parte occidental. Sin costas, Bolivia tiene tres regiones naturales: el altiplano, con una altitud media de cuatro mil metros, donde se encuentra la riqueza mineral (estaño, oro, plata, cinc, wolframita, plomo y cobre); las vertientes orientales de los Andes, con producciones de café, cacao, caña azucarera, soja y coca, y los llanos del este y del norte, selvas y sabanas con ganadería bovina y cultivos de arroz, soja y caña.

Allí se instalaron, alrededor del lago Titicaca, feudos o señoríos, con más de treinta grupos étnico-lingüísticos, cuna de la civilización Tihuanacu. Cuando llegaron los representantes del Imperio español en el siglo XVI, se calcula que la actual Bolivia tenía una población de un millón de habitantes, los que sumados a los del Tahuantinsuyu –el imperio Inca, en lengua quechua–, unos tres o cuatro millones más, representaban la región más poblada de América del Sur. El aymará y el quechua eran las lenguas más comunes.

Bolivia presenta la peculiaridad de tener dos capitales: La Paz, sede del gobierno, y Sucre, asiento del Poder Judicial. Es interesante recordar que el traslado de la capital a La Paz no favoreció la unidad nacional y que la rivalidad con la localidad de Sucre se agudizó, dividiéndose los poderes del gobierno, con el Arzobispado también en Sucre.

Después de la guerra del Chaco, que enfrentó al Paraguay y Bolivia en la década de 1930, nació en la República un nacionalismo agresivo con cierto contenido colectivista. Durante los casi cuatro años de esa guerra cruel fue fermentando una transformación radical en el sistema político y en la repercusión social que produjo. Víctor Paz Estenssoro será parte sustancial de esta nueva página de la historia de Bolivia.

De Tarija a la Universidad de La Paz

Víctor Ángel Paz Estenssoro nació el 2 de octubre de 1907, en el seno de una familia aristocrática, cuyos antecedentes sanguíneos reconocen parentesco con el general José María Paz, el caudillo de la Liga Unitaria de 1830 en la Argentina. Propio de su origen hidalgo señorial, sus padres dieron una sólida formación a sus tres hijos. El padre era un importante banquero de Oruro y senador nacional.

La pequeña ciudad de la Villa de San Bernardo de la Frontera, un tanto colonial, ubicada en el departamento de Tarija, comenzó a transformarse en su aspecto urbano con la construcción de mansiones particulares, tal como la de los padres de nuestro personaje. Allí dio los primeros pasos en su educación elemental, aprendiendo a leer, escribir, las cuatro operaciones y el catecismo. El hombre que se convertiría en la figura más importante del siglo XX en la política boliviana, de pequeño ya había leído a Emilio Salgari, Edmondo d'Amicis, Jules Verne, Alexandre Dumas, Nicolas-Camille Flammarion, Honoré de Balzac, entre otros escritores europeos.

Comenzó la enseñanza secundaria en 1917, en el Colegio Nacional de San Luis, y finalizó el bachillerato en el Colegio Bolívar, a los quince años. Allí pudo presenciar la labor de los trabajadores de las minas de estaño, cuyos grandes propietarios eran las familias Patiño, Aramayo y Rothschild, las que manejaban la vida republicana boliviana como parte de su negocio, conformando una oligarquía que se conoció como "La Rosca".

El interés de los grandes capitales británicos por el salitre de Antofagasta, primero, y por el petróleo del sur, después, desencadenó dos guerras fratricidas en América del Sur: la del Pacífico entre 1879 y 1883, de Chile contra Bolivia y el Perú, y la del Chaco Boreal entre 1932 y 1935, del Paraguay contra Bolivia. En ellas, Bolivia perdió sus costas oceánicas y las tres cuartas partes del territorio chaqueño.

En Oruro, Paz Estenssoro, como joven estudiante, vivió impresionado profundamente por las negras bocas de las minas, de las que entraban y salían obreros polvorientos, en ese medio insano, retribuidos por un magro salario. Ingresó en la Universidad Mayor de San Andrés en La Paz y obtuvo el título de abogado en 1927, a la temprana edad de veinte años.

Cuando inició su actuación política medía un metro setenta, su tez era blanca y se distinguía por su apostura y modales y por sus ojos de mirada penetrante y pupila inquieta, escondidos detrás de anteojos de cristales de generosa graduación. Vestido elegantemente, será diputado en cuatro legislaturas consecutivas. Estructura también un grupo intelectual de izquierda, que se agrupa en el Parlamento formando un bloque bajo la denominación de socialistas independientes, que provocará un cambio cualitativo en la política boliviana.

Fue profesor de economía política y en 1937, asesor financiero del presidente Germán Busch, cuando éste intentó, en vano, controlar el accionar de los poderosos *trust* mineros. Se destacó como gran trabajador, de vida tranquila. Enviudó a temprana edad y fue poco amigo de concurrir a reuniones sociales, donde el tiempo pasaba sin que se concretase objetivo alguno. No bebía ni fumaba, y se distraía cabalgando, admirando la naturaleza o dedicando su tiempo libre a la fotografía. Leía y estudiaba con ahínco y le causaba especial placer revisar balances estadísticos de las actividades nacionales así como libros de economía.

La guerra del Chaco

Esta conflagración fue un equívoco de graves consecuencias. En junio de 1932 se reavivó un viejo pleito que Bolivia tenía con el Paraguay. Paz Estenssoro y los jóvenes de su generación se alistaron como combatientes en ese desolado, tropical y selvático Chaco Boreal. Los soldados del Chaco pertenecían a todas las regiones y clases sociales bolivianas. Fue una experiencia dramática la de luchar unidos en la adversidad de un incalificable desastre político-social.

En medio de la sangrienta guerra, el comportamiento de los hombres enfrentados fue heroico. Bolivia se había preparado cuidadosamente bajo la dirección de técnicos militares alemanes. El más recordado por su capacidad de mando, el general Kundt, creyó poder realizar una *blitzkrieg* (campaña relámpago), pero diversas carencias e ineptitudes logísticas –dado que los soldados eran de la Puna y el Valle y estaban acostumbrados a un clima templado y a un medio completamente diferente del que ofrecía la selva tropical– lo hicieron fracasar. Los paraguayos, en cambio, se desenvolverían con mayor facilidad.

En la contienda se dirimían intereses ajenos, como los de la petrolera Standard Oil Company, con concesiones en el sur de Bolivia. Los países americanos se mostraron indiferentes (salvo la Argentina, que se veía afectada en forma directa) y la criticable actuación de la Sociedad de las Naciones hizo posible la prosecución de las hostilidades, desangrando espantosamente a las dos naciones, que quedaron severamente afectadas; en especial, Bolivia. Cincuenta mil bolivianos y treinta y cinco mil paraguayos perdieron la vida en el campo de batalla.

Concluido el conflicto armado en 1935, una nueva cultura revolucionaria y contestataria desafió al vigoroso poder oligárquico que gobernaba Bolivia. La actuación de Víctor Paz Estenssoro fue demoledora en la descalificación de la falsa democracia y en la afirmación doctrinaria del nacionalismo revolucionario, cuyos fines serían garantizar la justicia social, la desoligarquización del poder y el fortalecimiento de la soberanía nacional. Su consigna se sintetizaba en la necesidad de pasar "de una democracia de castas a una democracia de masas".

EL MNR

El 7 de junio de 1942 se firmó el acta de fundación del Movimiento Nacionalista Revolucionario. De carácter antiimperialista, el MNR fue situándose al lado de las izquierdas sindicales y campesinas.

Los fundadores, todos de clase media letrada, impulsaron un pensamiento definidamente heterodoxo; es decir, una doctrina ajena a cualquier dogmatismo ideológico, pero sólidamente anclada en una lectura objetiva y analítica de la realidad global del país. Su antiimperialismo se estructuró sobre la base de una identidad concreta, la realidad nacional, que reconocía en el superEstado minero-feudal al enemigo principal y el instrumento más conspicuo de la explotación semicolonial de Bolivia.

Las empresas mineras extranjeras, cuyo rostro visible era Simón Ituri Patiño –criollo mestizo propietario de un inmenso conglomerado industrial y comercial, vinculado a los Estados Unidos y Gran Bretaña–, y el latifundismo de tipo feudal dominaban política y económicamente el país.

Por su posición y por su acción realista frente a los cambiantes factores de la política y el poder, Paz Estenssoro fue tildado por sus enemigos, alternativamente, como nazi, fascista, comunista, pro imperialista y liberal. Más allá de cualquier mote, una característica de su personalidad radicó en su enorme capacidad crítica y autocrítica y en su insobornable honestidad personal. Con ese perfil, Víctor Paz Estenssoro será el jefe del MNR durante casi cinco décadas.

Con el MNR en la brega política, Paz Estenssoro se sumó –por cinco días– al gobierno del general Enrique Peñaranda Castillo, hasta el 20 de diciembre de 1943, cuando triunfa un golpe de Estado dirigido por dos agrupaciones, el MNR y Razón de Patria, cuyo líder era el mayor Gualberto Villarroel. El militar asumió provisoriamente la jefatura del país y resultó elegido para continuar el mandato en los comicios que se celebraron con posterioridad, para el período de 1943 a 1946. Según el propio Paz Estenssoro, el presidente Villarroel, de quien fue su colaborador más directo, fue el primer presidente que no tuvo vínculo alguno con los intereses económicos dominantes y cuyas medidas favorecieron a las clases mayoritarias, desencadenando las iras de los grupos privilegiados. "Villarroel demostró que la lucha por la liberación nacional tiene un costo que llega al martirio."

El 21 de julio de 1946, fuerzas contrarrevolucionarias derrocaron al presidente constitucional, lo asesinaron y lo colgaron de un farol en la plaza principal de La Paz.

Recomposición política

Después de la caída de Villarroel se desató una campaña ignominiosa en contra de Paz Estenssoro. Fue perseguido y buscó asilo político en la Argentina gobernada por Juan Domingo Perón. Desde el exilio, continuó la actividad revolucionaria y encontró amigos y simpatizantes que comenzaron a difundir las ideas del grupo por medio del periódico *La Calle*, dirigido por Armando Arce. Era el año 1946, el tiempo de la resistencia popular al gobierno antinacional y de falsa democracia; el tiempo de editar folletos clandestinos, elaborar consignas oportunas, formar organizaciones secretas; el tiempo de recabar y difundir informes periodísticos y mantener correspondencia permanente, abundante y personal con los que en diversos niveles intentaban reconstruir un MNR, casi desaparecido.

Paz Estenssoro conoció en la Argentina al entonces presidente Perón y a muchas otras figuras relevantes de la política nacional, y trabó amistad con otro asilado, José María Velasco Ibarra, ex presidente del Ecuador.

En Bolivia, el gobierno de Tomás Monje Gutiérrez había convocado a elecciones generales para enero de 1947. Se simuló una amnistía pero no se permitió el regreso de los exiliados y continuaron las persecuciones contra el MNR. En los comicios fueron elegidos Henrique Hertzog –ex ministro de Enrique Peñaranda– y Mamerto Urriolagoitía, candidatos del Partido de la Unión Republicana Socialista (PURS), con 44 mil votos aproximadamente. El gobierno, conservador, protegió los intereses de los grandes empresarios del estaño y de las compañías multinacionales, lo que contribuyó a agravar la crisis social y económica del país. Como la situación política no se tornaba favorable al MNR, Perón, que era un político pragmático, reanudó las relaciones con el gobierno de Bolivia.

El gobierno boliviano dio instrucciones a su embajador en Buenos Aires, Gabriel Gonzálvez, para que pidiera sanciones contra los asilados políticos de su país. Perón, a través de la Cancillería, el 5 de julio emitió un decreto "invitando" a Paz Estenssoro, Augusto Céspedes, Clemente Inofuentes, Manuel Barrau, José Quadros Quiroga, Israel Camacho y José Montaño, a abandonar el territorio argentino en el plazo de siete días. El 14 de julio partieron para Montevideo. Allí, por su relación con el senador uruguayo Eduardo Víctor Haedo, Estenssoro conoció y trató al jefe del partido blanco, Luis Alberto de Herrera , de orientación nacionalista. En cambio, la relación con los exiliados argentinos de la

Unión Cívica Radical fue confusa. Ellos sindicaban a los bolivianos del MNR como "peronistas" a pesar de que habían sido expulsados por Perón.

En enero de 1951, el gobierno argentino autorizó súbitamente el regreso de Víctor Paz Estenssoro y en febrero, con motivo de una nueva convocatoria a elecciones en Bolivia, se realizó la Quinta Convención del MNR, en la que Hernán Siles Zuazo fue elegido presidente.

Durante esta época adversa, el MNR se había transformado en un partido de cuadros urbanos, con débil presencia en el movimiento sindical. En adelante, este instrumento vital de liberación se estructuraría como un gran movimiento de masas. Hernán Siles Zuazo fue el artífice local que desde distintas instalaciones clandestinas semilegales comandó, en el terreno, la organización, manteniendo permanentes contactos con los exiliados, otorgando a la resistencia recursos intelectuales y económicos para cubrir las más elementales necesidades de organización, diseñando estratégicamente una revolución nacional, popular y democrática.

Ese año, el binomio Víctor Paz Estenssoro-Hernán Siles Zuazo ganó las "elecciones por voto calificado", con una mayoría del 43 por ciento. La abstención, que en aquel marco electoral llegó al 38 por ciento, sirvió de argumento para anularlas. Estaban ambos en el exilio y con un gobierno adverso. El golpe de Estado fue conocido en Bolivia como el Mamertazo, por haber sido el mismo presidente Mamerto Urriolagoitía quien, reconociéndolos vencedores, prefirió entregar el poder a las Fuerzas Armadas.

Revolución y primera presidencia

Durante 1952 el movimiento obrero gestó una revolución –librada, en particular, desde los oscuros socavones mineros– que concluyó el 9 de abril con la victoria de los alzados. Del 11 al 14 de abril Hernán Siles Zuazo presidió una junta revolucionaria que el 15 de abril entregó el mando de la nación al jefe del MNR, Víctor Paz Estenssoro. De esta manera, iniciaba su primera gestión y se constituía en el cuadragésimo quinto presidente de Bolivia.

El mandato se cumplió entre el 15 de abril de 1952 y el 6 de agosto de 1956. En ese período se realizaron importantes reformas. El 13 de julio de 1952 fue sancionado el voto universal; el 31 de octubre de 1952, la nacionalización de las minas; la reforma agraria el 2 de agosto de 1953, así como también una reforma educativa. Todas las medidas se sustentaron en los principios proclamados por el Movimiento Nacionalista Revolucionario.

Es interesante recordar que después de la revolución del 9 de abril de 1952 la actitud de Perón cambió por completo. Antes de la llegada del avión boliviano que llevaría a Paz Estenssoro a La Paz para asumir la presidencia, el líder boliviano fue a la residencia presidencial argentina para despedirse. Hablaron los dos presidentes durante más de dos horas. Terminada la conversación, Juan Domingo Perón le preguntó si quería ver a la "Señora", como él llamaba a Evita. Recuerda Paz Estenssoro: "Pasé al departamento de ella y me invadió la pena al verla tan disminuida por los efectos del cáncer que padecía. Y me dijo con voz clara: 'Usted, doctor Paz, ahora que es el Presidente de Bolivia, la Rosca no le va a perdonar nunca su lucha y lo que haga mientras ejerza el gobierno; sólo lo va a respetar si tiene poder'. [...] Viajé a La Paz. Estaba en Huanum en un sindicato cuando la radioemisora difundió la noticia de que había muerto Eva Perón, el 26 de julio de 1952".

La reforma agraria

Desde la Casa de Gobierno, Paz Estenssoro expresó con calma y modulando bien las palabras: "La tierra ha sido devuelta a los indios. Ellos son los propietarios autóctonos. El *ayllu* de los incas es, para nosotros, la iniciación del título de propiedad. Los patrones y dueños de latifundios, creados después, tomando o adquiriendo su heredad, no son considerados por el Movimiento Revolucionario Boliviano sino como ocupantes. Vuelven ahora los indios a sus tierras, sea cual sea el estado en que éstas estén trabajadas".

Estos patrones no habían cumplido ni con las obras de misericordia. Al indio le cedían la parcela donde vivía con su familia, a cambio de su trabajo totalmente gratuito. No se pagaba al campesino salario alguno. El hombre tenía que trabajar cinco días a la semana, la mujer era ocupada en los menesteres de la cocina y al servicio del patrón, y los chicos, sin concurrir a la escuela, eran destinados al pastoreo. El derecho de 'pernada' era una realidad.

Dos y medio millones de bolivianos vivían en esas condiciones. Esto fue así hasta la revolución del 9 de abril.

El *Libro blanco de la Reforma Agraria* consignaba, en el artículo 156: "Las expropiaciones serán pagadas con bonos de la Reforma Agraria, que devengarán un interés no capitalizado del 2 por ciento anual, en el término de 25 años", y en el artículo 160 aclaraba: "El importe de las tierras se pagará en el término de 25 años, computable a partir de la fecha de su posesión". Además, Paz Estenssoro alertó: "No aceptamos a los comunistas, ni Bolivia mantiene ni soporta las ideas soviéticas. La revolución se defiende con sus armas por igual contra la reacción y contra el comunismo. En Bolivia se creará un verdadero espíritu de nacionalidad. El gobierno no es comunista. Naturalmente que ha sido necesario tomar algunas medidas severas, por cuanto hemos recibido a la nación con muchos problemas por resolver. La ayuda norteamericana no nos ha exigido nada".

Nacionalización de las minas

Algunos fragmentos del discurso pronunciado por el Presidente al poner en posesión de sus cargos a los miembros de la Comisión de Estudios de la Nacionalización de las Minas, dicen así: "La nacionalización de las minas para nosotros no es un punto programático por influencias foráneas; obedece a necesidades reales y tiene sus raíces en lo más profundo de la vida boliviana [...]. El estaño y el tungsteno bolivianos, además de su valor económico, tienen también un valor político. Son limitadas las fuentes, en el mundo, de que se dispone para su aprovisionamiento. Y si para favorecer a Patiño, Rothschild y Aramayo se cierran los habituales mercados de compra de los metales nombrados, antes que el pueblo de Bolivia muera de hambre, venderemos nuestro estaño y nuestro tungsteno al que quiera comprarlos. Si no se produce la suspensión de nuestras ventas de minerales o, en caso contrario, cuando hayamos superado tal dificultad, se podrá ver cómo era cierto que el control de las minas por parte de los consorcios afectaba directamente a todos los bolivianos y cómo la lucha por la liquidación de ese control era una cuestión de interés nacional.

"Con la nacionalización, los muchos millones de dólares que antes fugaban al exterior, beneficiarán a Bolivia, fortaleciendo su economía. Esos millones, en primer término, han de ser destinados a diversificar nuestra economía, poniendo en actividad las enormes riquezas potenciales que encierra el suelo patrio, y abriendo así grandes posibilidades para el desarrollo de la industria manufacturera y el incremento del comercio. Con esos muchos millones, el Estado tendrá los medios necesarios para un arreglo efectivo de la cuestión de la deuda externa, a fin de recuperar nuestro crédito en el exterior. Con esos muchos millones de dólares el Estado se hallará en situación de abrir nuevos caminos, de levantar escuelas modernas, de llevar la asistencia sanitaria hasta los rincones más alejados de nuestra Patria. Pero por sobre todas las cosas, la disponibilidad de esos recursos ha de permitirnos la realización de otro de los grandes objetivos de la Revolución Nacional: la reforma agraria que, en buena parte, es problema de maquinaria y de técnica.

"Manejadas las minas por el Estado, únicamente con vistas al superior interés de la Nación y desaparecido el afán inmediato y desmedido de los absorbentes empresarios, la explotación podrá racionalizarse con indudable beneficio para la colectividad. Los trabajadores del subsuelo, por su parte, tendrán abiertas las posibilidades para una mejora efectiva en sus condiciones de vida y, sobre todo, pueden abrigar la seguridad absoluta de que no habrá más masacres en Bolivia".

El ejército y las milicias populares

Paz Estenssoro cogobernó conjuntamente con la Central Obrera Boliviana (COB).

Se ha dicho que la presencia de las milicias populares terminó con el Ejército boliviano. El mismo Paz Estenssoro lo explica: "No hay tal abolición del Ejército. Bolivia está reestructurando sobre bases nuevas sus Fuerzas Armadas, dedicándolas, en gran parte, a labores prácticas. Tenemos varios batallones de ingenieros militares en plena labor. Ellos construyen caminos; otras unidades con maquinarias de hidráulica hacen pequeñas presas y perforaciones de agua, cooperando eficazmente al desarrollo del país".

Refiriéndose a las milicias populares, agregaba: "Son indispensables. Son la garantía del régimen. Desde la revolución del 9 de julio de 1952, los campesinos, mineros y obreros han sido armados y se les han dado facilidades para adquirir armas. El pueblo está con el fusil al brazo, vigilando el mantenimiento de sus conquistas".

LA EDUCACIÓN

En la Bolivia prerrevolucionaria la educación era un privilegio de la clase dominante. La inmensa mayoría de la población, constituida por los indios, permanecía en la ignorancia y en el atraso. Los niveles de enseñanza aumentaron notablemente desde la primera presidencia de Paz Estenssoro. En 1952 la estadística marcaba para la población de 6 a 19 años, que 198.753 alumnos concurrían a centros de educación; en 1976 eran 897.376, y en 1992, 1.559.737. Aumentaron las expresiones culturales con premios a las obras literarias, la pintura y la escultura; se formaron la Comisión Revisora de la Historia, el Instituto Cinematográfico y la Academia Nacional de Ciencias.

Cuando Paz Estenssoro concluyó el primer período presidencial, en 1956, en cuatro años había llevado a cabo las transformaciones más profundas de la historia boliviana, con una amplia repercusión internacional.

Reelección presidencial

Tras ocupar el cargo de embajador de Bolivia en Gran Bretaña, Paz Estenssoro volvió al país y buscó su reelección en las elecciones de mayo de 1960. Para esta gestión buscará la compañía del líder obrero y jefe de la COB Juan Lechín Oquendo, su candidato a la vicepresidencia. La fórmula cosechó el 74 por ciento de los votos.

En este segundo mandato, iniciado el 6 de agosto de 1960, por un lapso de cuatro años, intentará profundizar las reformas y modernizar el Estado. La búsqueda del desarrollo del Oriente boliviano –particularmente de Santa Cruz– no tendrá pausa, y para lograr ese propósito apostará al fomento del sector agrícola, a través de los programas de donación de los Estados Unidos, por intermedio del Servicio Interamericano de Desarrollo (SAI), y de los proyectos de migración de ciudadanos japoneses, que llegaron al país para trabajar como agricultores y fundaron las colonias de Okinawa y San Juan. El gobierno llegó a un acuerdo con los Estados Unidos para modernizar la industria del estaño y se fundó el Instituto Nacional de Ecología.

Con el transcurso de los años y la permanente interferencia de las Fuerzas Armadas, sufrió lo que el ejercicio del gobierno trae consigo, el desgaste. El creciente descontento de la población, disconforme con que el Presidente modificara las leyes para habilitar su reelección, debilitó rápidamente su poder. Igualmente, triunfó en los comicios electorales de 1964.

En la vicepresidencia lo acompañaba entonces un joven militar, René Barrientos Ortuño, y era comandante de las Fuerzas Armadas Alfredo Ovando Candía. Ambos lo traicionarán y encabezarán un golpe de Estado, transcurridos apenas noventa días de su reelección.

En la mañana del 4 de noviembre de 1964, mientras por las radioemisoras paceñas se difundían arengas llamando a bloquear las carreteras para impedir la fuga de Paz Estenssoro, en la puerta del avión que lo conduciría a Lima, el mandatario destituido lanzó una frase que el tiempo se encargaría de corroborar: "Volveré en hombros de mis opositores".

Tocará a este gobierno *de facto* poner fin al intento guerrillero de Ernesto "Che" Guevara, quien fue apresado y asesinado en octubre de 1967.

Un nuevo mandato

Paz Estenssoro permaneció exiliado en el Perú hasta 1971, año en que regresó a Bolivia para incorporarse como consejero del gobierno dictatorial de Hugo Banzer Suárez. Fue expulsado tres años después, por manifestar públicamente su oposición al régimen militar. Regresó en 1978 y se presentó como candidato en las elecciones de 1979, en las que ninguno de los postulados alcanzó la mayoría. Los nuevos comicios se celebraron al año siguiente, pero el legendario dirigente del MNR, aunque postulado nuevamente a la presidencia, optó por abstenerse.

Triunfa en las elecciones de 1985 y forma un gobierno de coalición con la Acción Democrática Nacionalista (ADN) liderada por

Hugo Banzer. En el período que va del 6 de agosto de 1985 al 6 de agosto de 1989, Julio Ayllón lo acompañará como vicepresidente. La estabilización de la economía fue su principal iniciativa política. Para este propósito dictó un decreto supremo, el N° 21.060, que sentó bases jurídicas y que se hizo famoso. El periódico argentino *La Razón*, en su revista *Cien personajes del siglo XX*, refiriéndose al decreto dice: "Tenía disposiciones para obtener un tipo de cambio real y flexible, la eliminación de la emisión inorgánica de billetes, la libre importación de bienes, el fomento de las exportaciones, la libre contratación de trabajadores, la libertad de precios, la descentralización de COMIBOL y la desaparición de la Corporación Boliviana de Fomento. Aquella política económica significó la adecuación de Bolivia a los tiempos actuales de globalización y libertad de mercado".

Adaptado a los nuevos vientos políticos internacionales y abandonando algunas de sus históricas pautas programáticas, el gobierno de Paz Estenssoro implantó un programa de ajuste neoliberal: suprimió subsidios, cerró empresas estatales y eliminó el control sobre los precios y sobre la cotización del dólar. El cierre y el arriendo de las minas dejaron sin empleo a miles de obreros, al tiempo que se paralizaba la inversión productiva. Con despidos masivos y una drástica reducción de los salarios se logró contener una inflación de cuatro dígitos.

El gobierno fijó los cimientos de una nueva política económica, que derrotó la peor inflación padecida hasta entonces por un país latinoamericano, desburocratizó el Estado y garantizó su papel de regulador y promotor de proyectos.

Al finalizar el período presidencial, Paz Estenssoro se retiró a su finca de Tarija. En junio de 2001, próximo a cumplir noventa y cuatro años, fue internado de urgencia por una trombosis cerebral. El jueves 7 de junio murió el que fuera cuatro veces presidente de la República de Bolivia, habiendo ejercido la primera magistratura un total de doce años, seis meses y veintidós días. El 20 de junio de 2001 su memoria fue homenajeada en el Consejo Permanente de la Organización de Estados Americanos.

Francisco Solano López

1827-1870

El dictador que soñó con convertir al Paraguay en una potencia

"No se fundirá bronce bastante en América
para glorificar a Francisco Solano López por haber sabido
abrir el cimiento de un Estado en el fondo de una selva."

CARLOS PEREIRA

Francisco Solano López nació en Manorá, una localidad de las afueras de Asunción del Paraguay, el 24 de julio de 1826. Era hijo de don Carlos Antonio López, en tres oportunidades primer cónsul del Paraguay. Francisco Solano, que lo sucede en 1862, intentó refirmar la presencia paraguaya en la región platense. Esto lo llevó a encarar la guerra de la Triple Alianza contra el Brasil, la Argentina y el Uruguay entre 1865 y 1870, en la que fue derrotado y muerto en circunstancias confusas.

Su desaparición simboliza, en buena medida, la condena del Paraguay a ser un país postergado.

La independencia del Paraguay

Don Carlos Antonio López, paraguayo mestizo, con mezcla de sangre india y española, y casado con doña Juana Carrillo, de pura sangre española, fue elegido primer coronel en 1841. Al año siguiente, el 25 de noviembre, el Paraguay proclamó su independencia y el 13 de marzo de 1844 se creó la institución presidencial, que ocupó el mismo López.

Inició una política de relaciones exteriores con el mayor énfasis respecto de sus vecinos y creó y organizó un ejército de gran envergadura para la época y la dimensión del Paraguay. En su mente cobraba forma la utopía de edificar el Estado más poderoso de la región.

Dispuso en 1842, a través de una ley, la liberación gradual de los esclavos. Fundó escuelas públicas, esperanzando al pueblo con la llegada de un tiempo mejor. Consiguió que Inglaterra, Francia y Bolivia reconocieran al Paraguay como Estado soberano, decisión a la que después se plegarían los Estados Unidos.

En 1845 se fundó el primer diario, *El Paraguayo Independiente*. Según sus detractores, López promocionaba su gestión y demostraba al mundo sus aptitudes intelectuales. Estrechó relaciones con la Iglesia y la convirtió en un sostén de su gobierno, y logró que el Papa nombrara obispo del Paraguay a un hermano suyo. Designó a familiares y amigos en puestos gubernamentales clave y se proclamó luego presidente vitalicio, convirtiéndose en un gobernante con poderes absolutos. Murió el 10 de septiembre de 1862.

Una sucesión hereditaria

En octubre de ese año su segundo hijo lo sucedió en el cargo. Francisco Solano López había sido nombrado por su padre, ministro de Guerra y general en jefe de las Fuerzas Armadas.

El joven López era arrogante y tiránico. Su guía espiritual, el padre Marcos Antonio Maiz, lo acompañaría hasta su muerte. Diez años mayor que su discípulo, era uno de los hombres más destacados e instruidos del Paraguay.

Solano López gobernó un país cuyo pueblo estuvo siempre sometido a las autoridades, sumiso y obediente, al punto de guardar un respeto reverencial hacia los militares. El pueblo paraguayo se debatía entre la indigencia y la pobreza, y era pasible de ser apaleado por la simple decisión de los jefes políticos y militares.

Quizá la expresión más fuerte contra López sea la que el coronel Thompson –a quien se considera un hombre prudente en sus dichos– dejó estampada en el prefacio de su obra, donde expresa: "Considero a López como un monstruo sin igual". Belisario Rivarola, quien fuera ministro de Educación, en un artículo publicado en el diario *El Liberal* de Asunción, en marzo de 1926, manifestó: "Es verdad que hay compatriotas que se proponen glorificar a este proterver, que es la forma de levantar a un héroe nacional y legendario... pero si así fuera, López sería el personaje menos indicado para tal fin, pues... no arriesgó nunca la vida aunque envió a la muerte a la mayor parte de la población masculina... en aras de su ambición". Opiniones vertidas por paraguayos instruidos y, en apariencia, entendedores de estas cuestiones. Sus juicios están basados en narraciones de sobrevivientes de la guerra y en documentos encontrados en los archivos de la Nación.

Bajo el gobierno de Solano López nadie estaba libre de ser acusado sin motivo, y por ello encarcelado y encadenado, y de sufrir el hambre y los malos tratos, sin descartar la tortura. Se crearon los tristemente célebres campos de concentración. En uno de ellos, denominado Emboscada –quizás el peor, si fuera posible establecer tal categoría–, ubicado en las márgenes del río Guazú Piré, las mujeres eran llamadas "las destinadas", en alusión a la reclusión que debían enfrentar hasta la muerte. La prosapia era también castigada en las mujeres, a quienes se obligaba a hacer los más duros trabajos y, en ocasiones, eran entregadas a la bárbara soldadesca.

Otras opiniones concordantes

El escritor Francisco Decoud, en ese momento propietario de la franja de terreno denominado Emboscada, contó en su libro *Una década*, las penurias sufridas por esas desdichadas mujeres. Otro escritor, el brasileño Gustavo Barroso, quien firmaba con el seudónimo de João Donorte, ha escrito con indignación contra la elevación de López a la categoría de héroe nacional. Exhibió como prueba irrefutable los episodios de la condena de los hermanos del Presidente y de la propia madre de López. El Mariscal firmó la sentencia el mismo día en que fue muerto.

Son tantas y de tanta gravedad las denuncias de las atrocidades de López que asombran, como también asombran posteriores actitudes opuestas a las mencionadas, que obligan a preguntarse la causa de tan dispares conductas en una misma persona. Por un lado, López es capaz de cometer todo tipo de horrores, pero al mismo tiempo una serie de hechos ponen de manifiesto posturas y conductas que no concuerdan con un individuo de semejantes características.

Tal vez el ahogo geográfico y las ambiciones del Imperio del Brasil sobre el territorio paraguayo, así como sobre toda la región del Plata, permitan aproximarnos a una primera explicación para esta conducta aparentemente irracional y contradictoria.

El criterio de López

No experimentaba López el sentido americano de la conquista territorial. Su preocupación central era el control de las vías fluviales, partiendo del punto más alto al que pudiese llegar en el río Paraguay. Era evidente que, a mediados del siglo XIX, el peligro brasileño no se manifestaba sólo hacia el Paraguay sino que, más bien, se situaba en el Uruguay. En caso de haberse concretado un pacto de amistad y navegación entre paraguayos y uruguayos, esto hubiera impedido que los brasileños fondearan sus naves en el puerto de Montevideo, dado que los portugueses y sus herederos, los brasileños, lo consideraban –no sin cierta razón– un apéndice necesario del Brasil.

López había contemplado estas cuestiones y había trazado los planes a seguir. Calculaba que en caso de un avance brasileño sobre territorio uruguayo era posible que se le opusiera allí un muro de contención, y que en el caso paraguayo podría utilizar una estrategia similar. Su proyecto consistía en llevar la línea de avanzada paraguaya tan adelante como fuera posible en dirección al Mato Grosso.

Resulta, pues, claro que el Paraguay, prolongación geográfica del Mato Grosso, constituía una amenaza para el Brasil, por estar alejado del centro coordinador brasileño. El Mato Grosso por vía fluvial se encuentra nada menos que a unos dos mil quinientos kilómetros de distancia de Rio de Janeiro.

Política y amor en Europa

Francisco Solano López había sido enviado a Europa por su padre, el Presidente, en los años 50. No llevaba una misión específica, sino una imprecisa orden de hacer conocer el Paraguay al mundo. Iba con el cargo de ministro itinerante, con la intención de visitar todas las cortes de Europa.

Fue un largo viaje que se extendió durante dieciocho meses. Visitó Francia, Italia, Inglaterra y España, con mucha audacia y disponiendo de todo el dinero necesario. La estancia europea le proporcionó un conocimiento del mundo y le permitió adquirir una gran desenvoltura.

Era López un general que no llegaba a los treinta años cuando paseó por el Viejo Mundo con sus llamativos uniformes y su algo curiosa figura sudamericana de tez oscura, baja estatura y algo excedido de peso. Salvo el español, su idioma nativo, y un superficial conocimiento del francés, suficiente para hacerse entender, no dominaba otra lengua. Llegado a Francia, visitó los lugares públicos más importantes y se abocó a lecturas científicas y textos de técnica militar con el objeto de prepararse para gobernar a los paraguayos, quienes deseaban tener un futuro presidente culto y cumplido.

En París conoció a la que será la mujer más importante de su vida. Inteligente y ambiciosa, Elisa Aloisa Lynch había nacido en Irlanda en 1835 y se había casado a los quince años con el capitán Javier de Cuatrefages, con quien vivió durante tres años en Argelia. Lo dejó, según ella relató más tarde, a causa de una enfermedad. No obstante, otras informaciones aparentemente fidedignas consignan que se produjo un duelo entre un militar y un civil que pugnaban por sus favores. Por motivos religiosos y trabas legales, sin embargo, el divorcio jamás se concretó, aunque sí hubo un arreglo de "dispensa liberadora" para Elisa, acordada ante escribano público a cambio de una importante suma de dinero.

Sobre finales del año 1851, Elisa Lynch se instaló en París y conoció al ministro itinerante del Paraguay a través del secretario de la delegación, don Juan José de Brizuela. Francisco quedó prendado de la *Madame*, no sólo por su belleza sino también por su fascinante personalidad. Había recibido una excelente educación, hablaba varios idiomas con fluidez, era una excelente amazona, tocaba el piano y había practicado esgrima. Además, como resultado de los viajes realizados junto a sus padres, se desempeñaba con gran desenvoltura en los ambientes diplomáticos.

Fue determinante la influencia que Elisa ejerció en los aspectos culturales y sociales sobre el joven Francisco, a quien además guió en el campo de las relaciones políticas internacionales. También lo condujo con acierto para mejorar su apariencia personal, vistiendo ropa confeccionada por el mismo sastre que vestía al emperador Napoleón III y realizando retratos con pintores bien conceptuados.

Comenzó a asistir a exposiciones de pintores famosos y se convirtió en degustador de los vinos finos de la región de Alsacia; conoció a Liszt, a Donizetti y a Aubert; fue asiduo concurrente al Téâtre Français y admirador del célebre Alfred de Musset, a quien visitaron y reconfortaron durante su enfermedad, hasta su muerte.

Trabas en el camino

López mantuvo audiencias con reyes y secretarios de Estado. El 5 de diciembre de 1853 fue recibido por la reina Victoria en la isla de Wight. A fines de marzo del año siguiente se entrevistó con el rey Vittorio Emanuele en Turín y recibió la orden de los santos Maurizio y Lázaro.

Continuó su viaje a Roma y se hospedó en la Piazza Navona, frente a las figuras de Gian Lorenzo Bernini. Conoció al cardenal Antonelli, secretario de Estado del Vaticano, a quien solicitó una audiencia con Pío IX, que no llegó a concretarse por supuestos problemas de salud de Su Santidad. Antonelli lo invitó a regresar días después, y en ese segundo encuentro le comunicó su pesar por las controversias suscitadas a partir de las pequeñas discrepancias en las relaciones entre ambos Estados. López percibió entonces la verdadera causa de la frustrada audiencia con Pío IX.

Visitó más tarde Génova y Venecia, en ese momento bajo la dominación austríaca. Recorrió Bologna y Florencia y admiró las maravillas de su arquitectura y sus expresiones artísticas.

Se dirigió a París, donde permaneció por espacio de algunos meses, y partió luego a España. En Madrid le ocurrió un episodio similar al vivido en Roma. El ministro del Exterior, Calderón de la Barca, utilizó su habilidad para desviar al paraguayo de su intención de acudir al gabinete de su majestad Isabel, quien se negó a recibirlo invocando deudas contraídas en la época de la emancipación paraguaya. Por fin, comprendiendo que la reina no lo recibiría, celebró con Calderón un tratado de amistad y navegación, tras lo cual abandonó Madrid y regresó a Francia.

Tras estos dos reveses diplomáticos se mostró relativamente abatido. Sabía que su padre ansiaba ver regularizadas las relaciones con el gobierno español y tenía cifradas sus mayores esperanzas en la habilidad de su hijo para llevarlas adelante. De todos modos los unía una respetuosa distancia, y la comunicación entre los dos se establecía a través del ministro de Relaciones Exteriores. De regreso en París, Elisa intentó consolar su espíritu. "Francis", como ella lo llamaba, sobrepuesto, viajó a Londres para verificar la marcha de la construcción de la goleta cañonera que había encargado. No aceptó su compañía aduciendo que el viaje sería rápido y que sólo lo acompañarían algunos técnicos.

Paralelamente, la situación europea se complicaba. La flota franco-inglesa intentaba bloquear el mar Báltico para sitiar a la flota rusa en sus propias aguas y mantenía cercado el Mar Negro. Todo esto conspiraba contra las actividades que debía llevar a cabo Francisco, ya que era necesario despachar todo el material adquirido por ferrocarril: un astillero para la construcción de vapores, una siderurgia desmontada y un tendido de redes telegráficas hacia el Paraguay.

Debía seleccionar, además, un batallón de técnicos, ingenieros ferroviarios y telegráficos, así como químicos, médicos y otros especialistas. Todo ello consta en documentación oficial del archivo paraguayo.

Etapa de éxitos

Todos estos hombres y las industrias harían grande y fuerte al Paraguay y coronarían una misión exitosa. Fue la mayor importación de técnicos y maquinarias que un país sudamericano hubiera hecho hasta entonces.

Elisa, que al principio lo veía superficial y con demasiado dinero para gastar, comenzó a advertir otro aspecto de su personalidad. Francisco debía complacer a su padre en todo lo que se esperaba de él, y no era algo sencillo. Intercambiaba correspondencia con Asunción, explicando con detalle y justificando los pasos que daba, defendiendo su gestión europea. Su proyecto consistía en convertir el Paraguay en un país adelantado, donde el dinero y la disciplina fueran parte del sistema. Al carecer de deudas, internas o externas, sólo necesitaba tecnología para alcanzar el despegue definitivo.

Con orgullo, Elisa se enteró de que su marido había ordenado que se retiraran aquellos proveedores que le ofrecían dinero en concepto de "retorno". Además, Francisco se convirtió en un óptimo compañero. Juntos visitaban los mejores teatros de París, donde asistía la más selecta concurrencia para disfrutar de los mejores conciertos y conjuntos de ballet. La compañía de Elisa constituía para Francisco un motivo de orgullo cuando trataba con altos funcionarios y con empresarios, con quienes convenía la compra de materiales que después enviaría al Paraguay. Comenzaron a estudiar juntos. Él le enseñó español y Elisa lo ayudó a perfeccionar su inglés. El joven ministro estaba ávido de aprender idiomas, al punto que incluyó el alemán, pues deseaba viajar a Berlín y a Austria. El latín, lengua que había aprendido en su paso por los colegios de los padres jesuitas, le resultaba de utilidad para relacionar el sentido de las palabras.

A causa de la guerra de Crimea la vida social parisina había perdido brillo. Sin embargo, la emperatriz Eugenia, proveniente de una familia noble española en decadencia, continuaba ofreciendo fiestas en el Palacio de las Tullerías. A una de ellas, en el mes de marzo de 1854, fue invitado el ministro paraguayo. Para esa ocasión, Elisa recibió de Francisco un valioso juego de diamantes.

Elisa y Francisco se entremezclaban con lo más selecto de París: damas con imponentes toilettes, caballeros cuyo pecho lucía condecoraciones, confundidos con indias con lujosos *saris*, marajáes imponentes con enormes turbantes, millonarios, jeques árabes y aristócratas locales. Los jardines y el parque se iluminaban con extraños faroles orientales; la noche era primaveral. Francisco conoció allí su hora más gloriosa.

En otra oportunidad, el ministro de Guerra de Francia invitó a López a presenciar el desfile y la revista a las tropas que serían enviadas a Crimea, en presencia del Emperador. El francés ordenó a un brigadier transferir el mando de su unidad al brigadier general Solano López, como una consideración al país amigo. Francisco efectuó a la perfección las correspondientes evoluciones y movimientos que la ocasión requería, y una vez restituido el mando a su titular, recibió la felicitación de Napoleón III.

La atención especial que los franceses dispensaban a López se debía a cuestiones estratégicas en relación con el Hemisferio Sur, conveniencias comerciales y un sigiloso comunicado del gobierno británico, que alertaba al aliado francés que el zar Nicolás I intentaría gestionar un préstamo al gobierno paraguayo, en ese momento, el único país rico sin deudas en el mundo, y sin compromisos con una red financiera internacional.

Solano López se reunió con Drouyn de Lhuys, ministro de Negocios Extranjeros, quien lo presentó al canciller francés. Éste destacó con énfasis que los aliados amigos del Paraguay esperaban que Asunción mantuviera una neutralidad financiera en la guerra de Crimea contra los rusos, y le pidió que la industria y el comercio franceses tuvieran el mismo grado de participación que los ingleses. López prometió interceder a su favor ante su padre y solicitó una audiencia con Napoleón III, que le fue concedida. El Emperador le entregó en mano un saludo para el Presidente paraguayo y una fotografía suya con la Emperatriz.

El 4 de noviembre de 1854 la delegación paraguaya ofreció una recepción en homenaje al presidente Carlos López para festejar un nuevo aniversario de su natalicio, y cuatro días después Solano López recibió un extraordinario homenaje por parte del gobierno francés: le fue otorgado el grado de comendador con la Orden Imperial de la Legión de Honor, condecoración que en América sólo había recibido el emperador Pedro II del Brasil.

Faltaban algunos días para comenzar el viaje de regreso al Paraguay cuando Elisa compró los muebles y todo lo necesario para instalar su próxima casa en Asunción. En Burdeos, ella se embarcó hacia Buenos Aires a principios de diciembre, en el transatlántico *Ville de Marseille*; López partió unos días después en el viaje inaugural del *Tacuarí*, una corbeta cañonera de vapor, comandada por el capitán inglés George Morice.

Desembarcada en Buenos Aires y en su camino hacia el Consulado paraguayo, Elisa tuvo la inesperada sorpresa de encontrarse con una ciudad construida al estilo europeo. El 6 de enero de 1855 la *Tacuarí* fondeó en el puerto de Buenos Aires, y poco después, el 21 de enero, Francisco continuó viaje hacia Asunción. En Buenos Aires Elisa tuvo su primer hijo, ese mismo mes, a quien registró y bautizó en la embajada paraguaya.

Convenio con el Brasil

Solano López visitó de inmediato a su padre, poniéndolo al tanto de que su amigo Brizuela, de la delegación paraguaya en París, había regresado a América para ocupar en Montevideo la responsabilidad de encargado de Negocios del Paraguay. Brizuela había advertido la presencia de la flota brasileña en el puerto de Montevideo y su intención de navegar aguas arriba.

De acuerdo con su padre, Francisco convocó a todos los paraguayos útiles a las armas y ordenó evacuar la capital y destruir lo que pudiera ser de utilidad a los invasores. Para alertar a su pueblo, utilizó todos los medios disponibles, desde publicaciones en periódicos hasta avisos en los púlpitos.

El capitán Mesa, comandante de la escuadrilla paraguaya, se afirmó en la fortaleza de Humaitá y envió un mensaje al almirante brasileño Ferreyra, en el que le expresaba que no veía inconveniente en que llegara hasta el Mato Grosso, pero antes debía comunicarse con sus pares de Asunción, para lo cual le ofrecía los servicios del correo internacional. El almirante Ferreyra aceptó estos términos y se comunicó con el ministro de Relaciones Exteriores paraguayo, alegando que llegaba con algunos poderes para tratar las cuestiones de límites pendientes y con el objetivo de solucionarlos por medios pacíficos. El presidente López y sus ministros Falcon y Solano López respondieron que autorizaban la entrada en aguas paraguayas de un solo buque. Ferreyra, inteligente, aceptó. Dio aviso a su flota y continuó a bordo de la cañonera *Ipiranga* de menor calado que el buque insignia que habitualmente tripulaba, y se internó en aguas paraguayas. Fue recibido por el canciller Falcon, con quien debatió algunos temas referidos a límites de navegación, tendientes a la comunicación entre el Mato Grosso y la capital brasileña.

Francisco fue designado negociador del Paraguay. Tras agotadoras deliberaciones, con el sentido de formalizar algún entendimiento, se firmó un tratado *pro forma* de navegación, con la intención de ambas partes de evitar acciones bélicas.

Entretanto, Elisa recibió carta de Francisco en la que le autorizaba embarcarse rumbo a Asunción. A bordo del *Uruguay*, buque de bandera paraguaya, tocó puerto el 15 de marzo de 1855. Llegaba, al fin, al misterioso Paraguay, con su hijo Panchito y con Julie, su asistente. Trasladada a la residencia, de auténtico estilo castellano, en una sola planta, fue recibida por Tomasa, la criada, quien cortésmente le dio el nombre con que todo el Paraguay la llamaría a partir de ese momento: Madame Lynch.

La situación política y personal de Solano López era inmejorable, aunque la de Sudamérica distaba mucho de serlo. El 6 de abril de 1856 quedó sellado un Tratado de Amistad, Navegación y Comercio con el Brasil, en cuya confección intervinieron los Estados Unidos y más tarde Inglaterra. Sin embargo, los resultados no fueron satisfactorios para las partes. Los principales puntos en disputa quedaban latentes.

Acuerdos y desacuerdos

El general López, "sucesor natural" de su padre Carlos en la presidencia, tomó como misión principal la cuestión de conjurar los avances del Brasil. Para lograrlo, resultaba imprescindible una alianza con Bolivia, la Argentina y el Uruguay. Sin embargo, el sentimiento unificador de López chocó contra varios obstáculos. El Uruguay era un caos y la Argentina se batía en lucha entre las fuerzas de Buenos Aires y la Confederación. Interesado en el tema, el propio Solano tomó intervención personal a favor de una solución pacífica entre Bartolomé Mitre (Buenos Aires) y Justo José de Urquiza (Confederación), y realizó, sin éxito, una "gestión de buena voluntad".

Las cuestiones de límites siguieron postergando las soluciones. El 12 de noviembre de 1864, las relaciones entre el Brasil y el Paraguay quedaban definitivamente rotas. El Brasil retiró a su ministro. Hacía dos años que Francisco Solano López era presidente y lo sería por espacio de un año más, hasta 1865, aunque desde distintos cargos siguiera luchando por su país hasta 1870.

López no supo o no pudo conjurar el peligro que significaba el entendimiento del emperador Pedro II del Brasil con la Argentina del presidente Mitre, agravado por la instauración de un gobierno brasileño en Montevideo. Su ejército no estaba consolidado, y sabiendo que existían facciones descontentas con Mitre en la Argentina y con Venancio Flores –designado presidente del Uruguay por los brasileños– debió haber considerado ese apoyo eventual para sus fuerzas. Entre 1862 y 1864 las fuerzas paraguayas sumaban cerca de cuarenta mil hombres, pero este número, aunque importante para la época, resultaba exiguo.

Brasil había enviado al Uruguay, en apoyo del gobierno de

Venancio Flores, unos diez mil soldados, y entre 1864 y 1866 habían salido de las fronteras brasileñas casi cincuenta mil hombres más.

Solano López terminará siendo el autor de su propia derrota. A principios de 1865 pidió al presidente Mitre autorización para atravesar la provincia argentina de Corrientes para ir en auxilio de Montevideo. Este pedido, que se hizo casi simultáneo –si no posterior– al ingreso de tropas paraguayas en Corrientes, brindó al presidente argentino la excusa para aliarse al Brasil.

En guerra

En marzo de 1865 López declaró la guerra a la República Argentina. A la vez, Mitre permitió el paso de las tropas brasileñas por territorio argentino, en su camino hacia Rio Grande. Así, López terminó enfrentándose a la Triple Alianza conformada por la Argentina, el Brasil y el Uruguay.

El 2 de mayo de 1866 el ejército paraguayo atacó a los aliados en Estero Bellaco, alcanzando una pequeña victoria, aunque pronto las mismas tropas fueron repelidas. Los aliados los persiguieron y el 24 hubo un gran choque en Tuyutí, donde los paraguayos fueron destrozados y tuvieron más de diez mil muertos. Las tropas vencedoras, sin embargo, se alejaron de la zona por hallarse infectada de paludismo, quizás el único aliado con que contó el presidente López.

López se resistía a seguir perdiendo posiciones. No obstante, el 3 de septiembre cayó Curuzú en otra épica acción, y como consecuencia Mitre se colocó a las puertas de Curupaytí. Una semana más tarde, el Mariscal se reunió con el general Mitre y con Venancio Flores, con el espíritu devastado por la derrota, y ofreció virtualmente una paz. Pero la reunión no prosperó y la guerra siguió adelante.

Ahora López contaba con un sólido argumento a su favor y el rechazo de Mitre avivó el fervor de los paraguayos. No era una lucha circunscrita a un presidente o a un gobierno, sino que el agravio alcanzaba ahora a todo un pueblo.

El asalto de Mitre a Curupaytí el 22 de septiembre es probablemente el ataque más inexplicable que conozcan las guerras americanas. Con algo más de quince mil hombres, entre argentinos y brasileños, el general argentino atacó por el este y por el sur. El ejército paraguayo logró engañar a las tropas aliadas, quienes en la creencia de que las baterías se encontraban silenciadas, se lanzaron en un ataque descubierto. Los paraguayos los ametrallaron sin encontrar resistencia y Mitre perdió cerca de ocho mil soldados. Esto desencadenó una aguda discordia en las filas aliadas y precipitó el término de la coalición en el campo operativo.

Ante el desastre en ciernes, Venancio Flores se retiró a Montevideo. Morirá asesinado en febrero de 1868.

Ese mismo año, una reducida formación brasileña de tres acorazados atravesó el paso de Humaitá, a la par que el general López descubría una conspiración en su contra. Las huellas lo condujeron hacia sus hermanos Venancio y Benigno, su cuñado, el ministro Berges y su vicepresidente Sánchez. Carlos Pereira consignó que los conspiradores aparecieron "como núcleo de una tendencia a la capitulación, que aceptaba íntegramente la entrega de la patria al enemigo". Pero es factible que López estuviera dispuesto a inmolarse, a dejar sus huesos entre las ruinas del Paraguay. De otro modo, ¿cómo se comprende que no haya mandado fusilar a quienes lo traicionaron?

Las fuerzas paraguayas intentaron hacerse fuerte en Pirquisirí, en la línea de Angostura, pero en octubre de 1868 cuatro acorazados de bandera brasileña atacan esa zona y los paraguayos no consiguen defender la posición, sucumbiendo una vez más y debilitando la defensa del Chaco. El marqués de Caxias, jefe enemigo, marchaba a la cabeza de casi treinta mil soldados. En la Rinconada de Tororó se enfrentó con las fuerzas de López y las derrotó.

Resistencia y retirada

A finales de 1868 el ejército paraguayo se reducía a trece mil hombres. Francisco sabía que el enemigo era más fuerte y que además tenía a su favor el dominio de las comunicaciones fluviales.

Mucho estuvo en juego en las Lomas Valentinas, donde tuvo lugar una importante acción. Los paraguayos pelearon con denuedo durante seis días, entre el 21 y el 27 de diciembre. El enemigo cargó al filo de las bayonetas y atravesó las trincheras. Ha afirmado Jourdan: "No es posible decir qué cosa era más admirable: si la tenacidad del ataque o la pertinacia de la defensa".

El jefe aliado le ofreció a López una rendición sin condiciones, que no fue aceptada. Pero el 27 la situación llegó a un punto insostenible y López, con apenas un millar de soldados, se retiró a Cerro León. Sólo tenía a su favor los fangosos pantanos cercanos a las riberas del Paraguay, el cólera y el paludismo, y el enorme y bravo corazón de sus soldados. El enemigo tenía el control de los ríos y los recursos, y un ejército infinitamente superior. El coraje de los paraguayos, sin embargo, prolongó la guerra más allá de toda lógica.

En enero de 1869 López, en Cerro León, consigue reagrupar y rearmar sus fuerzas. Se traslada a Peribebuy, donde se hallaban el tesoro, los caudales de las iglesias y el archivo nacional, pero los aliados consiguen tomar la plaza y López pierde todo. Huyó intentando establecerse en algunas ciudades, pero una y otra vez es perseguido por los aliados. Al cabo, en enero de 1870, los paraguayos abandonan su último reducto en las alturas de El Paradero y se dirigen al Paraná.

Graves amenazas

Un mes después, con fuerzas diezmadas y muchos soldados apenas adolescentes recién reclutados, López logra establecer su campamento en Cerro Corá, con unos mil doscientos hombres. El enemigo no lo persigue; en las filas aliadas comienzan las deserciones, ya que no hay enemigo que combatir, y los soldados ocupan su tiempo en procurar alimentos.

La traición acechaba. Se hablaba de entregar a López y salvar la vida. Apareció entonces la palabra "asesinato". Sí, asesinar a López.

Mucho se ha tejido alrededor de esto y poco ha salido a la luz. López estaba solo. Venancio, su hermano –resentido por la relación de Francisco con Elisa Lynch, que censuraba–, negociaba con los jefes brasileños. Se había firmado un decreto que ponía a López fuera de la ley. Venancio sugirió a su madre que lo envenenara. Un círculo de intriga y muerte se cerraba sobre él.

Pero el Mariscal no muere envenenado. Castillo, su médico, descubrió el complot y López secuestró a su propia madre, Juana, e intentó reunir un consejo de guerra, que no prosperó. Desertaron los cirujanos que todavía lo acompañaban y el estado del "ejército", con menos de quinientos hombres y seis cañones, era desastroso. Alguien delató el sitio del campamento y fue atacado desde dos frentes el 1° de marzo de 1870.

Envió López al teniente coronel Solís, héroe de Piquisirí, a reconocer las fuerzas enemigas y en el transcurso de su acción fue muerto. El general Roa corrió la misma suerte. López trató de escapar, pero tuvo que regresar al campamento para intentar una resistencia desesperada.

El presidente y mariscal combatió cuerpo a cuerpo. Recibió un sablazo en la cabeza y una herida en el vientre. Sus hombres le quitaron de encima algunos enemigos y corrieron en su auxilio. Uno de ellos, Silvestre Aveiro, le gritó en guaraní que había una ruta de escape, que lo siguiera. Se internaron en la espesura y tras algunos minutos López, vencido por la hemorragia, cayó del caballo. Aveiro y dos o tres más que lo habían seguido lo llevaron a la orilla de un arroyo.

Aparecieron entonces algunos soldados enemigos, con el general Correa de Cámara al frente. Éste se acercó a López, dicen que dialogaron un momento pero que López no aceptó la rendición incondicional a cambio de salvar su vida.

Un último gesto

Cuesta imaginar que el Presidente, herido, con sólo dos o tres hombres con él, haya intentado poner condiciones al general brasileño. "Sólo le garantizo su vida", había ofrecido éste. "Entonces muero por mi patria", habría contestado Solano López blandiendo su espada en el aire.

La muerte de Francisco Solano López se produce en circunstancias confusas, en la orilla del arroyo, afluente del río Aquidaban. Debilitado por la pérdida de sangre, se desploma y un soldado lo rescata hacia la orilla. Uno de sus hombres afirma que aún estaba con vida.

Otra versión señala que luego del breve intercambio de palabras con el general Correa de Cámara, un soldado enemigo intentó desarmarlo y tras un forcejeo recibió un balazo en el pecho.

El informe de Cámara fue éste: "Campamento en la izquierda del Aquidaban a 1° de marzo de 1870. Escribo... desde el campamento de López en medio de la sierra. El tirano fue derrotado y no queriendo entregarse, fue muerto. Le intimé la orden de rendición cuando ya estaba completamente derrotado y gravemente herido, pero no accediendo, fue muerto...".

Así termina la vida de Francisco Solano López. Su muerte puso un final definitivo a la trágica Guerra del Paraguay.

Joaquim da Silva Xavier

1748?-1792

Precursor de la insurgencia republicana en el Brasil

"Tanto han de apretar al pueblo, que desesperado
se levantará y establecerá una república."

La península lusitana, bañada incesantemente por las aguas del
océano Atlántico, ofrecía su terreno rocoso a la escasa vegeta-
ción que prosperaba con dificultad. Al iniciarse el siglo XV,
atraído por esos paisajes ásperos y fantásticos, un noble, hijo del
rey Juan I y a quien se llamó *Enrique el Navegante*, se estableció en esas tierras.

El triunfo militar de la Corona portuguesa sobre las fuerzas
castellanas provocó múltiples consecuencias; entre ellas, la aparición de un nuevo sector social, compuesto, en su mayor parte, por
comerciantes de diversas procedencias, los que a su vez dieron
acogida a técnicos, científicos y sabios. Grupos cosmopolitas inte-
grados por negociantes y embarcadores, que empujaban a la sociedad burguesa con renovada fuerza, desplazaron a los antiguos intereses feudales.

El comercio marítimo plantó las bases de lo que sería el futuro destino de Portugal, sostenido y consolidado por el príncipe
Enrique, un "navegante" que, curiosamente, no realizó personalmente ningún viaje, pero que adquirió con mérito ese sobrenom-
bre por haber impulsado las expediciones que permitieron al reino de Portugal recorrer la costa africana y llegar a Madeira en
1420, a Cabo Verde en 1445 y a las costas donde desemboca el río
Gambia poco después. Sus iniciativas se verían coronadas a fines
de siglo, cuando Vasco da Gama complete la ruta de la India.

Al duque de Alburquerque le correspondió el privilegio de
colocar la piedra basal del Imperio portugués, en la segunda mitad
del siglo XV, y en buena medida, de contribuir a su consolidación.
Con sagacidad y buena fortuna logró apoderarse de puntos clave,

desde donde era posible controlar la ambicionada ruta de acceso a las Indias, así como la ruta de regreso. Esto convirtió a Portugal, con su ubicación geográfica estratégica, en la potencia marítima del momento. Abarcaba dos tercios del mundo descubierto hasta entonces.

El Brasil

Hacia el año 1500 Vicente Yáñez Pinzón y Pedro Álvarez Cabral realizaron sendas incursiones en el actual Brasil, que comenzó a ser conocido como "Terra de Vera Cruz" (en español, "tierra de la cruz verdadera"). Una expedición de 1501, de la que participó Américo Vespucio, recorrió el litoral sudamericano y dio nombre a numerosos accidentes costeros, como la bahía Rio de Janeiro. En poco tiempo la región comenzó a llamarse Santa Cruz, y luego Brasil, en alusión al palo de Brasil, del que se llevaron una carga, de regreso a Europa.

Hubieron de transcurrir veinticinco años antes de que Portugal decidiera tomar posesión de las tierras conquistadas del otro lado del Atlántico. En esa ocasión envió, inicialmente, a un primer capitán mayor, Cristovan Jacques, y más tarde a Martín Alfonso de Sousa, a quien le tocó fundar en 1552 la primera colonia en San Vicente. Los primeros asentamientos se instalaron en el norte, con la capital en Bahia (o Salvador). En 1554 se fundó São Paulo y al año siguiente los franceses atacaron el puerto de Rio de Janeiro y fundaron una localidad, pero fueron desalojados. Los portugueses fundaron entonces Rio de Janeiro, en 1567.

Dos acontecimientos, el hallazgo de minas de oro y de diamantes en la zona de Minas Gerais, más el traslado de la capital de Bahia a Rio de Janeiro, en 1763, ubican el polo de desarrollo en el sur brasileño. El primero de ellos proporcionó a los paulistas –habitantes de São Paulo– las herramientas indispensables para avanzar con paso seguro sobre una necesaria autonomía nacional; el segundo contribuyó a que el centro de gravedad de la colonia se desplazara hacia el sur y que decenas de miles de colonos portugueses arribaran al Nuevo Continente, produciendo una notable expansión económica y demográfica que influirá en las luchas por la independencia. Ingleses, franceses y holandeses concentraron sus ávidas miradas sobre el Imperio lusitano. Se negaban a admitir que semejante vastedad perteneciera a una sola nación.

El descubrimiento de las minas de oro conmocionó hasta los mismos cimientos de la pobre y rutinaria vida de la colonia del Imperio. Una nueva mentalidad desplegó inesperadas posibilidades para los habitantes de la colonia, a la par que grupos decididos a descubrir el oro, los *bandeirantes*, se lanzaban a la aventura, sin detenerse a considerar riesgos, internándose *sertón adentro* a probar fortuna alcanzando incluso las laderas de la cordillera de los Andes.

Halladas las primeras pepitas de oro, la noticia provocó la inmediata organización de expediciones, y los descubrimientos se sucedieron. El hallazgo desencadenó fantásticas ocurrencias, como la certeza de que, por fin, había sido hallado el mítico El Dorado. El pobre lugareño que a costa de grandes esfuerzos y privaciones encontraba una pepita de oro, no se resignaría fácilmente a dejarla en manos de los delegados de la metrópoli.

En esa deprimida región minera de Minas Gerais y en ese clima estremecido por los más graves desequilibrios sociales e injusticias, vio la luz quien sería popularmente conocido como el "Tiradentes".

Primeros años

Joaquim José da Silva Xavier nació en la *fazenda do Pombal*, una tierra recostada en la margen derecha del río das Mortes. Su fecha de nacimiento se ha calculado teniendo en cuenta su fe de bautismo, el 12 de noviembre de 1746. Sin embargo, otras notas biográficas también fidedignas ubican el nacimiento dos años más tarde. Una de ellas es la propia declaración del interesado, quien en mayo de 1789, al encontrarse prisionero en la fortaleza de las Isla de las Cobras, dice contar cuarenta y un años. Este dato parecería encontrar confirmación en lo declarado por su padre en 1756, cuando al hacer el inventario de los bienes del matrimonio menciona la fechas de nacimiento de sus hijos, el cuarto de los cuales era Joaquim, de quien se dice que tenía "ocho años más o menos".

Su padre, de origen portugués, se instaló en el poblado de Minas Gerais, en las proximidades del río das Mortes. Allí conoció a

Antonia de la Encarnación Xavier, con quien se casó en 1738. Siete hijos tuvo el matrimonio. La máxima aspiración en aquellas épocas era tener un hijo sacerdote, y para el matrimonio se cumplió con creces: dos de ellos tomaron los hábitos. Imaginemos el contenido de la educación materna, cuando cada generación arrastraba sus propias expectativas y carencias. No es difícil imaginar a doña Antonia relatando historias con mucho de realidad y algo de leyenda, en las que habrán aparecido las insólitas hazañas del padrecito José de Anchieta, un beato y misionero español miembro de la Compañía de Jesús, a quien se llamó "el apóstol del Brasil primitivo" y que se hizo famoso por convertir al cristianismo a miles de aborígenes de la región paulista durante el siglo XVI. Joaquim retuvo en su vivaz memoria aquellos nombres destinados a bañar con sangre las páginas más gloriosas de su historia.

Los tiempos de la infancia terminan abruptamente a los nueve años, cuando pierde a su madre y sólo dos años después, también a su padre. Son escasos los bienes y muchos los hijos entre quienes habrán de ser distribuidos. Atesora, sí, la educación recibida de su hermano y la devoción por la lectura, que desarrolla junto al padre João Gonçalves Chaves.

A punto de entrar en la adolescencia, Joaquim José sólo disponía de un limitado horizonte y aquello que quisiera hacer debería adaptarlo a lo poco que tenía a su disposición. Sin padrinos de influencia ni título universitario, no podía aspirar a gran cosa. En Vila Rica, la población donde se asentaban los Silva Xavier, pululaban los negocios y las tiendas de orfebrería que labraban y ofrecían artesanías en plata. Optó, pues, el joven Joaquim, por encarar modestamente la actividad comercial en forma ambulante, andando los caminos que unían los varios distritos de Minas Gerais, llegando quizá hasta Bahia. Mientras desplegaba el comercio aprendía a realizar trabajos de orfebrería con metales preciosos, para los que demostró habilidad manual y creatividad.

Rubio, elegante, liberal y republicano

Joaquim era de estatura elevada, tenía anchas espaldas y manos fuertes, aunque de rasgos elegantes; sus dedos finos delataban capacidad para los trabajos delicados. Sus rasgos eran afilados, los ojos inquisidores, apasionados y ávidos de conocimientos; su cabello, rubio, se tornó gris antes de lo previsto. De palabra fácil, no desperdiciaba su tiempo ni el de quienes lo escuchaban. Entusiasmaba con su discurso y tenía el don de darse a entender sin hablar de más. Esa discreción era bien recibida en los círculos intelectuales cercanos al nuevo liberalismo. Es probable que haya sido en Bahia donde el joven estableció las primeras relaciones con grupos de la masonería, y se entusiasmó con los principios liberales que predicaba. Algunos de sus biógrafos expresan la sospecha de que haya recibido de ese movimiento alguna investidura. De todos modos, los principios masones: el sentir fraterno, el hacer racionalista, la promoción de la paz, la caridad y la justicia, y aquellos relativos a la tolerancia religiosa, cuadraban con los ideales liberales de los que se estaba compenetrando.

La vida de características nómades lo llevó por numerosos rumbos. Una escena, presenciada a lo largo de uno de los desplazamientos a los que lo obligaba la actividad comercial, lo conmovió más de lo que las palabras podían expresar. Un negro esclavo era castigado bárbaramente por su dueño. Por supuesto, no era la primera vez que Joaquim José presenciaba una escena semejante, pero su espíritu lúcido, su sensibilidad e inconformismo le impedían aceptarlo como algo habitual, aunque así lo fuera. El uso arbitrario de la fuerza contra la debilidad impotente era más de lo que podía tolerar. Se acercó, pues, al doloroso escenario y sin calcular los alcances de su actitud intentó interceder por el desdichado esclavo, interrumpiendo el castigo. Era previsible que su intervención indignara al dueño, y ambos se cruzaron amenazas.

Esta insólita conducta, en un ambiente donde las escenas de ese tipo se producían cotidianamente, fue denunciada ante las autoridades, alegando que había injuriado al dueño del esclavo, y amenazado su derecho. Como consecuencia, fue inmediatamente enviado a prisión en Minas Novas.

Tira-dentes

Así como aumentó sus conocimientos de orfebrería ejerciendo el comercio, así también sus habilidades manuales le abrieron paso con relativa facilidad a una nueva disciplina, la odontología. Por entonces pululaban prácticos populares que se dedicaban a sacar muelas, lo mismo que los barberos, sin excesivas contemplaciones. Pero no se trataba solamente de extraer piezas dentales sino de reemplazarlas, lo que Joaquim José hacía con depurada técnica, "adornando las bocas con mucho arte". En sus recorridos comerciales, se había munido de un pequeño estuche en el que guardaba celosamente los instrumentos dentales. Debido a esta nueva profesión Joaquim José da Silva Xavier conquistó el apodo popular con que pasará a la historia: "Tiradentes".

Si en un principio puede sorprender que se haya dedicado al arte dental, bueno será recordar, haciendo un poco de historia, que las civilizaciones primitivas ya habían vinculado esta actividad a la orfebrería. Y esa misma relación fue hallada más tarde en civilizaciones como la egipcia y la etrusca, que descollaron en trabajos en los que empleaban oro como materia prima. En tiempos más cercanos, en la Edad Media y en la Edad Moderna los dentistas solían visitar el taller del orfebre para requerir la soldadura de alguna pieza de oro.

No era extraño que quienes se ocupaban de esa actividad viajaran mucho, y que en sus recorridos visitaran ciudades como Rio de Janeiro, Montevideo y Buenos Aires. Otros recorrían Centro y Norteamérica, en momentos en que las ideas revolucionarias representaban la inesperada eficacia de la rebeldía frente a un estado de cosas que, por las noticias que llegaban, estaba tocando a su fin.

En efecto, la independencia de las colonias norteamericanas, producida en 1776, se conoció poco tiempo después en el Brasil. También dieron un impulso reformista las medidas introducidas durante el reinado de José I –entre 1750 y 1777– y articuladas por su ministro Sebastião José de Carvalho e Melo, el marqués de Pombal, que alentaban los cambios relacionados con la Ilustración y los regímenes del despotismo ilustrado. Pombal liberó a los esclavos indígenas, alentó la inmigración, redujo los impuestos, disminuyó el monopolio real sobre el comercio exterior brasileño y centralizó el aparato gubernamental, transfiriendo la sede del gobierno a Rio de Janeiro. En aplicación de una orientación mercantilista, además, fundó la Compañía de las Indias Orientales, entre otras, para comerciar mejorando la agricultura, el comercio y las finanzas.

Estos nuevos derechos y la afirmación de conquistas sociales –y de una nueva clase social: la burguesía– impulsaron a la dinámica región del sur brasileño hacia la lucha independentista. Tiradentes comenzaba a perfilarse como dirigente de las nuevas inquietudes sociales. En ese marco, una disposición del rey, del 30 de julio de 1766, ordenó cerrar y desmantelar los talleres de orfebrería y platería que había en Minas. El motivo era por demás arbitrario: el alto grado de perfección alcanzado hacía temer a las autoridades que se pudieran imitar los sellos reales con los que se marcaba el oro. Decíase que, además –y quizás haya sido el motivo que debe situarse en primer término–, la competencia de los orfebres de Minas estaba perjudicando a los de la metrópoli. Por otro lado, la decisión de Pombal de expulsar a los jesuitas generó descontento en los medios ilustrados, que valoraban el trabajo educativo de los hombres de la Compañía de Jesús.

Lejos de aferrarse a su pasado, Tiradentes partió, decidido, hacia Rio de Janeiro. Marchaba en busca de respuestas a varias solicitudes enviadas tiempo antes al Consejo de Asuntos Ultramarinos con el objeto de que le fueran autorizadas ciertas obras en beneficio público. Allí lo aguardaba una parte trascendental de su futuro.

Una vez obtenido el permiso, actualizó los proyectos. Uno de ellos era el abastecimiento de agua potable, cuyas fuentes se habían secado. Para hallar una solución, se requería emprender la canalización de los ríos Andarahy y Maracaná. Pronto encaró otro proyecto. Se trataba de resolver los problemas que se presentaban en la bahía de Guanabara, vastísimo puerto natural de Rio de Janeiro, a la hora de embarcar y desembarcar productos. No satisfecho con lo alcanzado, proyectó una obra complementaria: la construcción de depósitos en las proximidades de las playas para proteger las mercaderías que estuvieran por partir y las que llegaban de ultramar. Estas propuestas no eran casuales. Tiradentes, después de trabajar como mulero, había prosperado también en el comercio.

Álvares Maciel

En esos tiempos llegó a Rio de Janeiro un personaje cuya influencia marcaría definitivamente el futuro de Tiradentes. Se trataba de un joven que no contaba todavía treinta años y había obtenido su diploma en filosofía en la Universidad de Coimbra, en Portugal. Su nombre era José Álvares Maciel y estaba emparentado con altos miembros de la milicia local.

Durante su permanencia en Europa, había obtenido en Inglaterra el flamante título de doctor. Fascinado por el bullir entusiasta de las nuevas ideas y disciplinas, dedicó paralela atención a las ciencias y las artes. Pero lo que atrajo especialmente su atención fueron los estudios puntuales sobre mineralogía y cuanto estuviera relacionado con la explotación minera. Su interés se extendió a otras áreas sobre las que su sabia intuición lo guiaban.

En cuanto llegó a oídos de Tiradentes la noticia de que el doctor Álvares Maciel había desembarcado en su patria, se acercó a conversar con él. Encontró a un hombre joven, desbordante de entusiasmo, que desde el otro lado del océano traía en su equipaje los ideales democráticos y liberales. Fácil es imaginar a estos dos personajes, compartiendo veladas desbordantes de entusiasmo.

En esos días había asumido como gobernador el capitán general Luis Antonio Furtado de Mendoça, vizconde de Barbaçena. Sobre la población hambrienta pesaba la constante amenaza de que el cielo se oscureciera todavía más. El horizonte, por un lado, mostraba la tremenda realidad, y por otro, los muchos recursos naturales con que contaba el Brasil. Mucho era lo que había por hacer. Para la explotación de la natural riqueza de las tierras se requería el nacimiento de variadas industrias y la apertura de nuevos puertos y nuevas rutas, sin que las autoridades de turno trabaran el libre comercio con tasas imposibles de pagar. La educación era la otra prioridad, en una sociedad de alto analfabetismo.

El recién llegado insistía en que el tiempo de tolerancia llegaba a su fin; en que la colonia era capaz de autoabastecerse y desenvolver su vida actual y futura independizándose de Portugal. Para confirmar lo que aseveraba, relató a su interlocutor un hecho notable ocurrido durante su estadía en Gran Bretaña. Una publicación inglesa, la *Gazette de Oxford*, había anunciado la noticia del deceso de Luis de Vasconcellos e Souza, el virrey del Brasil, al tiempo que se hablaba de un clima de intranquilidad popular en la colonia. Agregaba otro dato de especial interés: como consecuencia de estos hechos, un grupo de comerciantes londinenses proyectaba fletar cuatro naves cargadas de mercaderías al Brasil. Los intereses británicos empezaban a tallar en suelo brasileño;

con el tiempo, Rio de Janeiro será su principal sede diplomática en América latina, desde donde orientarán la política sudamericana del Imperio inglés.

LA CONJURACIÓN MINERA

Los aires de libertad prendieron con vigor en un grupo de intelectuales y artistas, apasionados por las nuevas ideas provenientes de Francia y el ejemplo de la revolución de los Estados Unidos, y dispuestos a unirse al movimiento de liberación iniciado por el doctor Álvarez Maciel y Tiradentes. El alzamiento se conocerá como la *inconfidência mineira* (conjuración minera) y tendrá su centro en Vila Rica de Nuestra Señora del Pilar de Ouro Preto, a partir de la llegada de Tiradentes a la localidad, en septiembre de 1788.

La conjuración se proponía alcanzar la independencia del Brasil, crear una república libre de las restricciones impuestas a la minería y a la producción de diamantes, y en la órbita cultural y educativa, instalar una universidad y poner en marcha reformas sociales. La república, según el plan, sería gobernada por una asamblea y un gobierno nacional, cuyo presidente se renovaría anualmente.

No sería justo silenciar algunos nombres que los acompañaron en la empresa: Antonio Francisco Lisboa –conocido como "el lisiadito"–, tallista, escultor y arquitecto, cuyo arte, pese a la fragilidad de su salud, dejó obras memorables; el poeta y erudito Claudio Manuel da Costa, llamado el "doctor Claudio", personaje por demás destacado en Minas Gerais, dueño de una biblioteca sin par; Thomas Antonio Gonzaga, graduado en leyes en la Universidad de Coimbra; José Ignacio de Alvarenga Peixoto, graduado en Derecho en la misma universidad portuguesa. Intervinieron, además, en los primeros tiempos de la conjuración minera, algunos sacerdotes, destacándose entre ellos Carlos Correa de Toledo e Mello, vicario de una importante villa, y José da Silva de Oliveira Rolim.

Tiradentes, que por entonces era alférez de caballería –a fines de la década del 70 se había sumado al Regimiento de Dragones de Minas Gerais–, buscó apoyo en las filas de la milicia. Tal la singular adhesión del teniente coronel Francisco de Paula Freire de Andrade, perteneciente al regimiento y cuñado de Álvares Maciel. También adhirieron el coronel Francisco Antonio de Oliveira López, el teniente coronel Domingo de Abreu Vieira y el sargento mayor Luis Vaz de Toledo Piza.

Corrían los últimos días de 1788 y se realizaban febriles reuniones para fijar el día de la insurrección. Al fin, sería aquel en que el gobernador proclamara *la derrama*. A Tiradentes le tocaría salir a la calle con un grupo, al grito de "¡Libertad!". Ante este hecho se presentaría el teniente coronel Francisco de Paula, pidiendo explicaciones. Responderían con el mismo grito de "Libertad". En esa instancia, y de acuerdo con la consigna, el propio militar adheriría al movimiento con sus tropas.

Un importante paso quedaba por resolver, y Tiradentes se prestó a cumplirlo. Era necesario llegar hasta la residencia del gobernador en Cachoeira, apresarlo y conducirlo del otro lado del río Parahybuna, hasta la metrópoli, con un claro mensaje: "Por estas tierras ya no hacían falta gobernadores ni generales".

Se adoptó una bandera con un triángulo y una frase en latín, extraída de un versículo de *Las Églogas* de Virgilio: "*Libertas quae sera tamem...*" (Libertad, aunque tardía...), y se estableció que se proclamaría la libertad total de los esclavos. Las medidas, enunciadas al principio de modo general, se convirtieron en un verdadero programa político: la nueva república contaría con un parlamento, cuyo asiento estaría en San Juan del Rey, proponiendo que ésa además fuera la futura capital; se fundaría una universidad y se promoverían las industrias. Sería revaluado el oro y se declararían libres los diamantes. Los impuestos al comercio serían eliminados.

A punto de concretarse el levantamiento, el sargento mayor Luis Vaz de Toledo se cruzó con el coronel Joaquim Silverio dos Reis en un camino de regreso a Tejuco, y habló más de la cuenta sobre el movimiento revolucionario, adelantando los planes y los nombres de los conjurados. El coronel, advirtiendo que se había hecho dueño de un secreto de incalculable valor, sólo pensó en sacar el máximo provecho personal.

Entretanto, Tiradentes llegaba a Rio de Janeiro el 26 de marzo de 1789. Aspiraba a que se produjera el levantamiento simultáneo de las capitanías de Rio de Janeiro, São Paulo y Minas Gerais. Brasil sería, al fin, una República. Al llegar a la ciudad arrendó una casa para no comprometer a nadie que se prestara a recibirlo en la suya. Recibió la visita del portaestandarte Francisco Xavier Machado.

Llevaba un mensaje enviado por don Francisco Pires Sardinha instándolo a "que cuidase mucho sus pasos, porque era espiado por dos guardias que lo vigilaban de día y de noche".

Se puso en evidencia su delicada situación cuando intentó regresar a Minas Gerais. Al pedir autorización, ésta le fue negada. Sin documentos ni permiso, le estaban vedados los caminos reales. Varias peripecias debió sortear en busca de un lugar donde ocultarse. Joaquim José no era hombre de rendirse fácilmente y estaba convencido de la justicia de su causa, pero no presentó resistencia cuando fueron a apresarlo. Sentía que debía completar su obra y no podría hacerlo si se resistía. Detenido en mayo de 1789, le aplicaron tres años de cárcel.

Prisión y sentencia a muerte

La noticia de la prisión de Tiradentes se divulgó rápidamente. Los complotados se desprendieron con la mayor prisa de todo documento que pudiera delatarlos, y comenzaron las redadas. Los cabecillas estaban identificados. El doctor Thomas Antonio Gonzaga fue el primero del grupo en recibir una orden de prisión en la propia Vila Rica. Este hecho, lejos de aplacar el entusiasmo de sus compañeros, les dio nuevo impulso, pero su esfuerzo fue en vano: todos los jefes del movimiento revolucionario fueron apresados y conducidos a las oscuras mazmorras frente a las costas de Rio de Janeiro, en la isla das Cobras.

Tiradentes fue sometido a once interminables interrogatorios, durante casi dos años. De los textos que se han conservado se desprenden los rasgos más notables de su personalidad y sus convicciones republicanas, que defendió de modo admirable. Cuando en los meses siguientes lo presionaron para que confesase, sólo admitió que al oír hablar de la independencia de "los americanos ingleses" surgió en él la aspiración de conquistar la libertad.

En la víspera de Navidad de 1790 la población vio acercarse al puerto de Rio de Janeiro la fragata *Golfinho*, procedente de Portugal. Pronto se supo que llegaban en ella jueces del Tribunal de Alzada con vastos poderes para sentenciar a los conjurados de Minas Gerais. El tétrico cortejo estaba encabezado por Sebastian Xavier Coutinho de Vasconcellos, en quien la reina había confiado la responsabilidad de poner fin a la conjura.

Se designó un tribunal, que nombró al doctor José de Oliveira Fagundes abogado defensor en la causa del Estado contra el grupo incurso en el delito de rebeldía contra la metrópoli. Transcurrieron los lentos y pesados meses del verano, y el 17 de abril de 1792, amparados por las sombras de la noche, los presos fueron trasladados a la cárcel pública, donde el tribunal, bajo la presidencia del Virrey, dictaría sentencia: pena de muerte en la horca para los once reos. Para Tiradentes, el agregado de decapitación y descuartizamiento.

Los religiosos franciscanos que asistieron al acto aseguraron: "Recibió Tiradentes con ánimo sereno la sentencia de muerte, sintiendo la de los otros a quienes muchas veces pidió perdón... con una gran conmiseración por sus camaradas". El condenado manifestó al religioso que estaba a su lado: "Yo soy la causa de la muerte de estos hombres; desearía tener diez vidas más y poderlas dar por todos ellos; si Dios me escuchara, sólo yo moriría y no ellos".

Cuando estaba a punto de levantarse la sesión, se anunció la lectura de otro documento. Era una carta de la reina María I de Braganza, que había asumido en 1777, dirigida al presidente del Tribunal, en la que ordenaba conmutar la pena de muerte de todos los reos por la de destierro perpetuo.

A pesar de la resolución real, no estaba dicha la última palabra. Considerando los términos de la Carta Real, el Tribunal se arrogó el derecho de hacer su propia interpretación del texto, y determinó que la gracia no alcanzaba a Tiradentes, considerado como el principal instigador del levantamiento. En vista de ello, mandó "que se ejecute la pena de la sentencia en el infame reo Joaquim José da Silva Xavier, por ser el único que, según dicha carta, se hace indigno de la Real Piedad". Cinco de sus compañeros fueron deportados a Angola.

Tiradentes, ahorcado el 21 de abril de 1792, se convirtió en mártir y leyenda popular. Elevado a la estatura de héroe nacional, su nombre rebautizó a la antigua ciudad de Pombal, el aniversario de su muerte fue declarado fiesta nacional y casi dos siglos después, en 1965, se lo proclamó patrono civil de la república federativa brasileña, por la que dio la vida.

José María da Silva Paranhos

1819-1880

Un masón entre el Imperio y la República

"Edificada sobre terreno accidentado, escarpado casi, la ciudad de San Salvador [de Bahia] sirvió de marco a la infancia de José María da Silva Paranhos. La parte más alta de la ciudad, sobre la ladera de la montaña, a unos cien pies sobre el nivel del mar, parecía un gran escenario que los grabados de la época nos muestran como el marco más interesante de cuantos podía ofrecer ciudad alguna del Brasil. Trapiches, depósitos y casas de altas terrazas; laderas y bosques; bananos, naranjos, *mangueiras* y limoneros llenaban las calles que conducían a barrios distantes y a remotos arrabales cubiertos de verde."

En la ciudad baja, la *Praia*, estaba el Comercio. Grandes fortalezas defendían el puerto y sólidos edificios públicos adornaban el centro; allí estaba también la vieja Aduana, edificada en 1714 por negros esclavos que labraban la piedra, cavaban, pintaban, serruchaban puertas, cocían tejas y pisaban tierra al son de cantos tristes y monótonos... Los locales de piedra, las arcadas de cantería, las laderas empinadas.

Una variada población de mulatos era, con sus casi 175 mil esclavos, poco menos que la mitad de los hombres libres, que sumaban unos 420 mil. San Salvador, como describen los viajeros Von Spix y Von Hartius, era hacia 1800 un ajetreado puerto lleno de navíos, con cuatrocientos ingenios e iglesias por todas partes, muchas de ellas, como la de Nuestra Señora de la Concepción, de gran valor artístico y material.

El Brasil en los siglos XVIII y XIX fue gobernado, en el más amplio sentido de la palabra, por hombres que habían crecido en los ingenios, en las *fazendas* de Minas Gerais y en São Paulo, en los cañaverales de Bahia y en las campiñas de Rio Grande. El portugués era un imperio en decadencia y la burguesía nativa, que se fortalecía en el plano económico, fue tomando las riendas del poder político.

José María da Silva, hijo de un rico comerciante portugués llamado Agostinho da Silva Paranhos, y de Josefa Emerenciana Barreiros, pasó su infancia en la pintoresca tierra de Bahia, recién salida de la Colonia y en lucha por su independencia. Había nacido el 24 de octubre de 1819 en Landeira da Praia N° 8, una casa entre burguesa y aristocrática.

Su padre y sus abuelos paternos eran ricos armadores y poderosos comerciantes de San Salvador de Bahia. José María se formó en un ambiente controvertido, a causa de la emancipación del Brasil. La familia de Paranhos se colocó al lado de la Corona portuguesa y contra los brasileños, aunque su inclinación obedecía más a intereses comerciales que a posiciones partidistas.

La provincia de Bahia vivía un choque de intereses mucho más profundos que en cualquier otro punto del territorio. Estos sucesos habrían de influir de manera determinante en el rumbo de la carrera pública de Paranhos. Las dudas en cuanto a su filiación, que tanto se utilizarán en críticas posteriores, cuando desempeñe altas funciones gubernamentales, quedarán salvadas, desde nuestro punto de vista, en la reproducción del certificado de bautismo, en el que consta que con fecha 9 de abril de 1836, "en el día veinticuatro de octubre de mil ochocientos diecinueve, en la Iglesia del Señor do Bomfim de mi licencia, el Rdo. Luiz Gonzaga da Costa bautizó y puso los santos óleos a José, nacido a dieciséis de marzo de este año, hijo de Agostinho da Silva Paranhos y de Josefa Emerenciana Barreiros, su mujer, ambos de esta Parroquia". En verdad, endilgarle a José María da Silva la condición de hijo natural era consecuencia de la tradición que existía en las mejores familias de tener hijos naturales.

En lo referente a la posición de su familia en favor de la Corona de Portugal, digamos que las diferencias en las dos partes del

Imperio no eran consecuencia de los principios románticos de la época, ni de la influencia de las dos revoluciones recientes, la norteamericana y la francesa, sino de la puja por los derechos de exportación y el consumo de los productos que provenían de la tierra descubierta y conquistada por los *bandeirantes*. La burguesía liberal surgida en el Brasil quería ser propietaria de sus propias riquezas y de su comercialización.

Juventud en el Imperio

El niño José María da Silva tenía tres años cuando las tropas portuguesas fueron derrotadas por los brasileños y el comercio exportador quedó en sus manos; los frutos fueron nuevas industrias y aparecieron incipientes empresas comerciales. Su hogar, conservador por formación y por intereses, le transmitió un espíritu conciliador, equilibrado y moderado, que aplicará más tarde como hombre público, tradicionalista y monárquico.

Sus antepasados, deseosos de volver a la vieja situación política, exageraban al tomar posición en favor de la patria derrotada. Nadie colocado en la situación económica de su padre o sus tíos militares podía estar a favor de la separación del Brasil y Portugal. Vencidos, mal vistos y pobres, se lamentaban ante su hijo y sobrino y se prometían luchar por restaurar aquello que consideraban justo. Así transcurrió su infancia, en medio del esplendor, el pasado político de influencia y la pobreza efectiva al comenzar el siglo XIX.

Pedro I, hijo de Juan VI de Portugal y regente del Brasil, se hizo del poder mediante un golpe y alentó la virtual separación de Portugal, fomentando un nacionalismo brasileño aún en pañales. Convocó a una Asamblea Constituyente, pero mantuvo con ella serias discrepancias, hasta que decidió disolverla en 1823 y dictar, al año siguiente, una Constitución autocrática.

Habiendo ocupado el Uruguay –al que llamaban Provincia Cisplatina–, tiempo antes, en 1825, el Brasil había entrado en guerra con la República Argentina. Todo ello incrementó la impopularidad del rey, que en 1831 debió abdicar en favor de su hijo, de apenas cinco años de edad. Durante una década una Regencia gobernará el país y en julio de 1840 el Parlamento proclamará a Pedro II mayor de edad. Este gobernante demostrará inteligencia y capacidad para guiar al país durante casi cinco décadas, respondiendo a los distintos momentos políticos nacionales e internacionales.

A los diez años José María da Silva comenzó a estudiar latín y terminó su educación primaria en 1831. Él mismo escribió: "Nací en cuna de grandezas, pero cuando era joven, la fortuna heredada por mi madre D. Josefa Emerenciana Barreiros, pasó a otras manos y en gran parte se consumió también a causa de las injusticias y gastos... Fue entonces que comenzaron las circunstancias difíciles, cuando yo era aún estudiante en el preparatorio; concluí con la ayuda de los pocos recursos que todavía nos quedaban y con el auxilio de mi tío Gómez Barreiros".

A los dieciséis abandonó Bahia para ir a estudiar a la Corte. De 1832 a 1833 asistió con gran provecho a los cursos de aritmética, álgebra y geometría, revelando desde entonces su gran vocación por las ciencias exactas. Estudió al mismo tiempo francés, inglés, historia, geografía, filosofía y retórica.

Huérfano de padre y madre, en 1836 se mudó a la Corte, donde inicia una nueva vida. Con el apoyo de su tío materno, el coronel de ingenieros Eusebio Gómez Barreiros, ingresa en la Academia de Marina, donde cursa estudios durante nueve años y trabaja para mantenerse, explicando a sus condiscípulos lo que él ya había aprendido.

Terminó los estudios a los veintidós años y se inscribió en la Academia Militar. A los aprendizajes realizados en los dos institutos sumó la bohemia intelectual que distinguía entonces a la Corte, lo que lo llevaría a adoptar las ideas en boga: el liberalismo. Una nueva generación, partidaria del liberalismo, desencadenará la revolución que estalla en Pernambuco en 1848.

Entre la monarquía y la república

La idea republicana casi no existía a principios del siglo XIX, al extremo de que los mayores líderes de la Independencia sostuvieron la idea monárquica como la única capaz de asegurar la separación de Portugal. Las logias masónicas, centro de propaganda política, recibieron en su seno a los monárquicos más extremos. Si la idea republicana hubiese estado más madura, don Pedro I no hubiera podido mantener su régimen de gobierno. El proceso de independencia hubiera corrido por el mismo camino que en las tierras del Imperio español, donde las campañas desarrolladas por San Martín y Bolívar se hicieron con plena conciencia de liberar las propiedades americanas de la Corona de España.

El movimiento de ideas liberales llegó a la Academia de Marina y a la Escuela Militar a través de la prédica de los profesores. Un recién importado romanticismo social o socialista era la ola de renovación en la que se nutrían los grandes políticos, literatos e intelectuales del Brasil que renacía. José María da Silva Paranhos era parte de esta generación que se nutrió de un mundo de irreligiosidad e incredulidad, con la razón en el trono del poder.

La masonería desempeñaba entonces un papel preponderante y José María será un masón prominente. La influencia de estas ideas se advierte en los tres hechos institucionales clave en el Brasil del siglo XIX: la Independencia, la abolición de la esclavitud y la proclamación de la República. Con Pedro II se inicia el período del cientificismo racionalista, que gestará la idea positivista sintetizada en las dos palabras escritas en la bandera nacional: orden y progreso.

Por entonces, José María recibe su diploma de ingeniero y a pesar de su intensa vida política posterior, siempre reservará un espacio de tiempo para ejercer la docencia. En 1841 es profesor suplente en la Escuela Militar, con el grado de teniente segundo, y se casa con Thereze de Figueiredo Faría, de familia portuguesa. También será profesor de matemáticas en la Escuela de Marina y en 1865, cuando se modifique el plan de estudios, lo transferirán a las cátedras de economía política, estadística y derecho administrativo. En 1874 será director de la Escuela de Ingeniería –hoy, Politécnica– y se jubilará de la actividad educadora recién en 1877.

Con una estatura poco común, de un metro noventa y cinco, era rubio, de tez blanca, ojos azules y espléndida figura atlética. "Su porte notable; su fisonomía simpática; sus ademanes poco graciosos pero corteses y moderados; su frente ancha y una calva expresiva y bien dibujada derrama sobre su fisonomía una irradiación. Sus pequeños ojos garzos despiden rayos débiles pero frecuentes. Su sonrisa estudiadamente jovial tiene una constante expresión de ironía que a veces se convierte en impertinencia."

Pedro II encontrará en él un portavoz con capacidad para resistir, atacar, retroceder, transigir. Silva Paranhos y Pedro II serán dos caras de una misma moneda, y para entender a uno será necesario estudiar al otro. La impronta del ministro y consejero estará presente en todos los actos del gobierno, en la economía, la política, la diplomacia, durante la guerra contra el Paraguay, así como en la cuestión religiosa.

El estilo de Paranhos, evidenciado en sus intervenciones parlamentarias, fue el de seguir la tradición brasileña "moderadora". Su primer cargo político fue como miembro de la Asamblea legislativa de Rio de Janeiro. Luego fue secretario de Gobierno y, al año, vicepresidente de la provincia de Rio de Janeiro. Finalmente, por impedimento del presidente asume ese cargo en 1846, a los veintiséis años.

Como gobernador del Estado donde funcionaba la capital imperial, declaró: "¿Queréis la prosperidad de la Nación? Derramad el bálsamo de la conciliación, inspirad al país mediante vuestros actos, la mayor confianza posible en su futuro. Franqueza y justicia para las opiniones, al mismo tiempo que fortaleza para con el delirio de las facciones; ampliad el círculo de los ciudadanos que pueden tomar parte en los asuntos del Estado; proscribid el exclusivismo, que manda dar importancia solamente a un limitado número de personas; tened clemencia hacia el vencido; economizad el sudor de la Nación; extended valientemente la espada de la justicia hasta donde empleados dilapidadores despilfarran la riqueza pública; haced que las Cámaras sean realmente la expresión del país entero y no los delegados de ciertas potestades".

Diputado en la Asamblea de 1847, llegó a la Corte como representante de Rio de Janeiro. Será, además, diputado por Mato Grosso y por Bahia. No es casual, por lo tanto, que se haya iniciado en las filas del Partido Liberal para revistar luego en el Partido Conservador. En efecto, con similar dosis de pragmatismo que el rey al que servía, fue "liberal" así como sería "conservador" años más tarde. Hubo quien lo comparó con un árbol dispuesto a doblarse para aceptar las palabras o hechos que se opusieran a sus convicciones más arraigadas. En muchas oportunidades las críticas que se le hacían estaban dirigidas, en realidad, más a Pedro II que a su propia persona. No obstante, los principios de la masonería siempre gobernarían su accionar por sobre la transitoriedad del cargo público, al que no vacilaría en renunciar en defensa de determinadas normas morales, de las que nunca se apartó.

En 1850, después de destruida y vencida la revolución liberal, Silva Paranhos quedó abandonado y desprestigiada su posición política, pero supo adaptarse a los nuevos tiempos. La transformación operada en aquellos años en Silva Paranhos sólo puede ser explicada por la modificación de la línea política general de la masonería. Su "brasileñismo", el nacionalismo que denota su obra, puede ser también atribuido a su filiación masónica. Los masones son liberales y repudian la jerarquía eclesiástica y promueven la fraternidad y la ayuda mutua. Pero, a la vez, son burgueses, y como tales, capaces de convivir con regímenes políticos diversos siempre que ellos interpreten estar animados por el espíritu científico y racional y se ejerciten la tolerancia y la libertad de conciencia.

Colaborador en el *Correo Mercantil* y en el *Jornal de Comercio*, sus escritos reflejan la situación política dentro de las filas del Partido Conservador. Escribe entonces sus célebres *Cartas al amigo ausente*, unas vívidas páginas sobre la cotidianidad de los cariocas, que reunidas luego en un libro se han constituido en material de consulta fundamental sobre la historia del país. Firmaba los artículos con seudónimos, como "Erasmo" o "Un Solitario", y en ellos se destaca como un típico representante de la burguesía ilustrada del Brasil. Como director del *Jornal* en 1851, llamó la atención de los dirigentes políticos de las dos principales tendencias, haciendo hincapié en la defensa de las ideas liberales y buscando los puntos de conciliación entre los dos partidos, los que en realidad, después de la Revolución de 1848, no tenían grandes diferencias.

El paso de Paranhos de un partido a otro en nada modificó su representación político-social. No fue *gaúcho* ni *mineiro* ni *bahiano*; alzó una voz nacionalista frente a todo regionalismo, por lo que fue blanco de las más acerbas críticas.

Un diplomático en la guerra y en la paz

El Imperio del Brasil firmó los tratados de 1849 con el Paraguay y de 1850 con el Uruguay, Entre Ríos y Corrientes. El marqués de Paraná buscó a José María da Silva Paranhos para ofrecerle la secretaría de la misión brasileña, que él presidía en el Río de la Plata. Tres años después, en 1853, fue designado ministro de Marina y de Relaciones Exteriores. Bartolomé Mitre comentó: "Paranhos, a pesar de su inexperiencia diplomática, fue el alma de esa misión, identificándose desde entonces con las cuestiones del Río de la Plata".

El deseo del control efectivo de la cuenca del Plata y la ampliación del comercio exterior brasileño fueron determinantes de la política imperial, y lo unieron a Urquiza, contra Rosas y los blancos uruguayos dirigidos por Manuel Oribe.

Paranhos, con veintiocho años, fomentó una estrecha amistad con Andrés Lamas, el representante uruguayo del gobierno colorado de Montevideo, destinado con especial misión ante la Corte de Pedro II en búsqueda de auxilio para la capital oriental, sitiada por las tropas de Oribe. Mantendrá con Lamas una extensa correspondencia entre 1851 y 1870, en la que se abordan los distintos problemas regionales de la época, hasta que termina la Guerra del Paraguay.

Concluida la misión del marqués de Paraná, Silva Paranhos fue designado ministro residente del Brasil en Montevideo; momento en el que, además, fue elegido diputado por el Mato Grosso. Al asumir la representación de la provincia, limítrofe con el Paraguay, no era otra cosa que el brazo extendido de Pedro II con la intención de reforzar la posición del Brasil en el interior del continente, en una zona en disputa. En esa tierra recorrida por el río Branco –pequeño cauce que constituye el límite entre el Brasil y el Paraguay– consigue su título de nobleza.

Francisco Solano López, presidente del Paraguay, recogió el guante y lanzó el reto al Brasil el 30 de agosto de 1864. Para el Brasil el control fluvial sobre la cuenca del Plata era un postergado problema estratégico. Poco tiempo antes, en Montevideo, se habían realizado actos de hostilidad hacia el Brasil. El presidente uruguayo había hecho quemar los tratados suscriptos entre los dos países en la plaza pública y el pueblo había recorrido las calles en manifestaciones de repudio al Imperio brasileño. El jefe de la escuadra del Brasil, almirante Tamandaré, tomó Paysandú y el ejército de Osorio y del barón San Gabriel marcharon hacia Montevideo. Mientras tanto, Silva Paranhos trabajaba entre bastidores, sin descanso, para evitar que el conflicto militar llegase hasta la capital uruguaya, donde cuatro mil partidarios del Partido Blanco estaban dispuestos a defenderla a cualquier precio.

Buscó conciliar posiciones, con un espíritu esencialmente realista. Aunque después se lo acusara de falta de patriotismo, prefirió llevar adelante una política de pacificación, resignando los intereses del Brasil. Él mismo explica el porqué de su actitud: "Los paraguayos realizaron eso que nuestros optimistas consideraron imposible. Transportaron balsas y canoas desde el río Paraná, atravesaron la gran vía fluvial que nos separa de Corrientes, penetraron en nuestro territorio y lo recorrieron casi impunemente. [...] ¿Qué no hubieran hecho en febrero o en marzo si el Partido Blanco, entonces armado y aliado natural de los paraguayos, conservase el baluarte de Montevideo y nuestro ejército, que no era excesivo para la empresa que tenía por delante, se hubiera encontrado entre dos fuegos?".

Prefirió luchar contra la opinión pública, enardecida por los dirigentes de la línea liberal, que hacían correr los rumores más inverosímiles. Se afirmaba que Paranhos había sido sobornado, comprado por los colorados, por los blancos, por la Argentina, por el Uruguay. El mismo almirante Tamandaré contribuyó a la idea de que el Brasil debía haberse impuesto por las armas.

Paranhos se encontró en dificultades para responder a sus adversarios políticos más agresivos, pero contó con el apoyo de Andrés Lamas y del barón de Mauá como sus principales aliados, para avanzar en las negociaciones trinacionales con el Uruguay y la Argentina. Paranhos inauguraba así una nueva fase de la política diplomática brasileña, en la que puede intuirse la orientación de la masonería.

Llegado al Brasil, los amigos lo recibieron fríamente. Obligado a defenderse, pronunció un famoso discurso de ocho horas, que pasó a la historia de la vida parlamentaria brasileña y que ganó el apoyo popular entre vítores y aplausos desde las galerías del Parlamento.

La Guerra del Paraguay estalló poco después, y se prolongará durante cuatro años, contra un pequeño Estado capaz de soportar el embate sangriento de las fuerzas unidas de los tres aliados, con el general Bartolomé Mitre a la cabeza de las fuerzas de tierra y el almirante Tamandaré al frente de las marítimas. El historiador Benedito O'Homi comentó: "El primer elemento de nuestro triunfo fue el peso bruto del número; además de los auxiliares aliados, reclutamos una población de 9 a 10 millones de almas, mientras el enemigo representaba apenas medio millón. Agotose la población civil y al final de la campaña reclutaban niños; por la fuerza tenían que sucumbir".

Las tropas aliadas finalmente llegaron a Asunción, la capital paraguaya. Entretanto, Paranhos encabezó dos misiones diplomáticas, entre 1869 y 1871, que lo distinguieron definitivamente como el político más destacado del Imperio. El propio título nobiliario reflejaba su participación positiva en esta lucha sin sentido. ¿Por qué la guerra? ¿Qué podía impulsar a la Argentina y al Brasil, dueños de territorios más extensos de lo que podían mantener, a conquistar el exiguo territorio paraguayo? Puede interpretarse que se quisiera liquidar a un enemigo, a un competidor comercial, político o simplemente militar; pero hablar de anexar territorio era una ingenuidad a la que sólo pudieron encontrar una explicación las generaciones posteriores.

La misión encomendada a Paranhos en el Río de la Plata fue el resultado de la caída de los liberales, que se mantenían en el poder desde 1862. Volvieron los conservadores al gobierno y el nuevo jefe de gabinete lo envió para negociar con las potencias vencedoras la organización de un gobierno nacional autónomo en Asunción. En Buenos Aires debió asumir la difícil tarea de convencer a los otros jefes de la Triple Alianza de instituir al Paraguay como país libre e independiente.

El Brasil sufrió una triple crisis: política, económica y moral, y el país, a partir de 1866, exteriorizará una nueva conciencia social. Desde 1870 la idea republicana comenzará a afirmarse a pasos acelerados.

El fin de la esclavitud

El 7 de noviembre de 1831, cuando Pedro II era aún un niño, se había votado una ley que reglamentaba el comercio negrero, pero fracasó en su aplicación por la debilidad interna del régimen. A partir de 1840, la fuerza política de los conservadores, enriquecidos mediante la introducción ilegal de esclavos, hizo más difícil el cambio del sistema imperante. La burguesía rural de *fazendeiros*, latifundistas, importadores de negros, exportadores de materia prima, tabaco, azúcar, cacao, caucho, maderas y algodón, dependía de la fuerza de trabajo esclava, ya que los productos sólo podían ser transportados a lomo de mula, en carretas o al hombro de esclavos. Después de 1841 ingresaron más de trescientos mil negros; en un año el trabajo esclavo amortizaba el precio de la compra.

La célebre ley *Bill* Aberdeen, promulgada en Inglaterra para controlar el tráfico comercial de negros en 1845, trajo consecuencias diplomáticas con el Brasil y una nutrida correspondencia entre Paranhos, a la sazón ministro de Relaciones Exteriores, y Williams Stafford Jeringham, encargado de Negocios de Inglaterra en Rio de Janeiro.

La nota número uno se remonta al 28 de septiembre de 1855. El 6 de abril de 1856, Paranhos, representante y portavoz del gobierno imperial, redacta una carta. La fecha pasaría a la historia de la diplomacia brasileña. La población del Brasil estaba indignada, puesto que navíos y súbditos brasileños habían sido apresados dentro de sus aguas territoriales en cumplimiento de la disposición británica.

La actitud de Paranhos obtuvo el apoyo de las masas populares pero recibió críticas de sus correligionarios. Su decisión cambiará radicalmente la política gubernamental en el problema del tráfico de esclavos.

El escrito de Paranhos sostenía: "Hoy parece posible la paz en Europa, el honorable señor Jeringham juzga oportuno poner en duda los esfuerzos del Gobierno Imperial, acusarlo de contemplaciones y amenazarlo, en nombre de S.M. Británica, con la ejecución del *bill* del 8 de agosto de 1845. La amenaza que tan injustamente se hace al Gobierno Imperial podrá servir para recordar que Gran Bretaña es un país más fuerte que el Brasil y para significar que no dudará en usar, aun sin legítimo motivo, su mayor poder material; pero no podrá dar la razón a semejante proceder ni disminuir la tranquilidad que otorgue al Gobierno Imperial la conciencia de la dignidad y entereza de sus actos".

Pedro II sostuvo siempre que era posible conciliar la producción industrial con el sistema esclavista. De nada le sirvió el modelo de la reina de Inglaterra y el formidable desarrollo industrial inglés. Entre los que trabajaban había niños, mujeres y ancianos sin ninguna capacidad para ser obreros industriales.

Curiosamente, en 1869 el Imperio impuso en el Paraguay un decreto por el que se emancipaba a todos los esclavos, medida que no había adoptado en su propio territorio. Después de la paz firmada en Asunción, la logia Fe celebró en 1870 una sesión magna en honor de Paranhos, que acababa de ser elegido Gran Maestre de la Masonería brasileña. Había llegado, además, al punto más alto de su carrera política, ya que el emperador, ese mismo año, lo nombra vizconde de Rio Branco, por decreto del 20 de junio. Como gran maestre le cabía iniciar en forma activa la campaña por la abolición de la esclavitud. Su blasón de armas –como se aprecia en las placas recordatorias– es, en campo azur, una esfera armilar de oro, acompañada a la derecha por una pluma y a la izquierda por un compás abierto y la punta de un río de plata.

En adelante se consagra a la lucha por la abolición de la esclavitud, a pesar de la tenaz resistencia de los hombres de su partido. Es oportuno anotar que los clérigos y los masones católicos se unieron a la propaganda de las logias masónicas, en un movimiento nacional abolicionista. Parlamentarios, periodistas, intelectuales, profesores, militares se sumaron a la lucha por la abolición.

Paranhos, fiel colaborador de Pedro II, salva su débil gobierno con la sanción de la ley sobre libertad de vientres, del 28 de septiembre de 1871.

Durante tres meses el recinto de la Cámara de Diputados fue centro de ásperos debates. Paranhos pronunció más de cuarenta discursos en favor de la abolición. Durante cinco meses subió casi a diario a la tribuna parlamentaria, ya fuera en Diputados o en el Senado. La disensión con el proyecto terminó el 26 de agosto, fecha en que fue aprobado por 63 votos contra 35.

Aprobada la ley de libertad de vientres, el ministro alcanzó la mayor popularidad. Su nombre corrió de boca en boca y apareció en artículos editoriales en Inglaterra, los Estados Unidos, Italia, Portugal, España. En la Argentina, Bartolomé Mitre tradujo para el diario La Nación el discurso final del debate. A los honores ya recibidos, agregó entonces la Legión de Honor francesa y la Orden de Cruçeiro.

La Logia Gran Oriente do Lavradio se reunió en una sesión solemne en homenaje a su jefe más ilustre. Silva Paranhos pronunció un discurso en el que se mostró como el más modesto y equilibrado de los políticos: "Las distinciones que me conferisteis, muy superiores al merecimiento de quien las recibe, son otros tantos hechos y símbolos conmemorativos de vuestro civismo, y de vuestros sentimientos filantrópicos. [...] Vuestro entusiasmo tiene los más nobles incentivos. La reforma social que el Poder Legislativo del Brasil acaba de decretar, es sin duda un señalado triunfo de nuestra civilización; es la remisión de una gran deuda moral y material, preparada por la razón, reclamada por la justicia y favorecida por el tiempo; bella y sana, como cuantas inspira la moral universal; obtenida con trabajo, como cuanto es verdaderamente grande, pero incruenta, como modelo eterno del carácter elevado y raro buen sentido del pueblo brasileño".

Durante varios días, procesiones cívicas se encaminaron a la residencia del vizconde de Rio Branco, encabezadas por ruidosas filarmónicas y bandas de música. En São Paulo los estudiantes de la Facultad de Derecho organizaron brillantes reuniones festivas en señal de alegría y gratitud. En diversos lugares de Minas Gerais, el pueblo corrió hacia los viejos *pelourinhos* (columnas de piedra en sitios públicos, en los que se exhibía y castigaba a los negros) y los derribó.

Los últimos años

Paranhos asume nuevamente la jefatura del Gabinete Imperial, y en el ejercicio de 1875 a 1976 sufre violentos ataques por las reformas propuestas.

Los empréstitos proporcionados al gobierno de Mitre son rápidamente cubiertos; carne y trigo argentinos llegan al Imperio en compensación.

El vizconde de Rio Branco, en medio de la depresión luego de la aventura bélica, intenta reorganizar el país estimulando sus fuentes de producción y, con el renovado respaldo de Pedro II, encara una formidable reforma administrativa. Con todos los resortes que le brinda su posición de presidente del Consejo de Ministros, une la línea de las instituciones básicas establecidas por João VI, y caídas en desuso, y trata de levantarlas a un nivel moderno, acorde con la época. Así fue como llevó su mirada a la Biblioteca Nacional, a la prensa, a la cátedra, a la Policía, al Ejército, a la Armada, al Jardín Botánico, a los Museos, a la Escuela de Bellas Artes.

Nada resultó extraño a su plan de reformas, para *aggiornar* las instituciones existentes.

Acomete la reforma judicial, concediendo mayor amplitud al hábeas corpus y demás garantías a la libertad individual; organiza la instrucción pública, la Escuela Politécnica, el Asilo de Menores y reorganiza el Instituto de Sordomudos; crea la Dirección General de Estadística, el Archivo Nacional, así como bibliotecas públicas y museos. Firma tratados con varios países y el 30 de diciembre de 1872 se realiza el Primer Censo General.

El gabinete se mantendrá hasta 1875 y la transición que realiza es tan amplia y profunda que la revolución republicana que triunfará a fines de la década siguiente poco tendrá que cambiar en este orden.

En 1878 Paranhos parte a Europa y recorre casi todos los países, donde lo reciben los más altos funcionarios y gobernantes, incluido el Papa. Se le declara, por entonces, una grave enfermedad, cáncer de boca.

El 30 de julio de 1879 regresa a Rio, luego de haber sido agasajado en Bahia y en Pernambuco, como ningún otro político lo había experimentado antes. Los diarios publican ediciones especiales, se realizan espontáneos discursos en las calles y se organizan misas rogando por su restablecimiento.

El 1º de noviembre de 1880, cuando aún era senador del Imperio, José María da Silva Paranhos, vizconde de Rio Branco, muere en Rio de Janeiro. Su hijo continuará la huella paterna; será también un notable ministro de Relaciones Exteriores y acordará las fronteras con la Argentina, Uruguay, Perú, Bolivia y la Guayana Francesa.

Getúlio Vargas

1883-1954

Nacionalista y autoritario

"Mi sacrificio os mantendrá unidos
y mi nombre será vuestra bandera de lucha."

Muchas veces, elecciones hechas en la adolescencia indican en un individuo ciertos profundos principios que lo guiarán por el resto de la vida. Así ocurrió con Getúlio Dornelles Vargas.

Cursó la Escuela Preparatoria y Táctica de Rio Pardo y alcanzó el grado de sargento. El Brasil, tras dos conflictos armados con Bolivia, en 1899 y en 1902, firmó el Tratado de Petrópolis, que puso fin a los problemas limítrofes en 1903. Vargas pidió la baja y se inscribió en la Facultad de Derecho de Porto Alegre.

En 1906 la ciudad fue visitada por el presidente electo Alfonso Augusto Pena Moreira. Como los estudiantes no fueron invitados a los festejos oficiales, resolvieron hacer su propio recibimiento y Getúlio fue designado orador del acto: "Nosotros saludamos en el Presidente de la República –dijo– la marcha triunfal de la democracia, la victoria de la voluntad popular. Y esto lo digo como manifestación de la juventud en ejercicio del libre pensamiento. [...] La ley no nace del arbitrio del legislador, éste sólo reconoce las necesidades generales, [y] quita las dificultades que pueden obstaculizar la marcha del progreso". Un año después, al concluir los estudios, afirma: "Vivimos absorbiendo la cultura extranjera, y económicamente dependemos de las naciones extranjeras que manufacturan la materia prima de nuestras industrias. Imitamos la literatura hecha por los europeos, estudiamos la ciencia que ellos elaboran y vulgarizamos la filosofía que ellos piensan". Y subraya: "El hombre fuerte no es el que siempre niega, sino el que siempre afirma".

Democracia fuerte, legislación progresista, cuestionamiento a la dependencia, autoridad personal. El joven Getúlio Vargas esboza ya nítidamente las que serán ideas rectoras de su vida política.

Nació el 19 de abril de 1883 en la ciudad de São Borja, de Rio Grande do Sul. Su padre, Manuel do Nascimento Vargas, había revistado como general durante la guerra contra el Paraguay. En la infancia, Getúlio vivió en contacto con la naturaleza, en el campo, en una estancia de la familia ubicada en Santos Reis. Allí estudió las primeras letras. En ese lugar, fronterizo con la Argentina, militaban dos grupos políticos enemigos. Los federalistas, cuyo jefe era un tío materno, y los republicanos, entre los que militaba el padre.

En Rio Grande do Sul, los que mandaban esas posiciones políticas, con las armas prontas, y durante más de treinta años, eran Gaspar Silveira Martins por los federalistas y Julio de Castihlos por los republicanos. Durante el gobierno de Castihlos, amante de las ideas positivistas de Augusto Comte, Getúlio se formó políticamente.

Habiendo terminado la Facultad de Derecho, se le ofreció la cátedra de Filosofía, que aceptó. En la misma época se produjo una vacante en un tribunal, de segundo promotor público, cargo que también aceptó.

Sin embargo, quería regresar a São Borja, a su hogar. Ante la oportunidad de incorporarse en el estudio jurídico de mayor prestigio en aquel lugar, don Manuel reclamó su presencia. Getúlio renunció al cargo público y regresó a la tierra natal. Su actuación, el nombre de su familia y sus buenos oficios para armonizar desavenencias lo hicieron candidato a diputado a la Asamblea general, y resultó electo el 29 de marzo de 1909. Permaneció en el cargo hasta 1912.

El 24 de marzo de 1911, con veintinueve años, se casa con una niña adolescente de quince, Darcy de Lima Sarmanho. Del matrimonio nacerán cinco hijos: Lutero, Jandira, Alcira, Manuel Antonio y Getúlio.

En 1913 se lo elige para cumplir otro mandato de cuatro años, pero no ocupa la banca por discrepancias con los líderes del Partido Republicano. Los siguientes cuatro años se dedicará al ejercicio de la abogacía, sin participación política. En 1917 regresa a la Cámara Legislativa, y un año después es designado jefe de su bloque. En 1919 oficia, además, como relator del proyecto de presupuesto.

A partir de 1922 se escalona una serie de rebeliones, animadas por un movimiento de origen militar, el "tenientismo", que levanta reivindicaciones centradas en la legalidad electoral y el enfrentamiento a la corrupción de la burocracia estatal. Estos planteos derivarán, de hecho, en un enfrentamiento con el viejo sistema político.

A principios de 1923 Vargas organiza un batallón de voluntarios, dispuestos a acompañarlo en esa cruzada que inició para transformar las vetustas estructuras brasileñas. Será el hito de un nuevo partido político. Elegido para el Parlamento Federal, deja el Estado natal y se instala en la Capital. Su personalidad y gran capacidad le permiten alcanzar el liderazgo parlamentario.

El 15 de noviembre de 1926, cuando asume la presidencia Washington Luis Pereira de Sousa, el mandatario le confía el Ministerio de Hacienda. Al año siguiente Vargas se postula como candidato a gobernador de Rio Grande do Sul, cargo que asume el 25 de enero de 1928. Pacifica la sociedad riograndense y reúne a los partidos rivales en un Frente Unido.

Instaurada la paz política, supo administrar las riquezas del Estado con éxito. Se le abrió así el camino a la presidencia de la República, sitial ocupado, hasta entonces, por paulistas o mineiros.

El "tenientismo" pone fin a un régimen

El "tenientismo" había crecido como fenómeno social y político y era síntoma inocultable de que algo estaba por cambiar en el país. La figura central del movimiento, el capitán Luis Carlos Prestes, se lanzó a una gran campaña militar de tono heroico, con una marcha de miles de kilómetros de la "Columna Prestes", para "despertar a las poblaciones del interior y sacarlas de la apatía en que viven metidas".

La Columna se internó en la selva, castigó los abusos de los terratenientes y quemó "tiendas de raya" y "libros de deudas", provocando una ola de apoyo popular. De igual modo, avanzó hostigada por las fuerzas leales a la antigua oligarquía.

A comienzos de 1927 termina la epopeya en tierra boliviana,

y si bien las operaciones no lograron el resultado esperado, sembraron la semilla de la rebelión social. Rozando la leyenda, la Columna Prestes se inscribirá con vivos colores en la tradición política brasileña.

Vargas, sensible al nuevo fenómeno provocado por el "tenientismo", funda la Alianza Liberal bajo el lema "Justicia y Representación", y recibe el apoyo de personalidades provenientes de diferentes sectores, como Epitacio Pessoa, que había aplastado un primer alzamiento en 1922, y Juárez Tavora, hombre clave del nuevo movimiento militar.

La sucesión de Washington Pereira desencadenaría una crisis fatal para la Primera República y el *crack* de 1929 actuaría como un acelerador de esa crisis larvada: el régimen político no podría reposar más sobre las riquezas de São Paulo.

La postulación presidencial de Getúlio Vargas alteraba la respetada alternancia en el poder –conocida como política del "café con leche"– , que estipulaba que el siguiente presidente debía ser un paulista.

Contrariando ese orden instituido por las dos burguesías más poderosas del país, la Alianza Liberal presentó a Getúlio Vargas (gobernador de Rio Grande do Sul) como candidato a presidente y a João Pessoa (gobernador de Paraíba) como vicepresidente, en oposición al candidato oficial, Julio Prestes de Alburquerque (gobernador de São Paulo), que controlaba todos los Estados menos Rio Grande do Sul, Minas Gerais y Paraíba.

El "varguismo" interpretaba que el proceso de diversificación de la economía nacional y de enfrentamiento a las oligarquías conservadoras serían inevitables. La insistencia del Presidente en convertir a Julio Prestes en su sucesor provocó la ruptura del pacto con Minas Gerais, favoreciendo a Vargas, quien además ya había logrado el respaldo de un numeroso grupo de tenientes de gran prestigio en la clase media. Los fraudes electorales, el dominio de las oligarquía regionales y el sistema político del "café con leche" habían generado un amplio descontento.

Recurriendo a las maniobras acostumbradas y reñidas con las reglas del derecho, resultó vencedor en las elecciones Julio Prestes. La Alianza Liberal procuró un arreglo, pero los tenientes, intransigentes, optaron por el camino de las armas. Agravando la situación, João Pessoa, en un hecho aparentemente sin vinculación con los sucesos políticos, fue asesinado en Recife, echando por tierra todo posible apaciguamiento.

La revolución estalló el 3 de octubre de 1930. Vargas, caudillo de un frente heterogéneo pero de naturaleza nacionalista, entró en la capital victoriosamente, el 23 de octubre, y Washington Pereira fue depuesto y exiliado. Los tenientistas conformaron una Junta Militar que entregó el poder a Getúlio Vargas, el 3 de noviembre de 1930.

Era el segundo gobierno provisional en la historia del Brasil, después del de Deodoro da Fonseca, al proclamarse la República el 15 de noviembre de 1889. Con la caída del presidente constitucional se cerró la denominada República Vieja o Primera República, iniciada entonces.

Primera presidencia

El panorama no era sencillo: los políticos no querían cambios de fondo, eran conservadores; los tenientes, en cambio, estaban en contra del poder de las oligarquías y enfrentaban a los oficiales superiores. Sus ideas apuntaban a lo nacional y no a lo regional y exhibían sensibilidad para comprender a las clases media y obrera.

El gaúcho Osvaldo Aranha, posiblemente el más destacado propulsor de la revolución y hombre ligado a los grandes capitales, fue designado ministro de Justicia, y Juárez Távora, ministro de Comunicaciones y Obras Públicas. En estos dos hombres se sintetizó la convivencia de dos tendencias opuestas en el seno del gobierno. Se crearon dos nuevas carteras, la de Educación y Salud y la de Trabajo, Industria y Comercio, y los cambios en los ministerios se sucedieron. Vargas, pragmático, astuto y perspicaz, actuaba según su conveniencia; escuchó a políticos y militares, y del "tenientismo" se deshizo pronto.

Actuó con energía, suprimió el Poder Legislativo y recortó el Poder Judicial. La Corte Suprema se redujo de quince a once miembros y seis jueces considerados enemigos de la revolución fueron fusilados. En la órbita de Trabajo, se promulgó una ley de sindicatos. En Educación y Salud las reformas en los niveles técnico, elemental, secundario y superior fueron las más completas en la historia del Brasil. Se fundaron las universidades de São

Paulo y la del Distrito Federal. Para apoyar las medidas adoptadas, los tenientes fundaron el Club 3 de Octubre.

En mayo de 1932 Vargas anunció que en un año se realizarían elecciones para integrar una Asamblea Nacional Constituyente. Entretanto, la conspiración avanzaba.

El 9 de julio de 1932 comenzó en São Paulo la llamada Revolución Constitucionalista, con una participación sustantiva de oficiales superiores de las Fuerzas Armadas. Los tenientes sofocaron esta y otra intentona reaccionaria organizada en Minas Gerais. En represalia fue saqueado el diario *Carioca*, identificado con el antiguo poder oligárquico. El gobierno *de facto* los enfrentó con decisión y en algunos lugares la lucha, que duró casi tres meses, fue violenta. La paz se logró el 2 de octubre a un costo de cerca de quince mil caídos, entre muertos y heridos. En el fragor de los enfrentamientos, Getúlio Vargas evidenció capacidad para conciliar y ganar partidarios, y demostró ser el mejor dotado entre los dirigentes políticos.

Un párrafo especial merece la labor en el plano económico. Como se ha dicho, Brasil se conmocionó con la crisis mundial de 1929. Sus efectos se sentían en el desempleo, la baja en el nivel de vida, la carencia de recursos para importar, la deuda externa impaga, las dificultades para exportar. Con la gestión de Vargas se implantó una política económica proteccionista y se crearon impuestos especiales. En corto tiempo fue notorio el crecimiento industrial, el desarrollo de la industria del cemento y la agroindustrial.

La agricultura, igualmente, seguía siendo la fuente principal de la riqueza nacional. En 1932 se creó el Consejo Nacional del Café –como medida proteccionista, durante doce años se quemó o arrojó al mar un millón de sacos de café al año– y al año siguiente, los del azúcar y el alcohol. Este despegue económico fue acompañado con una legislación social y sindical que contempló la instauración de la jornada de ocho horas de trabajo, la regulación laboral para mujeres y niños, la creación de una Comisión de Justicia Laboral y la adopción de modernos regímenes para retiros y pensiones.

Para completar este cuadro de cambios, se aprobó una nueva Constitución. Las sesiones de la Asamblea Constituyente, con 254 representantes, comenzaron el 15 de noviembre de 1933 y el 16 de julio de 1934 se firmó el texto definitivo, con 187 artículos. Se dispuso la elección directa del presidente de la República, un Poder Legislativo bicameral, el matrimonio religioso e indisoluble, y varios capítulos se dedicaron a los temas económicos y sociales. El primer presidente fue elegido por el Congreso y por acto eleccionario. Getúlio obtuvo la presidencia para el período 1934-1938.

Presidente del Estado Novo

Sin inconvenientes, fueron elegidos los gobernadores de los Estados en elecciones y con candidatos que colaboraron con la acción de gobierno del nuevo presidente.

El 4 de abril de 1935 fue aprobada la Ley de Seguridad Nacional, que otorgó poderes extraordinarios al gobierno para hacer frente a posibles desórdenes. Por acción u omisión, el gobierno varguista alentó la formación de grupos de ultraderecha. Plinio Salgado fundó la Alianza Integralista Brasileña el 7 de septiembre de 1932, movimiento similar a los creados en la Alemania nazi y en la Italia fascista, basados en la jerarquía y el uso de símbolos, como la cruz gamada, el saludo con el brazo derecho en alto y lemas como "Dios, patria y familia".

Al crecer la Alianza Integralista también aumentaron los simpatizantes del izquierdismo. Después del movimiento de 1930 el Partido Comunista se esforzó por atraer a Luis Carlos Prestes, exponente del tenientismo y conocido como el Caballero de la Esperanza. El 30 de marzo de 1935 hizo su aparición la Alianza Nacional Libertadora, con un programa antiimperialista. Luis Prestes, hombre de acción y de propaganda, y asociado ya al Partido Comunista, encabezó la lucha contra el integralismo. El 22 de julio el gobierno proscribió la Alianza y Pretes fue encarcelado durante varios años. Vargas liquidará también la influencia del "integralismo", colocándolo en la ilegalidad.

En diversos Estados se produjeron levantamientos cívico-militares, que incluyeron al importante Regimiento 3 de Rio de Janeiro, pero la actividad del general Enrico Gaspar Dutra, ministro de Guerra, con tropas leales al gobierno, logró la rendición de los revolucionarios. La "revuelta roja", al fin de cuentas, fortaleció a Vargas en sus medidas represivas al comunismo, llenando las cárceles de militantes comunistas, presuntos izquierdistas y opositores de diversa filiación.

En 1937 se inició la campaña electoral por la presidencia y se fijó el 3 de enero de 1938 para el acto eleccionario. La elección sería directa; Vargas quería seguir en el poder y no deseaba que hubiera otros competidores. Sin embargo, aparecieron algunos. De los sectores liberales, el gobernador del Estado de São Paulo, Armando de Salas Oliveira; de Paranaíba, Américo de Almeida, participante de la Revolución de 1930, y en un principio, el líder integralista Plinio Salgado, quien, como no creía en los mecanismos democráticos, poco tiempo después abandonó la lucha electoral.

Ante este panorama político Vargas preparó un golpe de Estado, pretextando la existencia de un supuesto "Plan Cohen", por el cual la Internacional Comunista intervendría con sus agentes en el Brasil (años después fue admitido públicamente que se trató de una patraña para anular las elecciones). En vista de ello, el presidente pidió al Congreso que declarase el estado de sitio, en septiembre de 1937.

La popularidad de Getúlio Vargas, de todos modos, había aumentado considerablemente entre las masas populares, así como también dentro de las Fuerzas Armadas. El 10 de noviembre los militares mostraron claramente su intención de decidir los destinos de la República. Entretanto, Vargas azuzó ante la sociedad el peligro del comunismo e impuso la nueva Constitución, inspirada en la filosofía corporativista portuguesa.

El golpe se implantó sin encontrar una fuerte reacción popular. Se disolvió el Congreso, se estableció un rígido control de las comunicaciones y fueron detenidos los gobernadores de la oposición. Nunca antes el país había vivido una represión igual. Se instauró un régimen policial y abundaron los presos políticos y los destierros. Esta situación se prolongó hasta el final de la Segunda Guerra Mundial, en 1945.

Se creó una agencia especial de propaganda, que difundía casi únicamente el criterio oficial frente a la rígida censura a la prensa, y se editaban libros y revistas, con profusión de biografías que exaltaran la figura del Presidente. *Arlanhá*, publicado en Rio de Janeiro, fue el principal vocero del pensamiento oficial.

Disuelto el Parlamento, Vargas proclamó la formación del *Estado Novo*, legitimado mediante una reforma constitucional en

1937, elaborada por el ministro Francisco Campos. El *Estado Novo* fue un régimen de Estado totalitario, estructura de gobierno en boga por esos años en otros países del orbe. Por ley fundamental, la República se declaraba antiliberal y reconocía sus fuentes de inspiración en la Italia fascista de Mussolini y en la Carta Magna del dictador polaco Josef Pilsudski. El nombre del nuevo Estado repetía el adoptado poco tiempo antes en el Portugal fascista dirigido por António de Oliveira Salazar, institucionalizado en la Constitución de 1933.

El preámbulo, más que elocuente, subrayaba: "Atendiendo las legítimas aspiraciones del pueblo brasileño a una paz política y social, profundamente turbada por bien conocidos factores que condujeron al desorden, resultante de discordias partidistas, cada día más graves, y que una evidente propaganda demagógica quiere convertir en lucha de clase, y también del agravamiento de conflictos ideológicos que tienden, por su propio desenvolvimiento natural, al ejercicio de la violencia, orillando a la nación a una guerra civil inminente".

Vargas propició la centralización del poder político y administrativo e hizo que el gobierno –adelantándose a otras experiencias nacionalistas del continente– compitiera con el capital privado, nacionalizando los recursos mineros y fomentado la inversión para una rápida industrialización. La Constitución de 1937 resultó ineficaz y nunca se concretó.

No pueden dejar de anotarse las realizaciones positivas del régimen. Entre 1936 y 1945 el país vivió un período de prosperidad y desarrollo que sentaría las bases del país por décadas. La protección al obrero, con vacaciones, mejores horarios, jubilaciones, salarios mínimos y seguro social, permitió convertir a los sindicatos en meros agentes de los ministerios y transformar al presidente en "El Padre de los Pobres".

Tanto la agricultura como la industria fueron objeto de medidas e incentivos especiales. La producción privilegiaba el mercado interno y las exportaciones eran mínimas. Entre las industrias básicas sobresalía el fuerte impulso a la Compañía Siderúrgica Nacional. Se construyó la Usina de Volta Redonda, y desde 1946 comenzó la producción de acero. De 160 mil toneladas de hierro en 1939, se pasó a 305 mil en 1947, y se aprovechó el carbón del sur. Ese mismo año se desarrolló la producción de motores para automóviles, camiones y artículos electrodomésticos. Hubo asimismo un gran incremento de la explotación minera.

Getúlio Vargas, vacilante ante el Eje Roma-Berlín, tuvo en su gabinete ministros simpatizantes de los dos bandos contendientes en la Segunda Guerra Mundial. El ministro de Guerra, Enrico Gaspar Dutra, era simpatizante del Eje; en cambio, Esvaldo Aranha, de Relaciones Exteriores, era simpatizante de los Aliados. En 1942, cuando los Estados Unidos ingresaron en el conflicto, Vargas tomó partido por los Aliados, les concedió bases en la costa nordeste y en las islas del Atlántico y envió misiones médicas y de materiales estratégicos. Rompió relaciones con Italia, Japón y Alemania, e intervino con tropas en el campo de batalla.

La política de inclinaciones fascistas llegaba así a su fin y, por consiguiente, la efímera experiencia bautizada como *Estado Novo*.

VuelTa a la TRadición

El 28 de febrero de 1945 se autorizó nuevamente la actividad de los partidos políticos. Se puso fin a la censura de prensa, se amnistió a los presos políticos y el 2 de diciembre se celebraron comicios. En julio, el jefe del Partido Comunista Luis Carlos Prestes, que había estado preso e incomunicado o viviendo en la clandestinidad durante años y cuya esposa, judía, había sido denunciada a los alemanes y enviada a un campo de concentración, se sumó a la convocatoria a una nueva Convención Constituyente, hecha por el gobierno.

Vargas fundó el Partido Social Demócrata (PSD) y el Partido Trabalhista Brasileiro (PTB). Aceptó la presidencia de este último sin perder el control del primero, que postuló como candidato a Enrico Gaspar Dutra, apoyado, sin entusiasmo, por el ahora líder del *trabalhismo*. Se sospechaba que Getúlio sólo esperaba el momento oportuno para presentar su propia candidatura.

El 29 de octubre de 1945, un grupo de oficiales de las Fuerzas Armadas acompañados por civiles se lanzaron a un golpe: exigieron la renuncia del Presidente y aseguraron el respeto a la convocatoria electoral. Vargas renunció y regresó a su pueblo natal al poco tiempo, aunque siguió manejando los hilos de la política.

Tres candidatos disputaron la elección: el brigadier Eduardo Gómes, de la UDN; el general Dutra por el PSD y el PTB, y Yeddo Fiuza en representación del Partido Comunista. Dutra logró una fácil victoria con el apoyo nominal de Vargas y obtuvo el 55 por ciento de los votos. Por entonces, la población del Brasil era de 46.215.000 habitantes y en la oportunidad votaron menos de 6 millones de ciudadanos.

Un paso atrás, dos adelante

Vargas había sido elegido diputado por los dos partidos que había creado –en nueve Estados–, con considerables votos, y senador por Rio Grande do Sul y por São Paulo. Al final eligió la banca en el Senado, al que concurrirá esporádicamente, terminando por solicitar licencia. Lo mismo ocurrió con su cargo en la Academia Brasileña de Letras, donde fue nombrado académico titular.

Cuando se produjo el golpe que lo derribó era un hombre marcado desde diferentes grupos de opinión: por la derecha y la burguesía, miope a los cambios; por los comunistas, aunque Vargas se había anticipado con una legislación laborista; por los imperialismos económicos extranjeros, a los que combatió al implantar la siderurgia nacional, para no señalar otros sectores que se perjudicaron con la creación de Petrobrás, la empresa que ejercería el monopolio estatal del petróleo.

El 31 de enero de 1946 Dutra juró como presidente. Convocó a una Convención Constituyente para el 2 de febrero, para reformar la de 1937. Las sesiones, entre el 27 de mayo y el 18 de septiembre, introdujeron más de cuatro mil enmiendas. Esta Constitución se mantendrá en vigencia hasta 1964. Dutra proscribió al Partido Comunista e hizo cesar en sus mandatos a algunos parlamentarios. Durante la Guerra Fría fue un aliado incondicional de los Estados Unidos, rompiendo relaciones con la Unión Soviética.

Getúlio, entretanto, se autoexilió en São Borja y no aparecía en público. Recibió en su casa de campo a políticos y periodistas, pero guardó silencio.

Próximo a la fecha de renovación presidencial de 1950, el Partido Trabalhista Brasileiro le ofreció la candidatura. Vargas tuvo como aliado al Partido Social Progresista, de fuerte inserción en

São Paulo, fuerza que aportó el compañero de fórmula João Café Filho, de Rio Grande do Norte.

Obtuvieron casi el cincuenta por ciento del total de sufragios y Vargas, con buen tino, esta vez no persiguió a la oposición, que intrigaba con el apoyo de importantes círculos militares. Reservado, enigmático, de trato afable pero distante, y cauteloso, no tenía inclinación a exhibirse públicamente. Sus discursos y entrevistas se producían cuando consideraba que era importante hacerlos. En verdad, se comportaba casi como un soberano. Por eso, a veces, era difícil penetrar en sus pensamientos. Poco antes del triunfo electoral y cercano a cumplir setenta años había señalado, premonitoriamente: "Conozco a mi pueblo y tengo confianza en él. Tengo la certeza plena de que seré elegido, pero también sé que por segunda vez no llegaré al final de mi mandato [...]. Tendré que luchar. ¿Hasta dónde resistiré si no me matan, hasta qué punto mis nervios podrán aguantar?".

A pesar del apoyo popular y sindical, el Ejército redobló su oposición al nuevo gobierno de Vargas y encontró en Carlos Lacerda, director del Tribunal de Imprenta, al vocero de sus posiciones, como un declarado enemigo del Presidente.

En ese clima de tensiones transcurrió la mitad del período presidencial. El aire político se fue enrareciendo hasta producirse un atentado contra Lacerda. En plena calle, ciertos individuos hicieron fuego contra él y contra el mayor de aeronáutica Rubens Vez, su acompañante, que cayó muerto. Los autores del atentado fueron capturados y encerrados por la Aeronáutica en la base de Galedo. En las investigaciones fue involucrado como instigador el jefe de la guardia personal del Presidente, Gregorio Fortunato, quien confesó haber ordenado la muerte de Lacerda. Frente a estas circunstancias, Getúlio Vargas abrió las puertas del palacio de Guanabara, la sede presidencial, con la orden de que se continuara la búsqueda de los culpables de la manera más severa.

Sin embargo, la situación se tornó incontrolable y la oportunidad estuvo servida para los jefes militares de las tres fuerzas, quienes firmaron un manifiesto exigiendo la renuncia de Vargas. En una dramática reunión de gabinete, el Presidente presentó una solicitud de licencia.

El 24 de agosto de 1954, por la mañana, se oyó un disparo en la residencia del primer mandatario. El presidente Getúlio Vargas se había suicidado con un tiro en el corazón. Cuando corrieron a ver lo que ocurría, agonizaba. Sobre la mesa de luz de su cuarto había una carta, su testamento político. Transcribimos algunos párrafos: "Una vez más las fuerzas e intereses antipopulares se combinan nuevamente y se desencadenan sobre mí. La ley de lucro excesivo fue detenida en el Congreso. Contra la justicia de la revisión del salario mínimo se han desencadenado odios. Quise desarrollar la libertad nacional potenciando nuestras riquezas a través de Petrobrás y, apenas ésta comienza a funcionar, la ola de agitación se agranda. Electrobrás fue obstaculizada hasta la desesperación. No quieren que el obrero sea libre. No quieren que el pueblo sea independiente. [...] Luché contra la explotación del Brasil. Luché contra la explotación del pueblo. He luchado a pecho descubierto. El odio, las infamias, la calumnia no abatieron mi ánimo. Os di mi vida. Ahora os doy mi muerte. No recelo nada. Serenamente doy el primer paso en el camino de la eternidad y salgo de la vida para entrar en la historia [...]. He luchado mes a mes, día a día, hora a hora, resistiendo una presión constante, incesante, soportando todo en silencio, olvidando todo, renunciando a mí mismo, para defender al pueblo que ahora queda desamparado. Nada más os puedo dar, a no ser mi sangre. Si las aves de rapiña quieren la sangre de alguien, quieren seguir chupando al pueblo brasileño, les ofrezco mi vida en holocausto. Getúlio Vargas".

Bernardo O'Higgins

1778-1842

El Libertador General de Chile

"Cuando por primera vez saqué mi espada para pelear contra los españoles, determiné, o morir con ella en la mano, o realizar el fin para el cual la había desenvainado."

El padre del futuro Libertador, don Ambrosio O'Higgins, llegó a Chile en 1773. Nacido en el condado de Meth, en Irlanda, tuvo una niñez con privaciones y, gracias a la intervención de un pariente clérigo, pudo cursar estudios en Cádiz, España. Con el título de ingeniero delineador realizó varias obras de trascendencia en el Perú, la Argentina y Chile. En este último país le fueron confiados diversos trabajos referidos a la cuestión del tránsito a través de la cordillera en épocas invernales. Existe un mapa bosquejado por él que está considerado de un alto valor en la materia. Fue, además, proyectista del Fuerte de San Carlos, en Cuyo, en la actual provincia argentina de Mendoza.

En 1777 el rey Carlos III lo designó coronel del cuerpo de Dragones, y un lustro más tarde fue nombrado brigadier. Chile nuevamente requirió sus servicios a la hora de defender sus fronteras, particularmente las extensas costas sobre el océano Pacífico. Mantuvo una relación circunstancial con una nativa de Chillán, de apellido Riquelme, y de esa unión, en 1778, nació Bernardo O'Higgins, futuro Libertador de Chile, probablemente el 20 de agosto.

El joven Bernardo aprendió las primeras letras con fray Francisco Javier Ramírez; posteriormente su padre lo envió a estudiar al Colegio San Carlos de Lima, al que asistían los hijos de la alta sociedad local. Allí se lo conoció bajo el nombre de Bernardo Riquelme, que conservó hasta la muerte de su padre, en 1801. En las aulas peruanas trabó amistad con el marqués José Bernardo de Torre-Tagle, cuyo nombre volvería a resonar a la hora de la independencia. La corte virreinal de Lima estaba dotada de un ambiente que intentaba semejar el de las Casas Reales europeas. No en vano, en esos tiempos, Lima era nombrada Ciudad de Reyes.

Mientras permaneció como pupilo en el colegio de los franciscanos, su madre, doña Isabel Riquelme de la Barrera, lo visitó con frecuencia, generalmente acompañada por su hija Rosita. El afecto entre Bernardo y su media hermana estaba destinado a afianzarse a lo largo de la vida. Designado un nuevo tutor, Ignacio Blacke, un comerciante irlandés, el joven Riquelme permaneció cuatro años en Lima hasta que, por orden de su padre, fue embarcado rumbo a Cádiz (España), donde lo recibió Nicolás de la Cruz Bahamonde, un individuo poco escrupuloso que al poco tiempo lo envió a Londres para que continuara su educación.

Vivió Bernardo en Richmond, al sur de la capital británica. Digamos solamente que quedó a cargo de dos maestros relojeros que le hicieron la vida imposible; se apropiaban de la mensualidad que su padre le hacía llegar, obligándolo a vivir en medio de sacrificios. Sus cartas a De la Cruz, su tutor en España, poniéndolo al tanto de la situación, no encontraron respuesta; tampoco las que escribió a su padre.

Tras muchos inconvenientes, se embarcó en un convoy con la intención de regresar a América. En el cuarto día de navegación, éste fue interceptado por una escuadra inglesa y fueron forzados a regresar, despojados de todas sus pertenencias. En Gibraltar se vio obligado a realizar trabajos forzados y a permanecer hasta tres días sin probar bocado. Consiguió luego llegar a Cádiz. Escribía entonces: "También me aflige el verme encerrado en esta triste Europa sin poder encontrar un solo remedio o amigo que me pueda asistir [...]. Desde que estoy en España no he sabido lo que es manejar un real, pero también tendré la satisfacción de no haber molestado a nadie [...]. Envidia me da ver a todos mis paisanos recibir cartas de sus padres... Mas yo, pobre infeliz, de nadie". La situación extrema por la que atravesaba no doblegó, sin embargo, su dignidad; pero su salud le jugó una mala pasada: contrajo fiebre amarilla y estuvo al borde de la muerte. Le fueron suministrados los últimos sacramentos, pero finalmente logró superar ese trance y reponerse.

El 8 de enero de 1801 le escribió a su padre: "Yo, señor, no sé qué delito haya cometido, ni sé en qué haya sido ingrato, pues en toda mi vida he procurado dar gusto a Vuestra Excelencia, y al ver ahora frustrada ésa, mi sola pretensión, irritado mi padre y protector, confuso he quedado. ¡Una puñalada no me fuera tan dolorosa! [...] Jamás he temido a la muerte ni a la pobreza, pero en este instante he quedado acobardado, considerándome el último de los hombres".

Bernardo, sin proponérselo, había motivado la reacción de su padre; sin embargo, antes de morir Ambrosio O'Higgins lo nombró heredero de su cuantiosa fortuna. A partir de entonces comenzó a usar el nombre de Bernardo O'Higgins de Riquelme.

Durante su estadía en Inglaterra el joven chileno había conocido a Francisco Miranda, uno de los precursores de la independencia americana. Su participación en la Logia Lautaro, dirigida por Miranda y alentada por Gran Bretaña, fue clave. A diferencia de Bolívar, que mantendrá serias diferencias con Miranda, y de San Martín, que no llegó a tratarlo, O'Higgins será un discípulo directo del venezolano. Cuando retornó a Chile en 1802 tenía una sola idea en su mente: la liberación de su patria.

En 1806 se lanzó a la arena política y fue nombrado alcalde en el Cabildo de Chillán. La presunción de una invasión de tropas inglesas al Río de la Plata, que implicaba también la posibilidad de que los británicos desembarcaran en Chile, amenazaba peligrosamente los intereses españoles en América. O'Higgins no disimulaba su rechazo a la dominación española ni su simpatía por los ingleses, por lo que la Corona española estableció una rígida vigilancia sobre sus actividades y posesiones.

INVASIÓN EN ESPAÑA, REVOLUCIÓN EN AMÉRICA

A pesar de ello O'Higgins conquistaba nuevos adeptos para sus planes. En 1808 las tropas francesas de Napoleón penetraron en España y Fernando VII fue hecho prisionero. Las colonias comenzaron a desvincularse de la Metrópoli. El pueblo chileno se convulsionó. Pero Bernardo O'Higgins conservó la calma en medio de la tormenta. Intercambió correspondencia con el doctor Juan Antonio Martínez de Rozas, secretario de la Capitanía General de Chile y en ellas asentó su posición: si las colonias aceptaban a Fernando VII como soberano, al ser ésta una causa casi perdida, se encontrarían a las puertas de la liberación.

Martínez de Rozas consiguió que el gobernador intendente de Chile se pronunciara en ese sentido, instalando la semilla de la rebelión y de la libertad. Éste designó a O'Higgins miembro del Cabildo de Santiago, en tanto que el patriota seguía propagando sus ideas por todo el territorio.

En 1810 arribaron a Chile noticias sobre las rebeliones de Quito y Chuquisaca. Entretanto, en España, los ejércitos franceses invadieron la región de Andalucía. Contra la presencia francesa se desarrolló una guerra de independencia, que constituyó un Consejo de Regencia para oponerse al gobierno impuesto de José I. Reunidas las Cortes en Cádiz en 1810, declararon "único y legítimo rey de la nación española a don Fernando VII de Borbón", así como nula y sin efecto la cesión de la corona a favor de Bonaparte.

Estos hechos llegaron a conocimiento de O'Higgins al mismo tiempo que se enteró que varios compañeros y amigos de la causa habían sido arrestados. El capitán general de Chile Antonio García Carrasco, calificado como "inhábil e intemperante", desató la represión contra los "juntistas", que tomaron nuevos bríos tras enterarse de la revolución realizada el 25 de mayo en Buenos Aires. García Carrasco debió renunciar y lo sucedió Mateo de Toro y Zambrano, conde de la Conquista, con lo que se mantuvo la apariencia de fidelidad a la Corona de España. Aconsejado por O'Higgins y Martínez de Rozas, el nuevo capitán general convocó a constituir una Junta, que se conformó el 18 de octubre. La Junta revolucionaria puso fin al monopolio comercial español, dispuso la eliminación de diferencias jurídicas de raza o clase social y creó un Ejército Nacional.

O'Higgins, colaborador del nuevo gobierno, comprometió en la misión libertadora a su amigo Pedro Benavente, coronel y comandante de Dragones de la Frontera, y juntos formaron el Regimiento N° 2 de La Laja, colocándolo a disposición de la Junta. Aunque era lógico que él fuera nombrado jefe en virtud de haber sido quien lo organizó e instruyó, la designación recayó en Antonio de Urrutia, cuñado de Martínez de Rozas; O'Higgins fue nombrado segundo jefe. Aceptó su designación puesto que la causa de la emancipación borraba cualquier otra preocupación.

En marzo de 1811 O'Higgins viajó a Santiago para ocupar su cargo de diputado en el Congreso. Llegó a destino a principios de abril, en compañía de Pedro Arriagada, diputado por Chillán, y se puso a disposición de Martínez de Rozas para defender la Junta de Gobierno, aunque, por el momento, eso no parecía necesario. El Congreso comenzó sus sesiones el 4 de julio y se anunció la elección de una nueva Junta para fines de ese mes, aunque luego la fecha se pospuso.

O'Higgins podía ser tajante: en esos días el capitán de una fragata inglesa, Carlos Fleming, envió una nota al Congreso pidiendo fondos de las arcas fiscales para continuar la lucha española contra los franceses. La respuesta de O'Higgins fue terminante: "No dejaremos de tener bastantes brazos para oponernos eficazmente a la salida de este dinero, tan necesario para nuestro país, amenazado de invasión". Su opinión primó por sobre la de los enemigos del régimen criollo. Más tarde le envió una carta al alcalde de Laja, anunciándole que se proponía abandonar el Congreso y aguardar instrucciones. El alcalde leyó la misiva ante los vecinos reunidos, y éstos, por unanimidad, aprobaron lo actuado por O'Higgins y ratificaron el mandato.

El poder continuó en manos de los moderados, como Antonio de Rojas y Juan Manuel de Ovalle, partidarios de mantener los lazos con España, pero los elementos más radicales, entre los que estaban O'Higgins y Martínez de Rozas, pudieron desplazarlos a mediados de 1811. O'Higgins cayó enfermo en ocasión de llegar de España el joven José Miguel Carrera Verdugo, miembro de otra familia acaudalada e integrante también de la Logia Lautaro, quien venía a sumarse a los patriotas. Desde su lecho de enfermo O'Higgins siguió la marcha de los acontecimientos. Carrera organizó un golpe militar el 4 de septiembre y el Regimiento de Granaderos que comandaba su hermano, Juan José Carrera, se lanzó contra el regimiento de artillería, venciendo y tomando el sitio rápidamente. Luego de esto se dirigió al Congreso y destituyó a la mayoría de los diputados del Congreso; en su lugar se nombró a los patriotas Martínez, Rosales y Juan Mackenna, entre otros. Terminada esta incidencia, Carrera y O'Higgins quedaron como los líderes indiscutidos del Partido Independentista. Sin embargo, casi de inmediato comenzaron los desencuentros. Los Carrera, gestores de la victoria del día 4, fueron desplazados momentáneamente por Joaquín Larrain, presidente del Congreso en Santiago, y rechazaron los cargos que éste les ofreció, pues ello los hubiera alejado de la verdadera acción. José Miguel Carrera dictó el Reglamento Constitucional de 27 de octubre de 1812, que estableció su dictadura personal y declaró la autonomía de Chile.

En noviembre, los hermanos Carrera encabezaron un movimiento tendiente a presionar al Congreso para que convocara una asamblea que sostuviera la verdadera voluntad del pueblo. Éstos se reunieron y nombraron una nueva Junta, esta vez presidida por uno de ellos: José Miguel Carrera, al que acompañaban José Gaspar Marín y el doctor Martínez de Rozas. Sin embargo, por hallarse éste ausente, la designación recayó en Bernardo O'Higgins, quien se excusó argumentando: "Desde mi ingreso al Congreso, he promovido y sostenido incesantemente una decisión por el sistema representativo, conforme a la voluntad de mi provincia, y no pudiendo el pueblo de Santiago tener derecho para elegir representante al gobierno general por otras provincias, no me conformo con esta convención ilegal y suplico que se me exima de tal representación".

Pese a los decididos términos en que se expresaba, fue convencido por el presidente de la Asamblea, y prestó juramento para no comprometer la causa de la revolución.

Lo cierto es que ésta se encontraba en grave peligro. José Miguel Carrera ya había entrado en la esfera del gobierno; su hermano Juan José había sido nombrado, a su instancia, brigadier, y otro de sus hermanos había logrado por la misma vía los galones de teniente coronel. El primero intentaría convertirse en la única autoridad, por lo que se abocó a la tarea de neutralizar cualquier oposición. Y dispuso entonces detener a Joaquín Larrain, al coronel Mackenna y a algunos otros opositores, todos calificados hombres de la política santiaguina.

En cuanto esto llegó a conocimiento de O'Higgins, pidió que Carrera se presentara en el Congreso para explicar su accionar. Sin inmutarse, Carrera aclaró que se vio en la necesidad de actuar de ese modo por haber descubierto una conspiración para asesinarlo, encabezada por el clan Larrain. El Congreso se manifestó en contrario y Carrera se retiró del recinto profiriendo acusaciones contra los presentes. El 2 de diciembre, con sus fuerzas dispuestas y con los cañones apuntando al edificio del Congreso, obligó a los congresales a dimitir, tomando Carrera y sus seguidores el mando de la situación. Ante la tensa situación creada, Carrera acordó con O'Higgins calmar los ánimos y promover un acuerdo pacífico con el ala liderada por Martínez de Rozas, jefe del Ejército del Sur. La mediación de O'Higgins ante la Junta de Gobierno de Concepción resultó exitosa y Carrera le agradeció la premura de su gestión, aunque se cuidó de mencionar su aceptación de los términos del pacto.

O'Higgins se retiró a su hacienda de Las Canteras mientras Carrera manejaba el gobierno con discrecionalidad, virtualmente dueño del poder en todo el país.

Carrera, Rancagua y el fin de la "Patria Vieja"

Carrera intentó sostener una posición moderada y mantener lazos con la metrópoli, pero el virrey del Perú, José Fernando Abascal y Sousa, no toleró el movimiento independentista e impulsó una invasión a Chile, que comenzaría a principios de 1813 y se extendería hasta febrero de 1814. Las tropas realistas, al mando del general Antonio Pareja –un héroe de Trafalgar y ex gobernador de Concepción–, desembarcaron con el fin de restablecer el antiguo régimen.

El período iniciado en 1810 dividió al país en realistas por un lado y, dentro del bando patriota, entre moderados y radicales, que debieron unirse ante la amenaza española. Éste es el período que se conoce como la "Patria Vieja" y que terminó con la derrota del primer intento de independizar Chile.

Carrera y el por entonces teniente coronel O'Higgins unieron sus fuerzas contra las del general Pareja, que había echado pie en tierra en San Vicente cuando promediaba el mes de marzo de 1813 y tomado Valdivia y Talcahuano. O'Higgins partió de sus campos al frente de un centenar de hombres armados sólo con lanza y cuchillo, al encuentro de Carrera en Talca, donde se estaban reuniendo las fuerzas patriotas. Allí, a principios de abril de 1813, se encontraron los dos hombres. Carrera había asumido como comandante en jefe del ejército patriota y preparaba la defensa; el teniente coronel se puso a sus órdenes y, deponiendo diferencias, comenzaron a trazar el plan de lucha.

A la cabeza de unos cuantos milicianos, O'Higgins atacó a las tropas españolas que custodiaban la plaza del pueblo y las derrotó por completo el 6 de abril. Era el primer triunfo de la guerra libertadora y el bautismo de fuego de las huestes chilenas. En consideración, conquistó un ascenso y la Junta le entregó los despachos de coronel.

El ejército comandado por Carrera y capitaneado por O'Higgins y Mackenna reunió casi cincuenta mil hombres, aun cuando parte de las tropas la formaban campesinos con fusiles. En Yerbas Buenas y en San Carlos, el comandante Carrera alcanzó sendos triunfos sobre los realistas. En esta primera campaña O'Higgins comandó las cargas de la caballería con un arte sin par, que no ha sido igualado en la historia militar de Chile.

Tras una breve escaramuza, Carrera ordenó replegarse y O'Higgins quedó defendiendo las márgenes del río Maule con medio millar de hombres. Los realistas hicieron otro tanto y se replegaron hacia Linares. El grueso del ejército de Carrera fue atacado por los españoles y huyeron en desbande. Evitó un desastre mayor la llegada de la 3ª División a cargo de O'Higgins y Mackenna. Tras estas derrotas, los realistas atacaron Las Canteras, posesión de la familia del coronel chileno, destruyendo y saqueando el sitio.

Engrosadas sus fuerzas, cayeron sobre el pueblo de Los Ángeles el 22 de mayo. Flanqueado sólo por dos hombres, O'Higgins atacó al centinela, ingresó valerosamente en la sala de guardia y gritó: "¡Viva la Patria!", logrando que los defensores se unieran a sus filas sin disparar las armas.

Por espacio de cuarenta días O'Higgins continuó reclutando fuerzas. Cabalgó al frente de casi mil quinientos hombres y dominó la isla de La Laja. Partió luego hacia Chillán, donde Carrera sitiaba a los realistas. Allí, de acuerdo con Mackenna, sugirió un ataque inmediato en virtud de que el crudo invierno comenzaba a debilitar a las tropas. Se puso sitio a Chillán y O'Higgins comandó tres ataques: El Tejar, Layuelas y Maipon. Los realistas fueron obligados a parapetarse tras los muros de la ciudad.

El bravo coronel y sus hombres se unieron a la persecución en un combate feroz, cuerpo a cuerpo y casa por casa. Se combatía en los tejados y en las calles. Los realistas se replegaron y los patriotas esperaron el arribo del grueso del ejército. Pero éste no llegó. Carrera había ordenado la retirada. Dispuso levantar el sitio, en un grave error, que además de no concretar una victoria casi cierta, inició su declinación como militar.

Entretanto, el prestigio de O'Higgins se acrecentaba. En octubre las fuerzas de O'Higgins y Carrera volvieron a reunirse. Al amanecer del 17 los realistas atacaron uno de los campamentos de la 3ª División, y se intentó hacer otro tanto con las fuerzas de O'Higgins, quien reaccionó con toda energía. En el parte de batalla del Roble, Carrera tendrá palabras elogiosas para su oficial: "El primer soldado capaz en sí solo de reconcentrar y unir heroicamente el mérito de las glorias y triunfos del Estado Chileno".

La Junta, sin embargo, estaba demasiado descontenta con el modo en que Carrera manejaba los asuntos de la guerra, por lo que envió una comisión, que criticó con dureza a los tres hermanos Carrera. A José Miguel Carrera le atribuyeron "ineptitud estratégica", fundamentalmente por el fracaso en el sitio de Chillán. Pero éste no estaba dispuesto a renunciar a todo lo logrado hasta entonces. En una altanera carta respondió a la Junta y la hizo responsable de las pérdidas por no haber enviado los refuerzos solicitados. La respuesta de la Junta fue clara: estaban "sobradamente inquietos por el giro adverso de la guerra, y cansados del despotismo de una familia que todo lo tenía acaparado para sí [...]. Nos horrorizamos al ver que este país se vea reducido a la triste situación de tener que esperarlo o temerlo todo de tres hermanos [...]. Exigimos a V.E. que haga una renuncia formal del mando del ejército".

Consultado por la Junta, O'Higgins opinó lo mismo, pero juzgó inoportuno un cambio en el mando a mitad de la guerra. Al cabo, el 27 de noviembre de 1813 la Junta separó del ejército a los hermanos Carrera y nombró comandante a O'Higgins. Éste se mostró reticente a aceptar, aunque tras sucesivas reuniones con Carrera y la Junta consintió en el nombramiento.

Quizás este prohombre de la emancipación chilena no haya sido el mejor estratega, para lo cual contaba con el apoyo de Mackenna, que en ese aspecto era brillante. No cabe duda de que sus virtudes eran otras; aquellas que lo convertirían en Libertador de Chile: O'Higgins había sido capaz de formar un ejército casi de la nada, gracias a sus condiciones de líder y conductor.

La Junta estuvo acertada al estimar que se trataba del mejor hombre para servir a Chile. Pronto le envió los despachos de brigadier. El 28 de enero de 1814 O'Higgins asumía el mando y dirigía una encendida proclama al pueblo, cuyos párrafos finales rezaban: "juréis... vivir libres o morir con honor".

Sin embargo, gruesos nubarrones ensombrecían el cielo de los patriotas. Los Carrera, ya alejados de sus cargos, fueron tomados prisioneros por los realistas; el general Gaviño Gainza, nuevo jefe de los españoles, había desembarcado con sus hombres en la costa sur de Chile, y el guerrillero realista Elorreaga había estado a punto de capturar a los miembros de la Junta. El 7 de marzo de 1814, las principales familias santiaguinas, ante la fuerte presencia española, promovieron un movimiento reaccionario, depusieron a la Junta y nombraron nuevo director supremo del Estado al general Francisco de la Lastra.

El 19 de marzo Gainza atacó a los patriotas defensores de Membrillar, quienes, aunque en inferioridad numérica, lograron rechazarlos. La situación de los revolucionarios era desesperada. Los pueblos a los que tanto había costado conquistar, volvían a manos invasoras. La República estaba a punto de naufragar. Sólo la inclaudicable fe de O'Higgins y de Mackenna permitía abrigar alguna esperanza. Finalmente, la derrota patriota en Membrillar concluyó en la firma del tratado de Lircay por el cual se reconoció la autoridad real. Esto permitió el resurgimiento político de Carrera, afecto a la conciliación. O'Higgins desconoció a la nueva autoridad pero el virrey del Perú envió nuevas tropas con el coronel Mariano Osorio, para reforzar su estrategia y lograr el sometimiento de Chile. O'Higgins, nuevamente, debió unir sus fuerzas a las de Carrera. Los hermanos Carrera entraron en Santiago y depusieron a Lastra. El Cabildo pidió a O'Higgins que asumiera el gobierno pero éste lo cedió a Carrera y retuvo para sí el mando de su división.

El pueblo se entusiasmó con esta nueva alianza. O'Higgins se enteró por sus espías de que los realistas ocupaban Talca con cinco mil hombres y abandonó Santiago. Carrera ordenó entonces ocupar Rancagua y O'Higgins se dispuso a preparar la villa para la defensa. En la mañana del 1° de octubre el ejército realista se encontraba a las puertas de Rancagua; Juan José Carrera, en vez de presentar batalla, decidió replegarse. Dudó O'Higgins entre socorrer a la compañía que se retiraba o ingresar en la villa de Rancagua y consolidar la defensa. Carrera le manifestó: "Aunque soy brigadier más antiguo, me pongo con toda la división bajo sus órdenes".

A partir de ese momento la actividad se tornó febril. Se distribuyeron los hombres, se ubicaron tiradores y se colocaron banderas, con un agregado: un trapo negro, en señal de que los defensores pelearían hasta la muerte. Los atacantes avanzaron. A pocos pasos de las trincheras patriotas recibieron varias descargas de cañón y sus filas clarearon, pero eran veteranos de las guerras napoleónicas y volvieron a rearmarse. Rechazados nuevamente, el general Osorio dispuso un nuevo ataque por la tarde.

Los defensores pelearon con ferocidad y con un heroísmo casi demencial; todo era muerte y dolor. Los realistas prendieron fuego a la villa. La noche era una sola lengua de fuego en medio de la oscuridad. Nadie dormía. Los defensores esperaban el alba, pero los pertrechos no llegaron. Al día siguiente, además, comenzaron a escasear los víveres. El ataque realista recrudeció. Carrera le propuso a O'Higgins que se rindieran, pero la respuesta fue terminante: "Cuando por primera vez saqué mi espada para pelear contra los españoles, determiné o morir con ella en la mano, o realizar el fin para el cual la había desenvainado".

El fuego llegó hasta el depósito de municiones. Sólo restaba morir con honor. O'Higgins montó su caballo y se puso a la cabeza de los quinientos hombres que permanecían a la espera de sus órdenes. El capitán Ramón Freire los hizo formar en círculo para protegerlo, pero el brigadier repuso: "Capitán, usted es un valiente; celebro mandar a hombres de su temple, pero debo atacar de frente al enemigo". A la cabeza y en medio de una lluvia de balas, O'Higgins logró atravesar el cerco realista con el ejército sobreviviente de Rancagua. Llegó a Santiago en octubre de 1814, donde confirmó que Carrera había marchado hacia Mendoza, haciendo abandono de la causa. El pueblo era un caos. Los chilenos, con su jefe al frente, decidieron también cruzar los Andes y arribaron a Uspallata, donde el general José de San Martín, recientemente designado gobernador de Cuyo, había hecho llegar alimentos para los patriotas refugiados.

El Ejército de los Andes

San Martín organizó en Mendoza el Ejército de los Andes para liberar a Chile y el Perú. Carrera intentó comunicarse con él en carácter de jefe de los chilenos, pero el general argentino desconoció tales títulos y no llegaron a un acuerdo. Cuando el Ejército de los Andes estuvo listo e inició su marcha hacia Chile el 21 de enero de 1817, al mando de las tres divisiones que lo componían cabalgaban O'Higgins, Miguel Estanislao Soler y Juan Gregorio de Las Heras.

A pocos kilómetros de Curinon y en la cuesta de Chacabuco los dos ejércitos enemigos se batieron el 12 de febrero. La vanguardia de O'Higgins hostilizó las avanzadas realistas. Habiendo sufrido un traspié, sus tropas se rehicieron. San Martín envió una división comandada por Soler para atacar el flanco realista y decidió la suerte del combate. El héroe de los Andes confió en sus hombres y pronto en las tropas enemigas reinó la anarquía. El intento de reagruparse fracasó. El orgulloso ejército realista era ahora un grupo de soldados que se rendía sin condiciones. El parte del general San Martín fue escueto: "En veinticuatro días el Ejército de los Andes ha hecho la campaña; hemos pasado la cordillera más elevada del globo, concluimos con los tiranos y dimos la libertad a Chile".

Las columnas continuaron la marcha hacia Santiago, donde ambos generales, San Martín y O'Higgins, fueron proclamados "padres de la libertad". El pueblo chileno ofreció a San Martín el cargo de director supremo de Chile, cargo que rechazó para mantenerse alejado de las disputas políticas. Recayó entonces el nombramiento en Bernardo O'Higgins. El flamante director se dedicó con patriotismo y honestidad a solucionar varias cuestiones, la más importante entre ellas, la erradicación de todo vestigio de dominio realista.

A instancias de San Martín se estableció en Chile la Logia Lautaro, aunque sus estatutos eran estrictos en demasía. Pese a todo, se sucedieron aún algunos combates con diversa suerte, como el de Talcahuano, en el que los patriotas sitiaron la plaza, pero debieron abandonar la lucha por cuestiones climáticas. Pidió San Martín a O'Higgins que retornara con sus tropas a Santiago, "llevándose consigo todo aquello que éste pudiera llevarse", para no dejar nada en manos del invasor. Fue así como en el pueblo de Concepción unas cincuenta mil personas emprendieron el penoso éxodo bajo la vigilancia del ejército patriota.

El 12 de febrero de 1818, en Talca, O'Higgins proclamó la independencia de Chile. Por ese entonces, San Martín tenía todo su poderío en Las Tablas y las fuerzas patriotas llegaron a Cancha Rayada. El 18 de marzo O'Higgins, una vez más, se lanzó al ataque, seguido por el coronel Hilarión de la Quintana. El jefe chileno fue herido en un brazo, perdió su caballo y se encontró cercado por el enemigo, pero fue salvado por un grupo de sus hombres. La derrota era un hecho. Por la noche, O'Higgins volvió a montar, herido como estaba, para reagrupar a sus hombres. Sólo su coraje y su convicción lo habían mantenido en pie. La derrota de Cancha Rayada hizo cundir el pánico entre los habitantes de Santiago.

En los campos de Espejo se dan cita San Martín y O'Higgins, a instancias del primero. Desde las lomas de Maipo, el 5 de abril, vio éste cómo el ejército patriota arrollaba al invasor. Con su brazo sano abraza a San Marín tras la victoria: "Gloria al salvador de Chile", le dice, conmovido. San Martín le responde: "General, Chile no olvidará jamás el nombre del ilustre inválido que el día de hoy se presentó al campo de batalla en ese estado". La victoria de Maipo fue la rúbrica definitiva que selló la independencia de Chile.

O'Higgins se hace cargo nuevamente del gobierno el 24 de mayo de 1818. Todavía convaleciente, debió ocuparse de la paz interior. Ambos generales intentan lograr la liberación de Juan José y Luis Carrera, presos en Mendoza, acusados de atentar contra la seguridad del Estado chileno y del argentino.

En abril de 1818 dos de los Carrera fueron fusilados en Mendoza; la orden enviada por San Martín para suspender la ejecución llegó demasiado tarde.

Un gobernante firme y paternalista

O'Higgins se propuso organizar políticamente el país, aunque su intención era hacerlo en forma mesurada para no provocar innecesarias reacciones. Designó una comisión con el fin de elaborar un proyecto de Constitución, que fue aprobada en 1818, sin fijar término al mandato del gobierno. Algunas voces aisladas se alzaron contra lo que denominaban "la dictadura de O'Higgins".

En ese marco, José Miguel Carrera, el único sobreviviente del clan, reavivó su enfrentamiento con O'Higgins: lo hacía directo responsable del ajusticiamiento de sus hermanos y no dejaba de conspirar contra él. En algunas cartas suyas, interceptadas por agentes del gobierno chileno, hablaba del asesinato de O'Higgins, de San Martín y de Bernardo de Monteagudo, auditor del Ejército de los Andes. Los esfuerzos del mandatario chileno se encaminaron a contener cualquier plan desestabilizador, para lo cual dispuso, del modo más firme, sofocar cualquier intento en ese sentido. Convocó para ello a una reunión de la Junta, enjuició a Carrera y ordenó encarcelarlo.

Las Provincias Unidas del Río de la Plata y Chile apoyaron el proyecto de liberación del Perú, aportando hombres, armas y dinero. Había aún, sin embargo, varias cuestiones a ser resueltas por O'Higgins: el dinero era insuficiente y en Concepción quedaban cerca de mil quinientos soldados realistas, que aumentaron su número al recibir refuerzos de la metrópoli.

En mayo de 1818 O'Higgins se apresuró a poner término a la organización de una escuadra nacional, que recibió su bautismo de fuego poco después, en Talcahuano. Ramón Freire, el coronel encargado de "limpiar de enemigos la región sur", no había podido controlar debidamente la situación. La escuadra chilena bloqueó el puerto de El Callao pero debió levantar el sitio ante la escasez de víveres. Freire tomó entonces contacto con el almirante Thomas Cochrane, para ponerlo bajo el mando de su gran amigo José de San Martín. La aceptación de San Martín los llevó a encontrarse en Huechuraba con el chileno y sus tropas. Es el momento en que el ejército argentino-chileno, al mando de San Martín, se encamina hacia su próxima meta: la liberación del Perú.

En 1820, y a pesar de los esfuerzos del coronel Freire, quien a duras penas mantenía a raya a los realistas, la guerra en el sur de Chile continuaba. Hasta tal punto las tropas necesitaban vituallas que la madre y la hermana de Bernardo O'Higgins pusieron en venta toda su platería con intención de destinar esos fondos al equipamiento del Ejército del Sur.

El Senado chileno, inquieto por la presencia de San Martín, que terminaba de preparar la expedición al Perú, hizo llegar a

O'Higgins su preocupación por controlar las actividades del general argentino, pero el Director Supremo hizo oídos sordos: demasiada era la admiración y el respeto que le profesaba a su amigo José de San Martín y profundos eran sus acuerdos políticos.

Cochrane, triunfante en Valdivia, sumó su escuadra al plan sanmartiniano. El 20 de agosto, bajo el mando total del general San Martín, partió desde Valparaíso la escuadra que liberaría al Perú. Chile, sin embargo, se encontraba postrado por los sucesivos e ímprobos esfuerzos. Ya sus arcas estaban vacías, pero la paz distaba todavía de ser una realidad. A fines de 1820 las noticias que llegaban de la escuadra libertadora eran auspiciosas. Tras algunos triunfos, el virrey Pezuela había sido depuesto y el Ejército Libertador entraba triunfante en Lima.

A principios de 1821 O'Higgins debió ocuparse de cuestiones de política interna. La economía de su patria estaba en bancarrota y quienes se encontraban en la oposición, comenzaban a presionar. Para poder actuar reclamó el poder al Senado, el cual se lo otorgó.

O'Higgins fue acusado de instigar los asesinatos del caudillo Manuel Rodríguez en Til-Til y de José Miguel Carrera en Mendoza en 1821. Estos hechos lo desprestigiaron y marcaron el comienzo de su declive como gobernante. En realidad, los terratenientes y el clero –molestos por su tolerancia hacia los protestantes, la abolición del mayorazgo y su amistad con políticos de Buenos Aires– habían decidido que su ciclo como gobernante había concluido. Consolidada la independencia, era necesario dar paso a una nueva etapa en la construcción de la nación.

El Libertador trató de conciliar intereses, sin éxito. El 23 de julio de 1822 llamó a una Convención, la cual dictó una amnistía con intención de calmar los ánimos. Se elaboró un proyecto de Constitución, que fue rechazado por el pueblo. En 1823 hubo pronunciamientos en Concepción y Serena y el Cabildo de Santiago le pidió la dimisión. Se sumaban las presiones y finalmente O'Higgins decidió renunciar. Dijo en esa oportunidad: "Siento retirarme sin haber consolidado las instituciones que yo había jurado defender [...] pero llevo al menos el consuelo de haber dejado a Chile independiente de toda dominación extranjera [...]. Ahora soy un simple ciudadano [...], ahora podéis hablar". Y agregó: "¡Que se presenten mis acusadores! ¡Tomad de mí la venganza que queráis, que no opondré resistencia! Aquí está mi pecho", y rompiendo la casaca lo ofreció al pueblo. O'Higgins abandonó Santiago y se alojó en la gobernación de Valparaíso, donde recibió allí numerosos visitantes que le expresaron su testimonio de solidaridad.

En el exilio

En febrero de 1824 solicitó permiso de la Junta para emigrar a Irlanda. Tenía cuarenta y cinco años, se encontraba retirado después de haber desplegado tan intensa actividad, casi solo y sin fortuna. Recibió unas líneas de San Martín: "Millones y millones de enhorabuenas por su separación del mando. Los que sean verdaderos amigos de usted se las darán muy repetidas. Sí, mi amigo, es ahora cuando usted gozará de la paz y la tranquilidad, que le proporcionará la memoria de haber trabajado por el bien de la Patria". El prócer argentino, retirado en Mendoza, sabía bien de qué hablaba.

Ramón Freire, el antiguo lugarteniente de O'Higgins que heroicamente había defendido el Sur chileno, fue nombrado por la Junta en forma provisional, director supremo.

Bernardo O'Higgins le envió una carta: "Usted solo puede restituir [a Chile] su antiguo esplendor". Este hombre ejemplar, aun después de su retiro obligado, continuaba fatigando su mente por la patria. Sin embargo, ahora su patria era libre y ninguna verdad más rotunda que ésta para dimensionar la participación que a él le cabía en ello.

El Senado le instruyó un juicio de residencia al Libertador y el 30 de junio de 1824 le concedió la salida del país. Freire escribe a O'Higgins: "Sólo las repetidas instancias de V.E. han podido arrancarme el permiso que le concedo para que salga de un país que lo cuenta entre sus hijos distinguidos, cuyas glorias están tan estrechamente enlazadas con el nombre de O'Higgins, que las páginas más brillantes de la historia de Chile son el monumento consagrado a la memoria de V.E.".

Así terminan las penurias de su retiro. O'Higgins se embarcó en el vapor *Fly* en compañía de su madre, su hermana Rosa y dos niñitos indígenas que había adoptado. Tras diez días de navegación, la fragata tocó el puerto de El Callao.

El Perú se debatía en el caos. Al advertirlo, O'Higgins decidió prestar oídos a sus impulsos y quedarse para apoyar la causa. Se entrevistó con Simón Bolívar, quien le pidió que interviniera para que Chile le enviara el soporte de tropas. O'Higgins escribió a Freire y su antiguo lugarteniente no se hizo repetir la sugerencia. Envió hacia el Perú una fuerza de casi tres mil hombres. De todos modos, se vieron obligados a regresar, al recibir noticias de los reveses peruanos en la zona sur.

El puerto de El Callao cayó en manos de los realistas. Bajo los nuevos desafíos, O'Higgins sintió que los antiguos bríos corrían por su sangre. No pudo resignarse a que el Perú renunciara a su libertad y se puso a las órdenes de Bolívar. El viejo león intentaba los últimos zarpazos.

Entretanto, los jefes del gobierno peruano pasaron al bando realista. La situación era de total anarquía. O'Higgins le escribía a Bolívar, con intención de sumarse a sus fuerzas: "No reclamo cargos de honor, sino de sacrificio". Conmovido por su grandeza de espíritu, le contestó Bolívar el 14 de junio: "Un bravo general como usted, temido de los enemigos y experimentado entre nuestros oficiales y jefes, no puede menos que dar un nuevo grado de aprecio a nuestro ejército. Por mi parte ofrezco a usted un mando en él... porque un cuerpo de Colombia a las órdenes de usted debe contar con la victoria".

Así, después de un largo mes a lomo de mula, llegó el general O'Higgins a las llanuras de Junín, el 8 de agosto de 1824, pocos días después de la derrota realista. Sin embargo, no habría más combates para Bernardo O'Higgins. Las fuerzas patriotas, el 9 de diciembre, asestarían el golpe final a los realistas, en Ayacucho. Se organizó un gran festejo."La América está libre. Desde hoy, el general O'Higgins ya no existe, soy sólo el ciudadano particular Bernardo O'Higgins. Después de Ayacucho, mi misión americana está concluida", dijo éste a Ramón Freire.

En 1826, año en que Freire reconquista Chiloé, el último baluarte español en Sudamérica, a O'Higgins lo rodeaba la paz de su hacienda en Montalván. La situación chilena era difícil. La patria le pedía un último esfuerzo, y en marzo se trasladó a Lima, donde, junto al gobierno peruano, debió idear un plan para volver al gobierno de Chile. A mitad de año se reunió un Congreso, que aceptó la renuncia de Ramón Freire y nombró presidente interino a Miguel Blanco Encalada. O'Higgins le hizo saber al vicepresidente Eyzaguirre que se ponía a sus órdenes, pero esto fracasó, y los rebeldes cayeron en desgracia. Blanco Encalada propuso que O'Higgins fuera declarado fuera de la ley. La moción, empero, fue rechazada.

Por segunda vez regresó O'Higgins a su hacienda. Pero no se resignaba a permanecer lejos de la patria. Sus amigos, desde Chile, promovieron la necesidad de que le fueran devueltos "su empleo y honores". Cayó enfermo, quizá también de nostalgia.

Transcurrieron los años y en 1839 el Senado le devolvió el título de capitán y todos sus bienes. El 3 de octubre de 1842, año de la fundación de la Universidad de Chile, cerró sus ojos para siempre el más notable patriota chileno.

Diego Portales

1793-1837

Tras la anarquía revolucionaria, el orden constitucional

"Un gobierno debe ser fuerte, centralizador, cuyos hombres sean verdaderos modelos de virtud y patriotismo."

Hacia fines del siglo XVIII el territorio de la Capitanía General de Chile, encerrado entre las profundidades del océano Pacífico y las imponentes cumbres nevadas de la cordillera de los Andes, limitaba con dos fuertes estructuras: la de la tradicional sociedad limeña animadora del Virreinato del Perú por el norte y la nación araucana, hostil a la presencia española y criolla, al sur. Los comienzos del siglo XIX depararían cambios decisivos, condicionados, en parte, por esta configuración geográfico-política.

Un aristócrata dedicado al comercio

Los ochocientos mil habitantes de la Capitanía, en su mayoría mestizos, estaban bajo el control político de un patriciado formado por unas doscientas familias criollas –en general de procedencia vascongada–, propietarias de fundos (haciendas) que laboraban la tierra o cuidaban ganado recurriendo a mano de obra esclava; o bien arrendaban las parcelas. Este núcleo social será el principal animador de la revolución de 1810 y de la guerra de Independencia. De su seno surgen Bernardo O'Higgins y Juan A. Martínez de Rozas, así como los hermanos Carrera o la familia Larraín –unos, cosmopolitas y progresistas; otros, conservadores miembros de la aristocracia rural–, protagonistas de la primera etapa de la revolución, que se extendió hasta 1814 y que se conoce como la "Patria Vieja". De este mismo patriciado surgirán los políticos que consolidarán el Estado chileno una vez expulsados definitivamente los realistas, en la década de 1820. En esta segunda generación de la independencia chilena descollará la figura de Diego Portales.

Diego Portales nació en Santiago de Chile el 26 de junio de 1793. Sus padres fueron José Santiago Portales Larrain, superintendente de la Casa de la Moneda, y María Encarnación Fernández de Palazuelos Acevedo y su nombre de bautismo, Diego José Víctor Portales Palazuelos. Tuvo veintidós hermanos, lo que obligó a su madre, mujer enérgica y luchadora, a pedir ayuda pública para mantenerlos durante la prisión de su marido, que había sido un activo revolucionario desde 1810. Como era hijo de familia de alcurnia se pensó que se volcaría a la carrera militar o eclesiástica. Sin embargo, luego de unos pocos meses abandonó los estudios religiosos para inscribirse en Humanidades, donde adquirió gran afición por el latín, que usó con desenvoltura. Más tarde ingresó en el Colegio Colorado y, luego, en el Instituto Nacional, recién inaugurado. Por pedido de su padre comenzó la Facultad de Derecho, pero después de un tiempo interrumpió la carrera para abocarse al arte de la docimasia; quería conocer la composición de los minerales y la proporción en la mezcla de cada componente. Estos conocimientos le permitieron emplearse, en 1817, en la Casa de la Moneda, como ensayador de metales preciosos. En 1819 se casó con una prima, Josefina Portales y Larrain, pero la joven falleció dos años después.

Por esos años, afirmada la independencia de Chile, el Libertador O'Higgins gobernaba con mano firme: con el control de las libertades públicas, intentó transformar las bases de la sociedad colonial a través de la instrucción pública y dispuso abolir la nobleza de sangre, medida que generó disconformidades. Las persecuciones a opositores –incluidas las muertes del guerrillero Manuel Rodríguez y del jefe conservador José Luis Carrera– minaron su poder, hasta que en marzo de 1823 el estado de opinión general en su contra lo obliga a dimitir y es reemplazado por Ramón Freire.

Portales, ajeno aún a la participación directa en las vicisitudes políticas, se retiró de la Casa de la Moneda para dedicarse a los negocios. Instala en Lima una empresa de importación y exportación, que termina cerrando en 1822. Dos años después, con José Manuel Cea como socio, funda otra empresa, esta vez en Valparaíso, que en poco tiempo monopolizaría el comercio en varios rubros rentables. Contrata el estanco de tabaco –por el cual se reserva las ventas en exclusividad– y maneja, también, el comercio del té y los licores. Dedicado a estas actividades Portales irá ganando presencia en los círculos conservadores, en especial en el conocido como "los estanqueros", opuestos a las ideas liberales y librecambistas que dominaban el escenario político local.

Una ruinosa operación contrató el gobierno de Chile cuando concedió a Portales derechos monopólicos a cambio de que éste pagara al Reino Unido un préstamo contraído de un millón de libras. De esta manera, Portales incrementó aún más su fortuna y sus influencias políticas. Estos pingües negocios lo acercaron al Imperio británico y aumentaron sus recelos hacia los Estados Unidos.

En una carta a su amigo y socio, fechada en Lima en marzo de 1822, demostraba ya su intuición política al referirse a las intenciones de los gobiernos norteamericanos: "Mi querido Cea: Los periódicos traen agradables noticias para la marcha de la revolución de toda América. Parece algo confirmado que los Estados Unidos reconocen la independencia americana. Aunque no he hablado con nadie sobre este particular, voy a darle mi opinión. El Presidente de la Federación de N. A., Mr. Monroe, ha dicho: 'se reconoce que la América es para éstos'. Cuidado con salir de una dominación para caer en otra. Hay que desconfiar de esos señores que muy bien aprueban la obra de nuestros campeones de liberación, sin habernos ayudado en nada: he aquí la causa de mi temor. ¿Por qué ese afán de Estados Unidos en acreditar ministros, delegados y en reconocer la independencia de América, sin molestarse ellos en nada? ¡Vaya un sistema curioso, mi amigo! Yo creo que todo esto obedece a un plan combinado de antemano; y ése sería así: hacer la conquista de América, no por las armas sino por la influencia en toda esfera. Esto sucederá; tal vez hoy no, pero mañana sí. No conviene dejarse halagar por estos dulces que los niños suelen comer con gusto, sin cuidarse de un envenenamiento. A mí las cosas políticas no me interesan, pero como buen ciudadano puedo opinar con toda libertad y aun censurar los actos del Gobierno".

Para aumentar su influencia en los ambientes conservadores y ante la opinión pública, cada vez más opuestos a los débiles gobiernos liberales, Portales se valió de la prensa como una de sus armas más eficaces. Fundó el periódico *El Vigía* en Valparaíso, y en 1827 publicó numerosos artículos en *El Hambriento* –ambos de corta duración–, que se distinguieron por su mordacidad y virulencia contra el gobierno.

Asumió Freire como presidente, pero el país, plagado de motines y cuartelazos, vivía en la anarquía desde la caída de O'Higgins. Cuatro cuerpos legislativos fueron convocados y disueltos sucesivamente. La situación se agravó por el agobio económico que significaba el pago de los intereses del empréstito tomado con Inglaterra. Expresión de esta grave situación fue el saldo de liquidación del año fiscal de 1825, con exiguos 1.664 pesos en las cajas del Estado. Precipitada la caída de Freire, lo reemplazó el general Manuel Blanco Encalada, héroe de la Independencia como aquél, pero los problemas financieros forzaron también su renuncia. Asumió entonces el vicepresidente, Agustín Eyzaguirre.

"El hombre de los hechos"

Lo caracterizaba una personalidad sumamente nerviosa, impetuosa y de estilo dominador, que pasaba sin transición de la alegría al enojo. No era, sin embargo, impulsivo; lograba acomodarse a situaciones cambiantes manejando, por lo general, su estado de ánimo de acuerdo con las conveniencias, y en muchas ocasiones, dejándose guiar por su instinto. Solía levantarse temprano y cumplir extensas jornadas de trabajo. Pulcro en el vestir, acostumbraba el uso diario de frac. Era de mediana estatura, delgado, lucía un rostro ovalado, frente prominente; ojos azules, algo hundidos; con nariz recta, más bien larga; labios delgados y voz varonil, que "masticaba al hablar con espaciosas pausas". Era en general sobrio en sus costumbres, si bien su afición a la *remolienda* –palabra criolla que significa 'juerga' o 'farra'– era una condición que su sensualidad le exigía. No se daba aires de superioridad o de personaje circunspecto.

Conocida fue también su afición por los caballos, por los que llegó a pagar, alguna vez, precios exorbitantes; él mismo usaba y cepillaba con sus propias manos estos ejemplares. Logró reconocimiento como un hábil domador y jinete.

La prematura muerte de su esposa produjo, en un espíritu inclinado al romanticismo, una crisis mística. Pero no encontraría por ese camino sosiego a su desventura. Pasado un tiempo aparecieron otras mujeres, que se enamoraron de él, en las que sólo veía la sensualidad de nuevas aventuras de placer.

Así, doña Constanza Nordenflycht Cortés de Azúa –hija de un barón, consejero del rey de Polonia y luego de Carlos III– y también la limeña Josefa Cortés de Azúa, bella y distinguida, que se enamoró perdidamente de él cuando lo conoció en Lima, fueron sus parejas conocidas. De su relación con Constanza nacieron tres hijos en Chile. En carta a su amigo Antonio Gartias, Portales da cuenta de que no estuvo enamorado de ella y se expresa con frío y despiadado juicio sobre esa relación que nunca llevó al matrimonio. Constanza fallecerá de amor y de dolor el 23 de julio de 1837, al enterarse del asesinato de Diego Portales, cuando tenía veintiocho años. El presidente Joaquín Prieto, por decreto especial, legitimó a sus hijos.

Portales tuvo escaso apego a las prácticas religiosas y aunque su instrucción fue muy limitada, logró un buen conocimiento del latín. Fue ávido lector –El Quijote de la Mancha figuró entre sus preferidos– y escribió gran número de cartas de buena redacción. Por su espíritu práctico, fue conocido como "el hombre terrible de los hechos".

El podeʀ deтʀás del тʀoɴo

La situación de Chile era penosa en grado sumo, en un país lleno de violencia, desórdenes y falto de autoridad. A Freire, que logró la reconquista del archipiélago de Chiloé, último baluarte de la dominación española en Sudamérica, lo sucedió, en mayo de 1827, Francisco Antonio Pinto. Éste puso fin a la experiencia federal y dotó al país de una Constitución que instauró la unidad de régimen y el sistema parlamentario. En rápida sucesión ocuparon la primera magistratura Francisco Ramón Vicuña y, nuevamente, Ramón Freire, hasta que la Asamblea designó a Francisco Ruiz Tagle, sustituido a su vez por José Ovalle.

Los diferentes movimientos existentes, particularmente el de los sectores moderados, se fueron uniendo en torno a la figura de Diego Portales, que tendrá el mérito histórico de poner fin a casi una década de anarquía y desorden. La Junta de Gobierno le ofreció la vicepresidencia de la República. Portales rechazó el cargo pero frente a la insistencia de la Junta, el 6 de abril de 1830 acepta los nombramientos como ministro del Interior y Relaciones Exteriores, y de Guerra y Marina.

Días después el general Freire encabezó una revolución y el 17 de abril se enfrentó a las fuerzas del general Joaquín Prieto en Lircay. El triunfo de Prieto aseguró la preeminencia de los conservadores. El gobierno, en el que Portales aparece como el "hombre fuerte", desterró a Freire y al español José Joaquín de Mora, principal redactor de la Constitución, y trató con severidad a los rebeldes.

Portales comprendió que para llevar adelante su plan de elevar la autoridad civil al más alto grado de respetabilidad, no bastaba el aniquilamiento de las fuerzas militares y políticas que le fueran contrarias. Era necesario organizar la administración del Estado sobre la base de la eficiencia, el celo y la honradez, desconocidos hasta entonces.

Poco a poco, Portales fue alejando de toda injerencia en el gobierno a aquellos con quienes no podía contar para dar a la República la organización que él deseaba. De esta manera pudo concretar en un período muy breve una acción de gobierno tan fecunda y de alcances tan profundos para el porvenir que hizo realidad el milagro de dar forma de Estado a una colectividad que arrastraba dos décadas de fragmentación y desavenencias.

Las ideas del "hombre de los hechos" eran simples y concretas: organización nacional, ejercicio de la autoridad, moralidad administrativa, eficacia en el funcionamiento. Dispuesto a fortalecer la disciplina en el Ejército, creó la Guardia Cívica, lo cual no significó una política antimilitarista sino definida por terminar con los grupos armados amantes de los cuartelazos y el bandidaje. En el mismo sentido, fundó la Academia Militar de Santiago, precursora de la Academia de Guerra de Chile.

En educación logró muy satisfactorios resultados al contratar al científico francés Claudio Gay, quien junto con Andrés Bello y otros maestros elevaron el nivel de instrucción en Chile. Dio lugar —en este plano como en otros— a la presencia activa de la Iglesia. Se hicieron importantes reformas legislativas, tal como la ley de elecciones e innovaciones en la legislación civil, criminal y procesal.

El 14 de junio de 1830 se dictó un decreto por su inspiración, que establecía que "todo funcionario público cuya conducta en lo que toca al ejercicio de su empleo fuere atacado por la imprenta, debe acusar por sí o por apoderado al autor o editor del impreso ante el Tribunal competente y en el término de la Ley". El artículo siguiente aclara: "El que así no lo hiciere queda suspenso de hecho en el ejercicio de su empleo y el Fiscal lo acusará con el mismo impreso ante el tribunal competente". El ministro solía presentarse a la madrugada en sus oficinas para observar los expedientes que estaban sin resolución y exigía que fueran despachados en el acto. Su rigidez lo llevó a sancionar con el despido al empleado que no cumplía correctamente con sus funciones.

El 17 de septiembre de 1830 apareció el primer número de *El Araucano*, periódico fundado por Portales para dar a conocer los actos de gobierno, especialmente los balances del Tesoro público. El Estado empobrecido logró, con rigurosas medidas, equilibrar las entradas y las salidas.

En 1831 muere Ovalle y el 5 de abril Joaquín Prieto es elegido presidente. Diego Portales será vicepresidente hasta 1833. En el brindis de asunción del nuevo mandatario, Portales se colocó en un prudente segundo lugar y saludó "a la patria, a la libertad, a la ley, al orden público, porque todo prospere en la administración de mi ilustre amigo, el benemérito don Joaquín Prieto, y porque se radique más y más la justa confianza que inspira a los buenos chilenos las laudables intenciones y la honradez de este jefe".

El omnipotente ministro Portales, representante de una visible grandeza, fue sincero ciudadano; por su propia voluntad quiso alejarse de las responsabilidades del gobierno, pues estaba al borde de la quiebra. El 15 de diciembre, fecha en que Portales había designado su "día de juicio", vencía el plazo para el pago del valor del remate de los impuestos impagos de sus tierras. El 8 de noviembre, desde Valparaíso, escribió a su amigo Vicente Bustillos: "Una táctica sostenida que he adoptado para aislarme, me ha hecho conseguirlo. Bastante tiempo han reposado los buenos en mi vigilancia, yo necesito ahora reposar en la de ellos para salvar mi honor, comprometido por el estado melancólico en que ha puesto mis negocios el necesario abandono que hice de ellos por más de dos años. Invoco cuanto merezca respeto para asegurar a Ud. que a nada ambiciono; me acomodaré fácilmente a vivir pobre (y no será lo que más sienta, porque la pobreza me obligaría a llevar la vida que apetezco), pero nunca a vivir debiendo; jamás podría conformarme con la pérdida de mi independencia, de ese bien que ha sido para mí siempre el más estimable".

Amigos y parientes le sugirieron cobrar al Estado una importante deuda pendiente, pero Portales contestó: "Primero consentiría perder un brazo o enterrarme en el barro que en consentir que se cobrase un peso al Fisco".

Gobernador de Valparaíso

En diciembre de 1832 aceptó la gobernación de Valparaíso. Su gestión se hizo famosa por la dedicación y la actividad comprometidas.

Su nombre causó terror entre los delincuentes comunes, como ya ocurría entre los conspiradores y revolucionarios políticos. Todas las instituciones locales de Valparaíso recibieron el verdadero toque del espíritu realizador de Portales. Los almacenes de la Aduana, la Escuela Náutica, la policía urbana, los caminos, la administración local, el comercio de cabotaje y el arreglo de la Marina de Guerra, prácticamente reducida a un solo bergantín, comenzaron a surgir animados por la incansable laboriosidad de ese gobernante de excepción.

Portales prolongó su permanencia en el gobierno de Valparaíso hasta agosto de 1833, época en que comenzó a plantear su deseo de renunciar.

Bajo la presidencia de Prieto, calmadas las aguas, se planteó la necesidad de una reforma de la Constitución, que se concretará en mayo de 1833. Portales será reconocido como el principal inspirador de la nueva Constitución, que tendrá vigencia hasta 1925. El texto generó una eficaz burocracia administrativa, suprimió las asambleas provinciales y creó un Senado conservador y un Ejecutivo fuerte y centralizado, con atribuciones para instaurar el estado de sitio y suspender las garantías constitucionales. En adelante, la influencia de los grupos terratenientes y de la Iglesia estaría asegurada desde lo institucional.

Portales, retirado en su estancia, observaba la evolución de su legado político y, ante la insistencia de sus partidarios y amigos, volvió a ocupar cargos ministeriales. En 1835 aceptó hacerse cargo del Ministerio de Guerra. A los pocos días, su amigo Joaquín Tocornal, por entonces ministro del Interior, pasa a la cartera de Hacienda y Portales lo reemplaza en la del Interior. Tal acumulación de poder generó suspicacias y el elenco del gobierno se dividió en dos bandos.

El presidente Prieto fue reelegido en septiembre de 1836. Este nuevo período estará signado por una guerra contra la Confederación Peruano-Boliviana y por la muerte de Portales.

La guerra, el motín, la muerte

La guerra, como es usual, suele cambiar la realidad de los países involucrados. Problemas complejos, en los que se mezclan disensos internos, problemas limítrofes, ambiciones encontradas y la creciente competencia en las aspiraciones de Lima y Santiago, provocaron que el régimen chileno se convirtiera en una dictadura.

El general Freire, que había sido expulsado de Chile por Portales, organizó una expedición en las costas del Perú para apoderarse de las provincias de Chiloé y Valdivia, y desde allí producir levantamientos en todo el país. Portales, ministro de Guerra, informado de que el gobierno peruano había ayudado en esta acción subversiva, tomó las medidas necesarias para repeler el infortunado ataque de un compatriota. Freire fracasó por completo pero creó nuevas perturbaciones en las relaciones entre Chile y el Perú.

En aquella época la república peruana se debatía en una lucha de grupos, con encuentros sangrientos, que había permitido al presidente de Bolivia, general Andrés Santa Cruz, intervenir en la política interna del Perú, dando lugar a una Confederación de los dos Estados. Portales, audaz, enérgico y decidido, resolvió terminar lo más pronto posible con esa amenaza para Chile. De tal manera que en 1836 un barco de guerra chileno, el *Aquiles*, al mando del coronel Garrido, se apoderó de los tres principales buques peruanos en el puerto de El Callao.

Santa Cruz, con el título de Protector de la Confederación, se animó a firmar un pacto preliminar el 28 de agosto de 1836, por el cual debían continuar las francas relaciones de paz entre ambos

Estados. El gabinete del gobierno en Santiago de Chile, sin embargo, no quiso ratificar el acuerdo. Portales aprovechó para golpear a los enemigos del gobierno, complicados en conspiraciones internas. Los cabecillas fueron sometidos a consejos de guerra entre 1836 y 1837, y un hostigamiento sin cuartel se desató entre el gobierno y la oposición.

Portales nombró jefe del Estado Mayor al coronel Vidaure, militar que consideraba de su confianza. Con la franqueza y la audacia que lo caracterizaban, le hizo saber que le habían llegado rumores de que encabezaba un plan revolucionario, haciéndolo partícipe de su confianza en el honor y la lealtad del militar. En la entrevista, Vidaure se limitó a contestar: "Señor Ministro, cuando yo le haga una revolución, será usted el primero en saberlo". Portales se sintió satisfecho y no tomó ninguna medida de prevención; muchas veces su táctica consistía en arriesgar el todo por el todo.

Ante los peligros interiores y exteriores, el ministro consiguió que el Congreso le otorgara plenas facultades para proceder en esos conflictos como mejor le pareciera, en defensa de los intereses de la República.

A fines de octubre de 1836 el ministro Portales envió a El Callao una escuadrilla chilena al mando del almirante Blanco Encalada. Viajaba en ella el ministro plenipotenciario de Chile Mariano Egaña, con el objeto de entablar una negociación de paz. Las diligencias fracasaron. La escuadrilla, entretanto, recorrió las costas del Pacífico hasta Guayaquil.

El protector Santa Cruz, simultáneamente, entablaba negociaciones con Chile a través de su enviado plenipotenciario, Casimiro Olañeta. Ante el requerimiento, el gabinete de Chile precisó las bases para el acuerdo, consistente en que se otorgara "la independencia de Bolivia y del Ecuador [que] Chile considera absolutamente necesaria para la seguridad de Estados Sudamericanos". Olañeta rechazó estos términos.

Chile se aprestó para la guerra y procuró la alianza con la Confederación Argentina, que ofreció su apoyo pero sin la firma de un compromiso. En abril de 1837 Portales se dirigió a Valparaíso para preparar la expedición contra el Perú. Contrariando la voluntad y los consejos del general Blanco y del gobernador de Valparaíso, Lavarola, el 2 de junio partió hacia Quillota con el objeto de pasar revista a los cuerpos allí acantonados. Viajó acompañado por el coronel Necochea y una pequeña escolta.

Luego de una entrevista con el coronel Vidaure, al alba del día siguiente el Ministro se dirigió a los cuarteles de la tropa. Poco después, formada línea de Maipú en la plaza de Quillota, pasó revista. De repente se destacaron algunas columnas de ese cuerpo y formaron un cerco en torno a Portales, al mismo tiempo que el capitán Arriaga gritaba: "Dése preso el ministro". A pocos pasos estaba Vidaure, y contemplaba, impasible, la escena. El motín estaba consumado. Vidaure dio la orden de marchar a Valparaíso. Al día siguiente salió la división amotinada llevando preso y engrillado a Portales.

En Valparaíso la división Valdivia se aprestó a luchar contra los revoltosos, pero Vidaure, amenazando con dar muerte a su rehén, forzó una capitulación.

Diego Portales, desde Tabalango, escribió su célebre carta a Manuel Blanco Encalada y al gobernador Cavaredo. "Yo creo que ustedes no tienen fuerzas con qué resistir a la que les ataca, y si ha de suceder el mal sin remedio, mejor será y la prudencia aconseje evitar la efusión de sangre: pueden ustedes y aun deben entrar en una capitulación honrosa y que, sobre todo, sea provechosa al país. Una larga y desastrosa guerra prolongaría los males hasta lo infinito, sin que por eso pudiese asegurarse el éxito. Un año de guerra atrasaría veinte años la República, con una transacción pueden evitarse desgracias y conservar el país, que debe ser nuestra primera mira".

Blanco Encalada y Cavaredo recibieron al emisario que llevaba la carta, pero no la consideraron válida pues sospechaban que había sido escrita bajo presión. Por su parte, Vidaure siguió su marcha a Valparaíso, dejando atrás al ministro, bajo la custodia de su hijastro, el teniente Santiago Florín.

Los bandos se enfrentaron y se produjeron descargas de ambas partes. Florín recibió noticias de que el escuadrón de Cazadores había desertado. Esto llenó de desaliento a las tropas de Vidaure. El joven teniente, como hacía habitualmente, se embriagó y se dirigió al lugar donde se encontraba Portales. Le ordenó: "Baje el ministro". Portales pidió que lo ayudaran pues engrillado no podía hacerlo. Ya en tierra, les dijo: "¿Es posible que me tiren a mí?". A continuación se oyó la voz de Florín: "¡Tírenle!". La ejecución de Diego Portales se cumplió el 6 de junio de 1837, cuando el poderoso ministro estaba próximo a cumplir cuarenta y cuatro años de su agitada vida.

El ministro Joaquín Tocornal, su amigo, al recibir los restos de Portales, expresó: "¿Quién se ha consagrado con más ardor al servicio público que el que ha consagrado a él las ocupaciones del día y hasta el reposo de la noche? [...] ¿Quién puede blasonar de más noble desprendimiento que el rico propietario que trocó la tranquilidad de su retiro por el tumulto de los negocios públicos, que no sólo se entregó a ellos por años enteros, sin estipendio alguno sino que hasta consumió en beneficio de su país sus propios caudales y, lo que es más extraordinario todavía, que no aspiró ni a los premios honrosos con que una ambición laudable se complace en ser galardonada, ni fue siquiera sensible a los encantos que encierra hasta para las almas más grandes el aura popular? [...] ¿Quién ha hecho el bien de un modo más gratuito, más completamente desinteresado? [...] Nada, en efecto ha sido más claramente comprobado que el patriotismo, el desinterés, la probidad y el espíritu de justicia que distinguían a Portales, haciéndolo merecedor del título de gran ciudadano y de gran chileno".

El sistema político instaurado por Portales –el hombre del poder que nunca fue presidente– se basó en el predominio de una oligarquía. Él sentó las bases que otros efectivizarían, como Manuel Montt, Manuel Bulnes y José Joaquín Pérez, quienes presidirán sendos "decenios" en el gobierno. Estas tres décadas de próspera estabilidad, asentada en el aspecto económico sobre la explotación minera, las exportaciones de trigo y cierto proteccionismo comercial, reconocen en Portales a su mentor. Con el ejercicio de las "facultades extraordinarias" y la casi sistemática aplicación del estado de sitio –la democracia "fuerte"– Chile incrementará su riqueza, potenciará la colonización austral, se abrirá a la inmigración europea y fomentará el desarrollo de importantes obras públicas. La vida política chilena, por lo menos hasta 1870, reconoce a Diego Portales como su inspirador.

Desde 1860, una estatua en la Plaza de la Moneda de Santiago de Chile se levanta en honor de quien es considerado, a la distancia, un símbolo de la unidad de su patria.

Arturo Alessandri Palma

1868-1950

Un pragmático con la mira puesta en el progreso

> "Aquí abajo, desde el día del nacimiento,
> cada uno tiene señalado su destino."
>
> PETRARCA

Florencia, llamada por otros pueblos de Italia *il felicissimo stato*, es la cuna de la familia Alessandri desde generaciones remotas. Chile daba sus primeros pasos como país independiente cuando, el 26 de abril de 1821, arribó a Santiago de Chile don Pietro Alessandri Tarsi. En el Archivo Nacional de Chile existe un documento que detalla los datos del inmigrante: "Pedro Alessandri, procedente de Buenos Aires; patria, Italia; edad, veintisiete años, soltero, escultor, estatura más que regular, color blanco; ojos pardos; nariz afilada; boca pequeña; frentudo; cara ancha; picado de viruela; cabellos, barba y cejas castaños".

Llegado al nuevo país, don Pietro debe dejar de lado su vocación de escultor y abrirse camino en rubros más rentables. Decidido a establecerse definitivamente en suelo americano, conoce a Carmen Vargas, con quien formaliza matrimonio el 20 de noviembre de 1823. De esta unión nacen tres hijos. Las primeras son mujeres, Aurora y Elvira. El varón, Pedro Alessandri Vargas, nace el 14 de marzo de 1838. Cuando fallece don Pietro, el joven cuenta diecinueve años y ha pasado más de diez en Valparaíso, donde cursó estudios en el Colegio de los Padres Franceses. Soñaba aún con estudiar ingeniería, pero la muerte de su padre lo pone al frente de los bienes familiares.

El 1° de julio de 1863, igual que sus padres, se casa en la Parroquia del Sagrario con Susana Palma-Guzmán, de antigua tradición castellana. Juntos van a trabajar en la tierra de Longaví, en los fértiles llanos chilenos regados por el río homónimo. Tendrán tres hijos; el último de ellos, Arturo Fortunato Alessandri Palma, nació el 6 de diciembre de 1868, fecha en la que se celebra la fiesta de San Fortunato, o Fortinara, en Cataluña. De ahí que su segundo nombre refiera a la diosa mitológica Fortuna.

Entre los años 1872 y 1873, don Pedro compra tierras cerca de Curicó, en la región del Maule, de probadas cualidades para los trabajos agropecuarios y excelentes producciones de vinos y frutas. A 182 kilómetros de Santiago por ferrocarril, los Alessandri se instalaron en una propiedad llamada "San Pedro del Romeral".

En ese ambiente agreste pero próspero el niño Arturo le pidió a su padre que le enseñara a montar, y cumplirá su deseo en las ancas del "Puma", un pequeño tordillo.

Tras las horas de labor sacrificada, don Pedro despuntaba a veces su afición por la escultura y su madre, con buen registro de soprano, solía cantar melodías operísticas acompañándose con los acordes de un piano. En ese clima de nobles aspiraciones y de valoración de la cultura y el trabajo, se formó el pequeño Arturo.

Estudios y revoluciones

En 1880 Santiago es todavía una gran aldea de estilo colonial, con unos ciento cincuenta mil habitantes. El hermoso paseo de la Alameda de las Delicias y la retreta en la Plaza de Armas dos veces a la semana caracterizan a esta ciudad de desarrollo lento, con pavimentación desigual y casas chatas. En marzo de 1880 Arturo se aleja de sus padres para concurrir al colegio Sagrado Corazón de Jesús y María, donde su hermano José Pedro está por terminar el sexto año de Humanidades. El rector lo acompaña a visitar las instalaciones del instituto, llamado familiarmente "de los Padres Franceses".

En 1888 se recibe de bachiller, después de haber sido el mejor alumno en todos los cursos. El joven tiene afición por escribir poemas y líricas composiciones basadas en hechos románticos. Dos meses después de la prueba final, ingresa en la Facultad de Derecho de la Universidad de Chile.

A poco de comenzar los cursos, sus profesores advierten la capacidad intelectual excepcional del estudiante. El joven, de aplicación sorprendente y memoria privilegiada, recibe la distinción que se otorgaba por haber logrado las calificaciones más altas en el curso de primer año. Era el futuro tribuno arrasador de multitudes. Algunos de sus profesores pasaron a ser sus amigos.

Más adelante recibirá la influencia de su único y más sabio inspirador: Valentín Letelier Madariaga, una de las personalidades más vigorosas del radicalismo político chileno; abogado notable, profesor de Derecho Administrativo en la facultad. En sus clases, en las que se explaya en conceptos de filosofía o sociología jurídica, inculca un atemperado socialismo de Estado, y con esa visión formará una *pléyada* de alumnos –Arturo Alessandri entre ellos– que ocuparán los cargos más importantes de los tres poderes de gobierno en la revolución intelectual que ha de producirse en Chile. "Era tal el apasionamiento con que la juventud de mi tiempo defendía sus principios básicos –escribió más tarde Alessandri–, que con motivo de haberme convertido a las doctrinas de Don Valentín Letelier, varios compañeros míos en Academias y el Ateneo de Chile y del Progreso llegaron hasta cortar relaciones personales conmigo durante largo tiempo. Hasta hoy día viven algunos que me reprochan lo que ellos consideran mi más grande error: haber propugnado primero la discusión y luego el implantamiento de las leyes sociales que hoy rigen en el país."

Desde el 1° de septiembre de 1888, después de ganar el concurso en la Biblioteca Nacional, en el que su director Luis Montt presidió el jurado de selección, recibe el salario de esa institución como Oficial Supernumerario, con 83,85 pesos mensuales.

En 1890 se presenta como aspirante en un concurso para ocupar un cargo en la Biblioteca del Congreso Nacional; con veintiún años está cursando el segundo de Derecho. Los postulantes son quince pero Vicente Reyes, presidente de la comisión nombrada por las dos Cámaras para elegir al candidato, se inclina por Alessandri, que recibe su designación el 1° de noviembre de ese año. El diputado Pedro Montt es el encargado cultural y Arturo se encarga de colaborar en su tarea.

Al producirse la contienda cívica de 1890, cuando aún Alessandri cursa cuarto año de Leyes, se inicia un período de serias convulsiones políticas que desembocan en una violenta guerra civil. Bajo las órdenes del capitán de la Armada Jorge Montt, estalla una sublevación contra el presidente José Manuel Balmaceda, líder del Partido Liberal. Alessandri se suma a la mayoría de sus compañeros rebeldes, que se autoproclaman congresistas. El 7 de abril de 1891 estalla la revolución y Arturo, miembro del Club de

Septiembre –organización que se proponía el cambio institucional de Chile–, con algunos colaboradores imprime *La Justicia*.

Los revolucionarios tomaron el mando de la flota chilena y el control de las provincias del Norte. Choques abiertos y verdaderas batallas contra el ejército gubernamental se libran sobre todo en la zona cercana a Valparaíso. Después de triunfar en los combates de Concón y Placilla, los alzados ocupan Valparaíso y Santiago. Con un lamentable saldo en pérdidas de vidas humanas –más de diez mil– e incalculables daños materiales, el choque fratricida modifica el curso netamente liberal de la política chilena de fines del siglo XIX. Con el ascenso al poder de Jorge Montt, presidente de la Junta Revolucionaria de Gobierno, que abre el año parlamentario de 1892, el país ingresa en un período de reconstrucción y de democratización del poder político.

Alessandri culmina sus estudios y se recibe de abogado el 6 de enero de 1893. En 1897 es elegido diputado y en abril del año siguiente retorna a su puesto de bibliotecario. Por otro lado, comienza una carrera docente cuando se lo designa profesor de Historia y Geografía en el colegio de "míster" Radford, donde su cátedra ocupa una hora de clase diaria, de lunes a sábado.

Durante el transcurrir de la década del 90, Alessandri estructurará su familia y su vida profesional. En un baile que se realiza en el Congreso conoce a Rosa Ester Rodríguez Velasco, con quien se casa el 29 de julio de 1894, en la capilla de los Padres Franceses. El primer hijo del matrimonio, Arturo Alessandri Rodríguez, nace el 8 de junio de 1895. La vivienda arrendada poco antes –un departamento ubicado en los altos de la calle Agustinas esquina de Ahumadas– sirve también como escritorio profesional, campo en el que Alessandri, por consejo de su maestro Letelier, se aparta de los temas habituales de derecho civil, penal y comercial. Escribe un ensayo sobre el fomento y la construcción de habitaciones para obreros y atiende especialmente los pleitos que le encomienda la colonia italiana residente en Santiago de Chile.

La formación de un estadista

En enero de 1896 se reúne una convención en el cerro Santa Lucía, integrada por unos trescientos liberales. Eligen tres secretarios; uno de ellos es Arturo Alessandri. Federico Errázuriz –senador, ex ministro de Guerra y Marina y de Instrucción Pública, y futuro presidente– le manifiesta: "Mi amigo, le ruego que sea usted quien le explique al público los hechos que acaban de suceder y agradezca a nombre mío la adhesión y simpatía que han comenzado a demostrarme". Es su primer discurso político y va a exaltar la personalidad de don Federico; lo va a realizar desde la propia casa del candidato, que se reconoce con méritos suficientes para cruzar sobre su pecho la banda presidencial.

Errázuriz aconseja al joven Arturo Alessandri, de veintitrés años, que acepte la candidatura a diputado. En la lista queda ubicado en el cuarto lugar. Conocido el resultado de las urnas, que otorga el triunfo a la fórmula de Errázuriz, Arturo obtiene una victoria resonante e inesperada, con repercusión en todo el país, y es diputado por Curicó. Este primer mandato inaugura una larga presencia de Alessandri en la Cámara, ya que permanecerá en el Congreso Nacional durante seis períodos consecutivos.

Al año siguiente de las elecciones, en 1898, Alessandri recibe un llamado oficial desde la Casa de la Moneda, sede del presidente de la Nación. Errázuriz le ofrece designarlo ministro de Industrias y Obras Públicas y exige una respuesta perentoria; esa misma noche, a las once, firma el decreto de su nombramiento.

La presidencia de Errázuriz no fue un período de calma y la agitación social dominó la escena política. Un gran cambio económico y social modificó la estructura del país: el retiro de los capitales ingleses y el comienzo del ingreso de las inversiones norteamericanas provocaron un desarrollo industrial que abrió un proceso de sustitución de importaciones. La necesidad de incorporar nueva mano de obra favoreció el flujo de inmigrantes europeos, el proceso de inmigración interna de trabajadores del campo hacia las ciudades, el surgimiento de una nueva burguesía nacional y, en particular, la organización de sindicatos y asociaciones obreras de ayuda mutua. El ambiente de progreso, desarrollo cultural y alfabetización de la población no hizo sino fortalecer las demandas sociales de los trabajadores, que aspiraban a compartir la bonanza general.

En 1903 estalla una serie de huelgas como primera manifestación del descontento; los trabajadores se sentían abandonados en sus reclamos de mejoras en la legislación laboral. Las protestas adquieren un especial rigor entre los obreros marítimos de Valparaíso, durante mayo. Los actos de violencia obligan al gobierno a movilizar sus fuerzas desde Santiago. Las manifestaciones, sin embargo, se suceden y se multiplican en todo el territorio nacional y comienzan a coordinarse con medidas de mayor alcance.

El 21 de octubre de 1905 aparece una proclama en los diarios de la capital, que invita para el domingo 22, a las tres de la tarde, a un gran desfile de las sociedades obreras para solicitar respetuosamente al gobierno la abolición del impuesto al ganado por su internación. Desde las dos de la tarde, compactas masas de gentes afluyen a la Alameda de las Delicias; el desfile llega, multitudinario, hasta la casa del primer mandatario, donde se hace entrega de un petitorio. La manifestación, sin embargo, deriva a continuación en hechos de violencia. Grupos importantes recorren las calles haciendo tropelías, y hay heridos. El pánico se apodera de los ciudadanos moderados ante la furia popular, y con el correr de las horas la situación adquiere caracteres de una verdadera revolución. Perdido el inicial temor a la muerte, el saqueo se generalizó.

Culminado el período de Errázuriz, el 18 de septiembre de 1906 Pedro Montt –hijo y hermano de dos ex presidentes, Manuel y Jorge Montt– asume la presidencia, vencedor en las urnas para cubrir el período hasta 1911. El nuevo mandatario aparece ante la ciudadanía con los mejores augurios y resurge la esperanza en la población, aunque deberá gobernar con un Congreso opositor.

En 1907 el gobierno reprime con dureza la huelga de los obreros del cobre de Santa María de Iquique, con un saldo de centenares de muertos. En el mes de febrero de 1908 Alessandri parte hacia Iquique para interiorizarse personalmente de los hechos. "Me impuse que los hospitales estaban pletóricos de hombres, mujeres y niños, sin piernas, sin brazos, sin ojos, que habían sido mutilados por todas partes. Presencié un cuadro dantesco de horror y miseria." Desde su banca parlamentaria, critica con vehemencia la imprevisión gubernativa frente a la sostenida protesta social. Finalmente, con tono componedor, sostendrá: "Sobre los votos de censura que propusimos, no pudimos obtener un pronunciamiento hasta que en la sesión del 8 de junio de 1908, frente al silencio del Parlamento, sin obtenerlo tampoco, consentimos, sin embargo, en dar por terminado el incidente".

En diciembre de 1914, mientras Alessandri esperaba su reelección como diputado por séptima vez, una delegación de Iquique compuesta por los partidos radical, liberal y demócrata –la Alianza Liberal– le ofrece la candidatura de senador por la provincia de Tarapacá. Inicia entonces una difícil campaña política visitando Iquique, el domingo 24 de enero de 1915. Lo esperaba una multitud en el puerto. La gente veía en él la posibilidad de su redención. Las expectativas derivaron en manifestaciones violentas, que recrudecieron con la represión de las autoridades. El 5 de febrero salva su vida milagrosamente: "Sentí la sensación de la muerte cuando me encontré entre muertos y heridos", escribió después sobre lo ocurrido.

Realizado el acto electoral el 7 de marzo, Alessandri superó los dos tercios de los sufragios. Cuando regresa a la Capital, sus adeptos lo aclaman por el triunfo. Entre vítores eufóricos, los manifestantes desprenden los caballos y empujan el carruaje que lo transporta hasta su casa, en la Alameda de las Delicias.

Instalado en el escenario político como uno de los principales políticos del país, el 25 de abril de 1920 se celebra la inauguración de la Convención del Partido Liberal Aliancista en el Salón de Honor del Congreso Nacional, con el objetivo de elegir el candidato a la presidencia de la Nación. Esta vez los comicios se polarizan entre dos personajes: Arturo Alessandri y Eleodoro Yáñez. El primero consigue el sesenta por ciento de los votos legales, obligatorios para resultar designado candidato.

En un vibrante discurso de agradecimiento Alessandri expone su programa de gobierno. Resumamos los objetivos más importantes: mayor autoridad responsable para el presidente de la República; legislación social; defensa de la raza hispánica; resolución de los problemas económicos y sociales; educación del Estado; estabilización de la moneda; impuesto directo a la venta; nivelación de la condición legal de la mujer y solución de los diferendos con el Perú. El candidato terminó su discurso diciendo: "Seré, finalmente, una amenaza para todos aquellos que no comprenden el verdadero amor patrio y que, en vez de predicar soluciones de armonía y de paz, van provocando divisiones y sembrando odios, olvidándose de que es estéril y que sólo el amor es fuente de vida, simiente fecunda que hace la prosperidad de los pueblos y la grandeza de las naciones".

El 25 de julio de 1920 se realizó el acto electoral con un sistema de voto indirecto. Arturo Alessandri Palma obtuvo 179 electores y Luis Barros Borgoño, candidato del Partido de la Unión Nacional, 174. Estas cifras –tan parejas– no conformaron al sector financiero, el comercio, la industria y todas las fuerzas capitalistas del país. Algunos dudaban de que "El León de Tarapacá", como llamaban sus partidarios a Alessandri, fuera confiable, lo que generó un clima de incertidumbre. El Club de Estudiantes, sito a dos cuadras de La Moneda, fue asaltado y saqueado en julio de 1920. Hechos similares sucedieron en diversas regiones del país. El gobierno movilizó diez mil hombres de las Fuerzas Armadas para restablecer el orden.

Un Tribunal de Honor fue nombrado para resolver el conflicto suscitado por la candidatura presidencial, dado que la diferencia era mínima. El fallo resultó favorable al candidato del Partido Liberal Aliancista. El 6 de octubre de 1920, el Congreso en pleno ratificó lo resuelto por el Tribunal y proclamó a Arturo Alessandri Palma como presidente de la República, para ocupar la primera magistratura por un período de cinco años, a iniciarse el 23 de diciembre.

El nuevo mandatario debió enfrentar de inmediato la política tradicional del "amiguismo", que no se preocupaba por la eficiencia y honestidad de los funcionarios que ocuparían los cargos más importantes del gobierno. Su política sería diferente; por ello había luchado y lo consideraba necesario para alcanzar la Democracia: la que se cumple en bien de los ciudadanos, defendiendo la libertad y propiciando un equitativo reparto de la riqueza.

La situación financiera de la Nación era desastrosa. Con un presupuesto ya aprobado por el Congreso, Alessandri recibió un abultado déficit y un cuantioso negativo en los ferrocarriles del Estado. Sin contar que debía mejorarse la exportación de salitre, disminuida después de la guerra y agravada por la paralización de las salitreras en Tarapacá y Antofagasta desde comienzos de 1921.

El 2 de febrero, en la oficina salitrera de San Gregorio se produjeron intensos enfrentamientos. Algunos hombres de línea de la tropa de Esmeralda, provenientes de Antofagasta, causaron una verdadera tragedia al reprimir a los obreros de esa explotación produciendo decenas de muertos y heridos. Estos hechos dieron lugar a severas críticas al Presidente de la República cuando sólo hacía un mes y unos pocos días que había asumido el mando.

El Presidente y su ministro del Interior, Pedro Aguirre Cerdá, resolvieron disponer el traslado del jefe de Carabineros, mayor Leiva Chadwick, pues se lo acusaba —como a sus subordinados— de exceso de rigor y crueldad por lo ocurrido en San Gregorio. Al conocer la medida dispuesta y sabiendo que la actitud de los obreros, en aquella oportunidad, había sido belicosa, el líder comunista Luis Emilio Recabarren envió un telegrama a Alessandri cuyo texto es elocuente: "Baquedano (provincia de Antofagasta), 29 de marzo de 1921. Presidente de la República. Moneda. Estimaríamos dejase sin efecto el decreto que traslada Mayor Carabinero Leiva, cuya situación consideramos correcta. Confidencial. Luis Recabarren". Alessandri aceptó el pedido y dejó sin efecto el decreto.

Otro de los temas a los que se abocó el Primer Mandatario fue buscar la solución del viejo diferendo limítrofe con el Perú, en cumplimiento del Tratado de Ancón firmado en 1883, al finalizar la Guerra del Pacífico. En esa oportunidad se había acordado que las provincias pertenecerían a Chile por un período de diez años, después del cual se celebraría un plebiscito para decidir su destino definitivo. El país que perdiera en el plebiscito recibiría una indemnización de diez millones de pesos. En 1893 no se había podido instrumentar el pacto y desde 1910 Chile y el Perú tenían sus relaciones diplomáticas interrumpidas. Con la intención de encontrar caminos de solución, Alessandri había enviado una misión de amistad al Uruguay, la Argentina y el Brasil, asegurándoles la buena predisposición del gobierno de la Moneda para solucionar los problemas con el Perú, relativos a las provincias de Tacna y Arica. La medida no tuvo buena acogida y le acarreó al Presidente la oposición del Senado, que consideró que debía ser previamente consultado.

Chile envió un mensaje al gobierno de los Estados Unidos, con su embajador Beltrán Mathieu, en el que le pedía su consejo para solucionar el diferendo. Solicitaba el acuerdo de ese país para realizar plebiscitos en Chile y el Perú, como lo establecía el Tratado de Ancón. En el Perú el ambiente no era favorable a las gestiones emprendidas por el gobierno de Alessandri.

El mandatario peruano rechazó el plebiscito y propuso en cambio un arbitraje internacional. En 1922 representantes de ambos países designaron al presidente republicano de los Estados Unidos, Calvin Coolidge, para que arbitre en la disputa. El 16 de enero el embajador norteamericano en Chile, William Miller Collier, visitó a Arturo Alessandri para conocer su opinión sobre la posible mediación del Departamento de Estado; proposición que fue aceptada, a lo que Collier contestó con una conceptuosa carta. El Presidente de los Estados Unidos envió una nota complaciéndose en dar la bienvenida a los representantes de los gobiernos de Chile y el Perú para que allanaran sus diferencias en un arbitraje.

En 1925, finalmente, se decidió que se celebraría un plebiscito, que no pudo llevarse a cabo debido a los disturbios que se produjeron en las provincias en disputa.

En otras áreas, Alessandri desplegó una política progresista, a pesar de gobernar con un Congreso dominado por la oposición: desplegó una legislación social que generó resistencia en las clases acomodadas, inauguró modernas líneas de ferrocarriles, la empresa inglesa Westinghouse, y estableció que la Marina Mercante Nacional chilena tuviera la exclusividad de los costos operativos del comercio exterior del país, a pesar de la gestión en contrario realizada por el Foreign Office.

La revolución militar de 1924

Los militares exteriorizaban sin limitaciones su encono hacia el Congreso, por los escasos subsidios que se habían votado para mejorar sus retribuciones. El 22 de septiembre de 1924, una junta militar especialmente nombrada le presentó al Presidente un pliego con las aspiraciones de la joven oficialidad del Ejército y la Marina. En el Salón de Honor, según el relato del mismo Alessandri, "Ahumada, de la Escuela Militar, se sentó a mi derecha, invocando su título de más antiguo: 'Excelencia: existe un gran malestar en el Ejército por la poca atención que se le presta y por la forma y modo como se atienden por los poderes públicos los intereses generales del país. Conviene –añadió– que nuestro Generalísimo conozca este sentir unánime del Ejército, y para ese efecto, el teniente Alberto Lazo, si su Excelencia así lo desea, entraría en mayores detalles".

Cuando un coronel reconoce en un teniente la representación del sentir unánime del Ejército es porque se han alterado las jerarquías y el país ha llegado a un punto crítico de su existencia institucional. Sigue el testimonio del Presidente sobre lo ocurrido: "Aquello delineaba, caracterizándola, toda la psicología del movimiento. Eran los oficiales subalternos quienes mandaban, pues los jefes sólo se defendían para evitar ser atropellados, arrasándolo todo".

En su exposición, el teniente Lazo se quejó de la politiquería y las intrigas, culpando de estos procedimientos al parlamentarismo, al que calificó de estéril. Luego entregó un petitorio de quince puntos. Para ganar tiempo y no contando con fuerzas suficientes para imponer su juicio a los "levantiscos" subalternos, como correspondía, el Primer Magistrado intentó hacerles comprender que significaba un acto de indisciplina intolerable solicitar la renuncia de los ministros del gobierno. En ese momento entró en la sala el ministro del Interior Aguirre Cerdá, y el teniente Lazo fue aún más agresivo: "No hemos venido a pedir sino a elegir". Ante semejantes palabras el Presidente no pudo contenerse más y expresó: "Mi puesto y mi vida, joven oficial, son dos cosas que poco me importan en estos momentos, están en manos de sus compañeros que tienen la fuerza. Pero hay algo que para mí vale mucho más que la vida y el puesto de mandatario que hoy ocupo, mi dignidad personal. Ésa la defiendo yo, es mía. Ustedes ni nadie me la pueden arrebatar. Y es ahora precisamente la dignidad la que me impide continuar hablando sobre un asunto tan ingrato. ¡Hemos terminado!".

A Alessandri le quedaban sólo dos caminos: renunciar o ver cómo podía encauzar institucionalmente lo que ya era un levantamiento declarado. En la audiencia los oficiales habían expresado su confianza en el general Luis Altamirano; por ello, el Presidente resolvió llamarlo y encargarle la formación de un nuevo gabinete de ministros. Aquel agitado 5 de septiembre se cerró cuando Altamirano designó a los nuevos miembros del gabinete y los designados juraron. Al mismo tiempo, en el Ministerio del Interior se constituyó una Junta Militar. Los rumores eran cada vez más públicos y controvertidos. Un golpe palaciego había triunfado de hecho, aunque la figura del presidente continuara de modo decorativo. El delicado equilibrio no resistiría mucho tiempo más.

En la medianoche del domingo 7 de septiembre Eduardo Cienfuegos, jefe de redacción de *El Mercurio* y un leal amigo de Alessandri, se comunicó con el Presidente para anticiparle que contaba con informes confiables provenientes de Valparaíso: la Marina se había adherido al movimiento del Ejército y exigían la disolución del Congreso, la renuncia del Presidente y su salida del territorio nacional.

La noche siguiente Arturo Alessandri Palma entregó su renuncia al gabinete. El general Altamirano sacó de su capote un papel redactado y firmado por el comandante Blanche en su carácter de presidente del Comité Militar, en el que, interpretando el sentir de la oficialidad, le rogaba que no renuncie y sugería en cambio que pidiera una licencia por ausentarse del país, con todos los honores y prerrogativas de un presidente de la República, asegurándole su seguridad personal y la de su familia. Alessandri se negó: "Mi decisión es irrevocable". El Congreso rechazó la renuncia, pero el Presidente pidió asilo en la embajada norteamericana, donde se alojó por un breve período. También le habían ofrecido asilo los gobiernos de la Argentina y México.

El viernes 12 de septiembre de 1924 la Junta Militar hizo conocer su "Manifiesto", en el que prometía convocar a una Asamblea Constituyente para que se aprobara una Carta Fundamental con las aspiraciones nacionales; se elegirían luego los poderes públicos para disponer entonces la disolución de la Junta.

Día y noche se renuevan las visitas a Alessandri de todos los sectores. Algunos gremios le ofrecen paralizar las fábricas, boicotear la industria o hacer imposible el comercio interno. El presidente depuesto agradece la adhesión popular pero rechaza todo intento de alteración del orden. Poco después, Alessandri salió de la embajada hacia la estación Mapocho, entre filas de soldados y policías y las estrofas del Himno Nacional cantadas por la multitud. Se daba así vuelta una página de la democracia en América.

Regreso al poder

El nuevo gobierno presidido por el general Altamirano no encontró aceptación en la sociedad peruana. Alessandri gozaba, eufemísticamente, de un "permiso" de ausencia temporal. Un grupo de oficiales reformistas y varios partidos políticos decidieron comunicarse con él, cuando se encontraba en Italia, solicitándole que reasumiera el gobierno. La respuesta no se hizo esperar y llegó por cable: para regresar era imprescindible que los militares volvieran a sus cuarteles, a cumplir las funciones que les eran propias, y se convocara a una Asamblea Constituyente con la misión de reformar ciertos artículos de la Ley Suprema y dar respuesta a las necesidades del país.

Aceptadas sus exigencias, Alessandri regresó a Chile a fines de marzo de 1925. Realizadas las reformas constitucionales –que fueron aprobadas mediante plebiscito popular y que estarán vigentes hasta 1964– se fijó la fecha para la elección presidencial. Alessandri no terminó el período, ya que en octubre de 1925 un nuevo movimiento militar, alentado por las disensiones del Presidente con el ministro de Guerra, lo obligó a dimitir. Emiliano Figueroa Larraín fue el nuevo presidente, pero en 1927 fue sustituido por Carlos Ibáñez del Campo. Alessandri, por su parte, regresó a Europa.

Durante la presidencia de Ibáñez se firmó el Tratado de Lima, por el cual Tacna fue devuelta al Perú y Arica se integró definitivamente al territorio chileno. Este joven oficial desplegó un audaz plan de obras públicas intentando dar repuesta a la creciente desocupación entre los trabajadores mineros, y orientó una reforma administrativa y un plan para controlar la crisis financiera. Un fugaz intento de una llamada "República Socialista", presidida por Juan Esteban Montero, se debatió en la impotencia y fue derogada por un pronunciamiento militar, que reimpuso el constitucionalismo.

Los desbordes autoritarios de Ibáñez y la frustrada experiencia "socialista" generaron descontento y la figura de Alessandri recobró popularidad.

Segunda presidencia

Entre 1932 y 1938 Alessandri cumplió su segundo mandato presidencial. En este período creó el Banco Central con el fin de estabilizar la moneda chilena, reformó el sistema tributario y la legislación monetaria y bancaria. Describe al respecto el historiador español J. Vicens Vives, en su *Historia de España y América*: "El nuevo acceso al poder de Alessandri se realizó en circunstancias muy difíciles, pues no sólo la situación económica era deplorable, sino también porque persistían en el país los elementos de agitación y conspiración. Alessandri constituyó un ministerio con elementos conservadores, liberales, radicales y demócratas, queriendo dar un matiz nacional, del que sólo se excluían los factores extremistas. Su primera preocupación fue la del restablecimiento normal de las instituciones, para lo cual se imponía la reorganización del orden público, debiendo acudir para ello a las facultades extraordinarias otorgadas por seis meses, prorrogadas a su terminación en 1933. Surgió entonces la Milicia Republicana, integrada por jóvenes de todas las ideologías, constituida en auténtica escuela de civismo. Se preocupó el gobierno de los intereses locales, promoviendo las comunicaciones eficientes con todas las provincias y, en especial, con las regiones australes. Se consiguió la integración del comercio salitrero en un organismo autónomo, donde tenían representación los industriales y el Fisco; se reanudó el pago de la deuda externa, gracias a la participación fiscal de las utilidades de la industria, entregando su gestión a la Caja de Amortización. Ascendía esta deuda externa a 376 millones de pesos; en 1935 estaba liquidada y se autorizó la reanudación del servicio de deudas externas, directas e indirectas, del Estado de las Municipalidades, que se hallaban suspendidas desde hacía cuatro años.

"El aumento de las rentas públicas permitió al Estado aumentar los sueldos de los funcionarios, incrementar la construcción de obras públicas, especialmente hospitales y carreteras, y la creación de una Caja de Habitación Popular para fomentar la edificación de viviendas para las clases desvalidas. La Compañía Chilena de Electricidad, poderosa empresa extranjera que mantiene el control de la energía eléctrica en casi todo Chile, sufrió una auténtica expropiación con el llamado Convenio Ross-Calder, dando participación al Estado en sus utilidades. De este modo, a través de una política de nacionalización de la industria se consiguió establecer el equilibrio entre el Estado y la economía Privada. En este sentido la labor del presidente Alessandri fue capital para la estructura interna del Chile moderno."

En 1938, cuando España y Francia asistían a gobiernos de Frente Popular y la Alemania nazi pactaba con la Unión Soviética mientras se preparaba para lanzarse a la guerra continental, las elecciones chilenas parecían asegurar el triunfo del candidato oficialista, Gustavo Ross Santa María, ministro de Hacienda del gobierno de Alessandri. Sin embargo, contra todos los cálculos, la política impulsada por el Presidente quedó trunca al triunfar –para sorpresa de casi todos– Pedro Aguirre Cerdá, el candidato de la coalición Frente Popular, animada por socialistas, comunistas, democráticos y radicales. Su amplio programa, que abarcaba puntos políticos, sociales, económicos y culturales de inspiración socialista, era sintetizado por Aguirre Cerdá en unas pocas ideas básicas: "habitación sana, trabajo abundante y aumento de cultura".

En 1946 Alessandri fue elegido senador y continuó su vida como un importante dirigente de la política local hasta su muerte, el 24 de agosto de 1950 en Santiago. Su hijo Jorge Alessandri llegará también a ocupar la presidencia de Chile entre 1958 y 1964, y tras el golpe de Estado de 1973, presidirá el Consejo de Estado creado por el régimen encabezado por el general Augusto Pinochet Ugarte.

José de San Martín

1778-1850

El Gran Capitán
DE LA INDEPENDENCIA SUDAMERICANA

En el armado táctico y estratégico de la campaña libertadora, San Martín tuvo muy en cuenta la alternativa de utilizar "zapadores". La "guerra de zapa", como se conoce, o guerra de guerrillas, es ese combate no convencional que consiste en desgastar a las fuerzas enemigas con ataques por sorpresa, emboscadas, escaramuzas, aislamiento y distracción, y la apertura de varios frentes simultáneos –en rigor ficticios– con el objeto de obligar al enemigo a dividir sus fuerzas para cubrir múltiples focos de riesgo.

En su paso por el Viejo Continente, José Francisco de San Martín había conocido y probado la efectividad y los resultados de este tipo de planteo táctico.

Guerra de zapa

Conocía perfectamente las ventajas y los peligros de la guerra de zapa. Unas, ya han sido enumeradas; los otros, se relacionan con distintas cuestiones. En primer término, de las filas de estas fuerzas irregulares podían emerger cabecillas que perdieran de vista el objetivo común e intentaran acceder al poder político. Por otra parte, de concretarse esta primera hipótesis, existía el peligro de que surgieran, no uno, sino varios jefes, que en caso de no orientar sus esfuerzos hacia la lucha común, provocarían choques internos de consecuencias fatales para la causa.

Sabía San Martín, por haberlo vivido, que esa situación podía darse y percibía con claridad los inconvenientes, ya que cuando surgían jefes emanados de las guerrillas, era imposible unificar criterios de lucha, pues no todos eran de la misma extracción social; la mayoría no había surgido de las filas regulares de la milicia. Y por último, esta coyuntura podía muy bien ser aprovechada por los gobiernos de cada región para debilitar los focos independientes que se opusieran a sus planes. Sin embargo, el Libertador logró, a la luz de los acontecimientos, conjurar y prevenir los peligros que este tipo de tácticas traía aparejados.

Existe un interesante estudio sobre la cuestión de la "guerra de zapa". Allí se formula una advertencia en alusión a los triunfos logrados por el general cuyano con el apoyo de las fuerzas insurgentes: "Pero el hecho de que haya salido bien –analizan Susana y Héctor Leguizamón– no debe hacernos olvidar que se trataba de una apuesta muy peligrosa. Más de un dirigente político ha terminado por ser un aprendiz de brujo con consecuencias catastróficas, no sólo para su causa sino para toda la nación". Más adelante concluyen: "Sin embargo, al analizar la apuesta extremadamente riesgosa que el Libertador realizó durante la 'guerra de zapa', se impone la conclusión de que no es un método recomendable para el común de los mortales, o sea que, para practicarlo, es indispensable tener la capacidad extraordinaria del General San Martín. Si éste no es el caso, y por lo regular no lo será, es preferible abstenerse de utilizar a la insurgencia para obtener otros fines, si no se quiere finalizar como casi todos los que convocaron a ese terrible fenómeno para terminar siendo arruinados junto con sus seguidores y naciones enteras".

Queda claro, pues, que de todas maneras, después de haber evaluado los riesgos, al general San Martín se le hizo casi imprescindible echar mano a los zapadores, porque varios de los principales pasos de la cordillera se encontraban controlados por los realistas.

Eficacia de la táctica

Los insurgentes consiguieron desplazar al enemigo por medio de maniobras de distracción, para permitir el paso del Ejército de los Andes y, además, lograr que los realistas imaginaran tener enfrente a un invasor mucho más poderoso de lo que en realidad era.

Siempre quiso San Martín, y lo había expresado en Buenos Aires, evitar males mayores; el inútil derramamiento de sangre. Su perspectiva era, en definitiva, preparar la invasión, atacar y vencer de un solo golpe. Y así lo hizo.

Existen, sin embargo, varios planteos acerca del protagonismo del plan libertador del general San Martín en América del Sur entre los años 1814 y 1821. Para la mayor parte de los historiadores, sobre todo argentinos, y para algunos representantes de la esfera política de aquellos años, no existe prácticamente duda acerca de quién concibió el plan.

Detrás de esta primera hipótesis, que ubica a San Martín como único autor y luego gestor de su propia idea, se encolumna Bartolomé Mitre, quien en *Historia de San Martín y de la emancipación sudamericana* ha dicho que así como la vida de Colón está encerrada en una idea: buscar el oriente por el occidente, dada la redondez de la Tierra; la vida de San Martín está encerrada en otra idea análoga: "buscar el camino militar de la revolución sudamericana por el camino opuesto al hasta entonces seguido, lo que debía conducirle a fijar el punto estratégico de la victoria final de un nuevo mundo republicano". Y concluye Mitre: "Allí donde previó su genio militar que la guerra continental se circunscribiría y terminaría, allí se circunscribió y se terminó".

Un recurso inesperado

José Pacífico Otero abona la idea de que nadie había pensado jamás, hasta entonces, que para vencer a las tropas realistas se pudieran utilizar los pasos de los Andes, límite natural entre el reino de Chile y el Virreinato del Río de la Plata. En su obra sobre el Libertador, Mitre sostiene que "la Patria ignoraba los caminos para llegar al triunfo, pero San Martín los descubrió y uniendo lo político a lo militar, aliando lo argentino con lo chileno, se reveló el primero de los Capitanes y el primero de los políticos del Continente".

El chileno Benjamín Vicuña Mackenna no resta méritos al Plan Continental del general San Martín, aunque con respecto a la renuncia al Ejército del Norte para atacar por el Pacífico, opina: "Para un general a la europea, como lo era San Martín, no había campo bastante en aquellas fragorosas sierras del Alto Perú. Fue

389

entonces que se dirigió a Mendoza, porque Mendoza era la puerta de Chile, y Chile, la de Perú". Con esto, aunque no veladamente, y mucho menos con una doble intención, Vicuña Mackenna hace alusión a un pequeño grado de influencia europea que bien podía leerse "británica", aunque no creemos que esto haya estado en el ánimo del historiador chileno.

Pérez Amuchástegui, por último, afirma como casi todos los historiadores, que ningún hombre, excepto San Martín, habría sido capaz de idear un plan semejante: que las montañas andinas pudieran ser la vía a través de la cual iniciar la histórica campaña libertadora. A pesar de esta afirmación, este autor da un inesperado giro a la cuestión: reconoce al general Tomás Guido como coautor del Plan Continental. Pero veamos en qué se basaba este defensor de San Martín para haber hecho tal afirmación.

LA LOGIA LAUTARO

Luego de un viaje a Londres en 1811, San Martín regresa a Buenos Aires acompañado por Carlos María de Alvear. Comienzan las primeras reuniones de la Logia Lautaro, de la cual Guido formó parte desde el primer momento. Tras las derrotas de Vilcapugio y Ayohuma en octubre y noviembre de 1813, el brigadier general Tomás Guido se reúne en Jujuy con el general Manuel Belgrano, quien comandaba el ejército derrotado. De allí se traslada a Salta con la intención de reagrupar las fuerzas.

San Martín es designado Jefe del Ejército del Norte y se dirige a Tucumán. Desde esa provincia convoca a Guido en la Hacienda de Pulche, a mitad de camino entre Tucumán y Salta. Poco después, urgido por su delicado estado de salud, se retira a Córdoba, a donde Guido lo acompaña. Es probable que en ese momento y en ese lugar ambos hayan discutido las posibilidades que tendría el plan libertador por mar y por tierra. Guido y Spano, hijo de Tomás Guido, afirma que como el proyecto era establecerse en Mendoza, Guido viajó a Buenos Aires para proponer al director supremo Gervasio Posadas que nombrara a San Martín, gobernador intendente de Cuyo, lo que sucede en septiembre de 1814, mientras Guido permanece en Buenos Aires como oficial mayor del Ministerio de Guerra.

Es probable también que San Martín y Guido hayan discutido varios aspectos tácticos y estratégicos del llamado "Plan Continental", aunque a pesar de las controversias y a la luz de los acontecimientos posteriores, esto, lejos de restarle méritos al Libertador, enaltece aún más su estatura humana, agregándole una cuota de humildad a este soldado impar.

Hasta aquí hemos desarrollado la primera hipótesis. Veamos ahora la segunda.

El plan de Maitland

Thomas Maitland había nacido en Escocia en el invierno de 1759. Estuvo destinado a ser militar desde sus primeros años, ya que por su origen noble, al nacer le fue otorgado el grado de subteniente de dragones. Llegó a ser consejero privado del Rey, y la historia de su vida está salpicada de rasgos pintorescos y hasta excéntricos. Falleció en Malta, donde era rey, en enero de 1824.

A fines del siglo XVIII, el gobierno inglés de William Pitt debatía la posibilidad de atacar las colonias españolas en América. Maitland recibe la misión de idear un plan para llevar a cabo la empresa. El plan inicial incluía la captura de Buenos Aires y de Montevideo para "ensanchar" los mercados británicos manufactureros. Tal el pensamiento del escocés.

El plan definitivo, según consta en el libro *Maitland y San Martín* de Rodolfo Terragno, determinaba atacar y controlar Buenos Aires. Una vez logrado ese objetivo, debería destacarse un grupo de hombres para dirigirse al sector oriental del macizo andino. Afirmaba Maitland que, para ese propósito, era Mendoza la ciudad más adecuada. Luego, con otro ejército, atacarían Valparaíso y Santiago, y aunque ocurriera que los españoles estuvieran bien preparados para repelerlos, esa fuerza debía "dirigirse al Río Bío-Bío y obtener refuerzos mediante un trato con los indios".

El siguiente paso del plan encaraba el cruce de la cordillera: "El cruce de los Andes desde Mendoza hacia Chile es una operación de alguna dificultad... aun en verano el frío es intenso, pero con tropas a ambos lados, cuesta suponer que nuestros soldados no pudieran seguir una ruta que ha sido adoptada desde hace tiempo como el canal más apropiado para importar negros a Chile". Una vez cumplida esta etapa, debían tomar el control sobre el país trasandino: "Destituir al gobierno español de Chile y convertirlo en un punto desde el cual podríamos dirigir nuestros esfuerzos contra las provincias más ricas". Con el avance de un ejército sobre Chile a través de los Andes y con otro que llegaría por mar Maitland descontaba una victoria segura.

Si todo el plan funcionaba hasta llegar a esa etapa, el escocés pensaba que el Perú "quedaría inmediatamente expuesto a ser capturado". Y cuando esto ocurriera, "podríamos extender nuestra operación hasta desmantelar todo el sistema colonial, aun por la fuerza, si resultare necesario".

A pesar de ello, proponía evitar toda violencia *innecesaria*, empresa difícil cuando se trata de arrebatarle a alguien lo que posee. Sin embargo, alertaba asimismo que "un *coup de main* sobre el puerto del Callao y la ciudad de Lima podría resultar probablemente exitoso, y los captores podrían obtener mucha riqueza, pero este triunfo, a menos que fuéramos capaces de mantenernos en el Perú, terminaría provocando la aversión de los habitantes a cualquier conexión futura, de cualquier tipo, con Gran Bretaña". Cerraba su proyecto afirmando: "Nuestra empresa sería indudablemente la emancipación del Perú y Quito". Éste era el plan que Maitland ideó y presentó en 1800 a su gobierno.

El plaN dE SaN MaRtíN

Observemos ahora la campaña de San Martín y veamos las coincidencias. Gana el control de Buenos Aires, sin haberla atacado. Cuando llegó de Londres, forma el regimiento Granaderos a Caballo y derrota al Primer Triunvirato sin necesidad de enfrentarlo. Este regimiento, con San Martín a la cabeza, se presentó en la Plaza de la Victoria para demostrar a los cabildantes porteños que esa vez la razón tenía como aliada a la fuerza.

Después de este ultimátum se procede a deliberar, pero San Martín, advirtiendo que esto se prolongaba, ingresó en el recinto e impuso el nuevo orden, con lo cual el primer paso del plan había sido llevado a cabo. El control de Buenos Aires era un hecho.

Tras su nombramiento como gobernador de Cuyo, organiza desde allí el ejército que cruzaría la cordillera.

El tercer paso del Plan Continental consistía en establecer contacto con fuerzas chilenas. Los patriotas trasandinos habían logrado independizarse de los españoles y establecido un gobierno propio. Pero luego de la terrible derrota de Rancagua, en octubre de 1814, fueron dispersados. De todas maneras, Bernardo O'Higgins, el patriota y caudillo chileno, consigue agrupar las fuerzas que quedaban del derrotado ejército y se une a San Martín en Mendoza para engrosar el Ejército de los Andes. El tercer paso del plan había sido cumplido. El contacto con los patriotas chilenos era una realidad.

La cuarta etapa de este ambicioso proyecto estaba en marcha. Maitland había opinado que para lograr el cruce de los Andes "un perfecto entendimiento con los indios debería ocurrir antes de la aparición de nuestras fuerzas". San Martín y su ejército consiguieron pactar un acuerdo con los indios toquis, por el cual éstos permitieron al Ejército de los Andes atravesar el Valle de Uco, que estaba en su poder. También los tehuelches aportaron lo suyo gracias a los buenos contactos que logró San Martín. Estos indios, como avezados "zapadores", fueron de gran utilidad en el histórico cruce, ya que entretenían a los realistas, amenazando atacar en sitios insólitos, obligándolos a movilizar y a desgastar las tropas.

Igualmente, el ejército que libertaría Chile tardó cerca de un mes en cruzar la cordillera, con pérdida de muchos hombres y animales en aquellas alturas. La cuarta etapa estaba cumplida.

A la victoria de Chacabuco, en febrero de 1817, siguieron la declaración de independencia chilena en febrero de 1818, el desastre de Cancha Rayada en marzo y, luego, el triunfo final en Maipú el 5 de abril, en que el Ejército de los Andes, con la conducción de San Martín y Bernardo O'Higgins, puso fin a la dominación española en Chile.

Últimas etapas

Asegurada la independencia del país, se trataba ahora de llegar al Perú por vía marítima. A pesar de que el gobierno de Buenos Aires ordenó su regreso tras la victoria en Chile, San Martín desoyó la disposición y prosiguió con la preparación de la expedición al Perú.

Finalmente, el 20 de agosto de 1820 partió la escuadra rumbo a Lima, enarbolando la bandera chilena, y desembarca en Pisco al mes siguiente. Al llegar a destino, sitió a las fuerzas realistas y logró rebelar a la población rural, hasta que el virrey José de la Serna se vio obligado a rendir la capital, ya casi exhausta y sin vituallas.

Si la idea de Maitland había sido elaborada intentando evitar toda violencia innecesaria, San Martín, por su parte, había dicho: "Yo ambiciono un triunfo pacífico, fruto de la irresistible necesidad. [...] Mi objeto [...] es el bloquear a Lima por hambre y obligar a Pezuela [antecesor de La Serna] a una capitulación [...]. Me he propuesto mi plan de guerra con el que pienso entrar en Lima con más seguridad que fiando el éxito a la suerte de una batalla. Los muchachos desearían esto último para terminar pronto la guerra, pero es menester que tengan la misma cabeza que yo". Con claridad surge de estas palabras la preocupación de este soldado ejemplar por evitar el derramamiento de sangre.

El último paso era lograr la emancipación del Perú. Tras rendir a Lima, San Martín proclama la independencia peruana a fines de julio de 1821 y adopta el título de Protector.

Al igual que Maitland, San Martín creía en la conveniencia de supervisar el resto de los territorios septentrionales. Es por ello que, sin descuidar el control sobre Lima y una vez a cargo del gobierno, destinó al general Francisco Salazar como embajador ante el gobierno de Guayaquil para incorporar esa ciudad al Perú. Destaca asimismo tropas de apoyo a Bolívar, quien sitiaba a los realistas en Quito. Sin embargo, los soldados derrotados por San Martín preparaban la contraofensiva.

En esta instancia, no podía contar con el apoyo de Buenos Aires, por haber desobedecido la orden de regresar. Además, el clima político en las Provincias del Río de la Plata, que rayaba en la guerra civil, no contribuía a la paz.

ENTREVISTA DE GUAYAQUIL

El Libertador del Sur decidió entrevistarse con Simón Bolívar, el Libertador del Norte, y pedirle apoyo, pues consideraba que de otro modo sería imposible consolidar la independencia del Perú.

La reunión se concreta en julio de 1822. El general venezolano no deseaba anexar Guayaquil al Perú; además, quería ser él quien liberara definitivamente al Perú de la última presencia militar española en la región. El resto se ha referido incontables veces: San Martín renuncia a la gloria que le estaba pisando los talones y se hace a un lado para ceder a Bolívar el papel protagónico en la última batalla.

San Martín regresa a Lima el 20 de agosto de 1822. De inmediato convoca un Congreso Constituyente, y un mes más tarde decide que están dadas las condiciones políticas para renunciar a su cargo como Protector del Perú. El Congreso, reunido de inmediato, tiene muy presente la acción de San Martín y le otorga el título de Fundador de la libertad del Perú, además de otros atributos, como el grado de capitán general. Asimismo se dispuso que se irguiera un monumento en su honor y le fuera asignada una pensión vitalicia. La epopeya sanmartiniana había tocado a su fin.

San Martín se retira a Mendoza, la provincia que más amaba. Desde allí le escribe a su amigo Bernardo O'Higgins: "Estoy cansado de que me llamen tirano, que quiero ser rey, emperador y hasta demonio. Por otra parte mi salud está muy deteriorada: la temperatura de este país me lleva a la tumba. En fin, mi juventud fue sacrificada al servicio de los españoles y mi edad media al de mi patria. Creo que tengo el derecho de disponer de mi vejez".

Poco tiempo, sin embargo, permanece en Mendoza dedicado a la vida de familia. No conoció la paz, pues tanto los políticos del Perú como los de su patria deseaban contabilizar su fama a su favor. Fue debido a esto que tomó la decisión de alejarse durante algún tiempo, confiando en que, con el correr del tiempo, el clima se apaciguaría.

No obstante, al regresar de Europa en 1929 el país se encontraba inmerso en una sangrienta guerra civil. San Martín se niega a involucrarse en ella y desembarca en Montevideo. Así es como, finalmente, regresó de vuelta a Europa, descorazonado y carente de recursos, sin haber vuelto a pisar su tierra.

El futuro no se presentaba, para el Libertador de América, mínimamente sereno. Como relata Enrique de Gandía en *Historia de la República Argentina*: "Un amigo, un español, el señor Alejandro Aguado y Ramírez, marqués de las Marismas del Guadalquivir, con toda su generosidad sevillana, le dio los medios para sobrevivir en Francia, ya que su vida en Bruselas y en Londres se hacía difícil, y le compró una casa en París, en el barrio del Grand Bourg. Aguado, según las propias palabras de San Martín, lo salvó de morir en la miseria y en un hospital, y a su muerte, para que el Libertador pudiese vivir con desahogo, lo nombró su primer albacea y lo dejó 'heredero de todas sus joyas y sus diamantes, cuyo producto me puso a cubierto de la indigencia en el porvenir'".

SAN MARTÍN, GRAN BRETAÑA Y EL PLAN CONTINENTAL

En relación con el plan emancipador, lo cierto es que prácticamente la gesta sanmartiniana no tiene detractores. Tan rotundo fue su tránsito por estas latitudes que sólo en fecha reciente, en 1981, casualmente salió a la luz el Plan Maitland, cuando Rodolfo Terragno descubrió una referencia a cuarenta y siete hojas manuscritas, sin fecha, que un funcionario del Archivo General de Escocia había registrado bajo el siguiente título: "Plan para capturar Buenos Aires y Chile y luego emancipar Perú". ¿Conocía el Libertador aquel plan británico del año 1800? Es posible, por lo tanto, que San Martín haya coincidido con Maitland sin saberlo.

De todas maneras, se impone una aclaración sustancial. Maitland elaboró un plan para quitarle a España sus colonias y que éstas pasaran a ser posesiones del Reino Unido. San Martín, por el contrario, llevó a cabo un plan probablemente propio, o en último caso preconcebido, con un objetivo diametralmente opuesto al del militar escocés: liberar a las colonias españolas de toda dominación extranjera; independizar las tierras de América del Sur.

Contaba el general en su escuadra con comandantes que eran súbditos británicos y habían sido reclutados, por entender que los hombres de mar ingleses resultaban más avezados. Los hechos le dieron sobradamente la razón. Además, por haber luchado en Europa, San Martín había tenido contacto con los británicos en España, en Gran Bretaña y en Sudamérica.

Algunas voces de esa época se alzaron argumentando su vinculación a Inglaterra. Se aludió a su famoso sable corvo de acero persa, cuya notable sencillez contrastaba con los usados en ese tiempo, tachonados de oro y piedras preciosas.

Reflexiones finales

Diremos en conclusión que el general José Francisco de San Martín fue una suerte de enigma para los hombres de su época y es posible que lo hayan sobrevivido ciertos interrogantes que se mantienen aún en nuestros días. Era un niño cuando se embarcó rumbo a España y pronto se convirtió en soldado del rey, condición en la que permanece hasta los treinta y cuatro años. Viaja a Inglaterra y luego a Sudamérica.

En el Nuevo Mundo es cobijado por la familia Alvear, aunque su ámbito de elección no era la aristocracia porteña. No poseía título de nobleza ni contaba con una fortuna que lo avalara, en un círculo donde la diferencia de castas era notoria. Se casó, sin embargo, con María de los Remedios de Escalada, hija de una familia patricia, con quien, en realidad, convivirá poco tiempo. Su tez era oscura, lo que movió a Alberdi a decir, en ocasión de entrevistarlo en París, en 1843: "Yo lo creía un indio, como tantas veces me lo habían pintado y no es más que un hombre de color moreno". Su pelo lacio y renegrido reflejaba su origen: hijo de un español y una guaraní, unión de la cual nació en Yapeyú el 25 de febrero de 1778. Según la historiografía clásica, fue el cuarto hijo del matrimonio formado por el capitán Juan de San Martín y doña Gregoria Matorras, pero el tema se ha replanteado en los últimos tiempos y su fe de bautismo permanece aún en el más completo misterio.

La larga sombra del Libertador siempre deparará nuevos misterios históricos, nuevos desafíos para el investigador. Razón por la cual libros recientes de algunos estudiosos crearon una sombra sobre el origen familiar de este gran emancipador del Sud de América. Su gran obra emancipadora y su formidable gesta militar, en cambio, no ofrecen prácticamente aristas para la controversia.

Juan Manuel de Rosas

1793-1877

Dictadura y soberanía

> "La Confederación nunca se someterá
> a la prepotencia extranjera."

Fue, sin duda, un gran hombre; por voluntad, capacidad de organización, y diplomacia en el trato. Estos atributos se enriquecieron con esa astucia gauchesca que nutrió a don Juan Manuel desde su niñez. Todo ello le permitió –ayudado por la claridad de su razonamiento lógico ante los grandes acontecimientos– vencer los más intrincados obstáculos políticos y enfrentar a la diplomacia más eminente de su tiempo, la de Francia e Inglaterra.

En el orden interno Rosas luchó contra la anarquía y salió airoso; y con las injustificables operaciones de las potencias europeas, a las que venció con tenacidad, integrando de esa suerte, a la Confederación Argentina. Lo dicho no niega que, en la mayoría de las oportunidades, alcanzó sus objetivos por medio de la fuerza.

Fue hombre elegante con un aire dominador y orgulloso. Sus manos no eran las del hombre de campo sino las de un gran señor. Un historiador no precisamente rosista, José María Ramos Mejía, escribió en *Las multitudes argentinas*: "Fue casi un asceta, porque se creyó misionero y enviado. Su vida, desnuda de mundana pompa, demuestra que ningún propósito de lucha lo guiaba".

La formación de un caudillo

Nacido el 30 de marzo de 1793, fue bautizado con el nombre de Juan Manuel José Domingo Ortiz de Rozas. Sus padres, León Ortiz de Rozas y Agustina Teresa López y Osornio, vivían en una sencilla casa de la calle Santa Lucía (hoy Sarmiento), en Buenos Aires. El abuelo paterno había ocupado los cargos de capitán general de Buenos Aires y de presidente de Chile. El materno había sido comandante general de la campaña y jefe de la expedición en las misiones.

Durante la Primera Invasión Inglesa, Rosas, con sólo trece años, actuó en la Reconquista al servicio de una pieza de cañón. Un año después, en la Segunda Invasión, se enroló como soldado en el cuarto escuadrón, llegando a alférez en la compañía de Migueletes. Cuando cumplió dieciocho, el padre le encargó la administración de su estancia.

El 16 de marzo de 1813 contrajo matrimonio con Encarnación Ezcurra y Arguibel, de dieciocho años. Poco después, se disgustó con sus progenitores y dejó la casa paterna y su trabajo, sin cobrar un sueldo. Junto con sus amigos Luis Dorrego y Juan Nepomuceno Terrero se dedicó al trabajo en los saladeros, y se convirtió en un pionero de la industria de la carne. El 25 de noviembre de 1815, en sociedad con su amigo Terrero, fundó el saladero "Las Higueritas" en el partido de Quilmes. Después administró estancias de sus parientes, los Anchorena. Era un gaucho que sabía pialar y domar, además de conocer el valor de las tierras de toda la comarca por la calidad de sus pastos.

Encarnación, de familia de abolengo, era enérgica, inteligente y ambiciosa y tenía un rostro expresivo. Fue madre, primero, de un varón, Juanito, en 1814; luego, de una niña que murió al poco tiempo y, el 24 de mayo de 1817, de Manuelita.

El 8 de junio de 1817, luego de su nombramiento como alcalde de la Hermandad por el partido de San Vicente, Rosas fue designado comandante del 5° Regimiento de Campaña. La situación de las tierras de frontera era altamente insegura y de ello da cuenta en una nota de diciembre de 1817 al director Juan Martín de Pueyrredón. El mismo Rosas denunció el 10 de abril de 1818 la especulación de algunos aprovechados con la carne y propuso como remedio el establecimiento de saladeros.

El 25 de mayo de 1819 todas las ciudades cuyos diputados integraban el Congreso iniciado en Tucumán juraron una Constitución. Rondeau reemplazó a Pueyrredón y se abrió un período crítico. En enero de 1820 los jefes militares Juan Bautista Bustos, Alejandro Heredia y José María Paz se sublevan en la Posta de Arequito y el 1° de febrero las fuerzas unidas de los caudillos del litoral Estanislao López y Francisco Ramírez destruyen en la Cañada de Cepeda a las débiles legiones directoriales. El 10 de febrero se levanta Soler en Puente de Márquez, Rondeau renuncia y se disuelve el Congreso, desapareciendo así la autoridad central de las Provincias Unidas.

Ante tal emergencia cada provincia se vio obligada a reasumir en plenitud su propia soberanía. El 23 de febrero los gobiernos de Santa Fe, Entre Ríos y Buenos Aires, con la presencia de Ramírez, López y Manuel de Sarratea, firman el Tratado del Pilar, un convenio que reconoce el gobierno federal como principio político. Entretanto, en esta situación de anarquía, Martín Rodríguez y Juan Manuel de Rosas organizan las milicias de la campaña.

Los colorados del Monte de Rosas aumentan su influencia y, cuando Manuel Dorrego es designado gobernador, Rosas es ascendido a coronel de caballería. En enero de 1822 Buenos Aires, Santa Fe, Entre Ríos y Corrientes firman el Tratado del Cuadrilátero, que ponía a las provincias interiores en necesaria dependencia de las ribereñas, y especialmente de Buenos Aires. Durante los años siguientes, sin embargo, Buenos Aires dará la espalda al Interior y se embarcará en un proceso de aislamiento, que terminará abruptamente al concluir la guerra con el Brasil, a mediados de 1827. En esos años Rosas integra la comisión demarcadora de la línea de fronteras, instala fortines y, finalmente, es nombrado "Comandante general de las milicias existentes en la campaña de la provincia de Buenos Aires".

Hacia el poder político

El resultado de la guerra con el Brasil es el inicio de la guerra civil. Los unitarios, dirigidos por Juan Lavalle, de regreso del Uruguay, con sus tropas asaltan el poder en diciembre de 1828, movimiento que culmina con el fusilamiento del gobernador Manuel Dorrego. El 13 de febrero de 1829 la Convención de Santa Fe se declara "única autoridad nacional" y el 20 desconoce el gobierno de Lavalle. En Córdoba, entretanto, la fracción unitaria del general José María Paz se lanzaba a la guerra contra el gobernador Bustos.

Las fuerzas conjuntas de López y Rosas derrotaron a Lavalle en Puente de Márquez mientras Paz vencía a Bustos en San Roque (Córdoba) y asumía el mando de la provincia mediterránea. Lavalle, con los restos de su infantería, instaló su cuartel general en el Saladillo. Rosas se acantonó en lo que es hoy La Matanza e inició un sitio sobre Buenos Aires con una fuerza de dos mil quinientos jinetes. En poco tiempo tornaron desesperante la situación de la ciudad por falta de alimentos.

Lavalle, forzado a negociar, convino un tratado con Rosas –que actuaba como representante de la Convención Nacional Soberana de Santa Fe–, que se acordó en Cañuelas, el 24 de junio de 1829. En el mismo tenor, el 24 de agosto se firmó el Pacto de Barracas –suscrito por los mismos actores–, que enmienda parcialmente el de Cañuelas, y acuerda la designación del general Juan José Viamonte como gobernador provisorio con facultades extraordinarias y capitán general de Buenos Aires, ayudado por un Senado Consultivo. Viamonte asumió el mando el 26 de agosto y al día siguiente, en vista de la reconciliación entre unitarios y federales, dispuso abolir las divisas de partidos para olvidar los sucesos pasados.

El 6 de diciembre la Legislatura bonaerense, por 32 representantes sobre 33, eligió gobernador en propiedad por el término legal de tres años a Juan Manuel de Rosas, "con las facultades extraordinarias que el nuevo gobernador considere indispensables". El único voto en contrario fue el de Juan Nepomuceno Terrero, que optó por Viamonte por ser él socio y familiar de Rosas. La Legislatura aprobó todo lo hecho por Rosas desde el 1º de diciembre de 1828 y lo declaró "Restaurador de las Leyes e Instituciones" el 25 de enero de 1830, ascendiéndolo a brigadier.

La burguesía comercial de Buenos Aires aspiraba al enriquecimiento mediante la libre importación, desarticulando así todo el sistema económico nacional, para aceptar lisa y llanamente la hegemonía británica. Rosas era, sin duda, un exponente conspicuo del sector terrateniente –llamada después oligarquía ganadera– exportador de la campaña bonaerense y su elección como gobernador representó también la victoria de esos intereses. Advirtiendo esta situación, el caudillo de Buenos Aires no nacionalizó el puerto pero fue generoso con los subsidios de ayuda a las provincias, arbitrio que obligaba a los gobernadores a mantener las mejores relaciones con Buenos Aires. Al mismo tiempo impidió por todos los medios la unidad nacional.

El Pacto Federal y la Liga Unitaria

En la primera mitad de 1830 las fuerzas militares de José María Paz lograron imponerse en todas las provincias mediterráneas. El 30 de agosto los representantes unitarios de nueve provincias (Mendoza, Catamarca, San Luis, La Rioja, Salta, Tucumán, Santiago del Estero, San Juan y Córdoba) celebraron un Pacto de Unión designando al general Paz como "Jefe supremo de todas las fuerzas" de la Liga Unitaria.

El riojano Facundo Quiroga a principios de marzo de 1831 toma sorpresivamente Río Cuarto y el 28 vence al gobernador de Mendoza en el Rodeo de Chacón, después de haber tomado San Luis. De inmediato, San Juan y La Rioja se suman a la sublevación. El 10 de mayo, Paz es visto mientras realizaba un reconocimiento y en la huida, su caballo es boleado y cae prisionero. El general Gregorio Aráoz de Lamadrid toma la jefatura de la Liga Unitaria pero, sin la dirección de Paz, la deserción cunde en las filas unitarias, y quedan al borde de la disgregación. Lamadrid se retira hacia Tucumán y las provincias litoraleñas entran en escena en unidad. Quiroga desde el oeste y Estanislao López desde el sur derrotarán a los lugartenientes unitarios. El federalismo habría de imponerse en muy corto plazo.

El 4 de enero de 1831 los representantes de Santa Fe (Domingo Cullen), Entre Ríos (Antonio Crespo) y Buenos Aires (José M. Roxas y Patrón) firmaron en Santa Fe un fundamental tratado conocido como Pacto Federal, en el que sintetizaban articuladamente los principales acuerdos interprovinciales consolidados desde 1820.

Este pacto, además de asegurar la alianza ofensiva y defensiva, estipulaba compromisos significativos: las provincias no podrían firmar tratados entre sí ni con otras sin el acuerdo de todas las firmantes; serían recíprocas las franquicias de tránsito y de comercio; cualquier otra provincia podría acceder al pacto con el consentimiento de las firmantes. El Pacto Federal facilitó a Rosas el instrumento institucional que necesitaba para llevar adelante su política: el gobierno de Buenos Aires, rico y fuerte, supliría a satisfacción los defectos que el federalismo doctrinario advertía respecto del sistema de Confederación.

Tres caudillos y un instinto político

Tres grandes caudillos –Rosas, de Buenos Aires; López, del Litoral, y Quiroga, del Interior– tenían la representatividad indiscutida de sendos pueblos. Y los tres estaban convencidos, en aquel momento, de la inconveniencia de convocar a un congreso. Además, las relaciones de Quiroga y López no eran cordiales y se cruzaban entre ellos acusaciones de toda especie. López cometió la torpeza de invitar a Quiroga a bregar juntos por el llamado a un congreso. En la misiva, culpaba a Rosas de no haberle enviado los auxilios necesarios en cada oportunidad, acusándolo de oponerse a la organización nacional. Quiroga envió a Rosas copia de la carta junto con otras de un diputado correntino y del representante cordobés, en las que los diputados de la Comisión Representativa acusaban al gobernador de Buenos Aires de oponerse a la organización para disfrutar de las rentas portuarias.

Intriga y habilidad son dos cualidades inherentes al político y Rosas las poseía en alto grado. Acorralado López y desenmascarados los diputados, el gobernador de Buenos Aires resolvió retirar su representante de la comisión. Otro tanto hizo López el 13 de julio de 1832 y la Comisión Representativa tuvo que declararse disuelta, transfiriendo a Rosas las atribuciones que le confería el Pacto Federal... Así, cuando finalizaba su gobierno, Rosas era virtualmente el árbitro institucional de la Confederación Argentina, aunque sabía que su condición de caudillo nacional no era aceptada de buen grado por todos.

Saber esperar también es una condición del buen político. Por eso, entre otras cosas, el 5 de diciembre de 1832 Rosas hizo entrega a la Legislatura de sus atributos de mando, y rechazó su reelección, que, esta vez, no iba acompañada de las facultades extraordinarias a las que él mismo había renunciado el 7 de mayo anterior.

En campaña al desierto

Por dos veces consecutivas rechazó Rosas la posibilidad de su reelección. El 12 de diciembre de 1832 la Junta de Representantes eligió gobernador propietario a un guerrero de la Independencia que, supuestamente, pertenecía al círculo del Restaurador, el general Juan Ramón González Balcarce.

Rosas, retirado en su hacienda, propuso al gobierno asegurar la frontera mediante una expedición militar, conforme a un plan estratégico que tenía en mente desde 1821. El 28 de enero de 1833 el gobierno nombra a Rosas comandante general de la campaña. La expedición fue organizada en tres divisiones, y puesta al mando general de Juan Facundo Quiroga. La división Izquierda era comandada por Rosas, la del Centro por el general José Ruiz Huidobro y la Derecha por el general José Félix Aldao. Además, una columna chilena, al mando del general Manuel Bulnes, debía forzar a las tribus a cruzar los Andes, mientras que las tres columnas argentinas habrían de batirlos desde Cuyo hasta el Atlántico. Las operaciones se iniciaron el 22 de marzo y se prolongaron hasta el 25 de mayo de 1834. Más que extender la frontera (aunque se llegó hasta el río Negro), esta expedición dejó como fruto positivo diversos tratados de pacificación con los indios pampas, cuya vigencia se extendió a lo largo de veinte años.

Políticamente convenía al ex gobernador permanecer al margen de los episodios que ocurrieran durante el gobierno de su sucesor, a fin de no aparecer complicado ni comprometido con ninguna facción; además, la organización de la campaña ponía a su disposición un cuerpo de ejército bien equipado y adiestrado, y la extensión de la frontera permitía fortalecer su posición dirigente en la campaña bonaerense mediante la distribución de nuevas tierras –a título de "premios"–, que serían ocupadas y explotadas por fieles partidarios. Pero su alejamiento no representó indiferencia ni descuido por lo que sucedía en la Capital; allí quedaban no sólo sus amigos, sino también su más eficiente y hábil colaboradora: su esposa, doña Encarnación Ezcurra, quien tenía informado a Rosas de cuanto ocurría en su ausencia.

Encarnación y la Revolución de los Restauradores

El 11 de octubre de 1833 una movilización popular en Buenos Aires impide el proceso al diario federal *El Restaurador de las Leyes*, y al grito de ¡Viva Rosas! exige la renuncia del gobernador Balcarce.

Advertido de la maniobra, Balcarce encomendó al coronel Agustín de Pinedo que despejara los grupos subversivos, engrosados en Barracas por nuevos grupos de paisanos. Pero Pinedo al día siguiente se plegó a la rebelión, actitud que fue imitada por otros cuerpos militares, y la ciudad quedó cercada. La Legislatura, para evitar derramamientos de sangre, nombró a una comisión de "apostólicos" –el grupo más fiel a Rosas y doña Encarnación– para que hiciera de mediadora, pero no hubo resultados positivos. Entretanto, las filas rebeldes continuaban aumentando.

Los "apostólicos" y los "netos" eran incondicionales de Rosas; en cambio, doña Encarnación llamó "cismáticos" y "lomos negros" a los que pensaban en contrario.

El 2 de noviembre la Legislatura aconsejó a Balcarce que renunciara; el 3 lo exoneró de su cargo y el día siguiente, con una mayoría de miembros "cismáticos", designó gobernador al general Juan José Viamonte. El 7 la ciudad recibió triunfalmente a los revolucionarios, que ya sumaban siete mil.

Los detonantes de la crisis

Para llevar adelante sus planes, Encarnación Ezcurra propició la organización de la Sociedad Popular Restauradora, presidida por Pedro Burgos, quien adoptó como símbolo una mazorca de maíz; razón por la cual fue también conocida como La Mazorca. La sociedad estaba destinada fundamentalmente a organizar el activo "apostólico".

Los mazorqueros sembraron el pánico en los "cismáticos", baleando, entre otras, las casas de Olazábal, Iriarte y Martínez. Éstos, apoyados por algunos jefes y oficiales, se apoderaron de cuatro buques surtos en el puerto y fugaron a Montevideo. Ya vuelto de su campaña, Rosas permaneció en la estancia San Genaro –cercana a la localidad de Azul– sin prestar apoyo al nuevo gobernador.

Muy poco pudo hacer Viamonte en los escasos meses de gestión, atosigado por problemas políticos y económicos y el hostigamiento de los "apostólicos". El 20 de abril hubo elecciones de representantes y la mayoría de la Legislatura quedó en manos de "apostólicos". Desprestigiado y carente de respaldo en el cuerpo político, Viamonte presentó su renuncia el 5 de junio.

La Junta de Representantes de Buenos Aires necesitaba reemplazar a Viamonte. El 30 de junio de 1834 realizó una sesión especial, en la que fue elegido Rosas. Pero éste manifestó su rotunda negativa a aceptar el cargo si no se le otorgaban facultades extraordinarias. Como la Legislatura no prestó su acuerdo, en nuevas y sucesivas votaciones resultaron elegidos Tomás Manuel de Anchorena, Nicolás de Anchorena (14 y 31 de agosto), Juan Nepomuceno Terrero y el general Ángel Pacheco (22 y 25 de septiembre). Pero –en tanto todos ellos pertenecían al círculo selecto de Rosas– ninguno aceptó el cargo. Por fin, el 1° de octubre la Junta resuelve investir con las facultades del Poder Ejecutivo a su presidente, el doctor Manuel Vicente Maza, con carácter interino. Maza era amigo personal y hombre de confianza de Rosas.

Mientras Buenos Aires se debatía en estos temas, las provincias del Noroeste, en esos tiempos, eran teatro de graves conflictos.

Gestión y muerte de Quiroga

Desde el 12 de diciembre de 1833 Facundo Quiroga permanecía en Buenos Aires. El gobernador Maza le ofreció la misión de actuar en el Interior como enviado especial de Buenos Aires. El Restaurador, por su lado, le aseguró que participaba del mismo criterio. El comisionado se esforzaría por convencer a todos los pueblos por donde pasara, y por supuesto también a los gobernadores en disidencia, de que si bien el llamado a un congreso general federativo era urgente, las circunstancias mostraban la imposibilidad de tal convocatoria, porque los Estados provinciales no estaban suficientemente organizados en sus regímenes interiores.

Quiroga emprendió su viaje el 19 de diciembre de 1834, acompañado por Rosas hasta San Antonio de Areco. El 20 Rosas redactó y firmó una carta en la Hacienda de Figueroa, que quedó como un documento histórico porque expresa nítidamente las ideas del Restaurador.

Rosas insistió sobre la conveniencia de que Quiroga viajara con una escolta militar que pondría a su disposición, consecuente con su criterio de que los enemigos comunes no trepidarían en recurrir al crimen político si se les daba la oportunidad. Quiroga, dueño de un coraje rayano en la temeridad, desechó el ofrecimiento seguramente convencido de que su sola presencia intimidaría a cualquier eventual agresor. El viaje se realizó en tranquilidad y con gran rapidez, ya que el 3 de enero de 1835 el riojano arribó a Santiago del Estero, desde donde envió sendos emisarios a los gobernadores de Tucumán y Salta, Alejandro Heredia y Pablo Latorre.

La actuación de Quiroga fue correcta, además de exitosa, considerando que el tratado de referencia no alteraba en nada los compromisos contraídos a través del Pacto Federal. Cumplida su misión, Quiroga partió de Santiago del Estero el 13 de febrero rumbo a Buenos Aires. Tres días después de la partida, en el paraje denominado Barranca Yaco (Córdoba) salió al paso del carruaje en que viajaba una partida comandada por el capitán Santos Pérez y compuesta por cuatro oficiales y veintiocho hombres de tropa. Con toda alevosía asesinaron a Quiroga, a su secretario el doctor José Santo Ortiz, a un niño que viajaba con ellos, al cochero y a los postillones.

En tanto Quiroga, en el momento de ser asesinado, era un comisionado de Buenos Aires, el gobierno de esta provincia consideró que los delitos federales eran de su competencia jurisdiccional y, con este caso, sentó jurisprudencia. Se encomendó la sustanciación del sumario y el enjuiciamiento de los reos al probo doctor Maza. Los hermanos Reinafé, el capitán Santos Pérez, los cuatro oficiales de la partida y tres de los soldados (elegidos por sorteo) fueron condenados a muerte, recayendo en los demás penas inferiores.

Rosas nuevamente en el poder

Las advertencias de Rosas se habían cumplido. La paz pública era una utopía y un gobierno que pretendiera imponerla por la vía de la condescendencia y el respeto de los derechos individuales estaba condenado al fracaso. Así lo entendió Maza y de inmediato reunió a la Junta de Representantes, ante la cual declinó las funciones ejecutivas para que esa Legislatura nombrara, con la suma del poder público, "a quien pueda aplicar el más pronto y eficaz remedio". El 7 de marzo de 1835, los representantes designaron a Rosas gobernador y capitán general por el término de cinco años –dos más que el período acostumbrado–, otorgándole la suma del poder público sin otra condición que "conservar, defender y proteger la religión católica", además de "sostener y defender la causa nacional de la federación que han proclamado los pueblos de la república".

Pero el astuto gobernador electo, que sabía del apoyo popular hacia su persona, exigió que la resolución de los representantes fuera ratificada o rectificada a través de un plebiscito. Éste se llevó a cabo entre el 26 y el 28 de marzo, y votó, virtualmente, la totalidad de los vecinos habilitados: en la ciudad, sobre 9.720 votos, 9.713 se pronunciaron por la afirmativa; en la campaña el apoyo también fue unánime. La Junta de Representantes ratificó en consecuencia su resolución anterior, por 36 votos contra 2.

Los veinticinco años transcurridos desde el 25 de mayo de 1810 habían cambiado sensiblemente el panorama. En 1835 era preciso consolidar un poder político en la Confederación, y todo parecía indicar que la forma de lograrlo era fortaleciendo la estabilidad económica del sector terrateniente sin alterar las formas patriarcales gratas a la mayoría. La concepción iluminista del quehacer político debía ser reemplazada por una concepción romántica, aferrada a la tierra y la tradición. No era fácil tal consolidación porque para lograrla Buenos Aires –cuyos hacendados no estaban dispuestos a ceder la hegemonía– debía posibilitar una solución satisfactoria, que respetara el afianzamiento popular y las formas de vida nacionales, para lo cual no debía ahogar económicamente a las provincias. Y el caudillo más fuerte y más adentrado en el sentir multitudinario, Juan Manuel de Rosas, acababa de recibir de Buenos Aires poderes ilimitados por la voluntad general.

Federación y religión

Jamás había visto Buenos Aires tanta pompa y solemnidad ni tanto pueblo reunido en las inmediaciones del fuerte, como aquel 13 de abril de 1835, día en que Juan Manuel de Rosas asumió el poder omnímodo de la provincia. Tampoco nunca ningún hombre público había hablado a la multitud en términos tan enérgicos, categóricos y aterradores, como los que puntualizó Rosas en su primera arenga el mismo día de su asunción. Hizo, en la oportuni-

411

dad, un análisis del estado en que se hallaba la provincia y el país todo por culpa de "una fracción numerosa de hombres corrompidos", que culminó con una exhortación y una amenaza, en las que expresaba con meridiana claridad la dureza inflexible de la política que estaba dispuesto a llevar adelante.

Desde el primer instante Rosas usó y abusó hasta la exageración de la palabra Federación. Los funcionarios públicos, los militares, los universitarios, debían prestar juramento de ser fieles a esa "causa", y hasta la Orden de los Predicadores –suprimida en 1822– y la Compañía de Jesús –restablecida por Pío VII en 1814– fueron rehabilitadas con la condición de que los frailes fueran "adictos, fieles y pronunciados decididamente por la causa nacional de la federación argentina". Los documentos públicos y los papeles oficiales debían encabezarse con vivas a la federación y pasó a ser hasta un lugar común la inclusión de "vivas" en monedas, billetes, carteles, frontispicios, altares cívicos y aun en las iglesias de todos los cultos. De la misma manera, para forzar la adhesión plena a la "causa nacional", universalizó el color punzó que Artigas había injertado en los estandartes federales, transformándolo en obligada divisa de los "buenos federales", quienes, además de usar el cintillo, debían pintar de rojo los zócalos de las casas. Esta obsesión cromática fue inculcada a presión a los gobernadores de las demás provincias y en muy poco tiempo en el país entero se impuso el criterio del Restaurador.

Rosas buscó en la religión el instrumento homologador y con singular astucia canonizó el elemento aglutinante de la nacionalidad –la Santa Federación– mientras execraba a los unitarios por "herejes", "cismáticos", "impíos" o "ateos". Federación y religión, en síntesis, eran los dos pilares enunciados sobre los cuales había que estabilizar las formas tradicionales de vida en cada provincia.

Diecisiete años de gobierno

Rosas formó su equipo ministerial con hombres de su absoluta confianza. En Hacienda, José María Roxas y Patrón; en Relaciones Exteriores, Felipe Arana; en Gobierno, Agustín Garrigós; y en Guerra, el coronel mayor Agustín Pinedo.

El 27 de enero de 1836 estableció que todo nuevo profesional que se doctore en el país "debe declarar gran respeto a sus superiores y ser adictos a la causa federal" y el 30 de mayo se rebautizaron calles de Buenos Aires con los nombres de prominentes federales.

El 1º de julio se realizó un censo en Buenos Aires que arrojó un resultado de 62.228 habitantes en la ciudad y 107.772 en la campaña. El 2 de enero de 1837 devolvió a la Compañía de los jesuitas las propiedades que anteriormente se le habían confiscado.

La presencia de los llamados Jóvenes de la Generación Argentina, algunos de los cuales habían estado en Europa, dio un marco para que en 1835 apareciera el poema *La Cautiva* de Esteban Echeverría. El grupo se había constituido en la casa de Miguel Cané y el 26 de junio de 1837 fundaron el Salón Literario en la librería de Marcos Sastre, con el propósito de buscar una política y legislación auténticamente argentinas, propias de su ser. Rosas desconfiaba de esos "muchachos reformistas y regeneradores".

El salón, fiscalizado por los agentes, tuvo una vida efímera. Poco después se lo clausuró y se remató la librería. Juan Bautista Alberdi pretendió seguir con la prédica a través del periódico *La Moda*, donde colaboraban, entre otros, Juan María Gutiérrez, Vicente López y Planes, y Esteban Echeverría, pero el intento también tuvo corta vida; desde noviembre de 1837 hasta el 21 de abril de 1838. El 8 de julio de 1838, bajo la dirección de Echeverría, se fundó la Asociación de la Joven Argentina, con carácter secreto. Tenía tres palabras simbólicas que definían su ideario: "Mayo, Progreso y Democracia".

La persecución a la libertad de expresión obligó a muchos de ellos a asilarse en el Uruguay y Chile. Los que se instalaron en Montevideo ejercieron una importante influencia opositora al gobierno de Rosas.

Bloqueo y conflicto armado

En 1837 la legación francesa en Buenos Aires se hallaba vacante, y sólo contaba Francia con un agente comercial, el vicecónsul Aimé Roger.

En Buenos Aires se habían producido sucesos en los que estaban envueltos algunos franceses: César Hippolyte Bacle había sido encarcelado por presunta complicidad con los unitarios; Pierre Lavie estaba en prisión acusado de ocultamiento de robo, y dos residentes, Martin Larre y Jourdan Pons, habían sido incorporados coercitivamente a las milicias, en razón de una antigua ley provincial que autorizaba tal medida, con la sola excepción de los ciudadanos ingleses. El 30 de noviembre de 1837 el vicecónsul Roger presentó una terminante comunicación al ministro de Relaciones Exteriores Felipe Arana por la que demandaba la inmediata libertad de los antedichos franceses y exigía, además, "por expresas instrucciones de su gobierno", que se les dispensara el mismo tratamiento que a los británicos.

Desde el 21 de febrero de 1838 el francés mantuvo una relación tensa con Rosas, hasta que se retiró del país pidiendo sus credenciales. Sabía que el contraalmirante Louis Leblanc, comandante de la estación naval de Rio de Janeiro, tenía órdenes de apoyarlo con la fuerza, y que al efecto había enviado dos navíos al Plata, que llegaron justamente en la fecha de su presentación ante el ministro Arana. El 26 de mayo Rosas envía su ultimátum: la Confederación "nunca se someterá a la prepotencia extranjera".

En marzo de 1838 la escuadra francesa declara el bloqueo del puerto de Buenos Aires, que se hará efectivo desde el 10 de mayo. El 8 de julio la Confederación, en vista de los ataques franceses, le declara la guerra. Luego de varias batallas, el 25 de octubre de 1839 el ministro francés mariscal Jean de Dieu Soult modifica las órdenes dadas a Martigny y le aconseja aceptar la mediación inglesa.

En agosto de 1840 el ministro Mandeville invita al jefe almirante francés en el Río de la Plata, Dupotet, a tratar un arreglo con un representante de Rosas, fuera de la ciudad de Buenos Aires, gestión que se concreta el 26 de febrero a bordo del *Acmene*. Se llega a un acuerdo.

Luego de algunos cambios, el rey de Francia nombró al barón de Mackau como jefe de la expedición al Plata, ordenándosele terminar con la ayuda financiera a los unitarios y al jefe oriental Fructuoso Rivera. El 23 de septiembre desembarcaron en dicho puerto seis mil hombres de las fuerzas francesas en 36 barcos de guerra, que se sumaron a los 17 ya existentes, todos poderosamente armados. Mackau, hábil diplomático, pidió a Arana una entrevista en un buque con las dos banderas; la que se llevó a cabo el 14 de octubre de 1841 en el bergantín *Bonlonnais* fondeado en cercanías de la Recoleta. El 29 se firmó el tratado Mackau-Arana, luego de varios encuentros. El bloqueo había durado 949 días. Dos días después el pueblo de Buenos Aires festejó la firma de la paz con Francia con una gran fiesta en el fuerte de Buenos Aires. y el 18 de diciembre la Sala de Representantes de Buenos Aires designó el "Mes de octubre" como el "Mes de Rosas" y le otorga el título de "Ilustre Restaurador de las Leyes, Héroe del Desierto y Defensor Heroico de la Independencia Americana" pero Rosas rechaza los honores: "Ningún rango, ninguna condecoración anhela, desde que, enalteciéndose la gloriosa independencia y libertad de la Patria, colmadas están todas sus aspiraciones".

Recordemos que el 15 de junio de 1838, en Santa Fe, había fallecido, al cabo de una larga enfermedad, Estanislao López, y que en pleno bloqueo, el 19 de octubre de ese mismo año, Rosas había perdido a su compañera Encarnación Ezcurra, que fue despedida con grandes homenajes fúnebres.

El 1º de enero de 1842, asumió en Entre Ríos un nuevo gobernador, Justo José de Urquiza. En su mensaje hace conocer su fe de "sentimientos federales", y desde entonces mantiene una fluida correspondencia con Rosas.

La situación, entretanto, se agrava en el Uruguay, donde se agudizan los choques entre Rivera y los asilados unitarios argentinos y Manuel Oribe. En noviembre de 1844, el primer ministro inglés lord Aberdeen asegura al representante brasileño en Europa, visconde de Abrantes, que intervendrían conjuntamente con Francia en los problemas del Plata, para encontrar la forma de "asegurar" la independencia del Uruguay.

En septiembre del año siguiente naves de Francia e Inglaterra bombardearon y saquearon Colonia del Sacramento y ocuparon Martín García, donde se izó la bandera uruguaya, acciones en las que se destacó el italiano Giuseppe Garibaldi. El 18 de septiembre se declaró oficialmente el bloqueo de los puertos argentinos. Dos meses después una escuadra de más de quince naves de guerra enemigas y otros barcos auxiliares remontaron el Paraná.

Ante la incursión de las naves enemigas, el 16 de agosto el general Lucio Mansilla había informado a Rosas que se haría fuerte en la "Vuelta de Obligado" a fin de defender la soberanía nacional.

Las escuadras enemigas de Francia e Inglaterra estaban a la vista. En la Vuelta de Obligado se colocó una triple cadena atada a veinticuatro pontones anclados, para impedir el paso de las naves enemigas. El 20 de noviembre el lugar fue atacado por cien cañones. El combate duró siete horas y tuvo un importante saldo en bajas de ambos lados: cayeron en la lucha doscientos cincuenta argentinos y medio centenar de integrantes de la escuadra aliada. A la caída del sol, ingleses y franceses desembarcaron, se apoderaron de las baterías terrestres argentinas y cortaron las cadenas.

Lucio Norberto Mansilla, que había sido oficial de San Martín en Chacabuco, informó del glorioso combate y la heroica resistencia, mientras se curaba las heridas sufridas, en Cateura. Si bien el combate de Obligado no fue un nítido triunfo militar, sí ayudó al triunfo político: desde entonces tanto ingleses como franceses comenzaron a reconocer lo inútil de su empresa y abrieron prolongadas negociaciones de paz, que culminarían recién en 1850.

Caseros, el exilio, la muerte

El 1° de mayo de 1851 Justo José de Urquiza se pronuncia contra Rosas y a favor de la organización constitucional. El entrerriano formaliza un acuerdo con Brasil y Montevideo que culmina en la formación del Ejército Grande, aliado para deponer al Restaurador.

El 3 de febrero de 1852, en la zona de El Palomar de Caseros se enfrentan los dos ejércitos. Con escasa tropa –sus principales jefes como Ángel Pacheco y Mansilla han defeccionado–, sin suficiente experiencia militar, y por propia decisión, Juan Manuel de Rosas se alejó con su escolta hacia La Matanza, perseguido por un piquete, al que pudo desbaratar, aunque recibió una herida de bala en la mano. Ordenó, entonces, al contingente que abandonara el campo y siguió solo con su asistente Lorenzo López. En Hueco de los Sauces redactó, a lápiz, su renuncia ante la Legislatura. Este fue su último acto de gobierno.

El 9 de febrero Robert Gore, ministro británico, comunicó a su gobierno que el día 3, cuando llegó a su casa, le informaron que Rosas se hallaba exhausto, descansando. Gore le dio asilo diplomático y se propuso comunicar esa circunstancia a Urquiza; no pudo hacerlo en razón de la demora del general vencedor en entrar en la ciudad. A las once de la noche Gore entrevistó al almirante William W. Henderson del almirantazgo inglés y ambos convinieron en la necesidad de embarcar a Rosas y a su familia de inmediato. Gore buscó a Manuelita y su hermano Juan, y con ellos regresó a su casa y expuso a Rosas el proyecto acordado, que este aceptó de mala gana pues prefería permanecer unos días para arreglar diversos asuntos.

Cubiertos con capotes marineros, Gore y la familia Rosas marcharon hasta la ribera y se embarcaron en una nave francesa. A bordo del *Conflict* Rosas y sus hijos, Juan Bautista –con su esposa Mercedes– y Manuelita, acompañados por un pequeño grupo de militares fieles y sirvientes, llegaron a Inglaterra para establecerse luego en Southampton. El 23 de octubre de 1852, en la capilla católica de Southampton, Manuelita y Máximo Terrero contrajeron enlace.

Rosas, en Inglaterra, mantendrá la costumbre de andar a caballo. El 12 de marzo de 1877 regresó a su casa con tos. Su médico diagnosticó una congestión pulmonar y dos días después, con una neumonía, muere el Restaurador de las Leyes, con casi ochenta y cuatro años. Su entierro fue muy sencillo y pobre, un solo coche y unas pocas personas; sobre el féretro, una bandera argentina y el sable que le había obsequiado el general San Martín.

Domingo Faustino Sarmiento

1811-1888

El Maestro de América

"He vivido en un mundo de amigos y enemigos, aplaudido y vituperado a un tiempo [...] nunca me ha faltado un oficioso que, alzándome a los hombros, se me ha prendido a la cintura para que no me levante."

A principios del siglo XIX San Juan era una pequeña aldea, pobre, con un lenguaje arcaico y costumbres muy coloniales. Producidos los hechos de 1810 en Buenos Aires, fue necesario enviar mensajeros al interior del Virreinato. Así llegó a la ciudad de Mendoza, una tarde de mediados de junio de 1810, el oficial Manuel Corvalán, "portador de despachos" de la Junta Gubernativa instalada en Buenos Aires el 25 de mayo, para los cabildos de Mendoza, San Juan y San Luis. Cuando llega la noticia a San Juan, las campanas del Cabildo suenan para dar noticia de lo acontecido a la población.

Entre la multitud, rebosante de alegría, se encuentra un hombre alto, de unos treinta años, de apellido Sarmiento, quien corre a avisar a su esposa Paula y a contagiarla de la alegría que lo inunda. Son los futuros padres del niño que nacerá meses después, Domingo Faustino Sarmiento.

Semblanza de un arquetipo

José Clemente Sarmiento, peón y arriero de tropas hasta ese momento, era poco amigo de los trabajos que realizaba. Por ello, la noticia lo impulsó a enrolarse como voluntario de la patria. Se había casado en 1802 con Paula Albarracín. La casa donde fueron a vivir era herencia de un tío de ella, y allí, debajo de una higuera, instaló un telar; por cada tejido que realizaba recibía seis pesos semanales. Sus manos hábiles transformaban la materia prima que recibía en su trabajo diario. En ese ambiente de pobreza pero lleno de ternura pasó Domingo su niñez.

Con sólo cuatro años comenzó a aprender a leer dirigido por su tío, el obispo de Cuyo, José Manuel Eufrasio de Quiroga Sarmiento. En 1816 abrieron sus puertas las Escuelas de la Patria. Entre los trescientos alumnos de la inauguración figuraba Domingo Faustino. Allí concurrió durante nueve años. Contaba apenas cinco de edad y ya leía de corrido como el mejor lector.

Al terminar los cursos en la Escuela de la Patria, su padre, ya desligado de las aventuras guerreras por las cuales había atravesado, y preocupado al igual que doña Paula por mejorar la educación de su hijo, decidió llevarlo al Seminario de Loreto, en Córdoba. No tuvo éxito. Lo mismo aconteció cuando, encabezando una lista de seis alumnos que debían ir a perfeccionarse a Buenos Aires, el sorteo no le resultó propicio.

Fracasados los intentos para que pudiera estudiar en la ciudad-puerto, el presbítero José de Oro lo llevó a su casa, para instruirlo en latín, geografía y religión. A este maestro, a quien llamó tío sin serlo, hace alusión en su libro *Recuerdos de provincia*. "Mi inteligencia se amoldó bajo la impresión de la suya, y a él debo los instintos por la vida pública, mi amor a la libertad y a la patria y la consagración al estudio de las cosas de mi país."

Sin perspectivas de seguir estudiando, se vio obligado a trabajar para subsistir. Durante dos años –interminables para él– fue ayudante de dependiente en la tienda de doña Ángela de Salcedo.

Domingo Faustino pasó una niñez difícil, con penurias económicas, como las que describe en sus escritos autobiográficos, al recordar a su madre. Sin gozar de las ventajas de los jóvenes burgueses del Litoral, a los que disputó posiciones en distintas etapas de su vida, no invocó jamás esas diferencias. Si fue un exagerado consentido de su propio valer, nunca acogió resentimiento. Por eso la pobreza no lo doblegó y rompió fácilmente la estrechez de su ambiente buscando horizontes más amplios para su ambición ilimitada. En muchos aspectos fue autodidacta, y lo que logró lo obtuvo por su tenacidad puesta al servicio de la inteligencia, con un temperamento fuerte y agresivo.

A los diecinueve años, el 13 de abril de 1830, toma la espada de su padre y es nombrado ayudante mayor del Escuadrón de Dragones de la escolta al mando del comandante Bárcena. Llegamos así al momento del triunfo del caudillo riojano Facundo Quiroga en Mendoza y el pánico en San Juan. José Clemente Sarmiento con su hijo, como tantos otros, emigran a Chile, donde, en variados oficios que sólo le permiten vivir mal, Domingo Faustino no ceja de satisfacer su implacable sed de conocimientos. Volverá a San Juan pero, en el temible año de 1840, el "año del terror", abandonará nuevamente su tierra para regresar a Chile. En poco tiempo sería educador, periodista, escritor, político y asesor de gobierno.

Siguiendo con lo que nos dice en su autobiografía, recorrerá todo lo que hay de civilizado en el planeta y toda la escala de los honores humanos, en la modesta proporción de su país y de su tiempo.

Idealista como el Quijote, arremetió con imaginación, pluma y espada contra todo lo que tenía o creía tener por delante, aunque al enfrentar un problema aparecía Sancho y el sentido práctico le advertía de la realidad concreta y le evitaba cometer errores.

Fue la antítesis del "no te metás", y él se metió siempre a los gritos, siempre en la línea de fuego, diciendo lo que pensaba y haciendo lo que le parecía justo y oportuno, sin dudar ni vacilar, justificando de este modo el epíteto de "Loco" que lo acompañó toda la vida. Este intelectual de excepción, con la violencia de Facundo, el idealismo del Quijote y el sentido común de Sancho, es el arquetico del político nacional austero y honrado, siempre entre lo sublime y lo ridículo; genio y figura capaz de entregarse íntegramente a sus ideas.

El ostracismo

Con veinte años, está sin un peso en un país que no es el suyo. Encuentra trabajo como maestro en una escuela en Los Andes, que recién se inauguraba. Una única habitación, con libros y útiles escolares sumamente precarios. Luego vivió en Pocuro durante todo el año 1832. En Los Andes, en 1831, nace su hija Emilia Faustina Sarmiento, cuya madre era una distinguida dama chilena. Más tarde, Domingo la llevaría consigo y sería ella quien con sus hijos lo cuidaría en la vejez. En 1836 Sarmiento enfermó gravemente de una afección cerebral y ella se desesperó por salvarlo.

Con la salud quebrantada y sin recursos, regresó a San Juan. En esa época volvía Antonio Aberastain, tras concluir sus estudios en el Colegio de Ciencias Morales de Buenos Aires, con el título de doctor en leyes. Con él, en 1838, Quiroga Rosas, Cortínez y Dionisio Rodríguez fundan la Sociedad Literaria, filial de la Sociedad de Mayo creada en Buenos Aires.

Continuó el ilustre sanjuanino dedicado a instruirse en francés e inglés. Durante 1836 y hasta 1838, en la selecta biblioteca de Quiroga Rosas lee obras de Hugo, Dumas, Lamartine, Chateaubriand, Thiers, Guizot, Tocqueville, Lerminier, Joufroy y la *Revista Enciclopedia*, pudiendo agregar más de cien títulos, muchos de ellos desconocidos en esa época, todos en su idioma original. También, a autores anglosajones como Byron, Emerson, Franklin...

El 9 de julio de 1839 inauguró, como rector, su segundo establecimiento educacional, el Colegio de Pensionistas de Santa Rosa. Formó parte, desde su fundación, de la Sociedad Dramática Filarmónica. Sus energías superaban toda la intensa labor cultural que desarrollaba, por lo que decide editar un periódico, *El Zonda*, del que será su director y cuyo primer número apareció el 20 de julio de 1839.

A fines de noviembre de 1840 está de vuelta en Santiago de Chile. El director de *El Mercurio* le ofrece un empleo en su diario con un salario de treinta pesos mensuales y la obligación de enviar tres o cuatro editoriales a la semana.

Los dos grandes partidos políticos en Chile, por entonces, eran los conservadores o pelucones y los liberales o pipiolos y estaban enfrentados en intensa lucha. Sarmiento conoce en ese tiempo a un hombre que sería de gran importancia en el suelo del país amigo, el ministro de Instrucción Pública, Manuel Montt. La propuesta de este hombre iba a tener un lugar de privilegio en la vida de Sarmiento. Con una retribución de cien pesos mensuales, el sanjuanino dirigirá un nuevo periódico para hacer la campaña del candidato gubernamental. *El Nacional* apareció el 14 de abril de 1841. Así, *El Mercurio* y *El Nacional* recibían una "catarata" de trabajos del infatigable emigrado.

En 1842 fue designado director de la Escuela Normal de Preceptores, la primera escuela normal de Sudamérica, y al año siguiente lo nombran académico de la Facultad de Filosofía y Humanidades, de la recién creada Universidad de Chile.

En 1843 aparece *Mi defensa*, un folleto que hace circular en pliegos sueltos, donde cuenta en estilo polémico, con orgullo, ser hijo de una familia pobre. En febrero de 1845 aparecen, en folletos en el periódico *El Progreso*, sus escritos sobre la vida del fraile Aldao. En mayo y junio, en ese mismo periódico, presenta *Civilización y barbarie. Vida de Juan Facundo Quiroga*, en folletín. Casi simultáneamente, en 324 páginas, lo edita en libro. Finaliza asimismo el *Método de la lectura gradual*, un manual para la enseñanza de las primeras letras.

El *Facundo*, además de sus grandes méritos literarios, pinta el medio histórico y geográfico con los personajes típicos del suelo argentino, que lo sitúan como la primera gran obra de sociología histórica del país. Él mismo definía su obra "como un libro extraño sin pies ni cabeza". Participa de la novela, de la historia, de la política, de la sociología...

En 1849 publica *Los viajes por Europa, África y América* en dos tomos. Este periplo formó su personalidad entre los treinta y cuatro y los treinta y siete años. *Civilización y barbarie* se publica –y conquista Europa– en francés, con un extenso y elogioso comentario en la *Revista de Ambos Mundos*.

Luego de recorrer varios países europeos llega a los Estados Unidos a fines de 1847. En marzo de 1848 está de vuelta en Chile. Lo reciben el escritor José Victorino Lastarría y Manuel Montt. Abraza a su madre; sus hermanas e hija están en San Juan.

En 1849 publica *Educación popular*. Resume allí lo aprendido en los viajes al exterior y los principios fundamentales de la pedagogía moderna.

El casamiento y las mujeres

El mismo Sarmiento nos cuenta en su *Autobiografía* que al llegar a París compró una copia de la Venus de Milo, en la que al pie escribió: "A la grata memoria de todas las mujeres que me amaron y ayudaron en la lucha por la existencia".

La primera de ellas fue sin duda su madre, doña Paula Albarracín de Sarmiento. A su lado crecieron sus hermanas Procesa y

Bienvenida, y una tercera, Rosario, que lo acompañó a Buenos Aires cuando fue presidente de la República. Su tía política y madrina, Paula de Oro, fue su primera educadora. Tránsito de Oro de Rodríguez, hermana de fray Justo Santa María de Oro, fundó junto con Domingo el Colegio de Pensionistas de Santa Rosa. Ángela Salcedo, casada con otro tío suyo, Domingo Sorian Sarmiento, viuda después, lo protegió en su adolescencia dándole el primer trabajo de dependiente en su tienda.

Un hecho importante en su vida privada fue su casamiento, el 19 de mayo de 1848, con doña Benita Martínez Pastoriza, viuda hacía poco de Domingo Castro Calvo, acaudalado dueño de minas en Copiapó. El único hijo de doña Benita, Domingo Fidel, nacido en Santiago de Chile el 25 de abril de 1845, pasó a llevar el apellido de Sarmiento. Dominguito murió en la batalla de Curupaytí, en el Paraguay, en 1866.

Su hija única Faustina Sarmiento –luego, de Belin, el apellido de su esposo Julio–, a quien llamaba la "chilenita", había nacido cuando el prócer tenía veinte años.

Las escritoras Eduarda Mansilla, hermana del general Lucio Mansilla, y Juana Paula Manso tendrían, años después, el apoyo de Domingo para proseguir sus carreras literarias.

De entre las mujeres que rodearon a Sarmiento una fue posiblemente la más importante en su vida: Aurelia Vélez, hija del gran jurisconsulto Dalmacio Vélez Sarsfield. Aurelia se había separado de su marido y vivía, desde entonces, con su padre, de quien Sarmiento era gran amigo y "asiduo" visitante de su hogar. Aurelia Vélez vivió momentos difíciles, enfrentada a los cerrados criterios de la sociedad de aquel tiempo. Además, Sarmiento no fue remiso en aceptar aventuras con otras mujeres.

La relación con las mujeres norteamericanas que conoció en su estadía en ese país perduró por años. Mary Mann, casada con el pedagogo Horace Mann, fue su guía después de haberlo conocido en Massachusetts, donde vivía. Cuando Sarmiento volvió al país del Norte, en 1865, ella era viuda. Los héroes de Sarmiento, cuyos bustos estaban en su despacho, eran Washington, Lincoln y Horace Mann.

La hermana de Mary Mann, Elizabeth Peabody, cuya vocación de educadora volcó en los jardines de infantes, impulsó a Sarmiento para que contratara maestras norteamericanas. En la Argentina llamaron burlonamente a las maestras norteamericanas que vinieron a enseñar como "las hijas de Sarmiento". Mary Mann tradujo al inglés el *Facundo* y consideró que Sarmiento podía ser llamado el Horace Mann de Sudamérica.

En Chicago Sarmiento se relacionó con Kate Newall de Doggett, casada con un rico comerciante y protectora de las artes y sufragista. La hija de un senador de Michigan, Lucy Smith, ejerció su influencia para que la Universidad de ese lugar le diera a Sarmiento el título de doctor honoris causa.

Podríamos seguir otras pistas –aunque ya aportamos suficientes– para sostener, como él mismo lo hizo alguna vez: "Cómo tanta belleza puede sentirse atraída por un hombre feo".

Con Urquiza, contra Rosas

Sin duda, *Facundo* logró una difusión más allá del tiempo y los límites territoriales constituyéndose en el anatema más terrible al caudillaje y al "tirano" Rosas, como él lo llamó, por su poder omnímodo y la enorme brecha que había abierto entre la civilización y la barbarie. Sirva de testimonio de la pública tirantez de las relaciones entre Rosas y Sarmiento, la circular que el gobierno de Buenos Aires dirigió a todos los gobernadores de la Confederación a raíz del tema sobre las islas del estrecho de Magallanes, de cuyo texto extraemos:

"¡Viva la Confederación Argentina!
"¡Mueran los salvajes unitarios!
"El ministro de Relaciones Exteriores del Gobierno de Buenos Aires.
"Circular
"En Buenos Aires, julio 29 de 1849. Año 40 de la libertad, 34 de la Independencia y 20 de la Confederación Argentina. Al Excmo. Señor Gobernador y Capitán General de la Provincia de [...].
"El infrascripto, por orden del Excmo. Gobernador, se dirige a V.E. adjuntándole para su conocimiento, copia autorizada de la nota que en la fecha se ha dirigido al gobierno de la República de Chile, con motivo de una asquerosa publicación del salvaje unitario Sarmiento, contenida en el número 19 de un inmundo panfle-

to que redacta en Chile bajo el nombre de LA CRÓNICA, cuya nota se ha dirigido en respuesta a la de aquel gobierno de 21 de mayo, contestando la de éste del 11 de abril anterior. [...]

"Dios guarde a V.E.M.A. Felipe Arana"

A este informe de Rosas a la Legislatura Sarmiento lo analizó en un artículo del que extraemos sólo algunos párrafos, y que tituló "Mensaje a Rosas": "Si nosotros quisiéramos como oímos a otros, que para ser estúpido se necesita mucho talento, admiraríamos la rara habilidad con que están escritas estas piezas para hacer imposible, a fuerza de fastidiosa, su lectura. Cuando el pueblo civilizado cae en poder de otro bárbaro, obsérvese en todos los actos, el empeño de conservar formas envidiables, maquinales, de miedo".

Recuerdos de provincia aparece a fines de 1850 y es en sus páginas donde Sarmiento alcanza el más alto nivel de su prosa: la infancia, la juventud; las hermosas páginas dedicadas a los Oro. El hogar paterno, la delicadeza de sus sentimientos hacia la madre. Tierno, altanero, bravío, muestra sus manos llenas de bondad y respira la montaña en la maestría de un espíritu superior para expresarlo. Ese mismo año Sarmiento dedica *Argirópolis* al caudillo entrerriano Justo José de Urquiza, que se ha proclamado contra Rosas. Es una obra de actualidad y política, que tuvo gran trascendencia en su época.

El 12 de septiembre de 1851 Sarmiento se embarcó en *La Medicis*, fragata a vela, hacia Montevideo, con otros antirrosistas, a prestar su cooperación a Urquiza para derrocar al caudillo bonaerense. Más tarde escribirá *Campaña del Ejército Grande*.

Con el grado de teniente coronel –que se había asignado a sí mismo y que Urquiza le había reconocido– y equipado y luciendo "a la europea", Sarmiento inició sus tareas de "boletinero". El primer boletín está fechado en El Diamante, el 11 de diciembre de 1851.

En junio de 1852 el ilustre Domingo vuelve a Chile y se reúne con Juan Bautista Alberdi. Eran diferentes sus apreciaciones con respecto a los planes futuros del general Urquiza, y también sus personalidades. Alberdi simpatizaba con la postura del vencedor de Caseros, a quien dedicará su escrito *Bases y puntos de partida para la organización jurídico-institucional de la República*

Argentina. En cambio Sarmiento, llevado o enceguecido por su espíritu apasionado, no escatimaba críticas.

Alberdi contesta en cuatro cartas ciertas palabras duras y provocativas de Sarmiento, aparecidas en noviembre de 1852. Dichas misivas se ocupan de "La prensa y la política militante en la República Argentina", y están redactadas entre los meses de enero y febrero de 1853. Escritas en Quillota, se las conocerá con el nombre de "cartas quillotanas". En esa lucha de ideas y personas, correspondió a Alberdi la mejor parte.

En Chile, en agosto de 1852 Sarmiento siguió produciendo; publicó las "Ciento y una", cartas con durísimas réplicas a Alberdi, y por encargo de su viejo amigo y ahora presidente de la República, Manuel Montt, la redacción de un periódico mensual: el *Monitor de las Escuelas*. Se publicaron doce volúmenes hasta 1856. Ese año aparece *Educación común*, que venía a complementar la ya aparecida *Educación popular*.

Cargos electivos

El 11 de marzo de 1855 Sarmiento vuelve a la Argentina. Sigue su labor periodística hasta que es elegido concejal fundador de la Municipalidad de Buenos Aires. Luego es senador y en diciembre de 1859, convencional de la Convención Reformadora de la Carta Fundamental de 1853, con la incorporación de Buenos Aires.

Designado Bartolomé Mitre gobernador de la provincia de Buenos Aires, el 1º de mayo de 1860 nombró a Sarmiento ministro de Gobierno. El 16 de febrero de 1862, al día siguiente de cumplir cincuenta y un años, se hizo cargo del gobierno de la provincia de San Juan. Su administración fue muy progresista, aunque empañada por el asesinato de Ángel Vicente "el Chacho" Peñaloza, caudillo riojano sucesor de Quiroga.

En 1868, mientras el sanjuanino se hallaba como diplomático en los Estados Unidos, se consagra la fórmula integrada por Sarmiento como candidato a presidente de la República y por Adolfo Alsina como vicepresidente, con la mayoría suficiente de electores. En un gran banquete ofrecido por la logia masónica Constancia, con la presencia del presidente Mitre, Sarmiento, en una de sus improvisaciones, y sin renegar de sus convicciones, declara que se separa de la masonería para poder obrar en libertad.

Educar al Soberano, modernizar el país

Domingo Faustino Sarmiento asumió la presidencia el 12 de octubre de 1868. Deseoso como nadie de hacer de las luces del siglo su programa de gobierno, estaba en condiciones de imponerlo por su influencia en el Ejército. Además, alejado de la contienda comicial y ausente de los forcejeos de los colegios electorales, parecía ser la unión, en la presidencia, de nacionalistas y autonomistas, vueltos al tronco común del liberalismo porteño.

Sarmiento, periodista y publicista, respetó la libertad de prensa, de imprenta y mural, pese a que la prensa se ensañó con él desde que asumió el gobierno. Las críticas llegaron a extremos inconcebibles y las imputaciones excedían la calumnia. El Primer Censo Nacional llevado a cabo con escasos medios materiales desencadenó observaciones justificadas por los gruesos errores, perfectamente determinables. Sin embargo, ofreció un relevamiento del país: 1.700.000 habitantes, distribuidos en poco menos de un millón y medio de kilómetros cuadrados, con un 12 por ciento de extranjeros y más de un 70 por ciento de analfabetos.

El panorama era el de un litoral portuario que avanzaba hacia el interior y extendía su influencia de importador de ciertas manufacturas; el resto del país veía languidecer sus posibilidades de desarrollo, al paso que desaparecía la autonomía económica regional.

En su afán de llenar los vacíos, su presidencia estará llena de creaciones: el *Boletín Oficial*, el Registro Nacional del Departamento de Agricultura, el Asilo de Inmigrantes, la Oficina Meteorológica Nacional en Córdoba, la Oficina de Estadística, el Museo de Ciencias Naturales de Buenos Aires. Su política económica fue la clásica del sistema liberal.

Los ferrocarriles siguieron extendiendo las líneas por nuestros territorios; se instaló el servicio telegráfico vinculado al exterior por cables submarinos; se emitió el primer sello postal nacional y se inauguró en Córdoba, en octubre de 1871, la Primera Exposición Nacional.

Sarmiento aparece en la historia como el paladín de la instrucción, la educación y la cultura nacionales. Con la colaboración de su ministro Nicolás Avellaneda, que lo sucedería en la presidencia, estableció un sistema de subvenciones y premios para las provincias que estimularan la instrucción primaria –lo consiguieron La Rioja, Mendoza, San Juan y San Luis–. Al mismo tiempo, se comprobó que el país carecía de maestros técnicamente capacitados para instruir masivamente a la población analfabeta. Esta carencia debía cubrirse con institutos especializados, y Sarmiento buscó técnicos con orientación democrática. Contrató a sesenta y siete pedagogos norteamericanos de ambos sexos y fundó con ellos las primeras escuelas normales en Paraná y Tucumán.

Los maestros sarmientinos del siglo XIX y de principios del siglo XX tuvieron conciencia de su función evangélica de apóstoles del alfabeto y cumplieron su misión; la mujer tuvo la primera oportunidad que le brindó el país de ejercer una función técnica respetada.

Sarmiento no alfabetizó el país en seis años porque era una tarea imposible, pero creó el instrumento que la haría realidad. El índice de analfabetismo en la Argentina a fines del siglo XIX fue el más bajo de Latinoamérica, e incluso más bajo que en muchos Estados europeos. Continuando la política iniciada por Mitre, fundó colegios nacionales en San Luis, Jujuy, Santiago del Estero, Rosario y Corrientes.

El sanjuanino cumplió ampliamente su lema de "educar al soberano" al crear institutos dotados de personal competente y de buena formación académica, trayéndolos desde donde pudo e incorporando a la vida nacional sabios y técnicos generalmente europeos. Bien vale la pena dar algunos nombres: Jorge A. Sterns, primer director de la Escuela Normal de Paraná; Germán Burmeister, primer director del Museo de Ciencias Naturales de Buenos Aires, y luego de la Facultad de Ciencias Matemáticas y de la Academia de Ciencias Naturales de Córdoba; Benjamín Apthrop Gould, primer director del Observatorio de Córdoba; Paul Guntherlorenz y Jorge Hieronymus, botánicos, que iniciaron la enseñanza técnica de la agronomía; Juan F. Czetz, primer director del Colegio Militar, y Eugenio Alois Veit Bachmann, que junto con el criollo Clodomiro Urtubey dio orientación técnica a los cursos de la Escuela Naval.

En materia de enseñanza superior y especial se crearon cursos de ingeniería y de minas en San Juan y Catamarca; la Facultad de Ciencias Físicas y Matemáticas y la Academia de Ciencias Naturales en Córdoba, y la carrera de Agronomía en Buenos Aires. Como institutos especiales surgen el Colegio Militar de la Nación y la Escuela Naval Militar.

Por todo ello, la educación sarmientina pudo formar hombres laboriosos y honestos, capacitados para desenvolverse con eficiencia en la sociedad.

Se sancionó la ley de Bibliotecas Populares, que contó con ciento cuarenta sedes en el país en 1874 y treinta y cinco mil ejemplares en circulación, y se adoptó oficialmente el sistema métrico nacional. En política internacional, se produjeron conflictos con Chile, finalizó la guerra contra el Paraguay y, a pesar de la fama de anticlerical de Sarmiento, las relaciones con el Vaticano fueron excelentes.

En el plano político nacional, bien pronto rompió con el mitrismo y redujo al vicepresidente Adolfo Alsina a su cargo de presidente del Senado. Además, Sarmiento debió afrontar la etapa final de "la guerra contra la guerra"; en los últimos meses de 1868 Aurelio Zalazar, el último montonero, fue fusilado y luego, Felipe Varela inició su última campaña en Atacama. Tras el asesinato de Justo José de Urquiza –gobernador de Entre Ríos– en San José el 11 de abril de 1870, la Legislatura provincial designó gobernador a Ricardo López Jordán. Sarmiento decretó la intervención federal y el 23 de abril de 1870 tropas del Ejército y la Armada nacionales entraron en la provincia. López Jordán fue derrotado en marzo de 1871 y se exilió en el Brasil. En 1873 hubo una segunda guerra jordanista y una tercera en 1875, con apoyo del Brasil.

Lanzada por Sarmiento, la candidatura del tucumano Nicolás Avellaneda para el siguiente período presidencial encontró el apoyo de Alsina, quien encabezó el Partido Autonomista Nacional (PAN), fuerza que gobernaría el país las siguientes cuatro décadas.

Sarmiento en Montevideo

Paul Groussac ha trazado una interesante descripción del "Maestro de América": "En espera del compañero, que no puede tardar, pues ya es hora del almuerzo, salgo a la galería que domina el entoldado patio-comedor, y apoyado a la baranda, paseo la mirada por una docena de mesas, casi todas ocupadas. Al punto clávanse mis ojos en una del medio, cubierta de flores: ahí está, comiendo solo, el formidable anciano, con su calva-trueno de calabaza, sus ojazos rápidos, sus bezos y mandíbulas de prognato macizo; toda aquella regocijada fealdad, éxito fácil de los caricaturistas, como que no hay muchacho tiznador de paredes que marre el parecido. Durante un minuto me doy el espectáculo de Sarmiento comilón, mirándole despachar, a los setenta y dos años, con un apetito de náufrago, que muchos jóvenes envidiaríamos, las rebanadas de lechón fiambre, empuñado el cuchillo como tizona. Sorprendido así en plena función alimenticia, el aspecto es decididamente vulgar. Con todo, cuando por un momento el ogro para de masticar, un como reflejo de luz se difunde de la frente pensadora a las facciones ennoblecidas trayendo el recuerdo de esos mascarones antiguos, de rostro mitad divino, mitad bestial...".

Al terminar el mandato presidencial se lo eligió senador por San Juan. El 1° de septiembre, siendo Nicolás Avellaneda presidente de la República, Sarmiento dejó su banca en el Senado para ocupar el Ministerio del Interior.

Intervino, ya con su dimisión presentada, el Senado de la Nación, el 7 de octubre de 1879, intentando evitar la próxima guerra civil. Denunció el peligro que suponía la actuación de la Liga de Gobernadores manejada por el general Julio A. Roca. Dijo, entre otros párrafos de su alocución: "Creo que ésta será la última vez que hablo delante de una Asamblea..." y luego, con gesto fiero y voz retumbante: "Se acabaron las contemplaciones; tengo las manos llenas de verdades, que voy a desparramar a todos los vientos para disipar los fantasmas y neblinas que asustan o enceguecen a la opinión pública". Esta denuncia provocó el retiro del general Roca del Ministerio de Guerra.

En septiembre de 1875 Aristóbulo del Valle le ofreció la Dirección General de Escuelas de la Provincia de Buenos Aires. Enseguida enfrentó a los defensores del catolicismo en las aulas. Sus ideas, expresadas en la prensa, lo muestran un fervoroso defensor de la escuela laica. Educado por sacerdotes liberales, Sarmiento planteó invariablemente una cuestión de principios y no de personas, como a él se lo solía atacar con los más hirientes epítetos.

En 1883, envuelto en esas agrias discusiones, publica *Conflictos y armonías de las razas en América*. Y dos obras más, una que aparece en los últimos meses de 1885, *Vida y escritos del coronel Francisco J. Muñiz*, la vida del primer gran naturalista argentino, y *Vida de Dominguito* en 1886.

En los últimos años de su existencia trabajó en favor de la incorporación de los extranjeros a la nacionalidad argentina.

El tiempo se acorta

No sufre mayores enfermedades hasta octubre de 1876, cuando se le declara la hipertrofia del corazón.

En 1887, con un riguroso invierno y una bronquitis que lo atenacea, resuelve irse al Paraguay, de donde regresa en diciembre de ese mismo año.

En enero le transmite a David Peña: "Yo siento que me flaquean las fuerzas, que el cuerpo es débil y que debo emprender otro viajecito luego. Pero estoy preparado precisamente porque se necesita poco equipaje; con lo encapillado sobra; pero llevo el único pasaporte admisible porque está escrito en todas las lenguas: servid a la humanidad".

El 23 de mayo realiza un nuevo viaje al Paraguay, del que no volverá. Lo acompañan su hija Faustina y su nieta María Luisa.

Llegará a visitarlo Aurelia Vélez, su gran amiga y apasionada amante. El 5 de septiembre cae enfermo. La consulta con los médicos no da esperanza alguna. El 10 se agrava. A las dos de la madrugada del 11 pide a su nieto Julio Belin que lo ponga en su sillón, frente a la ventana, para ver el amanecer. A las dos y cuarto, luego de una contracción, el corazón dejó de latir.

En su tumba se encuentra el epitafio que eligió: "Una América libre, asilo de los dioses todos, con lengua, tierra y ríos libres para todos". Su cadáver fue envuelto en las banderas de cuatro países: la argentina, la chilena, la paraguaya y la uruguaya.

Juan Domingo Perón

1895-1974

Un caudillo del siglo XX

"El año 2000 nos encontrará unidos o dominados."

El año 1945 será el hito de un proceso lleno de crisis y de antagonismos insalvables, y marcará en las siguientes décadas el comienzo de un período de interpretaciones dispares. El hombre clave de ese proceso será un coronel de la Nación que se convertirá en líder de las masas trabajadoras y en uno de los jefes políticos de mayor trascendencia en el llamado "Tercer Mundo". Muy pocos movimientos han sobrevivido tantas décadas y a la muerte de su fundador, como aquel que vio la luz en los sucesos del 17 de octubre de 1945. Juan Domingo Perón –y en buena parte también su esposa Evita– es el protagonista de esta historia.

Años de formación militar

Juan Domingo Perón nació en Lobos, en la provincia de Buenos Aires, el 8 de octubre de 1895. Mario Tomás Perón y Juana Sosa Toledo, sus padres, se trasladaron a una estancia cercana a Río Gallegos, en el extremo sur del continente, donde, con una escopeta que le obsequiaron, Juan Domingo aprendió a cazar. En 1905 el joven se instala en Buenos Aires y dos años después ingresa en el Colegio Politécnico. Estudia con intenciones de ser médico; no obstante, el 1° de marzo de 1911 se calza el uniforme de cadete militar. El 13 de diciembre de 1913 se graduó como subteniente en el cuerpo de Infantería.

A fines de 1919, luego da haber participado en la represión durante los sucesos conocidos como "la Semana Trágica" recibe un comentario elogioso, de un jefe de su batallón: "Es robusto, de buena presencia y correcta actitud, animado y resuelto, transmite su fibra militar a la tropa (¿futuro líder?) a la que instruye. Vive intensamente su profesión y está siempre dispuesto a hacer más: sobresaliente instructor y muy buen conductor de tropa". En este período publicó instrucciones para los soldados y gana un campeonato militar de esgrima.

El 26 de marzo de 1926 fue destinado a la Escuela Superior de Guerra, donde durante tres años realiza cursos intensivos. En una recepción de la institución conoció a la que será su primera esposa, Aurelia Tizón, apodada familiarmente "Potota", una joven que se desempeñaba como docente en el nivel primario. Se casan el 5 de enero de 1929 y veintiún días después, al graduarse en la Escuela Superior de Guerra, Perón ocupa un cargo en el Estado Mayor del Ejército.

Luego del fatídico 6 de septiembre de 1930 fue nombrado secretario privado del presidente provisional *de facto*, José F. Uriburu; aunque duró poco tiempo en ese cargo, pues pertenecía a otra facción del Ejército, favorable al general Justo. En esos años Perón se desempeñó como profesor de historia militar. El 13 de septiembre de 1938 su esposa muere de un cáncer uterino. El 17 de febrero de 1939 parte hacia Italia en el barco *Conte Grande*, con el grado de teniente coronel. Allí se incorpora a un regimiento alpino, asiste a cursos de economía y es atento "espectador" del fascismo. Alguna vez dijo "que imitaría el régimen sin cometer [sus] errores".

En los últimos días de 1940 regresa a Buenos Aires. El 8 de enero de 1941 recibe la orden de trasladarse a Mendoza y a fin de año, el 31 de diciembre, asciende a coronel, siendo jefe de un regimiento de montaña.

El GOU

Cuando Juan D. Perón se radicó en Buenos Aires en marzo de 1942 encontró el ámbito castrense intranquilo y dividido. Una facción estaba alineada detrás del general Agustín P. Justo, que se preparaba para ser candidato presidencial en las elecciones de 1943. Los oficiales que seguían a Justo eran pro Aliados y se oponían a un número importante de simpatizantes del Eje, que mantenían posturas ultraconservadoras. Un tercer sector, partidario de la neutralidad argentina, observaba desde la periferia. Vientos de conspiración soplaban alrededor de Campo de Mayo, el principal destacamento. De esta matriz surgió una logia militar secreta, conocida por las iniciales GOU. Tan secreta era que nadie podrá decir con certeza lo que representaban esas siglas: si Gobierno, Orden, Unidad; o Grupo Obra y Unificación; o Grupo Orgánico Unificado. Finalmente, han sido aceptadas como Grupo de Oficiales Unidos.

A pesar de las desmentidas del coronel Perón y de tantos otros, el fundador del GOU fue probablemente el mismo Perón. El profesor Robert A. Potash llegó a esta conclusión en su excelente estudio titulado *The Army and Politics in Argentina: 1928-1945.*

Perón, en sus intentos por atraer a los oficiales a la logia, recurría a la formulación de varios argumentos, tales como el repudio a un sistema político basado en el fraude, la pérdida de prestigio para el Ejército que resultaría de su identificación con tal régimen, la necesidad de resistir presiones contra la posición neutralista de la Argentina y el miedo a la toma del gobierno por un "frente popular" dominado por los comunistas, que podría resultar de comicios libres. Estas hipótesis procuraban atraer la voluntad de las facciones más divergentes para unificarlas en nombre de la unidad institucional. Su talento para crear y mantener unidas coaliciones de elementos heterogéneos sería la marca característica de toda su carrera política. Sin embargo, la constitución del GOU padecía una gran debilidad: la mayor parte de los oficiales pertenecientes a la logia tenía cargos administrativos y no comando de tropa. Por lo tanto, el nombramiento del general Pedro P. Ramírez como ministro de Guerra, ocurrido el 17 de noviembre de 1942, significó un verdadero regalo del cielo para el grupo.

El 11 de enero de 1943 el general Justo murió sorpresivamente de una hemorragia cerebral. Su fallecimiento dejó al Ejército y a la arena política sin una figura dominante. El GOU cosechó doble provecho de este vacío. Sus opositores, dentro del Ejército, habían quedado sin liderazgo y eran susceptibles a escuchar llamados a la unidad institucional. No obstante, el GOU no había contemplado planes de acción antes de las elecciones de septiembre.

El general Arturo Rawson había estado involucrado en otras conspiraciones militares del pasado y hacía un tiempo que venía elaborando sus propios planes para el derrocamiento del presidente Ramón Castillo. Poseer el mando del regimiento de Campo de Mayo le brindaba una ubicación estratégica. Y lo que era más importante, Rawson, un reconocido nacionalista con inclinaciones germanófilas, había comenzado a mostrar signos de simpatía por los Aliados, ambigüedad que lo hacía potable para un amplio arco de militares.

En la noche del 3 de junio de 1943 Rawson se reunió con una docena de jefes de unidades que compartían la misma ansiedad por derrocar al gobierno. La asamblea aprobó un manifiesto y acordó que Rawson debía encabezar la marcha hacia la Casa Rosada, al día siguiente.

Cuando el septuagenario presidente se enteró de que Rawson había salido de Campo de Mayo al frente de una columna de diez mil hombres y de que carecía de cualquier apoyo militar, se trasladó a bordo del rastreador *Drummond* y, desde La Plata, presentó su renuncia. Perón apareció durante la mañana al lado de Farrell, nuevo comandante del Primer Cuerpo de Ejército. Perón sabía elegir y sabía con precisión dónde y junto a quién colocarse. Así, permanecerá a la sombra de Edelmiro Farrell, convirtiéndose en su principal ayudante.

El general Rawson ocupó la primera magistratura durante apenas dos días. Perón, Enrique P. González y los otros miembros prominentes del GOU consideraron su ascenso a la presidencia como un acto de usurpación. No llegó a jurar y en su lugar asumió Pedro P. Ramírez.

El golpe del 4 de junio de 1943 tomó a la mayoría de los argentinos por sorpresa y se discutía sobre la posible orientación política del nuevo régimen. Perón, por su parte, tenía sus propios planes. El teniente coronel Domingo A. Mercante recuerda que "tenía ideas muy claras sobre la revolución social que había que hacer en el país mucho antes del 4 de junio de 1943". Se había contactado con algunos gremialistas buscando apoyo porque entendía que lo único que podía dar una sustancia revolucionaria a la asonada era producir un cambio radical en las políticas laborales y sociales.

El acceso de Ramírez a la presidencia abrió las puertas al GOU. El teniente coronel González pasó a ejercer el cargo clave de secretario del Presidente. Otros integrantes del GOU fueron nombrados ministro del Interior y jefe de la Policía de la Capital. Farrell fue nombrado ministro de Guerra y llevó consigo al coronel Perón como su principal ayudante.

El escenario estaba listo para el lanzamiento de Perón hacia el poder. Los esfuerzos por dominar el Ejército y ganar el apoyo de los trabajadores se dieron simultáneamente; una proeza que refleja su genio y su energía.

El golpe del '43 y el movimiento del '45

Como había ocurrido en 1930, sectores nacionalistas y clericales proporcionaron el sustento ideológico al movimiento revolucionario del '43. Dos medidas adoptadas de inmediato así lo demuestran: la implantación de la enseñanza religiosa en todos los ciclos escolares y la intervención a las universidades.

El GOU logró tomar la conducción del golpe. En noviembre de 1944 se crea, por decreto, la Secretaría de Trabajo y Previsión, en contacto directo con los sindicatos, a la par que se persigue y encarcela a algunos dirigentes, nombrando nuevos líderes obreros en los gremios.

Entre julio y noviembre de 1943, Juan Perón se transformó, progresivamente, en el hombre más poderoso del país. Ocupa el Ministerio de Guerra primero y, al año siguiente, la vicepresidencia de la Nación, reteniendo la cartera de Trabajo y Previsión. Desde la Secretaría dispone sustanciales aumentos de salarios, la ampliación de los beneficios de la indemnización por despido, la unificación de las leyes de previsión, el decreto-ley de alquileres, y la creación de los Tribunales del Trabajo. Con estas medidas cosecha un amplio apoyo popular. Por primera vez los obreros argentinos tienen acceso a los medios de comunicación y logran que el micrófono les sea cedido para hacer conocer sus reclamos.

En las filas del "peronismo" comienza a utilizarse un lenguaje que hacía tiempo frecuentaba una de las líneas del partido radical, el grupo FORJA. El obrero discute con su patrón y los Tribunales del Trabajo, en sus sentencias, favorecen los reclamos de los agremiados.

En enero de 1944, en un festival organizado en el estadio Luna Park para recolectar fondos para las víctimas del terremoto de San Juan, Perón, de cuarenta y ocho años, conoce a la actriz María Eva Duarte, de veinticuatro. La relación se hizo íntima y el coronel la llevó a vivir algunas semanas a su departamento, hasta que se mudan a un piso en el lujoso Barrio Norte.

El 9 de octubre de 1945, cuando ya concentraba casi la totalidad del poder efectivo en sus manos (Ministerio de Guerra, de Trabajo y vicepresidencia de la Nación), los oficiales de Campo de Mayo, alarmados por el carácter personalista del gobierno y la vida privada del coronel, producto de su convivencia no matrimonial, exigieron a su comandante general Eduardo J. Ávalos que pidiera la renuncia de Perón. Ávalos, al frente de sus tropas, marchó a Buenos Aires y el presidente Farrell aceptó el ultimátum. Perón, destituido, redactó su renuncia. Arrestado, se lo confinó a la isla Martín García.

Eva Duarte, Evita, que fue una compañera fiel y la más devota pregonera de sus ideas, buscó de inmediato el apoyo del dirigente sindical de la carne, Cipriano Reyes, cuyo baluarte estaba en Avellaneda. Los grupos políticos, insatisfechos con la renuncia de Perón, exigían ahora la del presidente Farrell y que la Suprema Corte asumiera el ejercicio transitorio del gobierno. Esta oposición fracasó en cabildeos, sin adoptar medidas enérgicas para asegurar la aparente victoria obtenida. Farrell siguió en funciones y el médico de Perón pidió que lo trasladaran al Hospital Militar. Estalló entonces una huelga general, dispuesta primero en Avellaneda y luego en todo el Gran Buenos Aires. Los coroneles amigos de Perón –Domingo Mercante, Filomeno Velazco y José Domingo Molina– adoptaron un plan de lucha para imponer su retorno.

El 17 de octubre

En la Capital circulaban noticias de la inminente movilización popular. Cipriano Reyes convencía a los obreros y ya habían comenzado a cruzar el puente Avellaneda para llegar a Plaza de Mayo. Otros grupos de los suburbios también exigían la libertad de Juan Perón.

La Plaza de Mayo desbordó por la adhesión de la clase obrera, reunida espontáneamente por una parte, y por otra convocada por grupos ya adiestrados en reunir gente para las grandes concentraciones. Los manifestantes clamaban pidiendo la presencia de Perón. Farrell, desde el balcón de la Casa Rosada, aseguró que hablaría veinticuatro horas después, y la multitud decidió esperar en la Plaza.

El 17, bien entrada la noche, el coronel Perón apareció en los balcones. Emocionado, con voz ahuecada y sonora, levantando los brazos en un gesto que sería habitual en él, dijo: "Que sea esta hora cara a la República y cree un vínculo de unión que haga indestructible la hermandad entre el pueblo, el Ejército y la Policía. Que sea esta unión eterna e infinita para que este pueblo crezca en la unidad espiritual de las verdaderas y auténticas fuerzas de la nacionalidad y el orden. Que sea esta unidad indestructible e infinita, para que nuestro pueblo no solamente posea la felicidad sino que sea digno también de comprenderla". Estaba lanzado ya a la campaña previa al acto eleccionario, tal como lo había planeado, con el apoyo de las tres grandes columnas del armazón político: el movimiento obrero, el Ejército y la Iglesia católica.

A su regreso al poder Perón se casó con Eva Duarte en una ceremonia civil privada y, después, en una ceremonia religiosa ampliamente publicitada.

El 15 de noviembre de 1945 el cardenal primado Santiago Luis Copello y los obispos y arzobispos de la Iglesia firmaron una carta pastoral que fue leída en todas las iglesias del país: "Ningún católico puede votar por un candidato que apoye la separación de la Iglesia y del Estado —se refería a los argumentos esgrimidos por el nucleamiento opositor, la Unión Democrática—; la derogación de las leyes que reconocen los derechos de la Iglesia y en particular la formulación de votos religiosos; del laicismo en las escuelas y el divorcio legal". Perón fue invitado a una misa especial en la Basílica de la Virgen de Luján, en la que el obispo oró por la victoria peronista. Un sector de nuestra sociedad se opuso, sin éxito.

Sin embargo, aún le faltaba un elemento al plan político de Perón: desbaratar a la Unión Cívica Radical, expresión de la clase media. Jazmín Hortensio Quijano, un caudillo de ese partido en la provincia de Corrientes, participa de la llamada Junta Renovadora de la UCR y es designado su compañero de fórmula. El binomio Perón-Quijano fue sostenido por tres agrupaciones: la mencionada Junta Renovadora; el Partido Laborista, fundado por Cipriano Reyes, y el Partido Independiente, y estaba pronto a enfrentar la conjunción de varios partidos opositores: la Unión Cívica Radical, el Partido Socialista, el Demócrata Progresista y el Comunista, que constituyeron la Unión Democrática, con las candidaturas de José Tamborini y Enrique Mosca, ambos radicales. Previo a la celebración de los comicios, el gobierno norteamericano dio a conocer el *Libro Azul Argentino*, donde ponía en evidencia las relaciones de la cúpula gobernante con países del Eje. Se distribuyó el 17 de enero y el embajador en la Argentina, Spruille Braden, hizo públicas declaraciones de antiperonismo.

Perón presidente, el cenit

Perón utilizó la posición "yanqui" para despertar el epidérmico nacionalismo argentino. Los estribillos coreados en las manifestaciones callejeras asegurarían el triunfo en los comicios: "Braden o Perón", "Mate sí, whisky no", "La fórmula Tamborini-Mosca es vendepatria".

En el acto electoral del 24 de febrero de 1945, la fórmula Perón-Quijano obtuvo 1.479.517 votos, y la de Tamborini-Mosca, 1.220.822. Perón se alzaba con el 55 por ciento del total. Además, las listas peronistas ganaron todas las gobernaciones provinciales.

El "justicialismo", creado por Perón, estableció que su meta era construir una nación "socialmente justa, económicamente libre y políticamente soberana". El Presidente se ocupó de la previsión social, del sistema de jubilación, el régimen de vacaciones, la asistencia médica, el estatuto del peón de campo; en fin, de las condiciones de trabajo. En los años siguientes se produjo la estatización de los servicios públicos y con ella surgió la necesidad de ampliar y fortalecer las industrias básicas: siderurgia, producción de energía eléctrica, combustible y desarrollo de la industria liviana.

El diseño del Plan Quinquenal (1947-1951) estuvo destinado a promover las industrias agrícola y energética; se construyó el primer Alto Horno en Zapala; cambió el valor del salario mediante un aumento del treinta por ciento, que repercutió en la adquisición masiva de bienes de consumo y en la industria liviana. Fueron nacionalizados los ferrocarriles, los sistemas de telecomunicaciones, el gas, parte sustantiva de la energía eléctrica, la navegación de ultramar y de cabotaje, y la aeronavegación, así como también el seguro. El 20 de diciembre de 1945 se había instituido el mes de aguinaldo anual. En 1947 se formó SOMISA (Sociedad Mixta de Siderurgia Argentina) para la fabricación del acero y se logró una mayor proyección para Fabricaciones Militares. Ese mismo año se eliminó la enseñanza religiosa en las escuelas y se instauró el voto femenino.

En 1949 se dispuso la reforma de la Constitución: quedaron consagrados principios del trabajador y la ancianidad; la propiedad con función social; se puso el capital al servicio de la economía; se dispuso la intervención y el monopolio del Estado en ciertas actividades. El artículo 77 de la Constitución reformada permitía la reelección del presidente y vicepresidente y la elección directa de senadores nacionales.

Eva Perón, por su parte, organizó y encabezó la rama femenina del partido. Incansable, se acercó al pueblo con un lenguaje simple, directo, polémico, vibrante. Fue vigía de la esperanza que personificaba Juan Domingo Perón. "El peronismo será revolucionario o no será nada", decía. Desde la Fundación Eva Perón, se transformó en la bandera de los "descamisados"; "mis grasitas", como los llamaba. Su candidatura a la vicepresidencia de la Nación, voceada por la concentración multitudinaria que convocó la Confederación General del Trabajo (CGT) en la avenida 9 de Julio, reunida en Cabildo Abierto el 22 de agosto de 1951 para integrar la fórmula para la reelección de Perón para una segunda presidencia, conmovió a la oficialidad del Ejército. Eva Perón, presente en el acto, esperó un gesto de consentimiento de su "compañero" y esposo, que le indicara su acuerdo en aceptar la invitación. Al no advertirlo, pidió tiempo para responder. El 31 de agosto rechazó el ofrecimiento, públicamente, por la cadena oficial de radiodifusión, con un discurso cargado de dramatismo.

El 11 de noviembre de 1951 se realizaron las elecciones nacionales. Quijano, nuevamente candidato a vicepresidente, falleció, y poco después se eligió al almirante Arturo Teisaire para reemplazarlo. El triunfo del oficialismo fue arrasador, con 4.652.000 votos contra la oposición radical, que obtuvo 2.348.000. En esta elección votaron por primera vez en una elección nacional las mujeres; una de ellas, internada en una policlínica, emitió el voto desde su cama de enferma: consumida por el cáncer, Eva Perón morirá poco después, el 26 de julio de 1952. El funeral se transformó en un acontecimiento jamás visto antes en la Argentina. El gobierno decretó duelo nacional y las actividades oficiales fueron suspendidas durante dos días. En el velatorio, larguísimas hileras se sucedían para rendirle el homenaje postrero; el acto se prolongó hasta el 9 de agosto y luego su cuerpo fue depositado en el edificio de la CGT, donde permaneció hasta el golpe de Estado de 1955.

Segunda presidencia, el declive

Hacia fines de 1952 Perón se vio obligado a cambiar el rumbo de la política económica. El Segundo Plan Quinquenal fijaba prioridades en el desarrollo agrario, en la industria pesada y en las obras de infraestructura, en la promoción del ahorro y en la inversión privada. El déficit de la balanza comercial pasó de dos mil millones de pesos en 1951 y 1952 a tres mil millones en 1953.

En 1952 se disolvió la Unión Industrial Argentina (UIA) y se organizó la Confederación General Económica (CGE), sobre la base de tres confederaciones: producción, industria y comercio. En 1953 fue promulgada la ley que reglamentaba las negociaciones de los convenios colectivos de trabajo, más tarde homologados por el Ministerio de Trabajo. La CGE y la CGT organizaron conjuntamente en 1955 un Congreso Nacional de la Productividad y del Bienestar Social. Los industriales consideraron que la única forma de contar con capital para cambiar los bajos índices de producción era el ingreso de inversiones extranjeras. Ya en 1953 se había ensayado esa política pero los resultados fueron muy pobres; sólo once millones de pesos de capital extranjero fueron invertidos, de los cuales ocho millones correspondieron a la Sociedad Americana de Automotores.

En 1954 y 1955 se firmaron contratos petroleros con la Standard Oil Company de California que cuestionaban claramente los principios de soberanía establecidos en la Constitución Nacional, más exactamente en el artículo 40 sobre recursos naturales.

Otro frente de tormenta lo constituyó la relación con la Iglesia. La supresión de la enseñanza religiosa en las escuelas y la cantidad de proyectos de ley, como el de divorcio, el de separación de la Iglesia y el Estado, la eliminación de las fiestas religiosas y el que permitía que los diputados no juraran por los Santos Evangelios, enrarecieron aún más el ambiente político y económico.

El 12 de junio de 1955, con motivo de las fiestas de Corpus Christi, la Iglesia organizó una concentración. El número de concurrentes, más de cien mil, provocó la reacción del caudillo. Expulsó del país al nuncio papal, monseñor Manuel Tato, y al canónigo, monseñor Ramón Novoa. Al mismo tiempo, fueron detenidos varios sacerdotes y autoridades de la Acción Católica.

De junio a septiembre: la Revolución Libertadora

El 16 de junio al mediodía, una formación de la aviación naval bombardeó Plaza de Mayo y la Casa Rosada. El intento de matar a Perón fracasó; el saldo fue de más de mil muertos y cientos de heridos. A partir de las 15.30, de diferentes zonas comenzaron a llegar oleadas de gente dispuesta a exteriorizar su apoyo al Presidente. La Plaza de Mayo soportó otro bombardeo. Esa misma noche fueron atacados e incendiados templos católicos (San Francisco, Santo Domingo, la Curia Metropolitana), se destruyeron imágenes y se intentó prender fuego, también, a varias iglesias céntricas.

Desde los balcones de la Casa Rosada, el 31 de agosto, Perón ofreció su renuncia a la muchedumbre congregada por la CGT. Su voz enérgica anunció la creación de milicias armadas y con tono amenazante, expresó: "A la violencia hemos de responder con una violencia mayor [...]; aquel que en cualquier lugar intente alterar el orden en contra de las autoridades constituidas o en contra de la ley o de la Constitución, puede ser muerto por cualquier argentino [...] y cuando uno de los nuestros caiga, caerán cinco de ellos. Esto lo hemos de conseguir persuadiendo y, si no, a palos".

Pero las amenazas no amedrentaron a los golpistas. En la madrugada del 16 de septiembre de 1955, el general Eduardo Lonardi, rodeado de un pequeño grupo de jóvenes oficiales –entre ellos, Arturo Ossorio Arana, Eduardo Señorans y el mayor Juan Francisco Guevara–, se instaló en un regimiento cercano a la ciudad de Córdoba. Mientras tanto, en Curuzú Cuatiá y Cuyo hacían otro tanto los generales Pedro Eugenio Aramburu y Julio Lagos. En Puerto Belgrano, algunas unidades de la flota de mar zarparon hacia el puerto de Buenos Aires; eran los jefes de la revuelta los contraalmirantes Isaac F. Rojas, Carlos Sánchez Sañudo y el capitán de fragata Antonio Rial.

Al conocer Perón el levantamiento de Córdoba, ordenó el envío de tropas para sofocarlo. Los cuerpos armados, sin embargo, no mostraban entusiasmo en la lucha y lo mismo acontecía con la aviación: los mandos no respondían a sus jefes. En las primeras horas del 21 de septiembre, el presidente depuesto, tras renunciar, se asiló en la embajada del Paraguay.

Frondizi, con el voto peronista

En enero de 1958 comienzan en Venezuela las conversaciones entre Rogelio Frigerio, emisario del líder de la Unión Cívica Radical Intransigente (Ucri) Arturo Frondizi, y el delegado de Perón, John W. Cooke, que dieron origen al memorable pacto acordado en febrero por Perón y Frondizi, mediante el cual Frondizi, elegido presidente, se obligaba a restablecer en los primeros noventa días de su mandato las conquistas obtenidas por el pueblo, y en particular la normalización de los sindicatos y la CGT. Además, mejoraría el nivel de vida de los asalariados, reconocería al Partido Peronista y otorgaría una amnistía general.

A tal efecto, Perón envió un mensaje al Comando Táctico Peronista desde Ciudad Trujillo (actual Santo Domingo), en la primera semana de febrero, impartiendo las siguientes órdenes: "El Movimiento Peronista debe difundirse ampliamente en todo el país, a costa de cualquier sacrificio. El presente mensaje debe ser puesto en conocimiento de los dirigentes gremiales, políticos y de la resistencia, a fin de que orienten a los peronistas en el sentido de votar por el doctor Arturo Frondizi para la presidencia de la República". Explica después la razón del acuerdo: "El peronismo brindará el ejemplo de su abnegación, de su desinterés, de su insobornable vocación combatiente por la causa de la patria". Así, el voto en blanco se volcó a favor del candidato de la Ucri, que en las elecciones del 23 de febrero cosechó 3.761.519 votos, el 45% de los sufragios emitidos. La fórmula Ricardo Balbín-Santiago del Castillo, del Radicalismo del Pueblo, obtuvo 2.303.180 votos, el 29%. Un importante sector del peronismo rechazó el acuerdo, y el Comando Nacional Peronista se atribuyó los 800 mil votos en blanco.

El regreso definitivo

Tras dieciocho años de exilio y proscripción, la mayoría de ellos en España, Perón regresó al país el 17 de noviembre de 1972. En 1964, después de casarse con María Estela Martínez, se había intentado un "Operativo retorno" que resultó fallido y abortó en el Brasil; los pasajeros debieron retornar al punto de partida. Durante ese tiempo, desde su residencia de Puerta de Hierro, en Madrid, siguió manejando el movimiento peronista a izquierda o derecha, según las circunstancias, con órdenes que recibían grupos adictos al recuerdo de sus actos de gobierno en las dos presidencias. Tras un corto período en Buenos Aires, en el que ordenó la campaña electoral del Frente Justicialista de Liberación (Frejuli), regresó a España. El 11 de marzo de 1973 Héctor José Cámpora conquistó casi el cincuenta por ciento de los votos y asumió la presidencia de la Nación el 25 de mayo.

Héctor Cámpora era, como presidente de la Nación, mejor representante de Perón que cualquier otro; pero no era Perón. La campaña electoral en la que triunfó el Frejuli con la fórmula Cámpora-Solano Lima, se hizo al grito de "Cámpora al gobierno, Perón al Poder". El 20 de junio de 1973 finalmente regresó definitivamente el viejo caudillo. Esta realidad llegó a su punto más significativo cuando el avión que transportaba a Perón y su comitiva arribó a Ezeiza. Una multitud de más de dos millones de personas fue a darle la bienvenida al aeropuerto. El ansiado reencuentro con su líder los envolvió en un intenso tiroteo frente al palco dispuesto para que Perón les dirigiera la palabra. Dos grupos antagónicos dentro del Movimiento Justicialista quisieron hacerse dueños del homenaje. Uno de ellos, a las órdenes del ministro de Bienestar Social José López Rega, bloqueó, con armas de fuego de todo tipo, a las columnas de Montoneros. Éstos, también muy bien armados, intentaron forzar su paso para llegar al centro, donde se descontaba la presencia del caudillo. El enfrentamiento alcanzó cifras de muertos y heridos que nunca se dieron a conocer. Ante tales acontecimientos el avión que conducía a Perón y sus acompañantes aterrizó en la Base Aérea de Morón.

En el sector neocamporista se confundían hombres de la guerrilla o comprometidos con ella, de la subversión de izquierda y de una nueva concepción del peronismo. El jefe del Ejército Revolucionario del Pueblo (ERP), el mayor de los grupos y el mejor organizado, Mario Roberto Santucho, convocó a una conferencia de prensa que fue difundida por dos canales de televisión, en la que acusaba a los culpables de lo que había ocurrido en Ezeiza, en particular a López Rega y al teniente coronel Jorge Manuel Osinde. Las críticas de Perón, ya instalado en Buenos Aires, y de López Rega, fueron también muy duras contra esa juventud, a la que llamaron "terrorista" y "guerrillera".

La política de divisiones y más divisiones creada durante años desde Madrid, apoyando al mismo tiempo a grupos de derecha e izquierda, tenía ahora consecuencias catastróficas. La suerte del presidente Cámpora entró en el ocaso y sus horas de gobierno empezaron a agotarse. López Rega –léase Perón– en reunión de gabinete llenó de reproches al presidente Cámpora y el cúmulo de cargos aconsejaba la necesidad de su renuncia. Perón se entrevista con Ricardo Balbín; con José Rucci, secretario de la central obrera, y con el jefe del Ejército, general Jorge Raúl Carcagno. El 13 de julio Cámpora y Solano Lima presentan su renuncia. Las cámaras de Senadores y Diputados, con 53 y 183 miembros respectivamente, aceptaron las dimisiones. ¿Renuncia, destitución o golpe institucional? Un hecho sin antecedentes en el país.

La tercera presidencia, el ocaso

El mismo 13 de julio de 1973 Perón saludó el "gesto" del Presidente y su vice: "Han dado al país el ejemplo más preclaro y más honroso. [...] Hombres así enorgullecen a las organizaciones políticas donde nacen estos gestos de grandeza individual y personal que son todo un ejemplo para la ciudadanía argentina".

También se hace a un lado el vicepresidente provisional del Senado, Alejandro Díaz Bialet, embarcado precipitadamente para Europa, y de acuerdo con la Constitución Nacional y la ley de Acefalía, le correspondió al presidente de la Cámara de Diputados, Raúl Lastiri, ocupar el cargo de presidente; hecho que ocurre el mismo 13 de julio. La derecha peronista, encabezada por el "brujo" López Rega –bautizado así por sus aficiones esotéricas–, había triunfado en el antagonismo producido desde el advenimiento de Cámpora al gobierno nacional. A continuación, la puja para obtener el segundo término de la fórmula para las próximas elecciones, ya que Perón era el candidato mítico, provocó grandes desencuentros. Hasta se habló de una combinación con Ricardo Balbín para lograr un gobierno de coalición.

La fórmula finalmente se integró con su tercera esposa, conocida como "Isabelita". Perón-Perón fue otro triunfo del ex cabo de policía López Rega, el personaje de mayor influencia sobre Perón. Las elecciones se realizaron el 23 de septiembre y el matrimonio Perón obtuvo el 62% de los votos. El binomio Balbín-Fernando de la Rúa recogió el 24% y el de Francisco Manrique-Martínez Raymonda por la Alianza Popular Federalista, el 12%. Dos días más tarde moría asesinado el secretario general de la CGT, José Rucci. Lo reemplazó Adelino Romero, pero también falleció poco después a causa de un infarto.

Al día siguiente de los comicios se hizo cargo de la jefatura de la Policía Federal un general "duro", Miguel Ángel Iñíguez. Eran las vísperas de la lucha encarnizada entre Montoneros y las 62 Organizaciones, del sindicato ortodoxo. El ERP fue declarado ilegal y Montoneros se atribuyó el asesinato de Rucci.

El 12 de octubre el general Perón asumió por tercera vez la presidencia de la Nación, después de casi dos décadas de ostracismo y de la prohibición de usar su nombre con fines políticos. Volvía al bastón y a la banda presidencial, acompañado en la asunción por los ex presidentes constitucionales Frondizi, José María Guido, Arturo Illia y Cámpora.

En función ejecutiva Perón ratificó a los ministros nombrados por Lastiri y dio total apoyo al programa económico del ministro José Gelbard. En diciembre de 1973, refiriéndose al Plan

Trienal, marcó los puntos básicos de su proyecto: justicia social, expansión económica, calidad de vida, unidad nacional, democracia real, independencia económica e integración latinoamericana.

El 1° de mayo de 1974, tras el discurso que inauguraba el 99 período legislativo, el Presidente se asomó al histórico balcón de la Casa Rosada, desde donde pudo contemplar, una vez más, multitudinarias concentraciones que coreaban su nombre, y recordar las imágenes del histórico 17 de Octubre. Ahora, los años habían producido cambios en algunos sectores de sus simpatizantes; tampoco su aspecto era el mismo: un vidrio a prueba de balas lo separaba del calor humano de la multitud. Se vivía en la inseguridad, en medio de amenazas, bajo el terror de conflictos violentos. En ese acto, en uno de los ángulos de la Plaza de Mayo, estaban la Juventud Peronista y los Montoneros. Enseguida llenaron de insultos y gritos al orador, interrumpiendo sus palabras. Cuando Perón, irritado y molesto, llegó a uno de los párrafos en que los criticaba directamente, echándolos, dijo: "El gobierno está empeñado en la liberación del país, no solamente del colonialismo, sino también de estos infiltrados que trabajan adentro y traidoramente son más peligrosos que los que trabajan afuera. Hoy resulta que algunos imberbes pretenden tener más mérito que los que lucharon durante veinte años". Los grupos juveniles se retiraron de la Plaza. Fue el último discurso que sus "muchachos" fueron a escuchar.

En la provincia de Buenos Aires, el Presidente echó al gobernador Oscar Bidegain, de filiación camporista, a quien sucedió el vicegobernador Victorio Calabró, de los grupos sindicales ortodoxos. En febrero, en Córdoba, fueron derrocados el gobernador Ricardo Obregón Cano y su vice, el sindicalista Atilio López; el golpe lo realizó el jefe de Policía provincial, coronel Antonio Navarro.

El ERP, en enero de 1974, atacó un regimiento en Azul y dejó como saldo cantidad de muertos y heridos. El directivo de una importante empresa fue secuestrado por la misma organización y se pagaron 14 millones de dólares por su rescate. Fueron asesinados gremialistas, un juez, y el padre Carlos Mujica. También serían derrocados los gobernadores de Mendoza y Santa Cruz, Alberto Martínez Baca y Jorge Cepernic.

El 11 de marzo de 1974 la Juventud Peronista celebró el primer año del triunfo de Cámpora, y el gobierno ordenó secuestrar *El Descamisado*, órgano de prensa de esa corriente. La Triple A (Alianza Anticomunista Argentina) que dirigía López Rega comenzaba entonces su devastadora acción de secuestros y asesinatos.

Perón gobernó durante siete meses, en los que su salud tuvo un deterioro progresivo y acelerado. De regreso de un viaje al Paraguay debió guardar cama. El 22 de junio se dio la noticia de que sufría "un ligero resfrío". El 29 de junio el Presidente delegó el mando en su esposa.

El 1º de julio María Estela Martínez de Perón anunció por radio y televisión la muerte de Juan Domingo Perón. La CGT y las 62 Organizaciones dispusieron un paro general, y el gobierno nacional decretó duelo nacional. Ante el féretro donde yacía "el primer trabajador argentino", con su uniforme de teniente general, Ricardo Balbín –su antiguo enemigo de los años 40 y 50– lo despidió llamándolo su "viejo adversario".

José Gervasio Artigas

1764-1850

Protector de los Pueblos Libres

> *"Los americanos del sur están dispuestos a defender su patria y a morir antes con honor, que vivir con ignominia."*

José Antonio Gervasio Artigas nació en Montevideo el 19 de junio de 1764. Cursa las primeras letras en el Convento de San Francisco. Sus actividades estuvieron relacionadas con el campo, donde trabajó en estancias de su familia y otras veces en tierras ajenas, siempre en tareas que lo familiarizaron con la vida rústica y activa.

Dedicado al negocio del ganado y los cueros, se fogueó en la lucha contra los asaltantes de la campaña. Tuvo trato con indígenas de tribus como la charrúa y la minuana, con cuyo intercambio ejercitó su poder de diálogo y su valor, cualidades que le proporcionaron una creciente influencia entre los pobladores de la campaña.

Desde su creación en 1797, Artigas actuó como soldado del cuerpo de Blandengues, un grupo de vigilancia rural destinado a defender la zona, amenazada al mismo tiempo por indios, portugueses venidos de la frontera y contrabandistas. Su valor y la buena fama de que gozó se unieron a su experiencia y conocimiento práctico del territorio donde desarrollaría su acción. Conocía cabalmente, además, las fronteras con el Brasil, lo que facilitó su nombramiento en aquel cuerpo militar. Pronto fue nombrado oficial, prestando muchos servicios al país.

Había cumplido ya cuarenta años cuando se casó con una prima, con quien tuvo un hijo. Su matrimonio se vio signado por la desdicha, puesto que su esposa contrajo una enfermedad mental que sólo le permitió esporádicos lapsos de recuperación.

Sus antecedentes culturales resultan más importantes que lo habitual en esa época. Tuvo posibilidad de tomar contacto con personajes notables de Colonia y con científicos, como el destacado naturalista Félix de Azara. Contribuyó a su educación política la posibilidad de acceder a una nutrida biblioteca con obras que luego serían clásicas; entre ellas, la *Enciclopedia francesa*, obra monumental que pretendió acopiar todo el saber humano acumulado hasta la fecha de su publicación, y *El Federalista* de James Madison, John Jay y Alexander Hamilton, fuente del sistema confederado en el ordenamiento jurídico de los Estados Unidos de Norteamérica.

Con la Revolución de Mayo

Con el triunfo de la Revolución de Mayo de 1810 y destituido el último virrey, el poder de la Junta se enfrentaba a la oposición de los habitantes de las tres quintas partes del territorio colonial, fracción a la que debe agregarse el de las provincias del norte del Alto Perú. Emisarios de la Junta de Mayo solicitaron el decidido apoyo de Artigas.

Francisco Javier de Elío regresa al Río de la Plata en 1810, instituido como virrey para restaurar el dominio español. El 12 de febrero, Elío declara la guerra a la Junta de Mayo. Artigas abandona entonces el suelo patrio y parte desde Colonia, cruzando Paysandú, y baja hasta Buenos Aires por Santa Fe. A su paso levanta grupos de descontentos que quedan sublevados. Arrastra tras de sí a sus seguidores en las sucesivas localidades: Paysandú, Trinidad, Paso del Rey, Colla, Santa Teresa, San José, Santa Lucía, Rocha, Maldonado... Cuando llegan a las puertas de Montevideo los adherentes a la revolución son más de mil, la mayoría armados sólo con cuchillos.

Ante su poder de convocatoria, la Junta de Mayo le ofrece el grado de teniente coronel y lo provee de dinero. El 11 de abril de 1811, poco después del importante triunfo de Las Piedras que le abrió el camino a Montevideo, Artigas hace el primer llamamiento escrito a tomar las armas. Dice en él: "Leales y esforzados compatriotas de la Banda Oriental del Río de la Plata: vuestro heroico, entusiasmado patriotismo ocupa el primer lugar en las elevadas atenciones de la excelentísima Junta de Buenos Aires, que tan dignamente nos regenta. Esta, movida del alto concepto de vuestra felicidad, os dirige todos los auxilios necesarios para perfeccionar la gran obra que habéis empezado; y que continuando con la heroicidad, que es análoga a vuestros honrados sentimientos, exterminéis a esos genios díscolos, opresores de nuestro suelo, y refractarios de los derechos de nuestra respetable sociedad. Dinero, municiones y tres mil patriotas aguerridos son los primeros socorros con que la excelentísima Junta os da una prueba nada equívoca del interés que toma en vuestra prosperidad; esto lo tenéis a la vista, desmintiendo las fabulosas expresiones con que os habla el fatuo Elío, en su proclama del 20 de marzo. Nada más doloroso a su vista, y a la de todos sus facciosos, que el ver marchar, con pasos majestuosos, esta legión de valientes patriotas, que acompañados de vosotros van a disparar sus ambiciosos proyectos y a sacar a sus hermanos de la opresión en que gimen, bajo la tiranía de su despótico gobierno.

"Para conseguir el feliz éxito, y la deseada felicidad a que aspiramos, os recomiendo a nombre de la excelentísima Junta vuestra protectora, y en el de nuestro amado jefe, la unión fraternal, y ciego obedecimiento a las superiores órdenes de los jefes, que os vienen a preparar laureles inmortales. Unión, caros compatriotas, y estad seguros de la victoria. He convocado a todos los compatriotas caracterizados de la campaña; y todos, todos se ofrecen con sus personas y bienes, a contribuir a la defensa de nuestra justa causa.

"¡A la empresa compatriotas!, que el triunfo es nuestro; vencer o morir sea nuestra cifra; y tiemblen, tiemblen esos tiranos de haber excitado vuestro enojo, sin advertir que los americanos del sur están dispuestos a defender su patria y a morir antes con honor, que vivir con ignominia en afrentoso cautiverio."

Levantamientos

Los paisanos de la campaña habían reconocido como una clara señal de confiabilidad el distanciamiento de Artigas de las filas realistas. Y así fue como comenzaron a organizarse espontáneamente a su alrededor. No cabe duda de que se trataba de una verdadera protesta rural, en la que los campesinos se unieron a otros grupos. Entre ellos, los estancieros estaban destinados a ser los portavoces políticos del artiguismo a la hora de poner en evidencia los desacuerdos con la dirigencia porteña. La aceptación unánime en la campaña a Artigas se vio enfrentada al también unánime rechazo dentro de los muros de la ciudad.

La hostilidad se hizo evidente, apoyada con toda virulencia por ciertos sectores que pretendían proteger sus privilegios, como los fleteros y armadores que hacían su agosto gozando de los privilegios del único puerto autorizado por la Corona española.

Este sector embarcaba cueros en viajes directos a puertos de la Península. Al margen de toda competencia, los que no utilizaban sus servicios debían enfrentar un largo viaje, primero en carreta y después a lomo de mula, antes de estar listos para una larga travesía que, partiendo de Buenos Aires, unía las llamadas aduanas secas (Córdoba y Tucumán); proseguía hacia Lima, con posteriores escalas en Guayaquil y Panamá, para cruzar el istmo y desde Portobello enfilar hacia Cádiz. Montevideo, además, concentraba la trata de esclavos en el sur. Los negreros hacían su negocio abasteciendo la plaza fuerte y el vecindario, sin encontrar trabas para su accionar.

En ese momento los realistas debieron retroceder hacia Montevideo y pronto las fuerzas de Artigas tomaron San José, considerándose este el primer triunfo, memorable. En uno de esos enfrentamientos perdió la vida un hermano del caudillo.

Ante el creciente respaldo popular con que contaba, más su indudable efectividad en el campo militar, los españoles buscaron desarticular las fuerzas artiguistas por el camino del soborno. Le ofrecieron un grado militar y la jefatura de la provincia, a lo que se agregó una importante suma de dinero. Quienes intentaron ese recurso extremo estaban lejos de conocerlo. Su respuesta no podía ser otra que el indignado rechazo.

Batalla de Las Piedras

El 18 de mayo de 1811 se produce una importante batalla en Las Piedras. Las tropas de Artigas, empujadas por bélico entusiasmo, recibieron allí su bautismo de fuego. Artigas tomó prisionero, por acción personal, a José Posadas, el jefe de las fuerzas españolas, y su fervor aguerrido en la lucha lo llevó a la vanguardia de sus hombres. Junto a él lucharon José Valentín Gómez y Santiago Figueredo, curiosamente ambos destinados a ser rectores de la Universidad de Buenos Aires.

En aquella batalla por el reconocimiento de las autonomías provinciales, codo a codo con destacadas figuras aparecen personajes anónimos de la campaña, cuyos nombres se han perdido. Los revolucionarios tuvieron una victoria completa e hicieron prisioneros a cerca de quinientos realistas.

En el enfrentamiento, Artigas había tenido como oponente al virrey Francisco Javier de Elío, poco dispuesto, a pesar de los graves hechos ocurridos, a tomarlos como definitivos. El Virrey se atrincheró en la capital oriental, concentrando sus esfuerzos en fortificar las defensas, mientras esperaba el paso siguiente. Sin embargo, los realistas fueron completamente derrotados. Montevideo se vio sitiada por el flamante coronel Artigas, el nuevo grado concedido por la Junta de Buenos Aires.

Un episodio notable contribuye a definir la personalidad del caudillo oriental. Enviado por la Junta de Buenos Aires, llegó el general José Rondeau con órdenes de asumir la conducción de las fuerzas reunidas, organizadas y llevadas al triunfo por Artigas. Éste se hizo a un lado y entregó el mando. Sin desentenderse, se puso generosamente bajo las órdenes del recién llegado, quedando como segundo, cuando ya el triunfo definitivo estaba cerca.

En julio de 1811, requeridos por Elío, los portugueses invaden la Banda Oriental, con la intención de sorprender a Artigas por la retaguardia. Entretanto, continuaba el sitio de Montevideo, que bien amurallada y abasteciéndose por mar estaba en condiciones de resistir un prolongado asedio. Buenos Aires, en cambio, había sufrido un brusco cambio en su política: dispuesta a ceder, ofreció el retiro de las tropas de Artigas y el levantamiento del sitio, siempre que los portugueses despejaran el campo y levantaran el bloqueo por el río. La propuesta fue inicialmente rechazada pero desembocaría en un armisticio entre Rondeau y Elío, que le devolvió al Virrey el poder sobre los territorios orientales y la mitad de Entre Ríos a cambio del retiro de los portugueses.

Frente a la confusión provocada por la desconcertante orientación de la política porteña, el pueblo se nucleó alrededor de la única presencia confiable. Artigas pasó a reflejar las aspiraciones populares de los orientales, que reunidos en asamblea lo designaron "general en jefe".

El éxodo del pueblo oriental

Tras firmar el armisticio con Elío y levantarse el sitio de Montevideo, Rondeau retornó a Buenos Aires. Artigas se resistió a abandonar su patria y seguido por una enorme multitud dio lugar a una verdadera epopeya.

Cientos de hombres a caballo, carretas y personas, tropas de caballos y miles de vacunos avanzan arriados por gauchos e indios; se han puesto en marcha con el convencimiento de que "hay que emigrar". Inicialmente suman unas cuatro mil almas, pero al establecer un campamento en Ayuí, cerca de Concordia, Entre Ríos, el número se cuadruplica. Artigas se niega a ser nombrado teniente gobernador de Yapeyú, en las Misiones, y permanecerá durante catorce meses en las proximidades de la frontera occidental de la región, hostilizando a los portugueses e impidiendo las invasiones intentadas por el marqués de Alegrete y el general Chagas.

A raíz del éxodo, escribe conmovido Artigas, en correspondencia a Galván: "Toda la Banda Oriental me sigue en masa, unos quemando sus casas y los muebles que no podían conducir; otros caminando leguas a pie por haber consumido sus cabalgaduras [...] mujeres ancianas, viejos decrépitos, párvulos inocentes, acompañan esta marcha manifestando la mayor energía y resignación, en medio de todas las privaciones".

El éxodo fue llamado por los propios gauchos la "redota", para referirse –de modo eufemístico– a una derrota. La movilización de los orientales nucleó una masa "que ha tomado conciencia y voluntad y se expresa a través de un caudillo que sabe interpretarla y conducirla".

Una Asamblea soberana sin rumbo

El gobierno de Buenos Aires llamó a elecciones de diputados para una Asamblea general, que fue convocada el 24 de octubre de 1812. Se iniciaron las deliberaciones el 20 de abril de 1813.

Manuel de Sarratea, nuevo jefe militar enviado a la Banda Oriental, declaró traidor a Artigas, pero los orientales mantuvieron sus principios y en pos de asegurar su presencia y el reconocimiento de los diputados a la Asamblea, redactaron las "instrucciones" para asociarse a las Provincias Unidas del Río de la Plata. Los representantes enviados, sin embargo, fueron rechazados.

Los principios de la Revolución de Mayo, cuyas conquistas parecían oscurecidas por los hechos posteriores, renacerían de nuevo en otra geografía próxima: Artigas y el pueblo oriental serían sus primeros intérpretes.

La nacionalidad argentina quedó condensada en su forma política en una expresión definidora: el federalismo. La "Patria Grande" ligaba a las patrias chicas municipales. Los diputados orientales elegidos en el Cabildo de Paysandú habían sido rechazados por la asamblea por considerar que sus diplomas no eran suficientemente legales. Los representantes de Artigas, con sus "Instrucciones federales" para incorporarse a las Provincias Unidas del Río de la Plata, regresaron a la Banda Oriental.

El caudillo

El 20 de enero de 1814 Artigas se retiró del segundo sitio de Montevideo, llevando en sus manos la bandera de la Argentina, con una banda punzó cruzada en diagonal. Al conocerse la decisión del caudillo, escasas semanas fueron suficientes para que el Litoral quedara insurreccionado. Artigas fue seguido por las provincias de Entre Ríos y Corrientes, sublevadas, y extendió su autoridad desde Rocha, en la costa atlántica, hasta las serranías de Córdoba.

Buenos Aires declaró la guerra a muerte contra la Banda Oriental. Entre las primeras medidas de Gervasio Posadas, al ser nombrado director supremo, ordenó que todos los prisioneros fueran considerados "asesinos e incendiarios". Respecto de quienes los comandaban, los oficiales, sargentos, cabos y jefes de partidas, serían "fusilados". El Director Supremo declaró "a José Artigas infame privado de su empleo, fuera de la ley y enemigo de la Patria".

Las tropas criollas al mando de Carlos María de Alvear, que había relevado en el mando a Rondeau, lograron la rendición de la plaza de Montevideo y los españoles se retiraron hacia Rio de Janeiro en junio de 1814. Por el norte, entretanto, las fuerzas artiguistas avanzaron sobre tierra misionera.

En medio de ese clima, el Directorio desoyó los reclamos, aunque cedió en ciertos puntos, como el de revocar un decreto de proscripción y muerte contra el caudillo oriental. No sólo esto, sino que, curiosamente, lo declaró buen servidor de la patria y le reintegró también el grado militar de coronel de Blandengues, designándolo asimismo comandante general de la campaña. A cambio Artigas renunció a su papel de protector de Entre Ríos.

Se firmó un acuerdo sobre la base de la independencia uruguaya y la ocupación de Montevideo por sus fuerzas. El 25 de febrero de 1815 las huestes porteñas despejaron la ciudad. Dos días más tarde el comandante José Llupes puso pie con sus tropas en la plaza y a los pocos días flameaba en el Fuerte la bandera tricolor.

Bando de Artigas

El siguiente bando fue dirigido "al muy benemérito pueblo de Buenos Aires", festejando la derrota de Alvear el 10 de enero de 1815 en Guayabos. Con la entrada de los uruguayos en Montevideo, Alvear debió renunciar al cargo de director supremo el 29 de abril, a menos de cien días de haber asumido.

"Ciudadanos: la división escandalosa que se fomentó entre nosotros –proclamó Artigas–, llegó hasta el exceso de empaparnos en nuestra propia sangre y hacernos gustar por nuestra misma mano todas las amarguras. Los malvados me presentaban a vosotros como autor de aquellas calamidades, escudando conmigo la intención inicua que los movía. Hoy, que felizmente su proscripción ha hecho caer el prestigio, yo debo a mis sentimientos y a vuestra justicia una muestra de los principios que me han animado. Los derechos del pueblo oriental hollados, sus campañas asoladas, sus hogares abandonados al fuego, proscriptos sus enormes sacrificios, destruido su comercio, aniquilado cuanto pudiera servir a su fomento, atropellada ignominiosamente la seguridad individual. [...] Esos han sido los motivos de una guerra que ha hecho la aflicción general; pero que por mi parte sólo fue dirigida contra los pérfidos, cuya expulsión sirve ahora como trofeo a vuestra gloria. Un cúmulo de intrigas que se sucedían unas a las otras fueron el medio poderoso de que se sirvieron para mantener vuestro juicio en el engaño [...] no habiendo jamás circunstancia alguna que me hiciese mirar como enemigo al pueblo de Buenos Aires, al pueblo generoso que siendo el primero en proclamar la dignidad popular, sus esfuerzos por consolidarla sólo podían excitar en él la noble satisfacción de ver en los demás pueblos los monumentos preciosos que se le erigiesen para inmortalizar la gratitud universal."

La Liga Federal y la propuesta de Buenos Aires

Las provincias que adherían al principio de federación proclamado por Artigas se autodenominan "Liga Federal" y lo nombran Protector. Las demostraciones no se hacen esperar. La provincia de Córdoba le hace entrega de una valiosa espada que en su hoja lleva la siguiente inscripción: "Córdoba en sus primeros ensayos a su protector el inmortal general Artigas".

En tanto, en Buenos Aires había caído el Directorio, siendo reemplazado por el Cabildo. Tampoco estaba ya en funciones la Asamblea Constituyente. Las nuevas autoridades se propusieron reparar las injusticias cometidas contra el caudillo, y con esa intención le enviaron a siete jefes de los que más hostiles se habían mostrado con él, autorizándolo a que procediera contra ellos a su criterio. Artigas contestó que no era un "verdugo" y envió de vuelta a los presos.

El 15 de abril de 1815 Ignacio Álvarez Thomas fue nombrado, interinamente, director supremo. Aparentando llegar a un acuerdo, sólo buscaba tenderle una celada a Artigas. Ostentosamente se prendió fuego a documentos que lo difamaban, al mismo tiempo que se enviaban emisarios con propuestas y regalos. Entre las proposiciones que se le hicieron figuraban tres cuestiones principales: 1) Buenos Aires reconocería la independencia de la Banda Oriental; 2) las provincias de Corrientes y Entre Ríos quedarían en libertad de erigirse y ponerse bajo la protección del gobierno que gustaran, y 3) todo pasado habría de olvidarse.

Artigas fundó la villa de Purificación y reunió el Congreso de Oriente, del que participan todos los pueblos adheridos a la Liga

Federal. El caudillo contesta a la propuesta de Buenos Aires: "Regresa ya la diputación que V.E. envió cerca de mí para restablecer la concordia y me queda el sentimiento de no haber podido concluir cosa alguna con ellos. Yo les presenté las proposiciones que creí justas... y me llené de sorpresa al ver las que ellos me ofrecieron en contestación".

"La Banda Oriental entra en el rol para formar el Estado denominado Provincias Unidas del Río de la Plata. [... En él] toda provincia tiene igual dignidad e iguales privilegios y derechos, y cada una renunciará al proyecto de subyugar a las otras"; deberán "resarcir al menos en una quinta parte los grandes perjuicios sufridos"; Córdoba y Santa Fe seguirán bajo la jefatura artiguista "hasta que voluntariamente quieran separarse de la protección de la Provincia Oriental del Uruguay y dirección del Jefe de los Orientales".

Lucha en dos frentes

A fines de 1815 Artigas promulgó el "Reglamento Provisorio de la Banda Oriental", que resultó conflictivo porque disponía un reparto de tierras. Por medio de un bando se conminó a los hacendados a que poblaran sus campos en dos meses o serían expropiados. Los terratenientes se movilizaron contra el Reglamento.

En 1816 se reúne el Congreso de las Provincias Unidas en Tucumán para declarar la independencia, y en agosto los portugueses invaden la Banda Oriental, a la que llamaban Provincia Cisplatina. Artigas enfrentará, en adelante, a dos enemigos: los invasores que llegaban desde el Brasil y el directorio de Juan Martín de Pueyrredón.

En 1817 los portugueses ocupan Montevideo y al año siguiente Pueyrredón ordena a Belgrano y a San Martín que se sumen a la lucha contra las fuerzas del Litoral. Pero el Libertador se desentenderá del asunto e intentará mediar entre el Director Supremo y el Protector de los Pueblo Libres.

El 22 de enero de 1820 el ejército portugués sorprende a las fuerzas orientales en Tacuarembó y produce una masacre de hombres, mientras en la batalla de Cepeda las fuerzas federales se imponen a las de Buenos Aires. Un mes después el Tratado del Pilar sella una paz transitoria entre Santa Fe, Buenos Aires y Entre Ríos, sepultando definitivamente el proyecto de la Liga Federal. El pacto ni siquiera menciona al "Protector" y Artigas –como capitán general de la Banda Oriental– recibe una mera copia para ver si "entabla relaciones".

La Banda Oriental, Corrientes y Misiones firman el Pacto de Ábalos y Artigas es derrotado en sucesivos combates por el caudillo entrerriano Francisco Ramírez. Finalmente, el caudillo oriental ordena la disolución de sus tropas, que por entonces apenas suman unos cuatrocientos hombres.

Un destierro voluntario

La patria le resultaba, en ese momento, tierra extraña, por lo que eligió el ostracismo. Emigró al Paraguay, donde vivió durante treinta largos años.

En 1821 se instala en Curuguatí y recibe una pensión por orden del supremo dictador del Paraguay, José Gaspar Rodríguez de Francia. Entre 1840 y 1841 sufrirá algunas persecuciones y cárcel, y en 1845 se traslada a Ibiray, una pequeña localidad ubicada cerca de Asunción. Contaba ochenta y seis años cuando murió, el 23 de septiembre de 1850, en mismo año que falleció el general San Martín.

Luchó por instaurar una república federal en la Argentina. Se lo considera el protagonista de una tradición gloriosa y expresión elocuente del ansia de independencia.

Sus restos descansan, desde 1856, en el cementerio de Montevideo.

José Batlle y Ordóñez

1856-1929

El padre del Uruguay moderno

*"Ya que tantas alianzas se han hecho para imponer
la arbitrariedad, se podría muy bien hacer una
para imponer la justicia."*

Provincia Oriental de las Unidas del Río de la Plata y Provincia Cisplatina para los imperios portugués y brasileño, el Uruguay desenvolvió sus primeros años de vida como nación independiente en medio de fuertes influencias que variaban alternativamente entre los gobiernos de la Argentina y el Brasil.

A mediados de la década de 1850 la República Oriental del Uruguay consolidaría de modo efectivo su organización nacional. En esos años, justamente, nació José Batlle y Ordóñez, quien se constituiría, para decirlo en palabras del ensayista J. Vincens-Vives, en la "personalidad más vigorosa de la historia contemporánea uruguaya".

Un Uruguay "colorado"

Los primeros presidentes, Fructuoso Rivera (1830-1834) y Manuel Oribe (1835-1838), embanderarían con dos colores, el colorado y el blanco respectivamente, la tendencia de los dos partidos tradicionales uruguayos. Estas divisas se usaron desde el 19 de septiembre de 1836, cuando Oribe, presidente, levantó la insignia blanca con el lema "Defensores de las Leyes". Rivera, el vencido, llevaba el colorado en los forros de los ponchos de sus tropas.

Sin embargo, las divisas aún no indicaban partidos políticos. Cada una representaba la adhesión al caudillo que los mandaba. Más tarde se convirtieron en partidos políticos con programas y jerarquías entre sus dirigentes. Se identificaron con tendencias nacionalistas unos y americanistas, otros. Oribe obtuvo el respaldo de Juan Manuel de Rosas desde el gobierno federal de Buenos Aires, mientras que Rivera contó con el apoyo de los unitarios argentinos para declararle la guerra al Restaurador.

En Arroyo Grande (Entre Ríos, Argentina), el 6 de diciembre de 1842 Oribe obtuvo el triunfo total sobre los hombres de Rivera. Sobrevino entonces un largo período de cruentas luchas, en las que los colorados orientales y los unitarios argentinos contaron con el apoyo de Francia e Inglaterra. Recién con la llegada del presidente Manuel Herrera y Obes, ideólogo del acuerdo con el caudillo argentino Justo José de Urquiza, y con la misión de Andrés Lamas al Imperio brasileño, se logró pacificar el territorio y alcanzar la independencia efectiva del Uruguay.

El 8 de octubre de 1851, blancos y colorados firmaron la paz, en la que, parafraseando la máxima acuñada por Urquiza, no habría "ni vencedores ni vencidos". Poco después ambos partidos sufrieron escisiones internas, y tanto blancos como colorados se dividieron en dos sectores, los doctorales o principistas y los caudillistas o populares, respectivamente.

En 1860 se realizó un censo que arrojó 223.238 habitantes, de los cuales dos tercios eran uruguayos y el otro tercio, extranjeros. La inmigración ejerció una gran influencia en la economía y la cultura del país. Por entonces un 26 por ciento de los recién llegados eran brasileños, habían otro tanto de españoles y era importante también el caudal de franceses e italianos.

En 1865, apoyado hasta con tropas por el presidente argentino Bartolomé Mitre, llegó al poder el colorado Venancio Flores, inaugurando el predominio de gobiernos colorados, que se extenderá hasta 1959.

El tiempo transcurrió y los cambios fueron impulsados por una nueva clase rural. Las familias tradicionales, el patriciado, sin un comportamiento renovador, perdieron sus fortunas, pero conservaron su prestigio y accedieron al mercado de capitales. El inmigrante enriquecido encontró en la celebración de alianzas matrimoniales con las familias patricias la manera de ascender a la clase social privilegiada.

En 1895 comenzó una nueva etapa del desarrollo dentro del sistema capitalista. Las inversiones inglesas se interesaron en los ferrocarriles, el telégrafo, los teléfonos, el gas, el saneamiento, el agua corriente, las empresas de tranvías, los bancos, los seguros.

Esta fuerte presión británica sobre la economía del Uruguay hizo decir a Julio Herrera y Obes, presidente de la República entre 1890 y 1894: "Me siento como el gerente de una gran empresa, cuyo directorio está en Londres". Los ingleses, hacia 1900, habían invertido cuarenta millones de libras.

En noviembre de 1896 el Partido Nacional Blanco y el Colorado Popular se abstuvieron en las elecciones parlamentarias alegando continuismo político desde la presidencia. Al año siguiente se retornó a la lucha abierta. Una revolución tomó la forma de huelga armada; duró de mayo a septiembre y terminó con la firma del Pacto de la Cruz.

Al comenzar el siglo XX el Uruguay tenía un millón de habitantes, de los cuales casi la tercera parte residía en Montevideo, la capital. Para entonces, la pertenencia a una u otra de las agrupaciones políticas rivales había dejado de ser una cuestión de lealtades tradicionales para pasar a ser la defensa de sectores económicos determinados y proyectos políticos diferentes. Los blancos se convirtieron en partido conservador y conquistaron influencia en la población rural, y simpatías en el clero. Los colorados, por su lado, adoptaron puntos de vista progresistas, propusieron una legislación social de avanzada y esgrimieron la bandera de la educación pública y laica; ideas de raigambre en el culto pueblo oriental.

En 1903, y hasta 1905, la Asamblea general eligió presidente a otro colorado, José Batlle y Ordóñez, hijo de Lorenzo Batlle, quien había sido primer mandatario entre 1868 y 1872. Se inicia entonces un período de profundas transformaciones, en las que las divisas tradicionales, blanca y colorada, se transformarán en partidos políticos modernos, organizados con programas de claros objetivos, dirigidos por jefes civiles: José Batlle y Ordóñez por los colorados o liberales, y Luis Alberto de Herrera por los blancos o nacionalistas. Este proceso de cambios sociales y políticos de la sociedad local culminará en una nueva Constitución, que será sancionada en 1919.

Positivismo EN ACCIÓN

José Batlle y Ordóñez nació en Montevideo el 21 de mayo de 1856, en el barrio de la Aguada. Su padre, como dijimos un prominente hombre público, y su abuelo, catalán de nacimiento, pertenecían al patriciado de la época de la Colonia y habían hecho fortuna como abastecedores de la Marina Real Española en Montevideo. José cumplió la instrucción primaria en una escuela inglesa. Terminada la enseñanza media ingresó en la Facultad de Derecho, pero abandonó la carrera después de un tiempo. Agudo polemista, como estudiante universitario defendió principios filosófico-religiosos que marcaron su condición de anticlerical. La educación religiosa católica que recibió en el seno familiar perdió fuerza a través de los años en la universidad y desapareció por completo después de sus viajes por España y Francia en 1880.

El positivismo, en boga en París, prendió en Batlle, que tomó clases en La Sorbona, en el Colegio de Francia y en el curso de Lafitte, en la misma casa que había habitado Augusto Comte.

A mediados de 1882 regresó a Montevideo y se volcó a la prédica liberal desde dos instituciones: el Ateneo y la Sociedad Universitaria.

La influencia del filósofo alemán Karl Christian Krause –inspirador también de Hipólito Yrigoyen en la Argentina–, de predicamento racionalista-espiritualista en filosofía del Estado, del Derecho y de la sociedad, lo deslumbró. Estas ideas le habían llegado a través de la obra de Enrique Ahrens *El Derecho natural*.

La estadía en Francia había agudizado su anticlericalismo. Como presidente y parlamentario sostendrá con firmeza el principio de la separación de la Iglesia y el Estado, lo que se concretará en 1919. Este proceso entroncaba con otras medidas, propias de las influencias liberales y positivistas: en 1861 había comenzado el proceso de secularización en los cementerios, en 1879 fue sancionada la ley de Registro Civil y en 1885 la del matrimonio civil y la ley de conventos.

Batlle formó parte de la redacción del periódico *La Razón*, enfrentado abiertamente al diario católico *El Bien Público*, dirigido por Juan Zorrilla de San Martín. Estas primeras armas en el periodismo encontraron desarrollo en 1886, cuando fundó su propio diario, *El Día*, que se convertirá en una verdadera tribuna del anticlericalismo en el Uruguay.

Esta tendencia seguirá avanzando y en 1907 se legislará el divorcio absoluto por causas graves. Un año después se vota la abolición del juramento de los legisladores sobre los Evangelios; en 1909, la abolición de los honores militares en los actos religiosos y la supresión de la práctica religiosa en las escuelas públicas, y en 1910, el divorcio por mutuo consentimiento. Apuntemos al respecto que, según el censo de 1908, el 61 por ciento de la población se declaraba católica y el 1,6 por ciento protestante, mientras que un 15 por ciento se reconocía librepensador y un 23 por ciento no definía una respuesta.

Batlle y Ordóñez accedió al cargo de diputado nacional por primera vez en 1890, por el distrito de Salto. Seis años después era senador por Montevideo, cuerpo del que ejercerá la presidencia. En 1900 se postuló como candidato a la primera magistratura, pero recién alcanzaría esa meta en 1903. Su visión política sería continuadora de la gestión de su antecesor, Juan Lindolfo Cuestas.

Primera presidencia

El 1° de marzo de 1903 fue elegido presidente con los votos del Partido Colorado y de la minoría nacionalista. Al principio asumió provisionalmente, como titular del Senado, pero en 1905 resultaría electo para completar un mandato total de cuatro años.

A comienzos de 1904 el Partido Blanco produjo un levantamiento que esgrimió como bandera la incompatibilidad social entre el campo y la ciudad frente a la modernización que impulsaban los sectores progresistas. El caudillo Aparicio Saravia ya había sido el principal protagonista en una sangrienta revuelta en 1897 contra el presidente Idiarte Borda. El nuevo conflicto llevó al Uruguay a una verdadera guerra civil, en la que se enfrentaron quince mil hombres de los revolucionarios y treinta mil soldados del gobierno. Fueron ocho meses de intensa lucha. La muerte de Aparicio Saravia en la batalla de Masoller, el 10 de septiembre, produjo un efecto fatal en los grupos blancos, que se rindieron el 24 de ese mes. Había muerto el último caudillo cuyo centro de poder había estado en su estancia El Cordobés, en Cerro Largo. Se ponía fin así al gobierno de dos cabezas que se había instaurado desde fines del siglo XIX. La firma de la Paz de Aceguá aseguró una nueva etapa de unidad nacional.

Batlle, libre en el manejo de la cosa pública, comenzó la tarea de transformar al Uruguay en un Estado moderno. Buscó el apoyo de la pequeño burguesía y el movimiento obrero, y apareció integrando a ambos entes autónomos al servicio del Estado. Curiosamente, el jefe liberal, exhibiendo sus aristas más radicales, escribía en *El Día*: "Simpatizamos con las huelgas. Cuando una se produce y se produce bien, de una manera reflexiva, con probabilidades de éxito, con elementos de resistencia que ponen verdaderamente en jaque a los patrones, nos decimos 'he aquí los débiles que se hacen fuertes y que, después de haber implorado justicia, la exigen'".

En similar tenor, Batlle estableció la jornada laboral de ocho horas, la indemnización laboral y promulgó la primera ley de divorcio en Latinoamérica. Atento a la alfabetización popular y al desarrollo cultural de la gran masa de inmigrantes, creó institutos de enseñanza media en todas las ciudades de provincia. En lo económico, fomentó la creación de empresas públicas de servicios que compitieran con las privadas en calidad y precio.

Al finalizar el mandato, en marzo de 1907 asumió Claudio Williman. Éste continuó las líneas directrices de su antecesor y en rigor no constituyó sino un *interregno* no muy significativo entre las dos gestiones de Batlle y Ordóñez.

Segunda presidencia

Con total regularidad en el calendario constitucional, se cumplió el primer período de cuatro años. El 1º de marzo de 1911 la candidatura de Batlle y Ordóñez logró la unanimidad de los 96 votos de la Asamblea general, con la sola excepción de su propio voto. Este período presidencial se prolongaría hasta 1915.

Apoyándose una vez más en las teorías de Ahrens y el krausismo, la vida en armonía, comprendió que el papel que había de cumplir el Estado no era sólo de juez y gendarme, sino que además debía impulsar el desarrollo económico y el progreso social. Lo animaba la creencia en un humanismo basado en el hombre como sujeto capaz de llevar adelante proyectos estimulados por los ideales liberales y democráticos. Las ideas adquiridas en Suiza lo llevaron a pensar en establecer el sistema colegiado del Poder Ejecutivo en su propio país.

Desde 1911 a 1913 las reformas fueron importantes. Se creó el Banco de Seguros del Estado, se dispuso la nacionalización del Banco de la República y del Banco Hipotecario y se estatizó la energía eléctrica fundando las Usinas Eléctricas del Estado. En la enseñanza fueron hitos la creación de liceos departamentales, de la Comisión Nacional de Educación Física y de la Universidad de Mujeres. El Estado asumió el monopolio del correo, los telégrafos y teléfonos; se creó la Administración Nacional de Puertos, el Consejo Nacional de Educación Primaria y Normal, y las facultades de Ingeniería y Arquitectura; se elevó la importancia de las escuelas superiores de Agronomía, Veterinaria y Comercio, integrándolas como parte de la Universidad de la República. Se fijó la jornada laboral de ocho horas, la ley de la silla, el trabajo nocturno en panaderías, y pensiones a la vejez. Todo esto se conocerá, décadas después, con el nombre de Estado de Bienestar.

Las huelgas abundaron y los huelguistas desfilaban ante la casa del Presidente vitoreándolo. En una ocasión salió al balcón y declaró: "Organizaos, uníos y tratad de conquistar el mejoramiento de vuestras condiciones económicas, que podéis estar seguros de que en el Gobierno no tendréis nunca un enemigo, mientras respetéis el orden y las leyes".

El batllismo fue un movimiento fundamentalmente urbano. Mantuvo, sin embargo, una política en pro del desarrollo agrícola, ayudando a los chacareros con facilidades crediticias.

Desde comienzos de 1913 el Presidente se abocó a efectuar un cambio trascendental en la política, al sustituir al presidente de la República por una Junta Nacional de Gobierno, integrada por nueve miembros. La propuesta trajo como consecuencia la fractura del batllismo y una crisis ministerial. Batlle terminó el período gubernamental sin lograr la convocatoria de una Convención Constituyente para tratar las reformas que proponía.

La situación política, en torno a dos grupos antagónicos, dificultó las funciones normales del Estado, hasta que una comisión de cuatro blancos y cuatro batllistas, por fuera de la Convención y con un proyecto de Duvimioso Terra, acordaron un nuevo texto constitucional, que fue aprobado por la Convención el 15 de octubre de 1917 y plebiscitado favorablemente el 25 de noviembre del mismo año.

La Constitución fue promulgada el 3 de enero de 1918 y entró en vigencia el 1º de marzo de 1919. Los que encabezaron las dos líneas enfrentadas fueron dos hombres públicos excepcionales: Batlle por los colorados, y Herrera por los blancos.

Se creó así un Poder Ejecutivo basado en el modelo suizo, dividido entre la presidencia y un Consejo Nacional de Administración. El presidente de la República era elegido directamente por el voto del pueblo, permanecía cuatro años en sus funciones y de él dependían los ministerios de Relaciones Exteriores, del Interior y Guerra y el Consejo Nacional de Administración. Este flamante organismo estaba compuesto por nueve miembros elegidos por el voto popular y renovables en su tercera parte cada dos años; tres de sus miembros debían pertenecer a la oposición. En cada elección se designaban tres consejeros, dos por la mayoría y uno por la minoría, quienes permanecían seis años en sus funciones. De este Consejo dependían los ministerios de Hacienda, Industria, Trabajo, Comercio, Justicia e Instrucción Pública y Obras Públicas.

El artículo 9 estableció que el sufragio se ejercería con inscripción obligatoria en el Registro Cívico, con prohibición a los funcionarios militares y policiales de realizar cualquier actividad política, salvo el voto secreto. Se instauró también el sistema de representación proporcional, aunque los diputados serían elegidos por el voto directo y los senadores, por el indirecto. El artículo 5 dispuso la libertad de cultos. El Estado, a partir de las nuevas disposiciones constitucionales, se definía laico.

No había habido otra Constitución desde 1830 y ésta estuvo vigente hasta 1933.

El estadista

En 1928, Roberto B. Giúdice y Efraín González Conzi realizaron una pintura de José Batlle y Ordóñez, en la que es considerado uno de los políticos latinoamericanos más dinámicos y progresistas. Batlle tenía entonces más de setenta años y era querido y respetado en su tierra y en los países de la región.

"Batlle carece del don de la simpatía. Su exterior es frío, casi hostil. Habla poco; es reconcentrado, un tanto taciturno. [...] Pero el pueblo ama y venera a Batlle como a un viejo dios. Apenas nota su presencia lo aclama con vibrante alborozo.

"Batlle es alto y fuerte. Su estatura excede invariablemente la de todas aquellas personas que se hallan o pasan junto a él. Además es corpulento. Y su aspecto físico denota a las claras –aun bajo la usual vestimenta, siempre holgada– recia y vigorosa musculatura. Sus proporciones, como de gigante [...]. Y, sólidamente implantada sobre el recio cuello, la cabeza magnífica, cabeza de líneas rudas, pero de una expresión inefable de solidez viril y de áspera tenacidad. Caen los cabellos lacios y grises sobre la vasta frente...

"El andar es pesado; se bambolea como una barcaza en el mar. Camina a largas zancadas con su gran corpachón echado hacia adelante; viéndolo marchar se tiene la certeza de que derribaría todo obstáculo que hallara en el camino. Cuando se sienta, déjase caer pesadamente; cruje el asiento, como si una mole se desplomara.

"Bohemio invencible en su mocedad, viste aun con displicencia, al descuido. Su vestimenta es amplísima: el saco flota hasta cerca de las rodillas y el pantalón –como mal prendido– llega formando pliegues hasta los zapatos, grandes y deslustrados.

"Batlle es reconcentrado en la expresión y parco en el gesto. Su palabra es lenta, pero segura y firme. La voz, tranquila; el ademán, reposado. Rara vez altera ésta su modalidad, apacible y fría. Nunca ríe a carcajadas: apenas una sonrisa, para festejar alguna salida ingeniosa o la gracia sutil.

"En la tribuna, Batlle suscita, con su sola presencia, la atención respetuosa del auditorio... Su expresión es clara, ordenada, vigorosa... Su elocuencia es fuerte y sólida... Sus gestos subrayan notablemente la palabra; los gestos ordenados y tranquilos. [...] Cuando el debate se ha vuelto turbulento Batlle no se preocupa de dominar el tumulto. Calla y espera. Su serenidad no lo abandona nunca. Batlle es parco en el interrumpir..."

Entre 1920 y 1926 sirvió en el Consejo Nacional de Administración, y entre el 1º de marzo de 1921 y el año 1923 ejerció su presidencia.

El 20 de octubre de 1929, a los setenta y tres años, Batlle murió dejando un Uruguay moderno, donde su pensamiento en acción creía que el pueblo, al no poder controlar la gestión de gobierno de forma directa, encontraría en los partidos políticos el medio más eficaz para lograrlo.

El batllismo aún cuenta con numerosos seguidores y el país reconoce en sus presidencias el inicio de un largo período de prosperidad y concordia que motivó que el Uruguay fuera reconocido como "la Suiza de América".